浙江

人力资源和社会保障年鉴

ZHEJIANG RENLI ZIYUAN HE SHEHUI BAOZHANG NIANJIAN

2022

《浙江人力资源和社会保障年鉴》编纂委员会 编

ZHEJIANG UNIVERSITY PRESS
浙江大学出版社
·杭州·

图书在版编目（CIP）数据

浙江人力资源和社会保障年鉴. 2022 / 《浙江人力资源和社会保障年鉴》编纂委员会编 ; 徐露辉主编. -- 杭州 : 浙江大学出版社, 2023.3
ISBN 978-7-308-23303-3

Ⅰ. ①浙… Ⅱ. ①浙… ②徐… Ⅲ. ①人力资源管理－浙江－2022－年鉴②社会保障－浙江－2022－年鉴 Ⅳ. ①F249.275.5-54②D632.1-54

中国版本图书馆CIP数据核字(2022)第225635号

浙江人力资源和社会保障年鉴2022
ZHEJIANG RENLI ZIYUAN HE SHEHUI BAOZHANG NIANJIAN 2022
徐露辉　主编
《浙江人力资源和社会保障年鉴》编纂委员会　编

责任编辑　赵　静　冯社宁
责任校对　董雯兰
封面设计　林智广告
出版发行　浙江大学出版社
（杭州市天目山路148号　邮政编码　310007）
（网址：http：//www.zjupress.com）
排　　版　杭州林智广告有限公司
印　　刷　浙江新华数码印务有限公司
开　　本　889mm×1194mm　1/16
印　　张　24.75
字　　数　530千
彩　　插　8
版 印 次　2023年3月第1版　2023年3月第1次印刷
书　　号　ISBN 978-7-308-23303-3
定　　价　260.00元

2021年7月14—15日，人社部党组书记、部长张纪南（前排右一）在湖州市调研人力社保工作

2021年3月3日，王文序副省长（中）一行赴平湖技师学院调研指导高技能人才培养工作

2021年6月8日，刘小涛副省长（前排左三）一行赴杭州市调研技能人才培养、技工教育发展以及企业用工保障情况

2021年6月1—2日，省人力社保厅党组书记、厅长吴伟斌（中）一行赴金华调研并开展“厅局长走流程”活动

2021年11月25日，省人力社保厅党组副书记、副厅长、一级巡视员刘国富（中）考察温州市技能人才队伍建设工作

2021年7月15日，省人力社保厅副厅长陈中（右三）出席“2021年台湾大学生来浙暑期就业实习月活动”

2021年9月15日，省人力社保厅党组成员、副厅长金林贵（中）赴丽水云和县调研乡村合作创业和农民工市民化等工作

2021年6月23日，省人力社保厅党组成员、副厅长葛平安（中）在嘉兴开展安全稳定工作调研

2021年10月13日，省人力社保厅党组成员、副厅长毛鹏岳（左二）一行赴绍兴调研督查社保工作，并开展“厅局长走流程”活动

2021年11月24—25日，省社保就业中心党委书记、主任项薇（左一）一行赴丽水调研人力社保业务经办管理和服务工作

2021年2月8—9日，省人力社保厅和杭州市人力社保局在杭州联合开展为留浙过年农民工送温暖活动

2021年5月24—25日，浙江省首届建设领域劳资专管员职业技能大赛在绍兴成功举办

2021年6月22日，我省6名全国技术能手和1家突出贡献单位、1名突出贡献个人受到人社部表彰

2021年9月26—28日，浙江代表队在全国乡村振兴职业技能大赛摘获1金2银2铜

2021年10月26日，2021中国（浙江）人力资源服务博览会在杭州举办

2021年12月7日，杭州市举办 2021杭州众创大会

2021年5月24日，宁波市举办 “美丽情怀·品质人社——我为群众办实事”党员志愿服务活动

2021年7月9日，温州市启动“2021年暑期大学生招引攻坚行动”

2021年3月10—13日，湖州市组团赴青海省乌兰县开展东西部劳务协作活动

2021年6月20日，嘉兴市举办“嘉人有约·携手同兴”高校毕业生就业创业系列活动

2021年9月25日，绍兴市举办第18届“海内外博士绍兴行”对接交流会

2021年10月10日，金华市在建筑工地开展“党建安薪”项目部建设

2021年6月10日，衢州市举办人力社保系统学党史暨业务技能标兵比武竞赛

2021年11月10日，舟山市举办“共富路·人社行”专家服务基层系列活动

2021年7月5日，台州市举办第二届职业技能大赛

2021年4月9—11日，“痴心十年·只为等你”——浙江丽水·湖北武汉招才引智系列活动在武汉市举行

浙江省人力资源和社会保障厅领导班子成员

（2021年12月）

吴伟斌

厅党组书记、厅长

刘国富

厅党组副书记、副厅长、一级巡视员

陈 中

厅党组成员、副厅长

金林贵

厅党组成员、副厅长

葛平安

厅党组成员、副厅长

毛鹏岳

厅党组成员、副厅长

《浙江人力资源和社会保障年鉴》编纂委员会成员

《浙江人力资源和社会保障年鉴》编辑部成员

编纂说明

一、《浙江人力资源和社会保障年鉴》是一部全面反映浙江人力资源和社会保障事业发展情况的资料性图书，由省人力资源和社会保障厅年鉴编纂委员会组织编纂，每年编纂出版。编纂工作具体事务由年鉴编纂委员会设在省人力资源和社会保障科学研究院的编辑部承办。

二、《浙江人力资源和社会保障年鉴2022》（以下简称《2022年鉴》）记载了2021年全省人力资源和社会保障工作基本概况和主要成就。记载起止时间为 2021年1月1日至12月31日。

三、《2022年鉴》全书由特载、机构情况、大事记、全省工作情况、各市工作情况、重要文件选载、厅发文目录、主要统计资料、各市人力资源市场工资指导价位等部分组成。

特载，收录了2021年中央、省和国家有关部门领导关于人力资源和社会保障工作的部分批示。

机构情况，按“单位领导”“机关处室”“直属单位”三个层面，分别记录了截至2021年底省和各市人力资源和社会保障部门领导班子和机构设置情况。

大事记，记录了2021年全省人力资源和社会保障工作的重要事项和活动。

全省工作情况，综合记载了2021年全省人力资源和社会保障部门的主要工作、取得的成绩和荣誉。

各市工作情况，综合记载了2021年各市人力资源和社会保障部门的主要工作、取得的成绩和荣誉。

本年鉴记载的荣誉，是指以党中央、国务院，省委、省政府，国家和省人力资源和社会保障部门以及所属机构名义评选表彰，涉及人力资源和社会保障部门主要职能和工作业务，冠以“先进”“优秀”“突出”等称谓的事项。记载的对象是被表彰的全省人力资源和社会保障系统单位、部门、个人，市、县（市、区）、街道（乡镇）、社区（行政村）以及上述地方从事人力资源和社会保障相关工作的单位、个人。

重要文件选载，收录了2021年省委、省政府、省级有关部门关于人力资源和社会保障工作的部分重要文件。

主要统计资料，收录了2021年全省以及各市劳动就业、社会保障、收入分配、劳动关系等方面的基本统计资料。

各市人力资源市场工资指导价位，收录了2021年全省各市不同行业、不同职业（工种）人力资源市场工资指导价位（部分）。

四、《2022年鉴》记载的基本情况和收录的统计资料，由省人力资源和社会保障厅以及全省各级人力资源和社会保障部门提供。

五、《2022年鉴》的编纂、出版工作得到了各市人力资源和社会保障部门的大力支持，在此深表谢意。由于我们水平有限，书中难免存在疏漏或不足之处，恳请读者批评指正。

《浙江人力资源和社会保障年鉴》编辑部

2022年12月30日

目　录

特　载

批示

机构情况

大事记

全省工作情况

各市工作情况

重要文件选载

浙江省人力资源和社会保障厅发文目录

主要统计资料

一、综合

二、就业和失业

三、技工学校和就业培训

四、监察和仲裁

五、社会保障

六、各市资料

工资指导价位

索 引

特 载

批 示

省委书记袁家军在《规范被征地农民参加基本养老保险专班工作总结》上的批示

专班工作谋划深、措施实、工作细，取得了明显成效。

2021 年 2 月 12 日

省长郑栅洁在《深入贯彻习近平总书记重要指示精神持续推进农民工“八个有”主要做法》上的批示

持续推进“八个有”成效显著，主要做法也总结得很好！望不断创新完善，把习总书记的重要批示精神持续深入地贯彻好落实好，为贯彻新发展理念，构建新发展格局，进一步贡献浙江力量。

2021 年 1 月 13 日

省长郑栅洁在《国务院根治拖欠农民工工资工作领导小组关于2019年度保障农民工工资支付工作考核情况的通报》（国治欠办发〔2020〕4号）上的批示

成效很好，持续抓好。

2021 年 1 月 16 日

副省长刘小涛在《省人力社保厅多措并举破解企业“招工难”“用工荒”》上的批示

主动作为，值得肯定。充分发挥政府和市场“两只手”作用，优化用工环境，多渠道满足企业用工需求。

2021 年 6 月 9 日

机构情况

浙江省人力资源和社会保障厅

浙江省人力资源和社会保障厅

杭州市省府路8号省府大楼2号楼

厅领导

吴伟斌　厅党组书记、厅长
刘国富　厅党组副书记、副厅长，一级巡视员
陈　中　厅党组成员、副厅长
金林贵　厅党组成员、副厅长
葛平安　厅党组成员、副厅长
毛鹏岳　厅党组成员、副厅长

机关处室

办公室
规划财务处
政策法规处
就业促进和失业保险处
人才开发和市场处（国际合作交流处）
职业能力建设处（技工院校管理处）
专业技术人员管理处
事业单位人事管理处
劳动关系处
农民工工作处
工资福利和奖励处
养老保险处
工伤保险处（省劳动能力鉴定委员会办公室）
城乡居民社会保险处
社会保险基金监督处
仲裁信访处
监察执法局
人事处
直属机关党委

直属单位

浙江省社会保险和就业服务中心
浙江省技能人才评价管理服务中心
浙江省专家与留学人员服务中心
浙江省人力资源和社会保障咨询与宣传中心
浙江省人事教育指导服务中心
浙江省人才市场
浙江省职业介绍服务指导中心
浙江省职业技能教学研究所
浙江省人力资源和社会保障资产管理中心
浙江省人力资源和社会保障科学研究院
浙江省人力资源和社会保障信息中心
浙江智能制造技师学院

杭州市人力资源和社会保障局

杭州市解放东路18号D座

局领导

叶茂东　局党组书记、局长
吴洁静　局党组副书记
章　明　局党组成员、副局长、市社会保险管理服务中心主任
杨　焕　局党组成员、副局长
单黎霞　局党组成员、副局长
方海洋　局党组成员、副局长
刘志勇　局党组成员、二级巡视员
宣向东　局党组成员、二级巡视员
钱　斌　市人才管理服务中心（市人事考试院）主任（院长）
徐　明　市就业管理服务中心主任
黄菊火　二级巡视员

机关处室

办公室
组织人事处
机关党委
政策法规处
计划财务与社保基金监督处
就业创业指导处
人才开发和市场处（国际交流合作处）
职业能力建设处（技工院校管理处）
专业技术人员管理处
事业单位人事管理处
劳动关系处
工资福利和奖励处
养老保险处
工伤保险处（市劳动能力鉴定委员会办公室）
退休人员管理处（基层工作处）
仲裁信访处
行政审批处

直属单位

杭州市人才管理服务中心（杭州市人事考试院）
杭州市就业管理服务中心
杭州市社会保险管理服务中心
杭州市劳动保障监察支队（杭州市劳动人事争议仲裁院）
杭州市人力资源和社会保障政务服务中心
杭州市企业退休人员管理服务中心（杭州退休干部职工大学）
杭州市专家与留学人员服务中心
杭州市职业能力建设指导服务中心
杭州第一技师学院
杭州轻工技师学院

宁波市人力资源和社会保障局

宁波市鄞州区和济街95号

局领导

陈　瑜　市委组织部副部长（兼），局党组书记、局长、一级巡视员
苏丹旦　局党组副书记、副局长
陈　勇　局党组成员、副局长
王效民　副局长

徐承志　局党组成员、副局长
韩洪江　局党组成员、二级巡视员
严　俊　局党组成员、局办公室主任
林建国　市社会保险管理服务中心主任（副局长级）
金庆奎　二级巡视员、市社会保险管理服务中心副主任
陈文伟　一级调研员

机关处室

办公室
组织人事处
政策法规和调研处
计划财务和信息化管理处
就业促进和失业保险处
人才开发和市场处（国际合作交流处）
职业能力建设处（技工院校管理处）
专业技术人员管理处
事业单位人事管理处
表彰奖励处（事业单位考核奖惩处）
劳动关系处
工资福利处
养老保险处
工伤保险处（市劳动能力鉴定委员会办公室）
社会保险基金监督处
仲裁信访处
行政审批处
机关党委

直属单位

宁波市社会保险管理服务中心（宁波市劳动人事争议仲裁院）
宁波市就业管理中心
宁波市劳动保障监察支队
宁波市人事考试院
宁波技工学校
宁波市社会保障卡管理服务和职业技能鉴定指导中心（宁波市人力资源和社会保障局信息中心、宁波市老年活动中心）
宁波市人才服务中心
宁波市人才培训中心

温州市人力资源和社会保障局

温州市鹿城区学院中路303号

局领导

瞿自杰　市委组织部副部长，局党组书记、局长
蔡月琴　局党组副书记、副局长
陈志刚　局党组成员、副局长
胡正长　局党组成员、副局长
庄加灵　局党组成员、副局长
黄崇艺　局党组成员、二级调研员

机关处室

办公室
政策法规处
规划财务和基金监督处（挂信息化处牌子）
就业促进和失业保险处
人才开发和市场处（挂国际合作交流处牌子）
职业能力建设处

专业技术人员管理处

事业单位人事管理处

劳动关系处

行政审批服务处

工资福利处

养老保险处

工伤保险处

仲裁信访处

人事处

机关党委

直属单位

温州市就业创业管理服务中心

温州市劳动保障监察支队

温州市人事考试院

温州市社会保险管理服务中心

温州市劳动人事争议仲裁院

温州市人力资源和社会保障局经济技术开发区社保分局

温州市人力资源和社会保障信息中心

温州技师学院

温州市职业介绍服务指导中心

温州市职业技能鉴定指导中心

温州市劳动能力鉴定中心

温州市人才发展服务中心

温州城市一卡通服务有限公司

湖州市人力资源和社会保障局

湖州市民服务中心5号楼

局领导

王　树　市委组织部副部长，局党组书记、局长

丁会强　局党组副书记、副局长

史淦宝　局党组成员、副局长

汪　竑　局党组成员、副局长

梁公一　局党组成员、二级调研员

郭连伟　副局长

姜　菊　局党组成员、市社会保险管理事业中心主任

朱新江　局党组成员、就业促进与失业保险处

沈福群　一级调研员

施建永　三级调研员

机关处室

办公室

政策法规处（政务服务管理处）

财务与基金监督处

就业促进与失业保险处

人才开发处

专业技术人员管理处

职业能力建设处

事业单位人事管理处

工资福利与奖励处
社会保险处（劳动能力鉴定委员会办公室）
仲裁信访处（劳动关系处）
组宣人事处
直属机关党委

直属单位

湖州市社会保险事业管理中心（湖州市社会保险服务中心、湖州市机关事业单位退休职工活动中心）
湖州市就业管理服务中心
湖州市人才资源开发管理中心（湖州市人事考试中心）
湖州市劳动保障监察支队
湖州市劳动人事争议仲裁院
湖州市职业资格指导服务中心（浙江省南太湖创新发展研究院秘书处）
湖州市人力资源和社会保障信息中心（市社会保障市民卡管理中心）

嘉兴市人力资源和社会保障局

嘉兴市南湖区东升东路1042号

局领导

金梓伟　市委组织部副部长，局党委书记、局长
杭晔赠　局党委委员、副局长
余建平　局党委委员、副局长
姚晓明　局党委委员、副局长
俞叶君　局党委委员、副局长
胡卸红　局党委委员、副局长（挂职）
黄　炜　局党委委员、二级调研员
易连强　市养老保险中心主任

机关处室

办公室
计划财务处（社会保险基金监督处）
信息化管理处
人才开发处
职业能力建设处
专业技术人员管理处
事业单位人事管理处
劳动关系处（信访处）
养老工伤保险处
就业促进与失业保险处
机关党委

直属单位

嘉兴市养老保险服务中心
嘉兴市退休干部管理服务中心
嘉兴市劳动人事争议仲裁院
嘉兴市人才交流服务中心
嘉兴市人事考试中心
嘉兴市就业管理服务中心
嘉兴市劳动保障行政执法队
嘉兴市职业技能鉴定中心（嘉兴市高技能人才公共实训管理服务中心）
嘉兴市劳动能力鉴定中心

绍兴市人力资源和社会保障局

绍兴市曲屯路368号

局领导

张荣社　市委组织部副部长，局党组书记、局长
陈朝晖　局党组成员、副局长
柯建华　局党组成员、副局长
胡　豪　局党组成员、副局长
易丽丽　局党组成员、副局长（挂职）
王　奋　局党组成员、副局长
裘宏柱　局党组成员、市社会保险事业管理服务中心主任
孔建明　二级调研员
俞有灿　二级调研员

机关处室

办公室
政治处（机关党委）
政策法规处
财务与社保基金监督处
就业促进和失业保险处
人才综合处
社会保险处
事业单位综合管理处
专业技术人员管理处
职业能力建设处
劳动关系和农民工工作处
仲裁信访处

直属单位

绍兴市就业促进和人力资源服务中心
绍兴市社会保险事业管理服务中心
绍兴市人力资源和社会保障信息中心
绍兴市职业技能开发指导中心
绍兴市专家与留学人员服务中心

金华市人力资源和社会保障局

金华市双龙南街801号（西辅楼3号楼4楼）

机构情况

局领导

马　越　市委组织部副部长，局党组书记、局长，二级巡视员
徐妙芳　局党组副书记、副局长，三级调研员
徐金韩　局党组成员、副局长
张　政　局党组成员、副局长，市社保中心主任
蒋韶岗　局党组成员、副局长
胡银梁　局党组成员、机关党委专职书记
侯东升　局党组成员（副局级）
邵森寅　局党组成员（副局级）
陈宽年　二级调研员
杜跃忠　四级调研员

机关处室

办公室
机关党委
政策法规与基金监督处
就业促进和失业保险处
人才开发和市场处
职业能力建设处
专业技术人员管理处
事业单位人事管理处
劳动关系与仲裁信访处
工资福利与奖励处
社会保险处

直属单位

金华市社会保险事业管理中心
金华市就业服务中心
金华市劳动保障监察支队
金华市人才服务和人事考试中心
金华市劳动人事争议仲裁院
金华市人力资源和社会保障数据安全管理中心
金华市职业技能管理服务中心

衢州市人力资源和社会保障局

衢州市智慧新城仙霞中路36号

局领导

余龙华　市委组织部副部长，局党委书记、局长
单华川　局党委委员、副局长
牛建彪　局党委委员、副局长
周宏波　局党委委员、副局长
方茂盛　局党委委员、副局长
陈志军　局党委委员、市人才和就业管理中心主任
张碎金　局党委委员、市社会保险事业管理中心主任
徐竹良　局党委委员、局办公室主任
蒋天臻　二级调研员
童庭伟　三级调研员

机关处室

办公室
财务与内审处
法规与审批服务处
人才开发与就业促进处
职业能力建设处
专业技术人员管理处
事业单位人事管理处
工资福利与奖励处
社会保险与基金监督处
劳动关系与仲裁信访处
机关党委

直属单位

衢州市人才和就业管理中心
衢州市社会保险事业管理中心
衢州市人力资源和社会保障信息中心
衢州市人力资源开发服务中心
衢州市技能人才评价管理服务中心
衢州市劳动能力鉴定管理中心

派出机构

衢州市人力资源和社会保障局智造新城分局

舟山市人力资源和社会保障局

舟山市新城海天大道681号市行政中心1号楼

局领导

陈芬芬　市委组织部副部长，局党组书记、局长
郑　斑　局党组副书记、副局长
於立斌　局党组成员、副局长
陈　璘　局党组成员、副局长
薛余斌　局党组成员、市就业管理中心主任
边雅丽　局党组成员、四级调研员
吴新利　局党组成员、市社会保险事业管理中心主任
李识多　副局长（挂职）

机关处室

办公室
组织人事处
政策法规处（行政许可服务处）
就业促进和失业保险处
人才开发和市场处（市人才市场管理办公室）
职业能力建设处
专业技术人员管理处
事业单位人事管理处
劳动关系处
养老保险处
工伤保险处（市劳动能力鉴定委员会办公室）
基金监督和内审处

直属单位

舟山市社会保险事业管理中心
舟山市就业管理中心
舟山市人事考试院（市公务员考试测评中心）
舟山市劳动监察支队
舟山市人才公共服务中心
舟山市人力资源和社会保障信息中心
舟山市劳动人事争议仲裁院
舟山市退休干部活动中心（市原转体单位离退休干部服务中心）
舟山市劳动能力鉴定中心
舟山市人力资源市场服务中心
舟山市技能人才评价管理服务中心

台州市人力资源和社会保障局

台州市白云山南路233号市行政中心12楼西

局领导

柯婉瑛　市委组织部副部长，局党组书记、局长
卢志米　局党组副书记、副局长（保留正局长级）台州技师学院党委书记、院长
张峰波　局党组成员、副局长（正局长级）
於英姿　局党组成员、副局长
陈敦庸　局党组成员、副局长

谢建军　局党组成员（副局长级）、二级调研员

马德求　局党组成员、局办公室主任、四级调研员

机关处室

办公室

政策法规和仲裁信访处

人才开发和市场处

就业促进和职业能力建设处

专业技术人员管理处

事业单位人事管理处

劳动关系和农民工工作处

工资福利和奖励处

社会保险处

社会保险基金监督处

行政审批处

人事处

机关党委

直属单位

台州市社会保险事业管理中心

台州市人才服务中心

台州市人事考试院

台州市就业服务中心

台州市劳动保障监察支队

台州市人力资源和社会保障信息中心

台州市职业技能鉴定中心

台州市劳动能力鉴定中心

丽水市人力资源和社会保障局

丽水市人民街615号商会大厦

局领导

吴守成　市委组织部副部长，局党组书记、局长

王旭彪　局党组成员、副局长、三级调研员

饶庆勤　局党组成员、副局长

雷剑锋　局党组成员、副局长

金丽芬　局党组成员、市就业服务中心主任

练少芳　局党组成员、市养老保险服务中心主任

李伯华　局党组成员、局办公室主任

张　健　一级调研员

李　锋　二级调研员

章　旭　三级调研员

机关处室

办公室

直属机关党委

政策法规处（挂行政审批处牌子）

人才开发和就业促进处

事业单位人事管理处

职业能力建设处

专业技术人员管理处

工资福利和奖励处（挂社会保险基金监督处牌子）

社会保险处（挂市劳动能力鉴定委员会办公室牌子）

劳动关系和仲裁信访处

直属单位

丽水市养老保险服务中心

丽水市就业服务中心

丽水市人才管理服务中心（挂市高层次人才服务中心牌子）

丽水市劳动人事争议仲裁院

丽水市人事考试院（挂市公务员考试测评中心牌子）

丽水市社会保障卡管理服务中心

丽水市职业技能鉴定指导中心

丽水市人力资源市场服务中心

大事记

浙江省人力资源和社会保障厅大事记

2021年1月

1月4日至9日，鲁俊厅长在中央党校学习。

1月4日，陈中副厅长陪同省委组织部黄建发部长赴绍兴开展“三服务”调研。

1月4日至5日，金林贵副厅长陪同王文序副省长赴浦江开展“三服务”调研。

1月5日，金林贵副厅长参加成岳冲副省长主持召开的独立学院转设（杭州师范大学钱江学院）论证专题会议。

1月6日，金林贵副厅长参加全国优秀农民工和农民工工作先进集体表彰大会。

同日，葛平安副厅长参加省委秘书长陈金彪主持召开的数字化改革专题会议。

1月7日，陈中副厅长参加省委组织部黄建发部长主持召开的海归学子创新创业座谈会。

同日，金林贵副厅长参加亚组委第五次执委会暨全委会、亚残组委第二次执委会暨全委会。

1月8日，金林贵副厅长参加人社部第一届职业技能大赛总结工作视频会。

同日，葛平安副厅长出席省协调劳动关系三方会议第31次会议。

1月11日，葛平安副厅长主持召开厅数字化改革第1次专题会议。

1月11日至12日，葛平安副厅长带队赴舟山开展根治欠薪工作调研。

1月12日，陈中副厅长参加全省网络人士统战工作会议。

1月12日至13日，郑益群二级巡视员陪同王文序副省长赴绍兴调研企业用工和民生实事工作。

1月13日，金林贵副厅长参加省政协“逐步推进农业转移人口公平共享城市公共服务和社会保障的思路和对策”专题调研座谈会。

1月13日至14日，鲁俊厅长带队赴温州开展被征地农民参加基本养老保险工作调研。

1月13日至14日，葛平安副厅长带队赴宁波开展社保系统省集中工作调研。

1月14日，陈中副厅长参加全省工业经济“开门红”电视电话会议并发言，下午出席正高级经济师评审会。

同日，金林贵副厅长参加长三角生态绿色一体化发展示范区理事会第三次全体会议。

同日，葛平安副厅长主持召开全省根治欠薪冬季专项行动工作调度视频会。

同日，郑益群二级巡视员参加民革浙江省第十三届委员会第五次全体会议。

1月15日，鲁俊厅长列席省委常委会第154次会议，下午列席省政府第61次常务会议。

1月16日，鲁俊厅长参加郑栅洁省长听取保供应、保安全、保民生、保稳定和粮食安全有关工作情况汇报专题会议并作汇报发言。

1月18日，全国人力资源和社会保障工作会议在北京召开，鲁俊厅长和刘国富、陈中、金林贵、葛平安等副厅长在我省分会场参加会议。

同日，金林贵副厅长参加县（市、区）委书记工作交流会。

1月19日，鲁俊厅长参加省委农村工作会议。

同日，葛平安副厅长参加全省宣传思想工作会议。

1月21日，省就业工作领导小组和农民工工作领导小组（扩大）会议在杭州召开，王文序副省长出席会议并讲话，徐晓光副秘书长主持，鲁俊厅长、陈中副厅长、金林贵副厅长参加会议。

同日，陈中副厅长参加吉林省人民政府驻上海办事处走访我厅座谈会。

同日，葛平安副厅长参加人社部根治欠薪冬季专项行动第二次调度推进视频会。

同日，郑益群二级巡视员参加全国征兵工作电视电话会议和全省征兵工作电视电话会议。

1月22日，鲁俊厅长参加“十四五”人才发展规划编制座谈会。

同日，金林贵副厅长参加农村疫情防控工作专班第一次例会。

1月23日，金林贵副厅长参加全国安全生产电视电话会议。

1月24日，鲁俊厅长主持召开2020年度厅党组民主生活会，鲁俊厅长代表厅领导班子作对照检查，鲁俊、刘国富、陈中、金林贵、葛平安等5名班子成员分别作个人自我剖析并开展相互批评。厅二级巡视员郑益群列席会议。下午，鲁俊厅长参加2020年度全省党委（党组）书记抓基层党建和人才工作述职评议会。

1月24日至29日，葛平安副厅长列席省政协十二届四次会议。

1月25日，鲁俊厅长列席省政协十二届四次会议开幕式。

1月25日至30日，鲁俊厅长参加省十三届人大五次会议。

1月28日，陈中副厅长出席2021绍兴招才引智“春季专列”启动仪式。

1月29日，鲁俊厅长列席省政协十二届四次会议闭幕式。

1月31日，鲁俊厅长走访慰问正厅长级离退休老同志。

2021年2月

2月1日，刘国富副厅长列席省委常委会第156次会议，下午参加全省安全生产暨消防工作电视电话会议和省安委会全体成员（扩大）会议。

同日，陈中副厅长参加扎实推进共同富裕先行示范课题调研工作和“八八战略”综合评估工作部署会。

同日，金林贵副厅长到省联合接待中心接待群众来访，下午参加2020年度省直单位机关党委书记述职会。

2月2日，陈中副厅长参加王文序副省长主持召开的研究援企留工稳岗工作专题会议。

同日，金林贵副厅长参加全国反恐“2·2”视频会议，下午参加成岳冲副省长主持召开的研究儿童医疗供给短板和加快体医融合健全全民健身公共服务体系有关工作专题会议。

2月3日，刘国富副厅长列席省政府第62次常务会议。

同日，金林贵副厅长参加全省农村疫情防控工作视频调度会议。

2月4日，刘国富副厅长参加中央第三生态环境保护督察组督察浙江省情况反馈会。

同日，陈中副厅长参加人社部做好稳岗留工有关工作电视电话会议。

同日，金林贵副厅长参加加强困难群众帮扶工作专班会议，下午召开全省留浙过年农民工服务保障工作调度视频会。

2月5日，刘国富副厅长参加郑栅洁省长主持召开的研究26县高质量发展、旅游高质量发展、全域旅游专题会议。

同日，葛平安副厅长参加人社部根治欠薪冬季专项行动第三次调度推进视频会。

2月6日，刘国富副厅长参加中央第四巡视组巡视浙江省情况反馈会议。

2月7日，刘国富副厅长参加省纪委十四届六次全会第一次大会，下午列席省政府第63次常务会议。

2月8日，刘国富副厅长参加省委理论学习中心组“习近平总书记在省部级主要领导干部学习贯彻党的十九届五中全会精神专题研讨班上的重要讲话精神”专题学习会。

同日，陈中副厅长参加全国就业和社会保障先进民营企业暨关爱员工实现双赢表彰大会。

同日，金林贵副厅长参加全省统战部长会议。

2月9日，刘国富副厅长参加浙江省推进长三角一体化发展工作领导小组会议。

同日，全省根治欠薪工作紧急调度视频会在杭州召开，王文序副省长出席会议并讲话，葛平安副厅长参加。

同日，厅根治欠薪冬季专项行动节前紧急调度会在杭州召开，刘国富副厅长、葛平安副厅长参加会议。

2月18日，刘国富副厅长参加全省数字化改革大会。

2月19日，金林贵副厅长陪同王文序副省长赴湖州市吴兴区开展“三服务”活动，考察“十四五”开局起步有关工作。

2月20日，刘国富副厅长列席省委常委会第157次会议。

同日，葛平安副厅长参加数字社会系统建设工作专题会。

2月22日，刘国富副厅长参加省对口工作领导小组第14次会议，下午参加省委落实中央巡视组反馈意见整改工作动员部署会。

2月23日，刘国富副厅长列席省政府第64次常务会议。

同日，陈中副厅长参加王文序副省长主持召开的加强企业复工复产用工保障会议。

同日，葛平安副厅长参加2021年全国“两会”信访安全保障工作视频部署会。

2月24日，陈中副厅长参加民革浙江省委会“民革好参谋 同心圆梦”专题议政会。

同日，葛平安副厅长参加全省数字化改革专题培训。

2月25日，陈中副厅长参加中组部人才工作专题调研座谈会。

同日，金林贵副厅长参加省直机关党的工作暨纪检工作会议。

2月26日，省人力社保厅召开厅党组理论学习中心组（扩大）会议，深入学习贯彻党的十九届五中全会和习近平总书记重要讲话精神，以及省委十四届八次全会精神，突出加强党的政治建设，系统谋划当前和今后一段时期全省人力资源和社会保障工作思路。厅党组副书记、副厅长刘国富作了题为《深入学习贯彻中央和省委决策部署 忠实践行“八八战略”、奋力打造“重要窗口” 展现人社更大格局、更大作为、更大贡献》的讲话，会议由陈中副厅长主持，金林贵副厅长、葛平安副厅长参加。

同日，陈中、金林贵、葛平安等副厅长以及郑益群二级巡视员参加领导干部会议。

同日，刘国富副厅长主持召开厅党组会专题学习习近平总书记在中央政治局第二十八次集体学习时的重要讲话精神，陈中、金林贵、葛平安等副厅长，郑益群二级巡视员参加。

同日，金林贵副厅长参加《浙江省数字经济促进条例》宣传贯彻视频会议。

2月27日，葛平安副厅长参加全国政法队伍教育整顿动员部署会。

2月28日，陈中副厅长参加省“鲲鹏计划”审核论证会。

2021年3月

3月1日，刘国富副厅长参加省委教育工作领导小组第五次全体会议。

3月2日，刘国富副厅长参加全省党史学习教育动员部署会。

同日，金林贵副厅长参加成岳冲副省长主持召开的听取浙江海洋大学东海科学技术学院转设工作情况汇报会。

3月3日，陈中副厅长陪同王文序副省长赴平湖调研返岗复工用工保障和平湖市技师学院。

同日，葛平安副厅长参加数字政府营商环境市场活力重点应用攻坚推进会。

3月4日，刘国富副厅长参加省委老干部工作领导小组会议。

同日，陈中副厅长参加2021年省政府残工委全体会议暨省残联主席团会议。

同日，金林贵副厅长参加全省组织部长会议暨推进组织部门数字化改革部署会、组织系统落实中央巡视反馈问题整改工作部署会。

3月5日，刘国富副厅长主持召开厅第88次党组会，传达学习习近平总书记重要讲话精神和中央、省委重要会议精神，听取关于开展党史学习教育的实施方案拟定、2021年度系统工作会议方案和工作报告起草、厅数字化改革前期工作、成立数字化改革领导小组及工作专班、“和谐同行”三年行动计划等有关情况的汇报，审议全省人社系统数字化改革会议方案和浙江省人社系统数字化改革总体方案，研究中央巡视组反馈人才工作和就业领域相关问题的整改举措，研究近期人事工作，专题研究关于推进落实驻省委组织部纪检监察组纪检监察建议有关工作。

同日，陈中副厅长参加推进共同富裕先行示范需要深化研究的重要载体抓手和标志性成果情况座谈会。

同日，金林贵副厅长参加浙江省推进清廉医院建设部门联动会议，下午参加中央巡视问题整改专班会议。

同日，葛平安副厅长参加高兴夫副省长主持召开的省属国企制造业发展和科技创新工作座谈会。

3 月 8 日，刘国富副厅长参加省党史学习教育领导小组办公室第一次会议。

同日，金林贵副厅长参加省委保密委员会全体会议。

3 月 9 日，全省人力资源和社会保障工作电视电话会议在杭州召开，厅党组副书记、副厅长刘国富代表厅党组作了题为《强化政治建设 强化担当作为 在忠实践行“八八战略”、奋力打造“重要窗口”中交出人社事业发展高分报表》的工作报告，会议由陈中副厅长主持，驻省委组织部纪检监察组组长周鲁明，金林贵副厅长、葛平安副厅长、郑益群二级巡视员出席会议。之后，召开全厅干部职工大会，刘国富副厅长作总结讲话，陈中副厅长主持会议，金林贵副厅长、葛平安副厅长分别宣读考核通报，郑益群二级巡视员参加会议。

同日，全省人社系统数字化改革工作会议在杭州召开，刘国富副厅长出席会议并讲话，葛平安副厅长主持会议。

3 月 10 日，安徽省人社厅徐建厅长一行来厅考察调研人力资源社会保障工作，刘国富副厅长参加座谈会。

同日，金林贵副厅长参加 2020 年度省“万人计划”评选委员会会议。

3 月 11 日，刘国富副厅长参加王文序副省长主持召开的研究我省 2021 年企业职工基本养老保险基金收支计划有关工作专题会议。

同日，陈中副厅长参加高兴夫副省长主持召开的研究今年企业减负降本工作专题会议。

3 月 12 日，刘国富副厅长参加领导干部会议，听取传达全国“两会”精神，下午参加义务植树活动。

3 月 15 日，陈中副厅长列席省委理论学习中心组“完善覆盖全民的社会保障体系”专题学习会和省委常委会第 159 次会议，之后参加省委人才工作领导小组第 4 次会议。

3 月 16 日，陈中副厅长参加省“鲲鹏行动”计划审核论证会。

同日，金林贵副厅长参加高兴夫副省长主持召开的研究协调钱塘科创中心有关事宜专题会议。

同日，葛平安副厅长参加王文序副省长主持召开的研究公共服务领域“民生一卡通”工作专题会议。

3 月 17 日，省人力社保厅召开党史学习教育动员部署会，刘国富副厅长出席会议并作动员讲话，金林贵副厅长主持会议，陈中副厅长、葛平安副厅长参加。

同日，刘国富副厅长参加 2020 年度浙江省民革骄傲人物先进事迹宣传会。

同日，葛平安副厅长参加省平安办主任会议，下午参加省劳动模范评选委员会会议。

3 月 18 日，刘国富副厅长参加省委全面深化改革委员会第 13 次会议，下午参加人社部学习贯彻习近平总书记关于完善覆盖全民的社会保障体系重要讲话精神专题会议。

同日，金林贵副厅长列席省政府第 66 次常务会议。

3 月 19 日，刘国富副厅长参加省委理论学习中心组党史学习教育专题学习会和省委学习《习近平在浙江》座谈会。

3 月 20 日，金林贵副厅长参加党史学习教育中央宣讲团报告会。

3 月 22 日，刘国富副厅长列席省委常委会第160次会议。

同日，郑益群二级巡视员参加省政协“扎实推进共同富裕”重点课题调研座谈会并作交流发言。

同日，金林贵副厅长参加全国新冠病毒疫苗接种电视电话会议。

3月23日，刘国富副厅长主持召开厅第89次党组会，传达学习全省组织部长会议和省直机关党的工作暨纪检工作会议精神，听取关于2021年度厅重大行政决策事项有关情况、浙江省人力资源和社会保障事业发展“十四五”规划编制、进一步加强评比达标表彰活动管理工作有关情况、《厅直属机关党委工作规则（试行）》、《厅直属机关纪委工作规则（试行）》拟定、《2021年度厅机关党建工作要点和责任分工》、《2021年厅党组理论中心组学习计划》拟定、部分党支部支委会选举安排情况的汇报，审议关于纵深推进“浙江无欠薪”行动的实施意见，书面审议《2021年全省人力资源和社会保障宣传工作要点》，并研究近期人事工作。下午，刘国富副厅长参加省政府第八次全体会议。

同日，郑益群二级巡视员参加省人大社会委召开的新业态从业人员、灵活就业人员社会保险和劳动保障工作座谈会。

3月24日，刘国富副厅长参加省十三届人大常委会第二十八次会议第二次全体会议。

同日，陈中副厅长参加高兴夫副省长主持召开的研究浙江省生命健康高地建设有关建议推进方案专题会议。

3月24日至26日，郑益群二级巡视员带队赴台州调研城乡居保工作。

3月25日，刘国富副厅长参加袁家军书记听取中央巡视反馈发展类重点难点问题整改情况汇报会。

同日，全省新时代浙江工匠培育工程推进工作电视电话会议在杭州召开，王文序副省长出席会议并讲话，省政府徐晓光副秘书长主持会议，陈中副厅长参加。

同日，葛平安副厅长参加省消费专班第九次会议并作汇报发言。

3月25日至26日，长三角社会保障卡居民服务“一卡通”专班第二次会议在嘉兴召开，葛平安副厅长主持会议。

3月26日，刘国富副厅长参加省十三届人大常委会第二十八次会议第一次全体会议，之后参加省委政法队伍教育整顿领导小组第一次全体会议，下午参加全省制造业高质量发展大会。

同日，陈中副厅长陪同王文序副省长赴省人才市场调研人才公共服务数字化改革工作。

3月29日，金林贵副厅长参加省推进“一带一路”建设工作领导小组第四次（扩大）会议和中国（浙江）自由贸易试验区工作领导小组第八次会议。

同日，葛平安副厅长参加长三角“一网通办”视频会议并作交流发言。

3月29日至31日，陈中副厅长赴海口参加人社部召开的部分开放地区人社政策改革创新座谈会并作交流发言。

3月30日，宁夏人社厅张宏伟副厅长一行来厅调研事业单位人事薪酬及人才工作，金林贵副厅长参加座谈会。之后，金林贵副厅长参加陈金彪常务副省长专题听取《浙江省中医药发展“十四五”规划》和《浙江省新型城镇化发展“十四五”规划》编制情况汇报会，下午参加省推进“四大建设”工作联席会议。

同日，葛平安副厅长参加全省建设平安浙江工作暨扫黑除恶专项斗争总结表彰会议。

同日，郑益群二级巡视员参加国家发展改革委创业带动就业示范行动动员部署会。

3月31日，金林贵副厅长参加2021年全省职工职业技能竞赛启动仪式。

2021年4月

4月1日，陈中副厅长参加2021年省社会救助工作联席会议。

同日，金林贵副厅长列席省政府第67次常务会议。

同日，郑益群二级巡视员参加全国剥离国有企业办社会职能和解决历史遗留问题工作电视电话会议，下午参加省人大民族宗教华侨外事委员会民族团结进步创建工作情况汇报会。

4月2日，省人力社保厅召开全厅干部大会，省委组织部常务副部长张学伟到会宣布省委决定：吴伟斌同志任省人力资源和社会保障厅党组书记，提名厅长人选。

同日，省委第四巡视组巡视省人力社保厅党组工作动员会召开，省委第四巡视组焦旭祥组长作动员讲话，省委巡视办王俊副主任就配合做好巡视工作提出要求，厅党组书记吴伟斌主持会议并作表态发言。

同日，厅党组书记吴伟斌参加牢记重要嘱托建设“重要窗口”专题交流会。

同日，刘国富副厅长参加省党政军领导“清明祭英烈”活动。

同日，葛平安副厅长参加全省网络安全工作推进会并作交流发言。

4月6日，厅党组书记吴伟斌列席省委常委会第162次会议，之后主持召开第1次厅党组会，就做好人社工作提出工作要求，下午参加“共同富裕与新发展阶段新使命”专题报告会。

同日，刘国富副厅长参加全国第一批政法队伍教育整顿工作推进会。

同日，陈中副厅长参加省人大听取省有关部门推进落实“十四五”规划科技创新发展部署情况汇报会。

同日，金林贵副厅长参加省政府办公厅陈新忠副主任召集的对接企业减负数据共享事宜专题会议。

4月7日，金林贵副厅长参加人社部事业单位工作人员处分暂行规定修订工作电视电话会议。

同日，葛平安副厅长参加全国劳动关系工作座谈会。

4月7日至8日，人社部就业司宋鑫副司长一行来浙开展就业工作调研，陈中副厅长陪同。

4月8日，厅党组书记吴伟斌参加人社部巩固拓展人社脱贫攻坚成果推进乡村振兴工作动员部署电视电话会议并作交流发言，金林贵副厅长参加；之后参加袁家军书记专题听取我省地勘事业单位事企分离改革工作情况汇报会。

同日，刘国富副厅长参加全省高速公路公安交通管理体制调整工作电视电话会议并作交流发言，下午参加全省推进清廉医院建设工作电视电话会议。

同日，“揭榜挂帅”产研融合平台启动仪式暨项目路演活动在浙江大学举行，王文序副省长出席，陈中副厅长参加。

同日，金林贵副厅长参加省十三届人大五次会议代表建议和省政协十二届四次会议提案交办会。

4月9日，厅党组书记吴伟斌参加省深化国有企业改革工作领导小组2021年度第一次会议。

同日，刘国富副厅长参加全省政法队伍教育整顿相关会议。

同日，金林贵副厅长参加浙江省新型智库工作联席会议第三次全体会议。

同日，葛平安副厅长参加高兴夫副省长主持召开的省制造业高质量发展领导小组专题会议暨省工业转型升级领导小组会议、省深化“亩均论英雄”改革领导小组会议、省小微企业园工作联席会议。

4月9日至10日，陈中副厅长赴南京出席2021年浙江—南京人才招聘会。

4月10日，金林贵副厅长参加省网络市场监管联席会议（扩大）会议。

4月12日，厅党组书记吴伟斌参加王文序副省长主持召开的分管单位季度工作例会。

同日，葛平安副厅长参加陈金彪常务副省长主持召开的专题听取《浙江省公共服务提升“十四五”规划》和《浙江省社会信用体系建设“十四五”规划》编制情况汇报会。

4月13日，厅党组书记吴伟斌列席省委常委会第163次会议。

同日，金林贵副厅长主持召开厅保密委员会（扩大）会议。

4月13日至16日，刘国富副厅长带队赴深圳学习考察。

4月14日，金林贵副厅长参加“中国共产党的故事——习近平新时代中国特色社会主义思想在浙江的实践”专题宣介会。

4月14日至15日，金林贵副厅长带队赴淳安开展乡村合作创业调研。

4月16日，厅党组书记吴伟斌列席省政府第68次常务会议。

同日，陈中副厅长参加2021年全省普通高校毕业生就业创业工作网络视频会议。

同日，葛平安副厅长参加人社部统计督察整改工作动员电视电话会议并作表态发言。

同日，郑益群二级巡视员参加2021年省部标准化工作联席会议，下午参加老龄工作调研座谈会。

4月17日，陈中副厅长参加陈金彪常务副省长主持召开的研究全省一季度经济形势专题会议。

4月19日，厅党组书记吴伟斌列席省委常委会第164次会议，下午列席省政府第69次常务会议。

4月20日，厅党组书记吴伟斌参加省数字化改革第一次工作例会，下午参加军民融合专题报告会。

同日，陈中副厅长赴省委党校为主体班次授课。

4月21日，省人力社保厅组织副处长级以上领导干部赴嘉兴南湖开展“学红船精神 悟初心使命”党史学习教育，厅党组书记吴伟斌以“弘扬‘红船精神’汲取前行力量 锻造一支自觉践行‘红船精神’的人社干部队伍”为主题上党课。

4月22日，厅党组书记吴伟斌列席省政府第70次常务会议。

同日，陈中副厅长出席中国博士后科学基金获得者学术研讨会并致辞。

同日，金林贵副厅长参加全省党史学习教育工作座谈会暨巡回指导动员部署会。

同日，上海市人社局余成斌副局长一行来厅调研数字人社建设，葛平安副厅长参加座谈会。

同日，郑益群二级巡视员参加省人大教科文卫委召开的民办义务教育工作交流座谈会。

4月22日至23日，刘国富副厅长赴苏州参加长三角地区人社一体化发展联席会议暨长三角“十四五”人社规划编制研讨会。

4月22日至23日，人社部就业促进司一级巡视员尹建堃一行来浙开展就业领域“放管服”改革调研，陈中副厅长陪同。

4月23日，厅党组书记吴伟斌参加刘小涛副省长主持召开的研究养老保险工作专题会议，下午列席省委常委会第165次会议。

同日，金林贵副厅长参加2021年全国人事考试工作视频会议。

同日，葛平安副厅长参加推进新时代浙江产业工人队伍建设改革工作协调小组成员单位第三次（扩大）会议。

4月24日至25日，陈中副厅长赴嘉兴参加专家国情研修班开班仪式。

4月25日，厅党组书记吴伟斌参加省委法治浙江建设工作会议，下午主持召开厅第2次党组会，研究厅领导班子分工和近期人事工作。

4月26日，厅党组书记吴伟斌主持召开厅第3次党组会，听取关于开展人社数字化改革任务试点工作情况、国家统计督察整改工作动员电视电话会议精神及我省贯彻实施意见、《关于支持多渠道灵活就业的实施意见》起草情况、《关于进一步加强山区26县人力社保支撑促进跨越式高质量发展的若干意见》起草情况、《关于省委意识形态工作责任制落实情况检查组对我厅党组2020年度落实意识形态工作责任制检查反馈意见的整改落实方案》起草情况、《厅党组贯彻落实意识形态工作责任制意见》起草情况、部分党支部委员会选举结果及部分党支部机构人员任免情况、调整厅党史学习教育领导小组、厅全面从严治党工作领导小组、厅巡察工作领导小组成员的汇报，之后主持召开厅党组理论学习中心组专题学习会和全面从严治党专题会议；下午，厅党组书记吴伟斌主持召开全厅干部大会，对民主推荐处级领导干部作动员。

同日，葛平安副厅长参加省纪委漠视侵害群众利益问题专项治理工作推进会。

4月26日至27日，陈中副厅长陪同人社部人力资源流动管理司副司长李祥伟一行赴嘉兴调研。

4月26日至28日，金林贵副厅长赴嘉兴陪同人社部行风办谢媛副主任一行开展“永远跟党走为民办实事——人社服务标兵万里行”宣讲活动。

4月27日，厅党组书记吴伟斌参加海洋强省建设专班第二次例会，下午参加省党史学习教育第七巡回指导组见面会。

同日，人社部工资司吴常信副司长一行来浙调研，刘国富副厅长参加座谈会。

4月27日至29日，郑益群二级巡视员陪同人社部工资司吴常信副司长一行赴宁波、嘉兴调研。

4月28日，陈中副厅长主持召开研究就业平台相关工作专题会议。

同日，金林贵副厅长赴苏州参加长三角生态绿色一体化发展示范区理事会第四次全体会议。

同日，葛平安副厅长参加郑栅洁省长主持召开的部署全省房地产市场平稳健康发展工作专题会议。

4月29日，厅召开数字化改革工作第2次会议，厅党组书记吴伟斌出席会议并讲话，陈中副厅长参加，葛平安副厅长主持会议。下午，厅党组书记吴伟斌参加刘小涛副省长主持召开的研究2021年养老金调待工作专题会议，之后参加提升党员干部队伍推进现代化建设新能力暨市县乡领导班子换届工作会议。

同日，陈中副厅长参加陈金彪常务副省长专题听取《唱好杭州、宁波"双城记"五年行动计划》编制情况汇报会。

同日，金林贵副厅长主持召开全省人社系统巩固脱贫攻坚成果推进乡村振兴电视电话会议。

4月30日，厅党组书记吴伟斌参加浙江省庆祝"五一"国际劳动节暨表彰劳模先进大会。

同日，陈中副厅长主持召开研究就业平台相关工作专题会议。

同日，金林贵副厅长参加省政府副秘书长蔡晓春主持召开的研究全省职业教育大会筹备工作专题会议，下午参加成岳冲副省长主持召开的研究独立学院合并转设工作专题会议。

同日，葛平安副厅长参加高兴夫副省长主持召开的省属企业座谈会。

2021年5月

5月6日，厅党组书记吴伟斌赴厅下属单位调研。

同日，陈中副厅长出席第四届滨江国际人才节。

5月6日至7日，刘国富副厅长带队赴人社部对接工作。

5月7日，厅党组书记吴伟斌列席省委理论学习中心组"习近平科学的思维方法在浙江的探索与实践"系列成果、《习近平在浙江》采访实录专题学习会和省委常委会第166次会议。

同日，陈中副厅长赴上海参加部分省市技能人才评价和技能竞赛工作座谈会。

同日，金林贵副厅长参加省人大社会委养老服务满意度测评部门座谈会。

5月8日，刘国富、陈中、金林贵、葛平安等副厅长参加省委第四巡视组巡视省人力社保厅党组谈话。

同日，金林贵副厅长参加省养老服务联席会议第一次全体会议。

5月8日至9日，厅党组书记吴伟斌参加省委学习贯彻习近平关于"共同富裕"重要论述精神专题学习会。

5月10日，厅党组书记吴伟斌参加数字化改革多跨场景重大改革需求研讨会暨市委书记工作例会。

同日，甘肃省人社厅何永强副厅长一行来浙调研，陈中副厅长参加座谈会。

同日，金林贵副厅长参加湖南省人大常委会党组成员叶红专一行来浙学习考察快递从业人员合法权益保障工作座谈会。

同日，葛平安副厅长赴中国电建集团华东设计院学习考察数字化改革工作。

5月11日，厅党组书记吴伟斌随同郑栅洁省长赴杭州市钱塘区、海宁市调研。

同日，刘国富副厅长、陈中副厅长参加刘小涛副省长主持召开的研究人力社保"十四五"规划及用工保障工作专题会议。

5月12日，厅党组书记吴伟斌主持召开厅党组扩大会议，传达学习习近平总书记关于共同富裕重要论述、省委专题学习会、数字化改革多跨场景重大改革需求研讨会暨市委书记工作例会、国务院第四次廉政工作会议和省政府第四次廉政工作会议精神，听取关于厅属非预算单位公款竞争性存放工作、关于2021年我省退休人员基本养老金等待遇调整建议方案的汇报，研究近期人事工作。

同日，人社部规划财务司张立新司长一行来浙开展统计督查专项调研，刘国富副厅长参加座谈会。

同日，金林贵副厅长参加中央纪委驻中组部纪检监察组“破立结合树新风”“防范和整治‘村霸’”“养老和医疗保险发放”调研座谈会。

5月12日至14日，厅党组书记吴伟斌随省党政代表团赴北京、上海考察学习。

5月13日，刘国富副厅长参加省人大常委会职业教育发展情况部门汇报会并作汇报。

同日，陈中副厅长参加中国社科院调研浙江共同富裕示范区建设工作座谈会，下午参加第四届海峡两岸青年发展论坛、《富春山居图》合璧十周年纪念活动筹备工作汇报会。

同日，金林贵副厅长参加人社部脱贫人口稳岗就业工作电视电话会议。

同日，葛平安副厅长召开厅数字化改革领导小组办公室专题会议，听取“浙江无欠薪”应用数字化改革工作汇报。

5月14日，厅党组书记吴伟斌参加全省安全生产大排查大整治专项行动部署会。

同日，刘国富、陈中、金林贵、葛平安等副厅长参加全国人力资源社会保障系统2021年党风廉政建设工作座谈会暨社保基金管理问题专项整治动员部署会。

同日，葛平安副厅长主持召开厅数字化改革领导小组办公室专题会议，听取“数字就业”“数字社保”“智慧技能”应用数字化改革工作汇报。

5月15日，陈中副厅长参加省“鲲鹏行动”计划审核论证会。

5月17日，厅党组书记吴伟斌列席省委常委会第167次会议，下午参加共同富裕示范区建设专家座谈会。

同日，刘国富副厅长主持召开被征地农民参加基本养老保险工作座谈会。

同日，陈中副厅长赴杭钢集团对接产教融合工作。

同日，金林贵副厅长参加全省政法队伍教育整顿第二次全体会议，之后参加建党百年信访安保重点任务交办视频会议。

同日，葛平安副厅长参加全省建筑业高质量发展大会。

5月18日，厅党组书记吴伟斌主持召开防范化解我省企业职工基本养老保险风险对策措施专题会议，刘国富副厅长参加。

同日，刘国富副厅长参加全国职业能力建设工作电视电话会议。

同日，陈中副厅长参加山区26县跨越式高质量发展工作专班第一次例会。

5月19日，厅党组书记吴伟斌列席省政府第71次常务会议；下午参加陈金彪常务副省长主持召开的研究企业职工基本养老保险工作专题会议，刘国富副厅长参加；之后参加浙江·四川东西部协作和对口支援工作座谈会。

同日，陈中副厅长参加省科技厅专题评审会。

5月20日，刘国富副厅长参加全力打好构建新发展格局组合拳工作专班第一次例会。

同日，葛平安副厅长参加省城乡住房工作协调委员会会议。

5月21日，厅党组书记吴伟斌参加全省碳达峰碳中和工作推进会。

同日，葛平安副厅长参加人社部深入实施“人社服务快办行动”视频会并作典型发言。

5月23日，陈中副厅长赴嘉兴出席嘉兴国际人才交流与合作大会。

5月24日，厅党组书记吴伟斌赴浙江智能制造技师学院调研有关工作。

同日，陈中副厅长出席2021年“全国科技工作者日”浙江主场活动暨“打造科学家群落、弘扬科学家精神”行动启动仪式。

同日，葛平安副厅长主持召开厅数改办会议，专题研究部署人社数字化改革任务试点项目应用场景工作。

5月25日，厅党组书记吴伟斌参加省十三届人大常委会第二十九次会议第一次全体会议，并作拟任职表态发言，下午主持召开厅第6次党组会，传达学习《中国共产党领导国家安全工作条例》《当前意识形态领域形势的通报》《关于高质量全面落实意识形态工作责任制的意见》《庆祝建党百年需防范冲击社会稳定和意识形态安全的八大风险及化解建议》、防范和惩治统计造假弄虚作假重要文件精神，听取省直机关“两优一先”推荐、“光荣在党50年”纪念章颁发工作、《厅2021党风廉政建设工作要点和责任分工》拟定、《深化推进“清廉人社、模范机关”建设的措施》拟定、2021年巡察工作计划、全省人社系统2021年党风廉政建设工作会暨社保基金管理问题专项整治动员部署会有关安排、我省人社领域信访、省机关事业养老保险中心工作及人员分流情况的汇报，审议《关于加强职业年金基金监管工作的通知》（审核稿）、《关于进一步加强社会保险基金管理风险排查的工作方案（送审稿）》。

5月26日，省委第四巡视组巡视省人力社保厅党组工作汇报会召开，省委第四巡视组焦旭祥组长、陈书来副组长、王正林副组长出席会议，厅党组书记吴伟斌代表厅党组汇报上一轮巡视以来工作情况，刘国富、陈中、金林贵、葛平安等副厅长参加会议；下午，厅党组书记吴伟斌参加刘小涛副省长听取分管单位党风廉政建设工作情况汇报会。

同日，葛平安副厅长赴绍兴参加“智慧技能”数字化改革专题调研座谈会。

5月27日，全省人社系统党风廉政建设工作会议暨社保基金管理问题专项整治动员部署会在杭州召开。吴伟斌厅长出席会议并讲话，驻省委组织部纪检监察组周鲁明组长、金林贵副厅长、葛平安副厅长参加会议。

同日，人社部养老保险司亓涛副司长一行来浙开展养老保险工作调研，厅党组书记吴伟斌、刘国富副厅长参加座谈会。

同日，陈中副厅长参加省对口办来厅对接援川东西部扶贫协作工作座谈会。

5月27日至28日，刘国富副厅长陪同人社部养老保险司亓涛副司长一行赴德清调研养老保险工作。

5月28日，吴伟斌厅长参加省十三届人大常委会第二十九次会议第三次全体会议，之后参加法治浙江决议实施15周年工作座谈会，下午列席省委常委会第168次会议。

同日，陈中副厅长赴北京参加人社部召开的就业工作专题调研座谈会。

5月31日，厅党组书记吴伟斌参加省委深化改革委员会第十四次会议并作汇报发言。

同日，陈中副厅长参加新一轮浙川东西部协作工作新闻发布会并回答记者提问。

同日，葛平安副厅长赴温州参加“浙江无欠薪”数字化改革专题调研座谈会，并出席温州市第三代社保卡发行仪式。

2021年6月

6月1日，吴伟斌厅长参加赴四川东西部协作干部培训欢送会。

同日，刘国富副厅长出席第三届中国（浙江）技能培训教育博览会并致辞。

同日，葛平安副厅长在温州开展“浙江无欠薪”数字化改革应用项目调研。

6月1日至2日，吴伟斌厅长赴金华调研并开展“厅局长走流程”活动。

6月1日至2日，江苏省人社厅戴元湖厅长一行来浙调研人才工作，吴伟斌厅长、陈中副厅长分别陪同。

6月2日，刘国富副厅长参加陈金彪常务副省长主持召开的研究共同富裕示范区建设的指标体系、重大改革清单（政策诉求清单）和突破性抓手清单编制等工作专题会议。

同日，葛平安副厅长参加全国深化“放管服”改革着力培育和激发市场主体活力电视电话会议，下午赴杭州开展“数字就业”改革试点专题调研。

6月2日至3日，金林贵副厅长带队赴宁波开展乡村合作创业工作调研。

6月3日，吴伟斌厅长参加省政协常委会第二十一次会议专题协商会暨各民主党派省委会、省工商联负责人和无党派人士代表座谈会。

同日，全国就业创业工作暨普通高等学校毕业生就业创业工作电视电话会议召开，刘小涛副省长在我省分会场参会并作典型发言，陈中副厅长参加。

同日，葛平安副厅长参加全国人大常委会企业破产法执法检查汇报会，下午赴湖州开展“数字社保”“浙江无欠薪”改革专题调研。

6月4日，吴伟斌厅长参加郑栅洁省长主持召开的征求对《浙江高质量发展建设共同富裕示范区实施方案（2021—2035）（征求意见稿）》意见建议市、县、乡镇长座谈会，下午参加郑栅洁省长主持召开的省政府共同富裕示范区建设专题会议。

同日，金林贵副厅长参加成岳冲副省长听取省政府履行教育职责评价实地督查反馈意见整改情况汇报会。

同日，葛平安副厅长主持召开建党百年系统信访稳定工作视频会议。

6月5日，吴伟斌厅长参加省教育工作领导小组会议。

6月6日至7日，刘国富副厅长赴新疆参加人社系统对口支援新疆工作暨支持南疆四地州技工院校建设对接调研活动。

6月7日，吴伟斌厅长主持召开厅机关处长会议，传达省政府有关紧急会议精神，之后列席省委常委会第169次会议，下午参加刘小涛副省长主持召开的研究共同富裕工作专题会议。

同日，葛平安副厅长主持召开全省人社系统数字化改革试点工作推进会，听取“数字人才”等6个试点项目10大任务推进和应用场景谋划情况。

6月7日至9日，金林贵副厅长带队赴金华开展推进产业工人队伍建设改革工作专项督查。

6月7日至10日，陈中副厅长赴宁波参加中东欧博览会相关活动。

6月8日，吴伟斌厅长陪同刘小涛副省长赴省人才市场、浙江大学工程师学院、杭州萧山技师学院、杭萧钢构调研。

同日，葛平安副厅长主持召开全省人社系统数字化改革试点工作推进会，听取电子劳动合同等9个试点项目14大任务推进和应用场景谋划情况。

6月8日至9日，刘国富副厅长带队赴人社部对接工作。

6月9日，吴伟斌厅长参加刘小涛副省长主持召开的研究企业退休人员基本养老金待遇调整工作专题会议。

同日，金林贵副厅长参加浙江省2021年第二季度贯彻落实国家重大政策措施情况等事项审计进点会。

6月9日至10日，葛平安副厅长带队赴台州、绍兴开展根治欠薪督导工作。

6月10日至11日，吴伟斌厅长参加省委十四届九次全体（扩大）会议。

6月10日至11日，金林贵副厅长赴宁波出席2021年浙江省技工院校学生“学党史 铸匠魂”学习竞赛总决赛。

6月11日，吴伟斌厅长主持召开厅第7次党组（扩大）会议，传达省委十四届九次会议精神，之后列席省政府第72次常务会议。

同日，葛平安副厅长赴湖州出席“民生一卡通”专班工作会议。

6月15日，吴伟斌厅长列席省委常委会第170次会议，下午参加全省科学技术奖励大会，之后参加省领导会见第二、三批省“鲲鹏行动”计划专家活动。

6月15日至16日，葛平安副厅长赴金华开展党政机关整体智治应用项目推进工作调研。

6月16日，吴伟斌厅长参加第十次府院联席会议，下午主持召开全省系统安全稳定工作视频会议，之后召开全厅干部大会，传达学习省委十四届九次会议精神，刘国富、陈中、金林贵、葛平安等副厅长出席会议。

同日，陈中副厅长参加省促进中小企业和民营企业发展工作领导小组第五次会议，下午参加第四批省“鲲鹏行动”计划审核论证会。

6月16日至18日，葛平安副厅长赴南京参加全国人力资源和社会保障网络安全和信息化工作会议。

6月17日，金林贵副厅长参加全国安全生产电视电话会议。

6月17日至18日，吴伟斌厅长随同浙江省党政代表团赴四川考察学习。

6月17日至18日，金林贵副厅长赴慈溪开展乡村振兴合作创业工作调研。

6月18日，葛平安副厅长召开省协调劳动关系三方四家会议，会商最低工资标准相关工作。

6月21日，吴伟斌厅长列席省委常委会第172次会议。

同日，陈中副厅长、金林贵副厅长分别给分管处室、单位全体同志上党课。

6月21日至23日，刘国富副厅长带队赴人社部对接共同推进浙江高质量发展建设共同富裕示范区省部合作协议相关工作。

6月22日，吴伟斌厅长在浙江分会场参加第十五届高技能人才表彰大会。

同日，葛平安副厅长参加刘小涛副省长主持召开的研究部署分管领域安全稳定工作及专题听取农民工工资支付和信访集中问题情况汇报会。

6月22日至24日，陈中副厅长带队赴宁波、舟山开展安全稳定工作调研和“厅局长走流程”活动。

6月22日至24日，金林贵副厅长带队赴衢州、丽水、金华开展安全稳定工作调研和“厅局长走流程”活动。

6月22日至24日，葛平安副厅长带队赴湖州、杭州、嘉兴开展安全稳定工作调研和“厅局长走流程”活动。

6月24日，吴伟斌厅长参加全省数字化改革工作推进会。

6月25日，吴伟斌厅长主持召开厅第8次党组会，传达学习《中国共产党组织工作条例》《关于当前我省意识形态领域形势的通报》《生命重于泰山——学习习近平总书记关于安全生产重要论述》电视专题片和中央、省委有关保密工作文件精神，听取关于起草《浙江省社会保险基金监督管理约谈暂行规定（送审稿）》《关于开展全省社会保险基金安全评估工作的实施意见（送审稿）》《2021年度浙江省人社系统绩效考核评价办法（送审稿）》修订、商请省工商银行建设企业职工养老保险全国统筹信息系统有关工作、国有企业公款竞争性存放政策以及厅属非预算单位公款竞争性存放工作、我厅“信创工程”进展、2020年度厅优秀共产党员评选推荐、“七一”拟走访慰问生活困难党员和老党员、党支部换届或届中调整安排、党员发展情况的汇报，审议《关于加强和规范我省人力资源和社会保障统计工作的意见（送审稿）》，研究近期人事工作。下午参加省政府第73次常务会议，汇报2021年我省退休人员基本养老金待遇调整方案制订情况。

6月28日，吴伟斌厅长、刘国富副厅长参加刘小涛副省长主持召开的研究社会保障工作专题会议；下午，吴伟斌厅长参加省政府专题学习会暨省政府党组理论学习中心组学习会。

同日，陈中副厅长到杭州市潮鸣街道调研困难人员帮扶工作。

6月29日，吴伟斌厅长参加全省清理公务员津贴补贴工作专题会议，下午出席厅“歌颂百年、奋进人社”主题党日活动并讲话，刘国富副厅长、金林贵副厅长、葛平安副厅长出席。

同日，陈中副厅长到萧山调研人才工作，下午参加省政府研究解决渔业矛盾系统治理方案专题会议。

6月30日，吴伟斌厅长主持召开厅第9次党组会，省委组织部干部一处诸葛赞到会宣布：毛鹏岳、颜忠勇同志任省人力社保厅党组成员；提名毛鹏岳同志为省人力社保厅副厅长人选。

同日，吴伟斌厅长参加人社部人力资源和社会保障事业发展“十四五”规划实施动员视频会并作典型发言，下午参加新业态、新就业群体党建工作试点动员部署会。

同日，金林贵副厅长参加卢山副省长主持召开的研究工业劳动生产率低问题专题会议。

同日，葛平安副厅长参加高兴夫副省长主持召开的研究协调司法和监狱需解决的重大事项专题会议。

2021年7月

7月1日，厅领导班子，厅机关各处室、直属各单位主要负责人集中收看庆祝中国共产党成立100周年大会；之后吴伟斌厅长主持召开民主推荐工作会议，部署厅机关、省社会保险和就业服务中心二级巡视员及二级调研员的民主推荐工作；下午，吴伟斌厅长参加浙江省庆祝中国共产党成立100周年大会。

7月2日，吴伟斌厅长列席省委常委会第173次会议，之后主持召开厅第10次党组会，研究部署学习贯彻习近平总书记在庆祝中国共产党成立100周年大会上的重要讲话精神工作，听取关于厅领导班子分工调整建议方案的汇报，研究近期干部人事工作。

同日，葛平安副厅长赴湖州开展“浙里社保基金安全在线”数字化改革专题调研。

7月5日，吴伟斌厅长、葛平安副厅长参加全国农民工工作督察组督察浙江情况汇报会。

7月5日至6日，金林贵副厅长参加省委学习习近平总书记在庆祝中国共产党成立100周年大会上的重要讲话精神专题读书班。

7月5日至6日，毛鹏岳副厅长赴上海出席长三角地区铁道行业职业技能竞赛暨中国铁路上海局集团有限公司第九届职业技能竞赛开幕式。

7月5日至7日，吴伟斌厅长赴人社部汇报工作，对接高质量发展建设共同富裕示范区省部合作协议事宜。

7月5日至9日，葛平安副厅长陪同全国农民工工作督察组在浙江开展督察。

7月6日，金林贵副厅长参加郑栅洁省长主持召开的省政府研究农业转移人口市民化专题会议。

7月7日，吴伟斌厅长专题听取人社数字化改革“人社数字驾驶舱”“浙里社保基金安全全链条监管”“数字就业”三大应用工作情况汇报，驻省委组织部纪检监察组组长周鲁明、副厅长葛平安参加。

同日，陈中副厅长参加陈金彪常务副省长专题听取山区26县跨越式高质量发展暨山海协作工程、高质量发展建设共同富裕示范区有关工作推进情况汇报会。

同日，金林贵副厅长参加全省数字化改革网络安全工作部署会，下午参加省委保密委全体会议。

同日，毛鹏岳副厅长参加健康浙江建设领导小组暨深化医改、中医药工作联席会议。

7月8日，人社部职业能力司刘新昌副司长一行来浙开展全国新职业技术技能大赛对接和技能等级认定工作调研，刘国富副厅长参加座谈会。

同日，毛鹏岳副厅长参加成岳冲副省长主持召开的研究《浙江省医疗保障条例》部分条款落实工作专题会议。

7月8日至9日，毛鹏岳副厅长赴北京参加人社部有关养老保险工作培训班。

7月9日，吴伟斌厅长列席省政府第74次常务会议。

7月12日，吴伟斌厅长参加中央媒体集中采访“浙江高质量发展建设共同富裕示范区”情况通报会，之后参加袁家军书记会见中央媒体记者活动；下午参加县（市、区）委书记工作交流会。

同日，陈中副厅长列席省委常委会第174次会议。

7月13日，吴伟斌厅长、毛鹏岳副厅长参加刘小涛副省长听取省人力社保厅有关工作进展情况和上半年形势分析汇报会；下午吴伟斌厅长主持召开厅党组理论学习中心组学习贯彻习近平总书记“七一”重要讲话精神专题学习会，之后主持召开厅第11次党组会，听取《关于人社领域推进共同富裕示范区建设实施方案（送审稿）》起草情况、《浙江省人力资源和社会保障统计报表制度》有关情况、《关于延续实施部分减负稳岗扩就业政策措施的通知（送审稿）》起草情况、中央巡视反馈问题整改进展情况和《浙江省高层次创新型人才职称“直通车”评审办法（送审稿）》起草情况的汇报，研究近期干部人事工作。

同日，金林贵副厅长参加中央规范地方公务员津贴补贴工作调研组见面座谈会。

同日，葛平安副厅长参加浙江省网络餐饮治理“一件事”集成改革推进会。

7月13日至14日，金林贵副厅长赴宁波出席全省人社系统乡村振兴合作创业领导干部培训班。

7月14日，吴伟斌厅长主持召开民主推荐工作会议，部署厅属事业单位副处级领导干部及省社会保险和就业服务中心四级调研员的民主推荐工作。

同日，陈中副厅长陪同安徽省副省长杨光荣一行在浙考察。

同日，毛鹏岳副厅长参加中央规范地方公务员津贴补贴工作调研组访谈交流会。

7月14日至16日，人社部党组书记、部长张纪南一行来浙调研，吴伟斌厅长、陈中副厅长、葛平安副厅长分别陪同调研。

7月15日，袁家军书记会见人力资源和社会保障部党组书记、部长张纪南一行，省委常委、秘书长陈奕君，副省长刘小涛参加会见，吴伟斌厅长参加。

同日，吴伟斌厅长、毛鹏岳副厅长参加郑栅洁省长听取基本养老保险工作专题会议。

同日，金林贵副厅长参加全省加强干部选拔任用监督暨选人用人巡视检查问题整改推进会，下午参加陈金彪常务副省长主持召开的研究全要素生产率（含劳动生产率）工作专题会议。

同日，陈中副厅长出席2021年台湾大学生来浙暑期就业实习月活动启动仪式并致辞，随后巡视台湾青年专场招聘会现场。

7月16日，省政府与人力资源和社会保障部在杭州签署《共同推进浙江高质量发展建设共同富裕示范区合作协议》，人社部党组书记、部长张纪南与省委副书记、省长郑栅洁签约，刘小涛副省长主持签约仪式，吴伟斌厅长参加。

同日，吴伟斌厅长参加省政府听取半年度重点工作完成情况专题会议。

同日，陈中副厅长参加浙江省青少年体育工作第一次联席会议，下午赴淳安开展企业用工监测调研。

同日，金林贵副厅长参加省直机关“七一”重要讲话精神报告会。

同日，葛平安副厅长参加高质量发展建设共同富裕示范区领导小组第一次会议。

7月17日，金林贵副厅长参加省农业农村厅党组理论学习中心组（扩大）学习会暨处级干部读书会。

7月19日，吴伟斌厅长主持召开厅第12次党组会，传达学习人社部张纪南部长来浙签署部省合作协议并开展调研情况和省政府基本养老保险工作专题会议精神，听取关于部分党支部换届或届中调整选举安排及部分党支部负责人调整任免意见的汇报，研究近期干部人事工作；下午参加山区26县跨越式高质量发展暨山海协作工程推进会。

7月19日至20日，金林贵副厅长参加深化新时代浙江产业工人队伍建设改革工作推进会暨非公企业产业工人队伍建设改革试点工作动员部署会并作交流发言。

7月20日，吴伟斌厅长参加省碳达峰碳中和工作领导小组第一次全体会议，下午听取社保征缴扩面有关工作汇报，毛鹏岳副厅长参加。

同日，陈中副厅长参加全省农业科技大会。

同日，葛平安副厅长参加高兴夫副省长主持召开的研究部署省本级国企改革重点任务落实情况审计调查报告整改工作会议。

同日，毛鹏岳副厅长参加2021年全国医改工作电视电话会议。

7月21日，吴伟斌厅长以普通党员身份参加厅办公室党支部党史学习教育专题组织生活会，下午参加省委编办离任审计专题会议。

同日，陈中副厅长以普通党员身份参加厅人才处党支部党史学习教育专题组织生活会，省党史学习教育第七巡回指导组组长王义到会指导。

同日，葛平安副厅长赴浙报集团开展“三服务”调研；主持召开省深化国有企业负责人薪酬制度改革联席会议办公室会议。

7月22日，吴伟斌厅长参加省委深化改革委员会第十五次会议，下午参加浙江省习近平新时代中国特色社会主义思想研究中心成立大会。

同日，陈中副厅长赴湖州开展企业用工调查工作调研。

同日，葛平安副厅长赴宁波开展“民生一卡通”数字化改革专题调研。

同日，毛鹏岳副厅长陪同卢山副省长赴华为杭州研究院和萧山技师学院调研。

7月23日，专题部署延迟退休改革征求意见专项工作会议在杭州召开，刘小涛副省长出席会议并讲话，会议由吴伟斌厅长主持，毛鹏岳副厅长参加；下午，吴伟斌厅长参加“共话共同富裕示范区建设 勇担科技自立自强新使命”科学家座谈会。

同日，陈中副厅长参加第四届海峡两岸青年发展论坛开幕式暨主论坛，下午列席省政府第75次常务会议。

同日，金林贵副厅长赴绍兴出席全省人事考试系统警示教育工作部署会。

同日，葛平安副厅长参加全国劳动人事争议调解仲裁工作座谈会并作交流发言。

7月26日，吴伟斌厅长主持召开厅第13次党组会，听取关于省社保和就业服务中心办公场所搬迁情况和厅返聘人员有关情况汇报，研究近期干部人事工作。之后，吴伟斌厅长列席省委常委会第175次会议。

同日，葛平安副厅长参加省数字经济系统建设工作推进会。

7月27日，吴伟斌厅长主持召开社保征缴扩面工作专题会议，陈中副厅长参加；之后，省委组织部来我厅开展2名副厅级领导干部民主推荐工作，吴伟斌厅长主持会议并就做好民主推荐工作作动员讲话。

同日，葛平安副厅长参加全国优化生育政策电视电话会议，下午参加省快递物流业党委成立大会暨快递物流行业党建工作推进会。

同日，毛鹏岳副厅长参加专项审计调查工作专班第一次会议。

7月28日，省纪委来我厅调研督导重大工程建设项目劳资纠纷专项治理工作，吴伟斌厅长、葛平安副厅长参加汇报会。

同日，人社部社保中心二级巡视员贺小周一行来浙开展省市县三级社保经办机构调研工作，毛鹏岳副厅长参加座谈会；下午，毛鹏岳副厅长参加卢山副省长主持召开的研究省政府与吉利集团战略合作协议专题会议。

7 月 28 日至 29 日，陈中副厅长赴重庆参加第一届全国人力资源服务业发展大会。

7 月 28 日至 29 日，全省人社系统练兵比武竞赛现场展示和市局领导笔试在台州举办，金林贵副厅长出席活动并讲话。

7 月 28 日至 29 日，葛平安副厅长主持召开全省人社系统数字化改革“对标争先”试点项目路演汇报会。

7 月 29 日，吴伟斌厅长赴杭州市拱墅区潮鸣街道和浙江建设技师学院调研就业和技师学院建设工作。

同日，葛平安副厅长参加进一步减轻义务教育阶段学生作业负担和校外培训负担电视电话会议。

同日，毛鹏岳副厅长主持召开延迟退休改革征求意见座谈会。

7 月 30 日，吴伟斌厅长参加全省禁毒工作电视电话会议，下午参加全省社会保险基金运行风险专项审计调查进点动员电视电话会议，毛鹏岳副厅长参加。

同日，陈中副厅长参加新时代文化浙江工程重要政策专题协调会，下午参加 2021 年全国博士后创新创业大赛视频推进会。

同日，金林贵副厅长出席新浙江老干部活动中心启用仪式。

同日，葛平安副厅长参加社保基金管理问题专项整治工作推进视频会，下午赴湖州主持召开社保基金安全应用和“安薪在线”应用项目推广会议。

7 月 30 日至 31 日，金林贵副厅长赴北京参加全国劳动和社会保障科研工作座谈会。

2021年8月

8 月 2 日，吴伟斌厅长主持召开厅第 14 次党组会，研究近期干部人事工作。

同日，毛鹏岳副厅长参加省人大常委会社会委组织的人大代表延退改革征求意见座谈会。

8 月 3 日，省人大常委会法工委副主任田梦海来我厅研讨《浙江省快递业促进条例》（草案修改稿）有关经营快递业务的企业与从业人员签订合同的性质问题，葛平安副厅长参加座谈会。

同日，毛鹏岳副厅长参加省人大常委会社会委组织的人大代表延退改革征求意见座谈会。

8 月 4 日，金林贵副厅长在我省分会场参加全国疫情防控工作电视电话会议。

同日，毛鹏岳副厅长参加省教育厅组织召开的教育界人士延退改革征求意见座谈会。

8 月 5 日，毛鹏岳副厅长参加各民主党派省委会 2020 年度重要建言成果反馈会，下午参加省卫生健康委组织召开的医卫界人士延退改革征求意见座谈会。

8 月 6 日，葛平安副厅长主持召开数字化改革调研座谈会，听取金华市“浙里就业创业综合服务”“新业态劳动者权益保障”应用和义乌市“未来社区就业创业场景”“‘驿友站’居民服务一卡通”“民生‘关键小事智能速办’”等场景应用建设情况。

同日，毛鹏岳副厅长参加省科技厅组织召开的科技界人士对延退改革征求意见座谈会。

8月9日，吴伟斌厅长列席省委常委会第176次会议，下午主持召开研究新业态从业人员劳动权益保障专题会议，葛平安副厅长参加。

同日，刘国富副厅长召开分管口子处室、单位半年度工作会议，下午与杭州市人社局研究新职业技术技能大赛工作。

同日，陈中副厅长召开分管口子处室、单位半年度工作会议，下午参加省委组织部人才工作专题调研部署会和省“鲲鹏行动”计划审核论证领导小组会议。

同日，毛鹏岳副厅长参加省政协组织的征求延退改革意见座谈会。

8月10日，吴伟斌厅长参加袁家军书记主持召开的“浙江外卖在线”应用情况座谈会。

同日，陈中副厅长参加省青年工作联席会议第三次全体会议并作典型发言，下午陪同省政协吴晶副主席赴杭州市潮鸣街道调研“数字就业”工作。

同日，金林贵副厅长参加省人大养老服务部门座谈会，之后召开厅机关党委会议；下午参加省委教育工作领导小组第六次全体（扩大）会议，之后参加进一步减轻义务教育阶段学生作业负担和校外培训负担工作专班会议。

同日，葛平安副厅长赴省委编办会商人社执法队伍建设工作。

同日，毛鹏岳副厅长召开全省城乡居保基金省级管理与促进共同富裕工作座谈会，征求各市意见建议；下午参加省总工会组织的征求延退改革意见座谈会。

8月11日，吴伟斌厅长主持召开厅第15次党组会，传达学习习近平总书记关于疫情防控重要批示精神，研究部署本厅疫情防控工作，听取关于部分党支部换届或届中调整选举等情况的汇报，书面听取关于重大工程建设项目劳资纠纷专项治理工作情况的汇报，研究近期干部人事工作。

同日，陈中副厅长赴未来科技城调研人才工作。

同日，葛平安副厅长召开新就业形态劳动保障专班第五次会议。

同日，毛鹏岳副厅长参加省妇联组织的征求延退改革意见座谈会。

8月12日，吴伟斌厅长参加省委黄建发副书记主持召开的“扩中”“提低”行动方案编制部署会。

同日，陈中副厅长赴嘉兴调研数字化改革工作和省数字化就业驾驶舱推进情况。

同日，葛平安副厅长参加2021年省推进长三角一体化发展工作领导小组办公会第二次会议，下午参加2021年度法治政府建设（依法行政）考评工作部署会。

同日，毛鹏岳副厅长参加省工商联组织的征求延退改革意见座谈会。

8月13日，吴伟斌厅长参加省政府第九次全体会议，下午以《共产党员要有大历史观》为主题为全厅干部职工上党史学习教育专题党课，之后进行民主推荐干部，金林贵副厅长、葛平安副厅长、毛鹏岳副厅长参加。

同日，陈中副厅长参加省派村第一书记、第12批农村工作指导员和驻村工作组常驻人员任前培训会议，下午列席省政府第76次常务会议。

8月16日，受吴伟斌厅长委托，刘国富副厅长主持召开厅第16次党组会，研究近期干部人事工作。

同日，陈中副厅长参加省咨询委2021年全体会议。

同日，毛鹏岳副厅长参加省政府周日星副秘书长主持召开的研究地勘事业单位事企分离改革有关事项专题会议。

8月16日至19日，吴伟斌厅长随省党政代表团赴青海、新疆学习考察。

8月18日，陈中副厅长赴诸暨开展企业用工调查工作调研。

8月20日，刘小涛副省长专题听取新职业技能大赛筹备情况、职业年金和新业态从业人员劳动权益保障情况汇报，吴伟斌厅长和刘国富、葛平安、毛鹏岳等三位副厅长参加会议。

同日，全省人社系统年中工作视频会议在杭州召开，吴伟斌厅长出席会议并讲话，会议由刘国富副厅长主持。

同日，金林贵副厅长参加省委党史学习教育第七巡回指导组“三为”专题实践活动工作交流会。

8月23日，吴伟斌厅长列席省委常委会第177次会议，下午参加全省第二批政法队伍教育整顿动员部署会。

同日，刘国富副厅长参加省社保和就业服务中心工作人员遴选面试。

同日，金林贵副厅长参加全省农业高质量发展大会。

同日，葛平安副厅长专题听取台州市、柯城区人力社保局“浙创汇”“山区26县共同富裕创业带头人服务”应用场景建设汇报。

同日，毛鹏岳副厅长主持召开延迟退休改革专家座谈会。

8月24日，吴伟斌厅长参加全省数字化改革工作推进会，下午参加省委黄建发副书记召集“扩中”“提低”重点改革项目研究会，之后主持召开厅第17次党组会，传达学习中央、省委关于加强“一把手”和班子成员监督文件精神，听取《关于进一步加强东西部就业帮扶巩固拓展脱贫攻坚成果助力乡村振兴的通知（送审稿）》起草情况、关于2021年省博士后科研项目择优资助和省优秀博士后评审工作情况、关于明确我省职业年金投资运营前个人账户记账利率水平和记账时间有关情况、关于城乡居保基金省级管理有关情况、关于推荐全省“双建”先进集体和部分党支部换届选举、机构调整、人员任免等情况的汇报，研究近期干部人事工作。

同日，刘国富副厅长参加人社部深化公立医院薪酬制度改革工作动员部署会。

同日，金林贵副厅长参加省政协第十二届四次会议第58号重点提案协商座谈会。

8月24日至27日，毛鹏岳副厅长带队赴金华、丽水、衢州开展社保审计自查工作督查。

8月25日，省委第四巡视组向省人力社保厅党组反馈巡视情况。省委巡视工作领导小组成员、办公室主任周峰出席向省人力社保厅党组主要负责人的反馈会议和向厅党组班子反馈会议并对巡视整改提出要求。省委第四巡视组组长焦旭祥代表省委巡视组分别向省人力社保厅党组主要负责人和领导班子反馈巡视情况。吴伟斌厅长主持领导班子反馈会议并作表态讲话。

同日，吴伟斌厅长主持召开厅第18次党组会议，研究省委第四巡视组巡视省人力社保厅党组反馈问题整改情况；之后召开听取“浙就业”应用项目建设情况汇报专题会议，陈中副厅长、葛平安副厅长参加。

同日，陈中副厅长出席全国残疾预防日主题活动。

8月26日，吴伟斌厅长参加集中交流干部集体谈话会，下午赴浙江银保监局对接专属商业养老保险工作。

同日，陈中副厅长参加卢山副省长主持召开的研究项目管理、资金管理、人才评价、成果评价改革事宜专题会议。

同日，金林贵副厅长参加国务院坚决遏制“两高”项目盲目发展电视电话会议，下午参加党的建设制度改革专项小组会议。

同日，葛平安副厅长赴桐庐开展人社综合执法工作调研；下午参加全省“双减”工作会议，之后参加省“双减”工作专班会议。

8月26日至27日，陈中副厅长赴云和调研对口帮扶工作并召开团组工作会议。

8月27日，吴伟斌厅长在我省分会场参加中央民族工作会议，下午参加袁家军书记研究高质量发展建设共同富裕示范区重大改革事项专题会议并就完善人社领域收入分配制度作汇报发言。

同日，金林贵副厅长参加陈金彪常务副省长赴省工商联走亲连心暨优化营商环境座谈会。

同日，葛平安副厅长参加消防法贯彻实施情况汇报会，下午参加人社部维护新就业形态劳动者劳动保障权益工作部署视频会。

8月28日，吴伟斌厅长在我省分会场参加中央民族工作会议。

8月29日至31日，陈中副厅长赴西藏参加全国人社系统援藏工作座谈会。

8月30日，吴伟斌厅长参加全省新一轮制造业“腾笼换鸟、凤凰涅槃”攻坚行动暨传统制造业改造提升推进大会，下午随郑栅洁省长赴省检察院参加首次府检联席会议。

同日，葛平安副厅长专题听取金华市人力社保局“浙里就业创业综合服务”“新就业形态劳动者权益保障”应用建设情况汇报。

8月31日，吴伟斌厅长参加全省文化工作会议，下午列席省委理论学习中心组“加强国际传播能力建设”和“用好红色资源、赓续红色血脉”专题学习会及省委常委会第179次会议。

同日，金林贵副厅长参加省委文化工作会议。

2021年9月

9月1日，吴伟斌厅长列席省政府第53次党组会议和省政府第78次常务会议。

同日，金林贵副厅长参加医学高峰建设工作推进会。

9月2日，刘国富副厅长参加成岳冲副省长主持召开的研究全省职业教育大会筹备工作专题会议。

同日，葛平安副厅长参加省委互联网企业工委成立大会暨互联网企业党建工作推进会。

9月2日至3日，吴伟斌厅长随浙江省代表团赴四川省学习考察。

9月2日至3日，毛鹏岳副厅长陪同人社部规范企业职工基本养老保险省级统筹考核组赴嵊泗开展考核。

9月3日，金林贵副厅长主持召开全省一级建造师考试部署会。

同日，葛平安副厅长主持召开人社数字化改革细化量化工作部署会，下午参加省纪委监委第一监督检查室苏益松主任一行来厅开展数字化改革推进工作调研座谈会。

9月5日，吴伟斌厅长主持召开厅第19次党组会，听取关于2022年部门预算编制有关情况的汇报，审议省委巡视反馈问题整改工作方案，研究干部人事工作。

9月6日，吴伟斌厅长列席省委常委会第180次会议。

同日，葛平安副厅长参加浙江杭州区域性国资国企综合改革试验动员会。

9月6日至7日，陈中副厅长参加领导干部碳达峰碳中和工作专题研讨班。

9月7日，吴伟斌厅长赴宁波开展企业用工保障和人社数字化改革工作调研。

同日，陈中副厅长参加成岳冲副省长听取省级人民政府履行教育职责自评情况汇报专题会议。

同日，葛平安副厅长参加高兴夫副省长主持召开的研究应对网约车、快递、外卖等新业态发展对社会治理的新挑战等事项专题会议。

9月8日，吴伟斌厅长参加省委退役军人事务工作领导小组第三次全体会议暨省双拥领导小组全体会议。

同日，葛平安副厅长赴金华调研数字化改革"浙里就业创业综合服务应用""新就业形态劳动者权益保障在线"应用进展情况。

9月8日至9日，毛鹏岳副厅长带队赴长兴调研督查下半年重点工作推进情况，并开展"厅局长走流程"活动。

9月9日，吴伟斌厅长参加浙江论坛报告会，下午主持召开企业职工基本养老保险提标扩面工作专题会议，毛鹏岳副厅长参加。

同日，刘国富副厅长参加国家"双减"工作调研检查座谈会。

同日，陈中副厅长参加徐文光副省长领办的省人大杭114号重点建议办理工作座谈会。

9月9日至10日，葛平安副厅长主持召开人社数字化改革细化量化工作验收会。

9月10日，吴伟斌厅长列席省政府第79次常务会议；下午出席厅青年干部论坛并讲话，陈中副厅长主持，毛鹏岳副厅长参加。

同日，陈中副厅长主持召开全省企业用工保障工作会议。

同日，葛平安副厅长参加王文序副省长主持召开的研究养老服务有关工作专题会议。

同日，毛鹏岳副厅长参加《中国银行支持浙江高质量发展建设共同富裕示范区行动计划》发布活动，晚上参加杭州2022年第19届亚运会倒计时一周年主题活动。

9月13日，吴伟斌厅长列席省委理论学习中心组"加强知识产权保护"专题学习会和省委常委会第181次会议，之后主持召开厅第20次党组会，学习习近平总书记在2021年秋季学期中央党校中青年干部培训班开班式、中央深改委第21次会议、中央政治局第30次集体学习时的讲话精神和袁家军书记在省委文化工作会议上的讲话精神，听取关于《浙江省维护新就业形态劳动者劳动保障权益实施办法（送审稿）》有关情况、关于公务员实行职务职级并行制度后四个新增职级的视同缴费指数确定办法、关于2020年度工伤保险基金省级调剂工作情况的汇报，研究近期干部人事工作。

同日，陈中副厅长参加中国质量（杭州）大会筹备工作第七次例会。

9月14日，吴伟斌厅长参加省委民族工作会议，下午参加以"规范医疗机构护工队伍建设"为主题的省政协十二届第二十八次民生协商论坛。

同日，陈中副厅长参加省委民族工作会议。

同日，毛鹏岳副厅长主持召开征求各市对《浙江省企业职工基本养老保险考核办法（试行）》（征求意见稿）意见建议视频会议。

9月14日至16日，金林贵副厅长带队赴景宁、云和开展返乡入乡合作创业及农民工市民化有关工作调研。

9月14日至17日，人社部法规司芮立新司长一行来浙江开展人力资源社会保障法治工作联合调研，葛平安副厅长陪同。

9月15日，省社会保险和就业服务中心召开全体干部职工大会，宣布省委省政府任免决定：项薇同志任省社会保险和就业服务中心党委书记、主任。吴伟斌厅长出席会议并讲话，刘国富副厅长主持会议并宣读任免文件。

同日，陈中副厅长参加人社部召开的部分地区三季度就业形势视频会议。

同日，毛鹏岳副厅长参加省政府周日星副秘书长召集的研究地勘事业单位事企分离改革有关事项专题会议。

9月16日，吴伟斌厅长参加中国质量（杭州）大会开幕式，下午专题听取技工教育提质增量行动有关情况汇报，刘国富副厅长参加。

9月17日，刘国富副厅长参加成岳冲副省长听取全省职业教育大会筹备情况汇报专题会议。

同日，陈中副厅长参加王文序副省长领办的省政协第269号重点提案办理工作座谈会。

9月18日，徐文光副省长来厅走访调研并主持召开座谈会，吴伟斌厅长，刘国富、陈中、葛平安、毛鹏岳、颜忠勇等厅领导参加座谈。

同日，陈中副厅长参加省委黄建发副书记、陈金彪常务副省长主持召开的“扩中”“提低”专题会议。

同日，金林贵副厅长参加全省文物安全专题工作电视电话会议，下午出席厅节前廉洁警示和疫情防控形势教育会议并讲话。

同日，葛平安副厅长专题听取湖州市人社局“浙金链”应用汇报。

9月22日，吴伟斌厅长参加郑栅洁省长领办的省政协第3号重点提案、省人大金66号重点建议办理工作座谈会，下午参加郑栅洁省长关于被征地农民违规参加企业职工基本养老保险问题约谈。

同日，刘国富副厅长参加第46届世界技能大赛参赛集训工作动员电视电话会议。

同日，金林贵副厅长参加省委教育工作领导小组专题会议。

同日，葛平安副厅长赴嘉兴参加浙江省共建虹桥国际开放枢纽推进大会。

9月22日至24日，金林贵副厅长参加高质量发展建设共同富裕示范区专题研讨班。

9月23日，吴伟斌厅长主持召开省委巡视整改专题民主生活会，驻省委组织部纪检监察组组长周鲁明、省纪委监委第一监督检查室副主任陆敏、省委组织部干部一处诸葛赞到会指导。

同日，葛平安副厅长在我省分会场参加人社部基本养老保险基金投资管理工作座谈会暨委托投资省份联席会议。

9月23日至28日，人社部信息中心党委书记董英申带队来我省开展社保基金管理问题调研检查，葛平安副厅长陪同。

9月24日，省统计局吴胜丰局长一行来厅调研“全面覆盖+精准画像”数据库建设工作，吴伟斌厅长参加座谈会。

同日，金林贵副厅长参加全省县域医共体工作推进会。

同日，省发展改革委谢晓波副主任带队来厅开展数字社会系统建设专项督察，葛平安副厅长参加座谈。

同日，毛鹏岳副厅长参加完善城乡居民基本养老保险有关政策专家论证会。

9月24日至25日，金林贵副厅长赴德清参加第四届莫干山会议。

9月24日至28日，陈中副厅长赴新疆参加全国人力资源社会保障系统援疆暨支持南疆四地州技工院校建设工作座谈会。

9月26日，吴伟斌厅长、毛鹏岳副厅长参加徐文光副省长主持召开的企业职工基本养老保险专题会议；下午，吴伟斌厅长参加省十三届人大常委会第三十一次会议第一次全体会议。

同日，刘国富副厅长赴安吉参加安吉技师学院挂牌暨第46届世赛国家集训基地授牌、全县首届乡村振兴职业技能大赛启动仪式。

同日，毛鹏岳副厅长参加省政协“打造‘浙派工匠’名片，推动劳动者职业技能大提升”课题调研座谈会。

9月27日，吴伟斌厅长参加2021年度重点调研课题专题协商座谈会。

9月27日至28日，毛鹏岳副厅长赴磐安出席中国（磐安）中医药创业创新大赛。

9月28日，吴伟斌厅长参加海洋强省建设推进会，下午参加省委全面深化改革委员会第十六次会议。

同日，金林贵副厅长参加省十三届人大常委会第三十一次会议第二次全体会议，之后参加分组审议关于跟踪监督全省养老服务体系建设意见落实情况的报告以及8个部门的自查报告会议。

9月28日至30日，金林贵副厅长带队赴嵊泗开展返乡入乡合作创业及农民工市民化有关工作调研。

9月29日，吴伟斌厅长参加高质量发展建设共同富裕示范区重点工作落实情况汇报会并就更加充分更高质量就业及打造“浙派工匠”名片推进落实情况作汇报发言，下午参加省十三届人大常委会第三十一次会议第三次全体会议。

同日，陈中副厅长参加成岳冲副省长领办的省人大温2号重点建议办理工作座谈会，下午参加第六届世界浙商大会组委会第一次全体会议。

同日，葛平安副厅长主持召开长三角三省一市一卡通专班会议，下午参加国庆节期间维稳安保部署会议。

9月30日，吴伟斌厅长列席省委理论学习中心组“习近平总书记在2021年秋季学期中央党校（国家行政学院）中青年干部培训班开班式上的重要讲话精神”专题学习会和省委常委会第182次会议，下午专题听取人社数字化改革“浙里就业创业综合服务”“新就业形态劳动者权益保障在线”“社保基金安全在线”应用建设情况汇报，葛平安副厅长参加。

同日，毛鹏岳副厅长参加高兴夫副省长研究省乔司监狱部分土地使用权被收回问题专题会议。

2021年10月

10月8日，吴伟斌厅长列席省委常委会第183次会议，之后专题听取人社数字化改革“浙里就业创业综合服务”应用建设情况汇报，葛平安副厅长参加会议；下午参加全国第二批政法队伍教育整顿工作推进会和全省第二批政法队伍教育整顿工作推进会。

同日，陈中副厅长参加卢山副省长领办的省人大杭44号重点建议办理工作座谈会。

10月9日，金林贵副厅长参加高兴夫副省长主持召开的研究《关于深化公证体制机制改革促进公证事业健康发展的实施意见》专题会议。

10月11日，吴伟斌厅长主持召开厅第22次党组会，传达学习习近平总书记在纪念辛亥革命110周年大会、中央财经委第十次会议、中央民族工作会议和在陕西榆林考察期间重要讲话精神、《中共中央关于加强新时代检察机关法律监督工作的意见》有关精神和袁家军书记在高质量发展建设共同富裕示范区重点工作推进例会上的讲话精神，听取关于中央人才工作会议精神及贯彻落实意见、海宁市仙纳多皮革服装厂原职工意外死亡情况、《浙江省人力社保系统行政规范性文件管理办法》起草情况、《浙江省正高级经济师职务任职资格评价条件（试行）（送审稿）》有关情况、《浙江省企业职工基本养老保险工作考核办法（试行）（代拟稿）》有关情况、厅机关和直属单位部分党支部机构和负责人调整任免、省社保和就业服务中心领导班子分工情况的汇报，研究近期干部人事工作。

10月12日，吴伟斌厅长、金林贵副厅长参加全省基层党建工作会议，下午，吴伟斌厅长、葛平安副厅长参加省政府副秘书长、办公厅主任暨军民一行来厅开展数字政府系统数字化改革专项调研座谈会并汇报人社数字化改革工作；之后召开全厅干部大会，传达学习中央人才工作会议和纪念辛亥革命110周年大会精神，并就民主推荐干部作动员，金林贵副厅长、毛鹏岳副厅长参加。

同日，刘国富副厅长赴宁波开展技工教育和职业培训工作调研。

同日，陈中副厅长参加全国失业保险工作视频会议。

同日，葛平安副厅长参加省委改革办数字化改革专题会。

10月13日，吴伟斌厅长、葛平安副厅长参加徐文光副省长主持召开的研究深化“浙江无欠薪”工作专题会议。

同日，刘国富副厅长听取全省公立医院薪酬制度改革有关情况汇报。

10月13日至14日，吴伟斌厅长赴衢州调研人社领域推进共同富裕示范区建设和人社数字化改革等工作。

10月13日至14日，金林贵副厅长赴常山开展农民工市民化及返乡入乡合作创业有关工作调研。

10月13日至14日，毛鹏岳副厅长赴绍兴调研并开展“厅局长走流程”活动。

10月13日至15日，陈中副厅长赴吉林长春参加全国创业就业服务展交流活动。

10月14日，葛平安副厅长专题听取“浙里就业创业综合服务”“安薪在线”“社保基金安全在线”“重点群体就业帮扶”“新就业形态劳动权益保障在线”“数字人才”应用文字材料准备情况汇报。

同日，毛鹏岳副厅长在宁波参加全省康养体系建设现场推进会。

10月15日，吴伟斌厅长参加省政府第81次常务会议，并就明确我省职业年金投资运营前个人账户记账利率水平和记账时间作汇报；之后主持召开厅第23次党组会，听取关于《全国新职业技术技能大赛设备设施支持单位遴选管理办法（送审稿）》起草情况、对厅会议室实施改造情况的汇报，研究近期干部人事工作。

同日，金林贵副厅长参加成岳冲副省长领办的省政协第80号重点提案办理工作座谈会，下午参加人社部县以下事业单位建立管理岗位职员等级晋升制度政策解读培训会。

同日，毛鹏岳副厅长参加陈金彪常务副省长专题研究唱好杭州、宁波“双城记”推进工作会议。

10月18日，吴伟斌厅长列席省委常委会第184次会议。

同日，陈中副厅长出席2021中国（杭州）国际人力资源峰会活动。

同日，葛平安副厅长参加全省房地产市场风险防控处置工作专班会议和全省房地产市场风险处置推进工作视频会议。

10月19日，吴伟斌厅长专题听取县以下事业单位建立管理岗位职员等级晋升制度情况汇报，金林贵副厅长参加；下午，吴伟斌厅长参加徐文光副省长听取企业职工基本养老保险提标扩面工作汇报，毛鹏岳副厅长参加。

同日，金林贵副厅长参加2021年全国双创活动周浙江分会场启动仪式。

同日，葛平安副厅长专题听取“浙里就业创业综合服务”“重点群体就业帮扶在线”“社保基金安全在线”“安薪在线”“新就业形态劳动权益保障在线”应用演示汇报。

10月20日，陈中副厅长参加陈金彪常务副省长主持召开的研究全省三季度经济形势专题会议。

同日，毛鹏岳副厅长参加全省加强综合治理从源头切实解决执行难工作推进会，下午参加职业年金计划受托人绩效考评办法征求省职业年金管委会成员单位意见座谈会。

10月20日至21日，吴伟斌厅长赴温州开展人社领域推进共同富裕示范区建设、人社数字化改革等工作调研。

10月20日至21日，葛平安副厅长赴丽水开展社保风险排查和根治欠薪工作督查。

10月20日至21日，毛鹏岳副厅长赴桐庐调研工伤保险工作。

10月21日，吴伟斌厅长专题听取“浙里就业创业综合服务”“重点群体就业帮扶在线”“安薪在线”“社保基金安全在线”“新就业形态劳动权益保障在线”应用演示汇报，葛平安副厅长参加会议。

同日，刘国富副厅长赴杭州白马湖调研全国新职业技术技能大赛相关工作。

同日，陈中副厅长参加第三届全国博士后数字技术发展学术论坛开幕式。

同日，毛鹏岳副厅长陪同人社部农保司卢海元二级巡视员到杭州调研城乡居民基本养老保险工作。

10月22日，吴伟斌厅长赴杭州调研博士后工作。

同日，葛平安副厅长参加省委互联网企业工委第一次会议。

10月23日，吴伟斌厅长列席省政府第82次常务会议。

同日，葛平安副厅长参加省委改革办数字化改革有关应用演示汇报会。

10月23日至24日，陈中副厅长参加2021年省“万人计划”青年拔尖人才（创新类）

评审会。

10月25日，吴伟斌厅长列席省委理论学习中心组学习习近平总书记重要文章《扎实推动共同富裕》专题学习会，之后列席省委常委会第185次会议，下午参加县（市、区）委书记工作交流会。

10月26日，吴伟斌厅长、陈中副厅长参加2021中国（浙江）人力资源服务业博览会相关活动。

同日，刘国富副厅长赴浙江清华长三角研究院调研。

同日，陈中副厅长参加全省人社系统学习贯彻中央人才工作会议精神专题学习研讨会。

同日，金林贵副厅长参加浙江奥运全运健儿凯旋总结表彰大会，之后参加全省体育工作会议。

同日，葛平安副厅长参加全省重复信访治理工作经验交流暨第二批事项集中交办视频会议。

10月27日，葛平安副厅长参加高兴夫副省长领办省政协第727号重点提案办理工作座谈会。

10月27日至28日，金林贵副厅长带队赴安吉、绍兴调研县以下事业单位管理岗位职员等级晋升制度。

10月28日，吴伟斌厅长、陈中副厅长参加学习贯彻中央人才工作会议精神暨全国杰出专业技术人才表彰电视电话会议，下午吴伟斌厅长参加高质量发展建设共同富裕示范区重点工作推进例会。

同日，葛平安副厅长参加第九次全国法治宣传教育工作电视电话会议，下午专题听取“浙里就业创业综合服务”“重点群体就业帮扶在线”“社保基金安全在线”“安薪在线”“新就业形态劳动权益保障在线”应用演示汇报。

同日，毛鹏岳副厅长参加省委黄建发副书记主持召开的研究“东方理工大学（暂名）”创建工作进展情况专题会议，下午带队赴嘉兴调研社保工作。

10月29日，吴伟斌厅长参加全省数字化改革工作推进会，下午主持召开厅第一次厅长办公会议，听取关于转移支付资金有关情况、浙江青年工匠遴选工作情况、绍兴技师学院（筹）等4所学校申请设立和抽检技师学院评估审核工作情况的汇报；之后主持召开厅党组理论学习中心组学习习近平总书记重要文章《扎实推动共同富裕》专题学习会；主持召开厅第24次党组会，传达学习省委常委会三季度经济社会形势分析会、高质量发展建设共同富裕示范区重点工作推进例会、全省数字化改革工作推进会、全省基层党建工作会议和《中共浙江省委关于全面实施“红色根脉强基工程”高水平打造新时代党建高地的意见》精神，听取《关于完善城乡居民基本养老保险有关政策的通知（送审稿）》起草情况、关于对省人力资源和社会保障咨询与宣传中心党支部和浙江智能制造技师学院党支部巡察情况及反馈意见的汇报，研究近期干部人事工作，书面审议《中共浙江省人力资源和社会保障厅党组工作规则》《中共浙江省人力资源和社会保障厅党组理论学习中心组学习实施细则》《浙江省人力资源和社会保障厅工作规则》。会后，专题听取“浙里就业创业综合服务”“重点群体就业帮扶在线”“社保基金安全在线”“安薪在线”“新就业形态劳动权益保障在线”应用演示汇报，刘国富、陈中、金林贵、葛平安、毛鹏岳副厅长参加会议。

同日， 金林贵副厅长主持召开厅机关专题警示教育会议。

2021年11月

11月1日， 吴伟斌厅长列席省委理论学习中心组中央人大工作会议精神专题学习会，之后列席省委常委会第186次会议。

11月2日， 吴伟斌厅长参加省委保健委员会全体会议。

同日， 陈中副厅长参加省政协重点提案《加强网络安全教育和人才建设》办理工作座谈会，下午参加全省民营经济领域切实践行“两个健康”全面助力高质量发展建设共同富裕示范区动员部署会议。

同日， 葛平安副厅长参加省委改革办副主任董继鸿一行来厅指导人社数字化改革工作座谈会，下午参加成岳冲副省长主持召开的研究教育“双减”有关问题（校外培训机构资金管控和劳动用工风险防范工作）专题会议。

11月3日， 金林贵副厅长参加第一次省级总林长会议。

同日， 葛平安副厅长参加长三角民营企业产业工人队伍建设改革工作交流活动，下午参加省委黄建发副书记主持召开的省社会事业领域改革专项小组第一次全体会议并作汇报发言。

11月4日， 吴伟斌厅长赴湖州开展明年工作思路调研。

同日， 金林贵副厅长参加全国冬春农田水利暨高标准农田建设电视电话会议。

11月5日， 国务院根治欠薪工作领导小组召开根治欠薪冬季专项行动动员部署电视电话会议，徐文光副省长、吴伟斌厅长、葛平安副厅长在我省分会场参加会议。会后接着召开省根治欠薪工作领导小组会议暨冬季专项行动动员部署电视电话会议，徐文光副省长讲话。

同日， 省党史学习教育第七巡回指导组王义组长一行来厅指导工作，吴伟斌厅长、金林贵副厅长参加座谈。

同日， 陈中副厅长参加省政府第83次常务会议。

同日， 毛鹏岳副厅长赴杭州开展明年工作思路调研。

11月7日， 吴伟斌厅长、陈中副厅长出席2021杭州国际人才与项目合作交流大会有关活动。

11月8日， 吴伟斌厅长赴嘉兴开展明年工作思路调研。

同日， 陈中副厅长出席2021中国杭州国际人才交流与项目合作大会余杭分会场暨“国际人才月”启动仪式，下午出席2021中国杭州国际人才交流与项目合作大会临平分会暨未来智造工程师大会。

同日， 金林贵副厅长参加全省纵深推进清廉机关模范机关建设工作会议，下午参加成岳冲副省长主持召开的研究我省推动公立医院高质量发展实施方案制定情况和我省深入推进医养结合发展的若干意见专题会议。

同日， 葛平安副厅长参加省数字经济系统建设专班工作会议，下午召开全省人社系统数字化改革工作推进电视电话会议。

11月8日至9日， 毛鹏岳副厅长赴衢州开展明年工作思路调研，并陪同省委常委、秘书长陈奕君到衢州市衢江区接访。

11月9日， 吴伟斌厅长参加省委社建委专题会议，并就社保制度改革作汇报发言。

同日，刘国富副厅长赴中茶调研技能等级鉴定工作。

同日，金林贵副厅长出席全省公务员考试录用工作高质量发展研讨班并讲话，下午出席2021年省直事业单位负责人培训班开班仪式并讲话。

11月9日至10日，葛平安副厅长带队赴湖州开展明年工作思路调研。

11月9日至10日，毛鹏岳副厅长带队赴温州开展新时代退役军人工作督查。

11月10日，吴伟斌厅长参加省新时代中国特色社会主义事业优秀建设者评选表彰工作领导小组会议。

同日，陈中副厅长参加上海市委人才工作领导小组来浙调研座谈会。

同日，金林贵副厅长参加省保密技术保障基地落成暨保密教育实训平台启用仪式。

11月10日至11日，刘国富副厅长带队赴丽水开展共同富裕示范区建设督查活动。

11月10日至11日，金林贵副厅长带队赴宁波开展明年工作思路调研。

11月10日至12日，陈中副厅长带队赴台州开展明年工作思路调研。

11月11日，吴伟斌厅长、毛鹏岳副厅长参加徐文光副省长主持召开的研究城乡居民基本养老保险提档补缴和技工教育提质增量工作专题会议，下午，吴伟斌厅长赴杭州开展明年工作思路调研。

同日，葛平安副厅长参加全省漠视侵害群众利益问题专项治理工作推进会，下午带队赴绍兴开展明年工作思路和互联网企业党建工作调研，并为互联网企业党员上党课。

同日，毛鹏岳副厅长参加“红色根脉强基工程”推进协调会。

11月12日，吴伟斌厅长、刘国富副厅长参加徐文光副省长主持召开的研究全国新职业技术技能大赛工作专题会议；下午，吴伟斌厅长专题听取人社数字化改革“浙里就业”“重点群体就业帮扶在线”“安薪在线”“社保基金安全在线”“新就业形态劳动权益保障在线”应用演示汇报，葛平安副厅长参加。

同日，葛平安副厅长赴省大数据局参加政务服务2.0“一网通办”部门沟通会。

11月13日，陈中副厅长参加全省首次高层次创新型人才职称“直通车”评审会。

11月15日，吴伟斌厅长列席省委常委会第187次会议。

11月15日至16日，刘国富副厅长带队赴人社部对接全国新职业技术技能大赛相关事宜。

11月16日，吴伟斌厅长听取机关事业单位职业年金计划受托人绩效考评办法等有关情况的汇报，毛鹏岳副厅长参加；下午，吴伟斌厅长参加全省深化“千万工程”建设新时代美丽乡村现场会。

同日，陈中副厅长参加浙江省知识产权保护等工作汇报会。

同日，毛鹏岳副厅长主持召开被征地农民参保工作座谈会。

11月16日至17日，金林贵副厅长带队赴金华开展明年工作思路调研。

11月16日至18日，陈中副厅长带队赴舟山开展明年工作思路调研。

11月17日，吴伟斌厅长参加全省领导干部大会。

同日，人社部召开全国新职业和数字技术技能大赛组委会电视电话会议，汤涛副部长出席会议并讲话，徐文光副省长在我省分会场出席会议并讲话，吴伟斌厅长汇报大赛筹办工作进展情况和下一步工作计划，杭州市政府常务副市长戴建平汇报大赛开闭幕式活动、场馆规划等工作计划，刘国富副厅长参加。

同日，葛平安副厅长带队赴杭州调研，下午参加学习贯彻党的十九届六中全会精神“六讲六做”大宣讲活动动员部署会。

同日，毛鹏岳副厅长参加浙江省2021年度财政收支情况等事项审计进点会，下午参加贯彻落实民兵建设“十四五”规划任务部署会。

11月17日至18日，刘国富副厅长带队赴丽水开展共同富裕督查。

11月18日，吴伟斌厅长主持召开全厅干部大会传达学习贯彻党的十九届六中全会精神并讲话，金林贵副厅长、毛鹏岳副厅长参加。

同日，金林贵副厅长参加省政协“提案在线多跨场景应用上线仪式。

同日，葛平安副厅长专题听取人社数字化改革“浙里就业”“重点群体就业帮扶在线”“安薪在线”“社保基金安全在线”“新就业形态劳动权益保障在线”应用演示汇报，下午参加省委互联网企业工委会议。

11月19日，吴伟斌厅长参加省政府第84次常务会议，并就完善城乡居民基本养老保险有关政策作汇报发言。

同日，陈中副厅长参加2022届全国普通高校毕业生就业创业工作网络视频会议。

11月22日，吴伟斌厅长列席省委理论学习中心组“推动数字经济健康发展”专题学习会和省委常委会第188次会议，下午参加省领导接见2021年度全省见义勇为先进人物或家属代表活动，之后参加全省见义勇为先进人物记功奖励暨见义勇为工作电视电话会议。

同日，刘国富副厅长参加陈金彪常务副省长研究浙大一院创建国家医学中心有关工作专题会议。

同日，葛平安副厅长专题听取人社数字化改革“浙里就业”“重点群体就业帮扶在线”“安薪在线”“社保基金安全在线”“新就业形态劳动权益保障在线”应用演示汇报，下午参加高兴夫副省长主持召开的房地产风险防控处置工作专班第二次会议。

11月23日，吴伟斌厅长列席省十三届人大常委会第三十二次会议第一次全体会议，下午主持召开厅党组理论学习中心组学习贯彻党的十九届六中全会精神专题学习会；之后主持召开第2次厅长办公会议，听取关于《关于进一步做好灵活就业人员参加企业职工基本养老保险工作的通知》起草情况、《关于印发浙江省就业和失业登记管理办法的通知》修订情况、《浙江省人力资源和社会保障厅处置突发事件应急预案》修订情况、《浙江省人社领域助力共同富裕示范区建设标准化提升行动计划（2021-2025年）》起草情况和浙江省人力社保内控系统建设情况的汇报；之后主持召开厅第25次党组会，听取关于《工程建设领域劳动用工不良行为记录管理办法（送审稿）》起草情况、近期职业年金有关工作情况和关于省社会保险和就业服务中心前阶段建设运行和下阶段工作情况的汇报，研究近期干部人事工作。

同日，葛平安副厅长召开省深化国有企业负责人薪酬制度改革联席会议办公室会议。

11月24日，吴伟斌厅长列席省十三届人大常委会第三十二次会议第一次全体会议。

同日，陈中副厅长参加2021年省海外引才计划和万人计划青年拔尖创业人才集中评审会。

同日，毛鹏岳副厅长参加省十三届人大常委会第三十二次会议分组审议。

11月24日至25日，刘国富副厅长带队赴温州开展明年工作思路调研。

11月24日至25日，葛平安副厅长带队赴嘉兴督查根治欠薪工作并开展明年工作思路调研。

11月24日至26日，金林贵副厅长赴衢州、丽水、温州开展县以下事业单位建立管理岗位职员等级晋升制度工作调研。

11月25日，吴伟斌厅长参加省委深改委第十七次会议并就完善农业转移人口就业和社保服务机制有关情况作汇报发言，之后参加省新型冠状病毒肺炎疫情防控工作领导小组第83次会议，下午参加高质量发展建设共同富裕示范区重点工作推进例会并围绕社保制度提标提质改革夯实共同富裕示范区建设的高质量社保支撑作汇报发言。

11月26日，葛平安副厅长主持召开浙江省维护新就业形态劳动者劳动保障权益行政指导会。

11月26日至27日，吴伟斌厅长参加省委"学习贯彻党的十九届六中全会精神"专题学习会。

11月28日，吴伟斌厅长参加中央机关及直属机构2022年度考试录用公务员笔试视频连线会议。

11月29日，吴伟斌厅长参加党的十九届六中全会精神中央宣讲团报告会，下午列席省委常委会第189次会议。

同日，葛平安副厅长主持召开"社保基金安全在线""安薪在线""人社应急管理"应用演示讨论会。

11月29日至30日，毛鹏岳副厅长参加全省新闻发言人培训班。

11月30日，吴伟斌厅长参加省委十四届十次全体（扩大）会议。

同日，葛平安副厅长参加成岳冲副省长研究2021袁第2179号、王浩第126号批示贯彻落实工作和岳冲2021第909、919、932、934号批示办理情况汇报专题会议，下午带队赴舟山、宁波开展根治欠薪工作督查。

2021年12月

12月1日，吴伟斌厅长继续参加省委十四届十次全体（扩大）会议，下午列席省政府第85次常务会议。

同日，陈中副厅长参加卢山副省长主持召开的研究《关于完善科技体制机制率先形成高水平科技自立自强浙江路径的若干意见》、"揭榜挂帅+赛马制+包干制"浙江之路等事宜专题会议。

12月1日至2日，葛平安副厅长赴舟山、宁波开展根治欠薪工作督查。

12月1日至3日，毛鹏岳副厅长继续参加全省新闻发言人培训班。

12月2日，吴伟斌厅长、刘国富副厅长参加徐文光副省长主持召开的研究技工教育提质增量工作专题会议；之后，吴伟斌厅长参加全国社保基金管理警示教育动员部署会；下午，吴伟斌厅长参加省委高质量发展建设共同富裕示范区咨询委员会揭牌仪式暨理论创新研讨会，之后参加省委全委扩大会议；晚上，吴伟斌厅长参加全省扩大有效投资抓好重大项目专题工作电视电话会议。

同日，陈中副厅长参加全省残疾人事业发展大会，下午赴杭州调研就业工作平台。

同日，金林贵副厅长参加成岳冲副省长主持召开的高校学科专业建设座谈会。

同日，葛平安副厅长专题听取人社数字化改革“浙里就业”“重点群体就业帮扶在线”“安薪在线”“社保基金安全在线”“新就业形态劳动权益保障在线”应用演示汇报。

同日，毛鹏岳副厅长参加全国城镇燃气安全排查整治动员部署电视电话会议。

12 月 3 日，吴伟斌厅长赴绍兴市越城区宣讲党的十九届六中全会精神，强调要切实提高学习领悟力、宣传阐释力、贯彻执行力、变革塑造力、成果展示力、行为感召力“六个力”，确保全会精神在全省人社领域落实落地；下午，吴伟斌厅长主持召开厅第 26 次党组会，传达学习省委十四届十次全会精神，听取关于省委巡视反馈问题整改进展情况的汇报，研究近期干部人事工作。

同日，陈中副厅长参加卢山副省长主持召开的研究中小企业纾困帮扶相关政策举措专题会议和研究促进生物医药产业健康发展行动方案专题会议，下午参加高兴夫副省长主持召开的研究省旅游集团成立人才集团有关事宜专题会议。

同日，葛平安副厅长主持召开全省根治欠薪冬季专项行动调度推进视频会，下午参加人社部根治欠薪冬季专项行动第一次调度推进视频会。

同日，毛鹏岳副厅长参加省委黄建发副书记主持召开的研究社保制度改革专题会议。

12 月 5 日，吴伟斌厅长、毛鹏岳副厅长参加省委黄建发副书记主持召开的社保制度改革专题会议。

12 月 6 日，吴伟斌厅长列席省委常委会第 191 次会议；下午召开全厅干部大会民主推荐干部，刘国富副厅长、毛鹏岳副厅长参加。

同日，葛平安副厅长专题听取人社数字化改革“重点群体就业帮扶在线”“安薪在线”应用场景演示汇报。

12 月 7 日，金林贵副厅长参加全国新冠肺炎疫情防控工作电视电话会议。

同日，毛鹏岳副厅长参加以“促进城乡义务教育资源优质共享”为主题的省政协十二届第二十九次民生协商论坛。

12 月 7 日至 8 日，吴伟斌厅长、陈中副厅长参加省委人才工作会议。

12 月 8 日，金林贵副厅长参加推进国家乡村振兴重点帮扶县人力资源社会保障帮扶工作电视电话会议。

12 月 9 日，吴伟斌厅长参加省委黄建发副书记主持召开的研究农业转移人口市民化工作专题会议并作汇报发言。

同日，刘国富副厅长陪同徐文光副省长赴台州市椒江区接访。

同日，陈中副厅长参加省海外引才计划、省高层次人才特殊支持计划遴选工作和高层次人才绩效奖励评议工作等领导小组会议。

12 月 10 日，吴伟斌厅长主持召开厅党组（扩大）会议，传达学习贯彻习近平总书记在主持中央政治局第三十五次集体学习时的重要讲话精神、学习贯彻省委人才工作会议精神、研究部署近期疫情防控工作、听取关于 2021 年“浙江大工匠”“浙江杰出工匠”项目遴选工作情况的汇报，下午参加省新冠肺炎疫情防控工作领导小组扩大会议。

同日， 陈中副厅长参加卢山副省长主持召开的研究《关于完善科技创新体制机制率先形成高水平科技自立自强浙江路径的若干意见》起草情况专题会议。

同日， 毛鹏岳副厅长参加共同富裕示范区建设媒体通气会，围绕浙江社保体制机制改革有关工作情况和下一步考虑作发言。

12 月 13 日， 吴伟斌厅长参加全省领导干部会议，下午列席省委常委会第 192 次会议。

同日， 陈中副厅长参加卢山副省长主持的研究《关于进一步加大对中小企业纾困帮扶力度若干措施》编制工作专题会议。

同日， 葛平安副厅长参加全省数字化改革第二批“最佳应用”线上评选会。

12 月 14 日， 全省社保基金管理警示教育动员会召开，吴伟斌厅长出席会议并讲话，葛平安副厅长主持会议，毛鹏岳副厅长出席会议，各市县设分会场。

同日， 陈中副厅长列席省政府第 58 次党组会。

同日， 金林贵副厅长参加省“双减”工作专题会议。

同日， 毛鹏岳副厅长参加卢山副省长主持召开的研究激发市场主体活力政策措施专题会议。

12 月 15 日， 吴伟斌厅长主持召开 2021 年度全面从严治党专题会议，之后主持召开厅第 28 次党组会，研究近期干部人事工作，书面听取关于金祝大厦部分楼层进行装修有关情况、《加强对“一把手”和领导班子监督“六张责任清单”》《省人力社保厅贯彻实施“红色根脉强基工程”方案》拟定情况和省委巡视选人用人专项检查反馈意见整改情况的汇报。

同日， 陈中副厅长参加陈奕君秘书长主持召开的研究见义勇为人员权益保障落实工作专题会议。

同日， 葛平安副厅长专题听取今年人社数字化改革成效和明年工作思路汇报。

12 月 16 日， 徐文光副省长、吴伟斌厅长、毛鹏岳副厅长在我省分会场参加企业职工基本养老保险全国统筹实施工作电视电话会议；下午，吴伟斌厅长在浙江分会场参加全国人社系统加强行风建设总结推进会并作典型经验交流发言。

同日， 金林贵副厅长参加高质量推进中国（浙江）自由贸易试验区建设大会。

12 月 17 日， 吴伟斌厅长参加省委信访工作会议，下午列席省政府第 86 次常务会议。

同日， 葛平安副厅长主持召开全省人社数字化改革“对标争先”试点项目评估会（第一场），下午主持召开全省根治欠薪冬季专项行动第二次调度推进视频会。

12 月 20 日， 吴伟斌厅长参加全省疫情防控工作电视电话会议，之后主持召开厅第 29 次党组会，研究干部人事工作，下午赴绍兴列席省委常委会第 193 次会议。

同日， 金林贵副厅长参加省美丽河湖专班暨全面推行河湖长制工作联席会议全体会议。

12 月 21 日， 吴伟斌厅长听取人社数字化改革明年工作思路，葛平安副厅长参加。

同日， 陈中副厅长赴嘉兴参加浙江清华长三角研究院第四届理事会第三次会议。

同日， 毛鹏岳副厅长参加省委退役军人事务工作领导小组办公室主任第七次会议。

12 月 22 日， 吴伟斌厅长参加全省数字化改革有关应用视频演示专题会并演示汇报“安薪在线”应用，葛平安副厅长参加；之后，吴伟斌厅长、毛鹏岳副厅长参加徐文光副省长主持召开的研究被征地农民参加基本养老保险专题会议。

同日，陈中副厅长参加第四届浙江省工程勘察设计大师推荐命名综合评审会。

同日，葛平安副厅长主持召开全省人社数字化改革“对标争先”试点项目评估会（第二场）。

12月23日，吴伟斌厅长参加省委经济工作会议。

同日，毛鹏岳副厅长参加人社部贯彻落实企业职工基本养老保险全国统筹实施工作电视电话会议。

同日，葛平安副厅长出席全省人力社保信访工作视频会议并讲话。

12月24日，全国根治拖欠农民工工资工作暨农民工工作电视电话会议在北京召开，徐文光副省长在我省分会场参加会议并作典型发言，吴伟斌厅长、葛平安副厅长参加。

同日，吴伟斌厅长列席省政府第87次常务会议，之后主持召开厅第30次党组会，传达学习省委经济工作会议精神，讨论党员违纪处理案件，听取关于党的二十大代表科技界代表推荐工作情况的汇报，书面审议《关于调整厅数字化改革领导小组组成人员的通知（送审稿）》。

同日，陈中副厅长参加全省军民融合深度发展经验交流会。

同日，金林贵副厅长在我省分会场参加中央党史学习教育总结会议，下午参加省委办公厅方毅副主任主持召开的研究农业农村基层力量调研座谈会。

12月27日，吴伟斌厅长列席省委常委会第194次会议，下午参加全省数字化改革工作推进会并汇报演示“安薪在线”应用。

12月28日，吴伟斌厅长主持召开厅第31次党组会，研究干部人事工作。

同日，刘国富副厅长参加人社部贯彻实施《十四五职业技能培训规划》和《技工教育十四五规划》动员部署电视电话会议。

12月28日至30日，葛平安副厅长带队赴台州、温州开展根治欠薪工作督查。

12月29日，吴伟斌厅长主持召开全厅干部大会，传达学习习近平总书记在中共中央政治局专题民主生活会上的重要讲话精神和省委经济工作会议精神，下午主持召开厅第32次党组会，听取关于党员违纪处理和部分党支部机构调整人员任免情况的汇报。

12月30日，吴伟斌厅长参加全省宗教工作会议，下午列席省政府第88次常务会议，之后主持召开厅第33次党组会，研究干部人事工作。

同日，毛鹏岳副厅长参加周日星副秘书长主持召开的研究“5+4”稳增长政策体系相关文件制定出台及政策宣传等工作专题会议。

同日，葛平安副厅长主持召开厅数改办专题会议。

12月31日，吴伟斌厅长参加高质量发展建设共同富裕示范区重点工作推进例会并就共同富裕示范区建设重大改革清单2.0版中“构建更加集成更加精准的就业帮扶解决方案”改革事项落实情况作汇报发言，陈中副厅长参加会议；之后，吴伟斌厅长赴温州陪同人社部张纪南部长调研。

同日，金林贵副厅长参加省直机关出席党的二十大和省第十五次党代会代表选举工作部署会议。

全省工作情况

全省工作情况

城乡就业

【概况】 2021年，全省城镇新增就业122.36万人，完成目标任务的153.0%；城镇失业人员再就业47.2万人，完成目标任务的157.2%，就业困难人员实现就业12.9万人，完成目标任务的183.7%。城镇零就业家庭3户、消除3户，实现动态归零。城镇登记失业率为2.61%，城镇调查失业率控制在预期目标内。

【创业带动就业】 2021年，全省对5.64万人开展了创业培训。发放创业担保贷款38.24亿元，贴息1.91亿元。扶持创业5.94万人，带动就业17.78万人。截至2021年底，建成创业孵化基地491个，其中国家级8个，省级97个，大学生创业园206个。7月28—30日，第三届马兰花全国创业培训讲师大赛浙江分赛省级选拔赛在衢州市柯城区举行，由省人力社保厅主办，衢州市人力社保局承办，柯城区人力社保局协办，27名选手、33件作品晋级省级选拔赛。10月14—16日，第三届全国创业就业服务展示交流活动在吉林省长春市举行，杭州、宁波、温州、台州、义乌5个城市，横店演员公会、武义超市经济、云和师傅、缙云烧饼4个劳务品牌，共9个项目代表浙江参展。12月6—10日，2021年省级返乡入乡合作创业带头人（返乡创业）培训班在义乌举办，全省各市（除宁波市）按计划推荐的37名返乡创业大学生和农民工参加了培训。

【高校毕业生就业】 3月，成功举办2021年浙江省春季人才交流大会，共组织460家企事业单位参会，推出各类岗位1.1万个，活动当天接待1.21万人次，达成意向3200余人。11月，开展高校毕业生就业服务周活动，活动期间全省共组织高校毕业生现场招聘会51次，现场参加单位2305家，提供就业岗位3.2万个，网络招聘会参加单位2839家，提供就业岗位7.2万个，开展直播带岗16次，观看20.2万人次；开展各类就业创业指导13场，参加活动的经营性人力资源服务机构63家。

全年全省组织青年见习2.44万人，完成目标任务的162.7%，其中高校毕业生见习2.22万人。帮扶5.8万名2021届离校未就业高校毕业生实现就业；举办高校毕业生公益性专场招聘会2663场，推出各类面向毕业生的岗位152万个，举办高校毕业生就业指导咨询专场494场，服务毕业生13.9万人次。举办2021年“大众创业、万众创新”浙江省高校毕业生系列专场招聘会7场，组织企业610家，推出毕业生岗位1.6万余个，吸引1万多人参与，达成初步意向2600余人。

【公共就业服务活动】 2021年，全省就业系统根据全国公共就业服务专项活动安排，开展了一系列专项活动。1月，以“就业帮扶，真情相助”为主题，开展就业援助月活动，加大政策宣传，促进零就业家庭和就业困难人员等实现就业。4—5月，以“‘职’在民企，‘就’有未来”为主题，开展民营企业招聘月活动。活动期间，全省各级公共就业服务机构组织2.3万家企业参加，提供岗位信息38.2万个，举办招聘活动600场次。5—7月，以“职等你来，就业同行”为主题，开展百日千万网络招聘专项行动，专项行动期间，全省举办招聘活动1375场次，10.6万用人单位参与招聘，提供岗位152万个，其中3.7万家单位面向毕业生提供岗位48.2万个，网上求职人数近124万人，其中毕业生求职数17.8万人。10—11月，以“就在今秋，职面未来”为主题，开展金秋招聘月活动。活动期间，全省举办招聘活动842场次，共组织2.7万家企业参加，提供维权及法律援助0.5万人次，发放就业政策等宣传材料12.9万份。全年，举办大学生就业能力提升培训线上线下讲座共10期，参训4000人。

此外，省职介中心全年举办就业援助等日常公益性专场招聘会共23场，组织用人单位761家，提供岗位8600个；举办各类招聘会3619场，组织单位11.56万家，提供岗位204.06万个，初步达成就业意向33.65万人。1—12月，举办2021年省内余缺调剂系列招聘会3728场，共组织企业11.43万家，提供岗位197.58万个，初步达成就业意向33.01万人。5月，举办2021年浙江省（第十四届）技能人才校企合作洽谈会。共组织省内914家企业与省内外177所职技院校参会，提供岗位15.7万个，现场签订合作协议1796份，意向输送毕业生（实习生）3.6万人。10—12月，举办2021年浙江省技能人才岗位进校园系列招聘会10场，共组织企业3364家，提供岗位9.36万个，初步达成就业意向1.09万人。

【就业工作数字化改革】 浙江省职介网全年共计发布4.4万家企业招聘岗位84万个，完成东西部劳务协作信息平台开发上线工作，在线展示省内1.03万家企业21.8万个岗位，省外近900家职技院校和省内347家人力资源服务公司相关信息；完成省职介网台州站、嘉兴站和湖州站建设；完成“发布人力资源招聘信息”、“求职登记”事项的智能路由改造工作，实现服务事项高质量全省通办；完成“浙政钉”（PC端）“人社数字化改革门户”中“省级人力资源市场公共就业服务”核心业务体系的页面设计开发工作；完成人社部“就业在线”平台入驻工作。

（吕　丹　刘真真）

养老保险

【概况】 截至2021年底，全省企业职工基本养老保险参保人数为3140万人，比上年增加150万人，其中在职职工参保人数为2298万人；享受待遇人数为842万人，比上年增加14万人；基金收入2709亿元，支出3135亿元，累计结余1898亿元，基金支付能力为7.3个月。全省机关事业单位养老保险参保人数为228万人，其中在职参保人数为 158 万人，纳入基金支付的退休人数为 70 万人。当期基金收入 739 亿元，当期支出 683 亿元，历年累计结余 150 亿元。

【养老保险待遇】 9 月，省人力社保厅、省财政厅印发《关于 2021 年调整退休人员基本养老金的通知 》（浙人社发〔2021〕27 号），增加机关事业单位和企业退休人员基本养老金。9 月，省人力社保厅、省财政厅印发《关于调整企业职工死亡后遗属生活困难补助费等标准的通知》（浙人社发〔2021〕52 号），同步增加计划外长期临时工、死亡职工遗属的生活补助标准。确定公务员职务职级并行制度实施后新增四个职级的视同缴费指数；明确我省职业年金投资运营前个人账户记账利率水平和记账时间。

【养老保险提标扩面工作】 12 月，省人力社保厅出台《关于进一步做好灵活就业人员参加企业职工基本养老保险工作的通知》，明确省内户籍灵活就业人员可以在户籍地或就业地参保，外省户籍灵活就业人员可以在省内就业地办理就业登记后就地参保。

（万　勇）

工伤保险

【概况】 截至 2021 年底，全省工伤保险参保单位 165.48 万家，参保人数 2741.58 万人，同比增加 195.44 万人，增幅 7.68%。其中，农民工参保 1607.73 万人，占总参保人数的 58.64%，同比增加 223.56 万人，增幅 16.15%。建筑施工企业参保 824.79 万人，同比增加 140.23 万人，增幅 20.48%。2021 年，工伤保险基金总收入 77.82 亿元，同比增加 37.89 亿元，增幅 94.92%；总支出 83.9 亿元，同比增加 20.47 亿元，增幅 32.28%；当期基金收支结余 -6.08 亿元。全省基金累计结余 71.04 亿元，可支付能力 10.5 个月。全省工伤发生率为 6.9‰，同比增幅 9.52%。

【工伤保险政策】 7 月，省人力社保厅等部门印发《浙江省工伤预防五年行动计划（2021—2025 年）实施方案》，进一步推进工伤预防常态化工作机制建设，建立部门联动协作、数据分析比对、隐患排查整改、奖惩激励引领、宣传培训交流、成效考核评价等机制，全面高质量推进工伤预防工作。10 月，省人力社保厅等部门印发《浙江省维护新就业形态劳动者劳动保障权益实施办法》，出台新就业形态劳动者单险种参加工伤保险政策。12 月，省人力社保厅会同省邮政管理局印发《关于进一步推动基层快递网点参加工伤保险工作的通知》，切实加快基层快递网点参加工伤保险工作。

【工伤保险待遇】 全省享受工伤保险待遇人员 19.3 万人，同比增加 2.1 万人。其中，享受伤残待遇人员 17.78 万人，同比增加 1.92 万人；享受工亡待遇人员 1.52 万人，同比增加 1762 人。全省人均一次性伤残补助金 34116 元，同比增加 1065 元，增幅 3.22%；月人均伤残津贴 3224 元，同比增加 262 元，增幅 8.85%；月人均生活护理费 2331 元，同比增加 213 元，增幅 10.06%；人均辅助器具安装配置费 15454 元，同比增加 2674 元，增幅 20.92%；月人均供养亲属抚恤金 1688 元，同比增加 252 元，增幅 17.5%。

【工伤保险省级调剂】 全省共向17个统筹区划转省级调剂金9006万元。

【工伤认定劳动能力鉴定】 全省工伤认定人数18.9万人，同比增幅17.02%；全省申请劳动能力鉴定人数12.67万人，同比增幅20.14%，评定伤残等级人数10.72万人，增幅10.88%。

（董传雄）

失业保险

【概况】 2021年末全省失业保险参保人数1798.36万人，比上年增加110.94万人。全年领取失业保险金人数47.59万人，比上年增加8.78万人。基金收入108.78亿元，支出75.98亿元，累计结余199.68亿元。

【失业保险待遇】 失业保险金人均领取水平1596.84元/月，比上年增加86.08元/月。为47.59万失业人员发放失业保险金37.40亿元，为45.93万失业人员缴纳职工基本医疗保险费8.08亿元。为33.91万失业人员发放失业补助金7.81 亿元。

【失业保险基金促进就业预防失业】 全省失业保险基金促进就业预防失业支出22.25亿元，占基金总支出的29.28％，主要东部试点支出9.70亿元；稳岗返还支出9.65亿元，惠及19.64万家企业521.73万职工；发放技能提升补贴2.90亿元，享受职工15.79万人次。

【失业保险阶段性降低费率】 根据国家和省阶段性降低失业保险费率的相关规定，将失业保险单位缴费比例下调政策从2021年4月30日延长实施至2022年4月30日。全年减征102.01亿元（按用人单位费率从1.5%降到0.5%计算）。

（吕　丹）

城乡居民基本养老保险

【概况】 2021年，全省城乡居民基本养老保险年末参保总人数1055.5万人，比上年末减少88万人，下降7.7%，年度新增首次参保人数17.7万人，参保覆盖率巩固在96%以上。其中城镇居民参保人数145.5万人，农村居民参保人数910万人；参保女性人数524.5万人；60周岁及以上领取养老金人数536万人（其中农村居民领取养老金473万人，城镇居民领取养老金63万人）；80周岁及以上领取高龄补贴人数98.3万人。全省个人缴费水平平均789元/年，平均养老金待遇水平350元/月，按时足额发放率保持100%。基金收入342.6亿元，比上年增长14%，其中个人缴费122.9亿元，政府财政补贴210.2亿元；基金支出为242.7亿元，比上年增长21%，其中个人账户养老金支出38.7亿元；当年收支结余100亿元，年末累计结余为354.4亿元，其中，年末个人账户累计结余333.6亿元，基金支付能力96.7个月，比上年末增加7.4个月。

【基础养老金标准调整】 经省政府同意，省人力社保厅会同省财政厅提高全省城乡居民基础养老金最低标准：从8月1日起基础养老金最低标准从165元提高到180元（列全国第6位）。各统筹区根据自身经济社会发展水平不同，在全省最低标准的基础上适度提高当地的基础养老金标准，到年底全省最高标准为310元，最低标准为225元，全省平均标准为273元。

【基金省级管理】 10月，经省政府同意，省人力社保厅会同省财政厅出台《关于实行城乡居民基本养老保险基金省级管理的通知》，从2022年1月1日起，实行城乡居民基本养老保险基金省级管理，形成归集全省个人账户基金结余，统筹安排委托投资运营的长效机制，促进基金保值增值，防范基金风险，为城乡居民基本养老保险制度可持续发展提供保障。

【个人账户记账利率】 5月，省人力社保厅会同省财政厅明确2020年个人账户记账利率为3.79%，便于各地做好个人账户的计息和对账工作。

【委托投资情况】 根据人社部、财政部《关于加快推进城乡居民基本养老保险基金委托投资工作的通知》（人社部发〔2018〕47号）要求，我省积极稳妥推进城乡居保基金委托投资运营工作。2019—2021年共归集100亿元委托全国社保基金理事会进行投资运营。

【城乡居保扶贫工作】 全年全省低保、特困人员、残疾人等群体参加城乡居民养老保险代缴保费人数27.4万人，年代缴保费金额3662万元；困难群体享受城乡居民养老保险待遇人数25.5万人，实现了符合条件的低保、特困人员、残疾人等困难人员享受待遇应发尽发。

（沈中明）

社会保险基金监督

【基金监督制度】 6月，联合省财政厅印发了《浙江省人力资源和社会保障厅 浙江省财政厅关于加强职业年金基金监管工作的通知》（浙人社发〔2021〕26号），研究出台了《浙江省社会保险基金监督管理约谈暂行规定》（浙人社发〔2021〕30号）。7月，研究制定了《浙江省人力资源和社会保障厅关于开展全省社会保险基金安全评估工作的实施意见》（浙人社发〔2021〕32号）。

【基金监督检查】 3月至12月，以人社系统数字化改革为契机，打造“浙里社保基金安全在线”应用场景。5月至10月，根据人社部要求，组织开展工伤保险重复领取待遇疑点数据核查，重点核查人社部下发的疑点数据，并抓好问题整改。5月至12月，根据人社部统一部署，拟制下发《浙江省人力资源和社会保障厅关于开展全省养老保险基金管理风险排查工作的通知》（浙人社函〔2021〕50号），组织开展全省社保基金管理风险排查，在完成人社部检查项目基础上，将2020年全省基本养老保险基金审计涉及的问题一并纳入本次排查范围，通过自查、互查、省级直查、第三方审计等多种方式开展拉网式全面排查。6月至10月，继续组织实施第三方审计：一是对省社保中心开展社保基金管理风险专项检查；二是对温州市本级及平阳县、嘉兴市本级及桐乡市、台州市本级及临海市开展养老保险基金管理风险排查、2020年全省基本养老保险基金审计整改问题“回头看”；三是对宁波市本级及北仑区、余姚市，衢州市本级及龙游县、江山市，舟山市本级及岱山县、嵊泗县开展社保基金安全评估复评。9月底，人社部检查调研组对省本级、长兴县、海宁市开展社保基金管理风险排除工作进行抽查。11月至12月，根据人社部部署，组织开展全省企业职工基本养老保险提前退休问题专项核查。

【社保基金投资运营】 6月，会同省财政厅按时完成第三批40亿元城乡居民基本养老保险基金委托全国社保基金理事会投资运营工作。

【年金监管】 9月，组织开展我省职业年金基金专项调研检查，对各职业年金计划受托人开展现场调研检查与座谈交流。全省累计建立企业年金制度企业5033家，比上年增加561家；净资产579.26亿元，比上年增加88.27亿元。

（庄盛平）

社会保险经办管理

【省本级社会保险参保概况】 截至2021年底，省本级基本养老保险参保人数 66.1万人，其中企业职工基本养老保险参保人数 44.81万人，机关事业单位基本养老保险参保人数 21.29万人；省本级工伤保险参保人数41.85 万人。

【省本级社会保险待遇调整和发放】 截至2021年底，省本级企业职工基本养老保险享受待遇人数 14.1万人；省本级机关事业单位基本养老保险享受待遇人数7.10万人。根据省人力社保厅、省财政厅《关于2021年调整退休人员基本养老金的通知》（浙人社发〔2021〕27号）要求，2021年度省本级基本养老保险待遇调整工作按时完成。省本级企业职工基本养老保险退休人员待遇调整人数13.61万人，平均调整额度211.58元/月；省本级机关事业单位退休人员待遇调整人数6.99万人，平均调整额度257.96元/月。省本级享受工伤保险待遇共计22659人次，支付工伤保险基金共计1.86亿元。根据省人力社保厅、省财政厅《关于调整企业职工死亡后遗属生活困难补助费等标准的通知》（浙人社发〔2021〕52号）等规定，2021年度省本级工伤保险待遇调整工作按期完成，工伤定期待遇调整涉及675人，月人均增加伤残津贴253.9元、生活护理费249.25元、供养亲属抚恤金105元。

【职业年金基金投资运营】 截至2021年底，全省职业年金基金投资运营总规模为1264.07亿元，其中缴费本金1211.81亿元，支付待遇17.9亿元，累计收益额70.16亿元，累计收益率为6.34%。2021年职业年金缴费本金214.28亿元，当年度收益额68.67亿元，年度收益率为6.18%。2021年，为保障基金安全、加强风险防控，代理人建立了业绩排名、风险排查、业绩约谈制度，并研究制定了《浙江省职业年金计划受托人绩效考评办法（暂行）》，按程序报我省职业年金管理委员会同意，以促进职业年金基金管理机构勤勉履职尽责。

【社会保险经办数字化改革】 2021年，省社保中心坚持数字赋能，加强部门间多跨协同，推进数据资源共享，做好社保经办服务数字化改革工作。一是深化社保医保参保“一件事”：支持智慧大厅、政务服务网、浙里办APP三个办理渠道，线下159个经办大厅共设置256个专窗，基于政务2.0统一收件平台，同步受理线下业务，参保人员可以一次不用跑就办结社保医保参保、变更、查询打印等12个事项，惠及全省11.72万余人；二是开展退休“一件事”迭代升级：实现“一件事情、一次申请、一窗收件、一站服务、一体反馈”，完成经办流程再造，经办所需材料由之前的40项精减至16项，办理时限由原来的145个工作日缩减为30个工作日，惠及全省8万余人。

（季芸汐）

专业技术和留学人员管理

【专技人才知识更新工程】 2021年，承办6期国家级高研班，举办56期省级高研班，培养急需紧缺专业技术人员5306人次、企业紧缺人才约1500人次，参加工程人员总量达到219.3万人；完成12000人次专技人才继续教育。在高端装备制造领域新建2家省级继续教育基地；推荐浙江大学、浙江工业大学和杭州电子科技大学获批国家首批数字技术工程师培育项目培训机构；开展省级继续教育基地周期评估考核，给予2家考核不合格的省级基地撤销基地资格，提高了基地建设质量。更新继续教育课件157门，推进“学时系统”与职称评审管理系统贯通，实现全省11个地市、15个行业继续教育学时数据互通共享。

【专业技术人才继续教育】 在全省推广应用“对标争先改革创新”试点成果，实现专业技术人才继续教育学时全省通用认可。已完成11个地市人社系统数据省集中；完成财政、水利、经信等15家重点行业数据共享。通过全省数据集中，共归集专技人员继续教育学时数据6500多万条，在库专技人才210万。同时系统已与省专技职称申报管理系统无缝对接，实时提供专技人才继续教育年度汇总学时数据。做好专技人才移动端继续教育相关工作，面对专技人才继续教育需求扩大和疫情防控压力，努力拓展专技人才接受继续教育途径。一方面采购一般公需科目和经济专业科目课件，免费提供省内专业技术人才网络学习使用，全年累计111606人次参加免费课件在线学习；另一方面对提供移动端学习的平台课件进行审核备案工作，累计审核课件时长11000余分钟，课件500余件，完成6500人次在线学习。

【专家选拔和服务】 围绕重大战略和重点产业，遴选产生省“万人计划”青年拔尖人才100名、省海外高层次人才引进计划创业人才37名。完成第六届全国杰出专业技术人才推荐工作，我省推荐的2名个人和2个集体当选，其中宁波江丰电子材料股份有限公司董事长、正高级工程师姚力军在表彰大会上发言。“浙江安吉新时代‘两山’试验区专家服务基地”入选国家级“专家服务基地”，浙江清华长三角研究院、嘉兴学院两个专家服务项目入选国家级“专家服务基层项目”。

【博士后科研工作站】 出台《关于调整博士后研究人员日常经费等资助标准及范围的通知》（浙人社发〔2021〕1号），将省级博士后日常经费资助提高到两年30万元，引才补贴标准提高到20万元，提高我省博士后政策含金量。全年招收博士后2033名，较上一年增长26%，其中流动站自主招收1224名，工作站独立招收315

名，工作站联合招收469名，培养出站博士后1011名。颁布博士后建站引导目录，全省共建成博士后科研流动站103家，国家级博士后科研工作站252家、省级站1081家，新增博士后独立招收资格单位5家，实现企业工作站覆盖全省县区。组织百场博士后招引、交流、评比活动，授予白蕊等15名博士后2021年度“浙江省优秀博士后”称号，遴选56支博士后队伍参加第一届全国博士后创新创业大赛并取得4金8银3铜的优异成绩。

【职称制度改革】 积极探索完善特殊优秀人才认定标准，进一步畅通高级职称直接申报渠道，出台《浙江省高层次创新人才职称“直通车”评审办法》，37名专业技术人员通过首次评审。进一步完善职称评价体系，推进工程领域社会化评价改革，有关做法在全国职称改革总结大会上做典型经验介绍；全年出台正高级经济师等10项评价标准，牵头制定《长三角生态绿色一体化示范区专业技术人员职业资格互认实施细则》。深入推进职称工作数字化改革，以教育、卫生为重点，将963家人才智力密集的自主评聘单位纳入省集中系统。采取各评委会自查、行业巡查和主管部门抽查相结合的方式，完成2020年度职称评审督查复审工作。

【职业资格考试管理】 积极克服疫情不利影响，扎实做好疫情防控常态化下专业技术人员职业资格考试工作，全年为124.6万人次提供职业资格考试服务，21.4万人次取得相应专业技术资格，圆满完成专业技术资格考试计划。

【专家和留学人员科研服务活动】 印发《关于实施“智聚山海·助力共富”专家服务工程的通知》（浙人社发〔2021〕47号），借力山海协作机制，全年共助力结对县（区）联办9场专家服务活动。根据各地专家服务需求，按比例配置省级人才专家，提高省市县三级联动协同效能，全年全省共举办各类专家服务活动251场，组织2609名专家服务企业、基层和困难群众。聚焦山区26县主导和特色产业，做强现有链主企业，支持链主企业技术升级、产品提档、产业链延伸，增强山区县做大蛋糕能力。

【海外高层次人才引进】 加大海外人才（项目）引进力度，建设全球人才“蓄水池”。首次发布海外引才（项目）机构10强榜单，编印《海外招才引智渠道选编》，范围涉及美国、以色列等24个国家和地区，共计91个招才引智渠道（其中新拓展61个），努力构建全球引才合作网络。助力举办引才对接活动，支持企业、科研机构、高校开展多种形式海外引才活动，让用人主体站在引才一线（计划支持12场，实际执行5场）。支持2021浙江·杭州城西科创大走廊——国际青年人才论坛，共征集博士人才简历2600份，完成云对接1484人，确定入职635名。

（汪小洲　韩凯军　郑　坤）

人事考试管理

【概况】 2021年，省人事考试院组织各类人事考试92项，累计报名考生人数达到151.5万人（2019年128.3万人），同比增长18.1%，总科目数达到338.8万科次（2019年266.1万科次），同比增长27.3%；完成各类人事考试笔试命题33套、面试命题23套。一是完成各级公务员招录考试，全年组织各类公务员招录考试11项，累计报考人数达43.2万人，其中2021年“省考”人数达33.8万人、2022年“国考”人数达到8.7万人，均创我省近年新高。二是完成各类专业技术职业资格考试，全年组织各类国家级、省级专业技术职业资格考试77项，累计报考人数达81.4万人。其中，社会工作者考试报考人数达17.6万人，同比增长25.7%，二级建造师报考人数达19万人，同比增长20.5%。三是完成各类社会化考试，全年提供两次全省事业单位公开招聘统考服务，累计为全省11个地市、60多个县（市、区）以及215家省部属单位提供服务，报名人数达26.9万人，同比增长25.7%。

【考试制度和考试安全】 坚持数字赋能，开展省市县三级“人事考试在线”数字化改革，在台州召开人事考试指挥平台推进会，在绍兴召开人事考试标准化考场建设推进会，开发推广智慧考务管理、面试管理及考官评价等项目应用，推动县级人事考试指挥平台和保密库房建设，逐步建成覆盖全省、标准统一、上下联动的人事考试指挥平台管理体系。加强考试安全教育，将8月确定为全省人事考试系统“警示教育月”，组织省市“请党放心，考试安全有我”演讲和征文比赛，通过案例剖析、隐患自查自纠、专业竞赛等方式，进一步筑牢考试安全底线。

【考试管理机构建设】 加强全省各级考试队伍规范化建设，全年组织各类线上线下专业培训4次，协助培训人员500人次，交流学习最新考务规程、违纪违规处理规定、考试无违纪建设等内容，全面提升全省人事考试系统人员业务能力。

（姜海峰）

职业能力建设

【概况】 截至2021年底，全省技能人才1097.4万人，占从业人员比例为28.5%；高技能人才354.4万人，占技能人才比例为32.3%。大规模开展职业培训工作，全省参加补贴性职业技能培训人数为259.6万人次。全省共有技工院校99所，其中技师学院34所；在职教职工总数14680人，其中文化技术理论课教师9441人，生产实习指导教师2506人，一体化教师5365人。招生人数6.15万人，在校学生17.9万人，毕业生人数3.4万人；全省技工院校培训社会人员45.6万人。

【高技能人才培养】 3月，全省新时代浙江工匠培育工程推进工作电视电话会议在杭召开，布置推进我省技能人才队伍建设工作，还表彰了首届全国职业技能大赛、第十六届“振兴杯”全国青年职业技能大赛和首届浙江技能大赛金牌选手代表，王文序副省长参加会议并讲话。3月，省人力社保厅等5部门下发《关于印发〈新时代浙江工匠遴选管理办法〉的通知》（浙人社发〔2021〕15号）。2021年分别会同省委人才办、省总工会、团省委开展新时代浙江工匠遴选工作，共有10人入选“浙江大工匠”培养项目，59人入选“浙江杰出工匠”培养项目，600人入选“浙江工匠”培养项目，1950人入选“浙江青年工匠”培训项目。6月，人社部在北京隆重举行第十五届高技能人才表彰大会，省厅党组书记、厅长吴伟斌在浙江分会场参加会议，并会见了我省受表彰的8名全国技术能手和国家技能人才培育突出贡献单位代表、国家技能人才培育突出贡献个人。8月，省发展改革委（数字社会系统建设工作专班）印发《数字社会第二批案例》，我厅“技能浙江·工匠学堂”多跨场景数字化应用改革项目入选。

【职业技能培训】 1月，省人力社保厅等5部门转发《人力资源社会保障部民政部财政部商务部全国妇联关于实施康养职业技能培训计划的通知》。1月，省人力社保厅等18部门下发《关于实施“金蓝领”职业技能提升行动的通知》；8月，会同省财政厅办公室下发《关于加强职业技能提升行动质量管理工作的通知》。9月，省人力社保厅下发《关于印发提升全民数字技能工作方案的通知》。11月，省人力社保厅、省财政厅转发《人力资源社会保障部财政部关于拓宽职业技能培训资金使用范围提升使用效能的通知》。12月，省人力社保厅召开全省加强职业技能培训资金管理专项工作电视电话会议，进一步加强职业技能培训资金的规范管理，确保培训资金安全。

【职业技能大赛】 1月，省人力社保厅公布2020年度浙江省技术能手名单，128名在全省各类职业技能竞赛中取得优异成绩的选手获得“浙江省技术能手”称号。5月，省人力社保厅发文公布2021年省级职业技能大赛计划，全省共组织开展省级比赛57项，其中，省级一类大赛33项、省级二类大赛24项。8月，省人力社保厅办公室下发《关于做好职业技能竞赛选手获取职业证书有关工作的通知》。9月，由人力资源社会保障部、国家乡村振兴局、新疆维吾尔自治区人民政府共同主办的全国乡村振兴职业技能大赛在新疆乌鲁木齐举行。本次大赛以“展技能风采、促乡村振兴”为主题，围绕农村实用技能，设置砌筑工、汽车维修工等11个比赛项目和中式面点师（馕制作）表演项目，是首次专门面向农业家庭户籍人员、首次在新疆举办的国家级专项职业技能赛事，共有来自全国28个省份和新疆生产建设兵团的600多名选手参赛。我省派出的22名选手参加了所有11个项目比赛。浙江选手在赛场上奋勇争先、激烈角逐，充分展示新时代乡村技能人才的精湛技艺和良好风貌，经过激烈比拼，共获得1金2银2铜以及13个优胜奖的优异成绩，此外，浙江省代表团还荣获了突出贡献单位奖。

【技能人才评价】 2021年，技能人才评价共计89.56万人次，发放证书74.29万人次，其中五级12.94万人次，四级25.24万人次，三级32.08万人次，二级3.68万人次，一级3.35万人次。发放高技能证书（三级及以上）36.09万人次。在湖州市开展技能评价监管应用试点，9月在湖州市德清县召开全省技能评价监管应用推广会，在全省推广使用“职业技能评价监管平台”。

【职业技能鉴定】 12月，根据《国家职业资格目录（2021年版）》，人力社保部门退出所有水平评价类职业资格鉴定工作。2021年全省参加职业资格鉴定8.89万人次，获得职业资格证书6.95万人次。

【职业技能等级认定】 “全面铺开企业职业技能

等级认定试点工作”被省委党史学习教育领导小组办公室列入全省50项实事清单。3月，厅办公室下发《关于公布全省首批职业技能等级认定试点评估合格技工院校名单的通知》。9月，厅办公室下发《关于公布全省第二批职业技能等级认定试点技工院校评估结果的通知》。4月，浙江省技能人才评价管理服务中心（浙江省继续教育院）印发《关于实行社会培训评价组织职业技能等级认定计划公告制的通知》（浙技评〔2021〕5号），在社会培训评价组织全面实行职业技能等级认定计划公告制。截至2021年12月底，全省职业技能等级认定评价机构备案4225家，较2020年新增备案3339家，其中用人单位备案数3897家，居全国第一位；社会培训评价组织备案数260家（不含技工院校68家）居全国第3位；2021年开展职业技能等级认定80.66万人次，发放职业技能等级证书67.33万人次，位居全国第2位。

【专项职业能力考核】 1月，省人力社保厅办公室印发《柑橘繁育等34个专项职业能力考核规范的通知》，全省专项职业能力考核项目达101个。10月，浙江省人力资源和社会保障厅办公室印发《关于公布2021年的专项职业能力考核规范开发项目的通知》，27个项目入选。

【技能人才评价资源】 积极开发职业标准，承接船舶电气装配工等11个国家职业技能标准开发，参与密码技术应用员等9个职业的标准开发。指导完成人工智能训练师等8个国家职业技能标准、评价规范。加大题库建设，承接电切削工、制冷空调系统安装维修工、企业人力资源管理师3个职业国家题库开发，公布37个职业、16个专项职业能力考核省级题库试题资源。按职业开展考评人员培训考核25期，涵盖81个职业，认定考评员4701人；组织培训120名技能人才评价管理人员暨质量督导员；首次举办高技能人才研修班4期，181名高技能人才参加研修。

【技工院校设立】 6月，省人力社保厅下发《关于同意设立建德高级技工学校的批复》，同意设立建德高级技工学校。7月，省政府下发《关于筹建嘉善技师学院等2所技师学院的批复》、《关于设立湖州工程技师学院等6所技师学院的批复》，同意筹建嘉善技师学院、丽水技师学院，同意设立湖州工程技师学院、安吉技师学院、海宁技师学院、永康五金技师学院、台州第一技师学院、台州技师学院。

【技工院校教学、综合管理】 5月，省人力社保厅印发《关于进一步扩大技工院校教师专业技术职务评聘改革试点范围的通知》，新增7所技工院校自主评聘改革试点单位。全省技工院校新设专业和实施性教学计划实行备案制，组织专家抽查了部分技工院校的实施性教学计划执行、学生资助管理制度建设、政策落实情况及资金管理情况等。7月，人力资源和社会保障部办公厅下发《关于公布2021年度劳动出版“技能雏鹰”奖（助）学金获奖名单的通知》，其中7名同学获奖。全年，省人力社保厅组织省内12所高水平技师学院对口支援南疆地区技工院校，全年共选派2名教师参与援疆，接收新疆阿克苏地区约40名教师来浙交流学习。

【技工院校教研教改】 全年组织开展全省技工

院校教研教改活动35场（次），技工院校教学业务调研重点课题立项27个，一般课题立项102个；重点课题通过结题25个，一般课题通过结题69个。开展全省技工院校论文评选，共产生一等奖论文104篇、二等奖论文156篇、三等奖论文214篇。4月，全省技工院校电工电子组长“教研组长送教入校”活动在衢州举办。5月，浙江省技工院校第三届师生创新创业大赛决赛在宁波举行。5月，全省技工院校学生思想政治·文化素养学习竞赛省级决赛（笔试）在杭州片区、宁波片区、金华片区三个片区考场同时进行；全省技工院校思政教师职业能力大赛在杭州举办。6月，泛长三角地区自媒体运营技能大赛暨浙江省技工院校第五届移动电商技能大赛在三门举办。6月，以“学党史·铸匠魂”为主题的全省技工院校学生思想政治·文化素养学习竞赛省级总决赛在宁波举办；全省技工院校第六届学生数学素养知识竞赛在线上开展；全省技工院校学生3VS3（男子）篮球总决赛在杭州举办。7月，全省技工院校体育教师能力提升研讨活动在宁波开展。9月，省教研所联合省中华职教社宣传教育委员会举办了三场全省技工院校骨干教科研人员科研能力提升公益培训，共计培训280余人；省人力社保厅、省教育厅、省中华职教社等3部门联合组织开展浙江省学徒制典型案例征集活动。10月，全省技工院校信息化技术应用教学设计比赛在宁波举办；全省技工院校增材制造技能竞赛在宁波举办；2021年泛长三角地区技工院校数控系统与工业软件应用技术比赛在线上开展。11月，全省技工院校机械专业、电工电子专业青年教师教学能力比赛在金华举办。12月，由人社部主办的第二届全国技工院校学生创业创新大赛决赛在福州举行。我省共有10个项目进入全国决赛，分别获得一等奖2项、二等奖4项、三等奖3项、优胜奖1项，并以总分第二的成绩被人社部授予组织奖。

【技工院校师资队伍建设】 截至2021年末，全省技工院校在职教职工总数14680人，其中文化技术理论课教师9441人、生产实习指导教师2506人、一体化教师5365人、具有高级职称的教师2873人。

（陈中杰　石越航　王丽慧）

事业单位人事管理

【概况】 2021年，省人力社保厅批复232家省属事业单位岗位设置方案，核准备案岗位变动4762人次，办理5个部门34家事业单位人员转隶383人次，备案31家部门150家事业单位定期个人嘉奖2448人。办理省属事业单位人员调动手续494人次。全省发布事业单位招聘岗位58920个，其中限招高校毕业生的18560个，未限招但向高校毕业生开放应聘的岗位25580个，实际招聘到位人数44712人，其中高校毕业生26209人，占比约58.6%。核准备案交流调入人员338人次。开展疫情防控表现突出人员及时奖励，全省事业单位集体奖励106个（记功24个、嘉奖82个），个人奖励858人次（记功25人、嘉奖833人）；落实一线医务人员优先晋升专业技术岗位激励政策，一线医务人员优先晋升953人次。

【事业单位人事管理】 5月，人力资源社会保障部在金华市召开推进事业单位人事管理“一件事”改革试点工作动员部署现场会，全国12个省（市）人力资源和社会保障厅（局）参加会议。6月，完成2020年度全省事业单位人员年报数据统计上报工作。

【事业单位岗位管理】 会同浙江省教育厅做好中小学正高级教师评聘工作，组织开展第二批中小学正高级教师专业技术二级、三级岗位聘任，聘任二级岗28人，评聘正高级教师155人。及时做好省属事业单位清理规范整合后的人员转隶和岗位设置方案变更备案工作。

【事业单位公开招聘】 完成第四批面向西藏籍少数民族高校毕业生专项公开招聘，最终聘用11人。先后会同省文化和旅游厅、省农业农村厅、省卫生健康委员会等部门发出通知，为32个县市定向培养农业技术人员110名，为22个县市定向培养乡镇文化员41名、基层卫生人才1843名。审核省属事业单位公开招聘方案357批次，审核备案省属事业单位通过公开招聘渠道新聘6148人。

（陈　曦）

工资福利

【概况】 2021年，围绕改革完善事业单位收入分配制度，根据人社部等五部门关于深化公立医院薪酬制度改革的指导意见精神，研究推进深化我省公立医院薪酬制度改革的实施意见。为进一步深化省属高校和省属科研院所薪酬制度改革，对省属高校和省属科研院所绩效工资制度改革工作开展调研。

【落实“双减”要求提高义务教育教师提供课后服务的报酬水平】 省教育厅会同我厅出台了《关于进一步做好义务教育阶段学校课后服务工作的实施意见》（浙教基〔2021〕38号），明确在核定中小学教师绩效工资总量时，把用于教师课后服务补助的经费额度作为增量纳入绩效工资并设立相应项目，不纳入教师与公务员工资收入计算比较口径，确保教师参与课后服务所获得的报酬在原薪酬基础上做“增量”。

【调整精减退职等人员生活困难补助费标准】 经省政府同意，会同省委组织部、省财政厅印发《关于调整精减退职人员生活困难补助费标准的通知》（浙人社发〔2021〕45号）和《关于调整机关事业单位工作人员死亡后遗属生活困难补助费等标准的通知》（浙人社发〔2021〕44号）两个文件，对我省机关事业单位精减退职、遗属和计划外长期临时工等三类人员补助标准继续进行调整。为更加精准掌握全省“三类人员”有关信息，开发了“三类人员”数据采集和管理模块，采用信息化手段进行人员管理。

【贯彻落实县以下事业单位管理岗位职员等级晋升制度有关工资政策】 按照国家的统一部署，在贯彻落实好人社部、财政部下发的《关于县以下事业单位管理岗位职员等级晋升制度有关工资问题的通知》（人社部发〔2021〕76号）的基础上，结合我省实际，拟定了我省县以下事业单位绩效工资的实施口径。

【做好表彰奖励工作】 加强评比达标表彰制度体系建设，出台了《关于进一步加强评比达标表彰活动规范管理工作的通知》，对评比达标表彰活动和通报表扬活动的规范管理提出了进一步细化要求，建立了违规表彰项目查处机制。组织开展了全省评比达标表彰项目的申报审批工作。

（顾　凯　胡晓高）

省级单位统发工资管理

【概况】 为推进事业单位人事工资管理数字化改革，从2020年8月开始，省事业单位人事工资管理系统统一上线运行。2021年，从上线运行情况看，“省集中系统”基础框架已搭建，历史数据迁移基本完成，省直事业单位工资数据管理日趋规范，各市、县（市、区）主要工资信息数据已入库运行。

【省直机关工资管理】 截至2021年12月，省直机关单位175家，工资发放人数1.14万人。2021年度五年晋级3033人，两年晋档2304人，职务职级晋升3908人，新增862人，减少2472人。

【省属事业单位工资管理】 截至2021年12月，省属事业单位工资信息化管理401家，职工人数8.38万人。基础性绩效工资执行类别为：执行财政全额补助标准事业单位184家，执行一类基础性绩效工资标准单位10家，执行二类基础性绩效工资标准单位144家，执行三类基础性绩效工资标准单位20家，自主分配单位43家。其中，财政适当补助单位367家，经费自理单位34家。

（王君兰）

劳动关系

【推进“和谐同行”三年行动计划】 3月，省协调劳动关系三方四家联合下发《关于实施劳动关系“和谐同行”三年行动计划　打造和谐劳动关系示范区的通知》，开展企业用工体检，组织劳动关系协调员培训，推进劳动关系和谐企业（园区）创建。

【维护新就业形态劳动者劳动保障权益】 10月，制定出台《浙江省维护新就业形态劳动者劳动保障权益实施办法》，组织开展维护新就业形态劳动者劳动保障权益专项行动，解决新就业形态权益保障现实问题。集成建设“新就业形态劳动权益保障在线”应用，聚焦工资、工伤、工时等基本权益，构建覆盖外卖骑手、快递小哥、网约司机、网络主播等新就业形态劳动者的权益保障网。11月，组织召开由全省16家头部平台企业参加的行政指导会，明确平台企业带头落实新就业形态政策文件的相关要求。

【建设电子劳动合同公共服务平台】 在杭州试点建设电子劳动合同网签平台及应用。8月，“劳动合同浙里签”应用上线，为用人单位和劳动者提供电子劳动合同的在线签订、在线存储、在线查验等服务。

【调整全省最低工资标准】 8月，全省最低工资标准由四档调整为三档，月工资标准最高档提高到2280元，三档平均增长13.1%。

【开展企业薪酬调查工作】 组织开展2021年全省企业薪酬调查工作，全省范围调查企业数近

2万家、岗位工种千余个。第四季度，省、市二级发布41个技术工种分等级工资指导价位，指导各设区市定期发布人力资源市场工资指导价位。12月，首次联合上海、江苏人力资源和社会保障部门发布长三角一体化示范区制造业企业市场工资价位，其中2020年浙江省非私营和私营单位就业人员加权平均工资79133元。

（沈嘉贤）

农民工管理服务

【概况】 1月，省农民工工作领导小组印发《关于做好春节前后农民工服务保障工作的通知》，从做好农民工疫情防控、引导农民工尽量留浙过年、加强对农民工的人文关怀、确保农民工按时足额领到工资、做好春节后农民工返岗工作等六个方面作出部署安排，并明确了责任单位和48项任务清单，指导推动各地各部门全力做好春节前后农民工服务保障工作。1月，合并召开省就业和农民工工作领导小组扩大会议，总结2020年就业和农民工工作，分析面临的形势和任务，谋划部署2021年工作任务和春节期间重点工作，领导小组组长王文序副省长出席会议并讲话。4月，省农民工办印发《浙江省农民工工作领导小组2021年工作要点》，提出5方面18项工作任务、9项具体任务指标，并制定具体任务清单、责任清单，有序推进各项工作落地落实。

【乡村振兴工作】 4月，相继召开2021年厅乡村振兴工作领导小组会议、全省人社系统巩固拓展脱贫攻坚成果推进乡村振兴工作电视电话会议，总结人社扶贫工作，交流乡村振兴工作经验做法，分析面临的形势任务，部署人社系统推进乡村振兴工作。5月，印发2021年度厅乡村振兴工作要点，明确7方面24项重点任务，推进工作落地落实。7月，在余姚市举办2021年全省人力资源社会保障系统乡村合作创业带头人培训班，金林贵副厅长作开班动员讲话，各市及部分县（市、区）人力社保局分管乡村振兴工作近50名副局长参加了培训班。7至12月，赴全省各地乡村拍摄取材，制作完成《运用“1+3+N（n）”返乡入乡合作创业组织模式 建立乡村合作创业体系》的主题宣传片。8月，省人力社保厅牵头召开团组工作例会，研究谋划帮扶任务清单，建立健全成员单位联络机制，有序推进各项结对帮扶工作。12月，人社部召开推进国家乡村振兴重点帮扶县人力资源社会保障工作电视电话会议，金林贵副厅长在会议上作了交流发言；我省有关做法在国务院农民工工作领导小组简报2021年第8期予以刊载。12月，根据全省人社系统绩效考核评价办法，对年度全省各市、县（市、区）人社系统开展乡村振兴工作情况进行考核。根据2021年度省政府部门“乡村振兴”专项重点工作考评工作安排，牵头做好厅2021年乡村振兴工作自查总结，经考核，我厅被评为2021年度乡村振兴战略实绩考核优秀单位。

【督察检查】 6至7月，国务院农民工工作领导小组办公室牵头组织开展全国农民工工作督察。我省迅速行动，以省农民工办名义印发《关于做好全国农民工工作督察（含保障农民工工资支付工作考核）有关工作的通知》，组织各市农民工工作议事协调机构、省级相关单位积极开展自查，高标准做好我省迎接督察考核有关工作，并于7月下旬向国务院农民工办报送了我省农民工工作自查报告。6月，省人力社保厅印发了《2021年度浙江省人社系统绩效考核评价办法》，其中留浙过年农民工服务保障工作也被纳入考评内容，有力推动了各市农民工工作议事协调机构做好农民工服务保障工作。

【关爱帮扶农民工活动】 1月，国务院农民工工作领导小组在北京召开全国优秀农民工和农民工工作先进集体表彰大会，我省在杭州设分会场，组织王光丽等12名优秀农民工和杭州市江干区人力社保局作为代表参加了表彰大会，省农民工工作领导小组组长王文序副省长出席了表彰会。2月，省人力社保厅下发《关于进一步做好留浙过年农民工服务保障工作的通知》，在全省人社系统开展“送技能、送温暖、送岗位”活动，确保广大留浙农民工度过欢乐祥和、安心舒心、健康安全的新春佳节。2月8至9日，我厅5位厅领导分赴5个留浙农民工较多的建设施工项目点开展了走访慰问。

【发展家庭服务业工作】 3月，省人力社保厅制定出台《关于支持多渠道灵活就业的实施意见》，明确提出要加强对家政服务业用工服务保障，改善家政服务业用工环境。继续落实好员工制家政企业社保补贴政策。1至4月，督促指导杭州、温州两个中心城市开展家庭服务业调查。1至12月，加强家政技能培训，将家政服务人员作为职业技能提升行动的重点群体，进一步加大家政服务人员职业技能培训力度，全省共培训家政从业人员6万人次。10月，举办2期全省家政服务业高级管理人员研修班，150名企业经营管理人员参加培训。5至10月，开展技能人才评价，支持和鼓励家政服务龙头企业通过备案成为家政服务职业技能等级认定机构，共49家家政企业开展了职业技能等级认定试点工作。8至12月，着力做好家政劳务对接工作，深化家政扶贫政策措施和对接工作机制，助力全面推进乡村振兴行动，共吸纳省外户籍家政服务人员7920人就业。

（林　静）

劳动保障监察

【概况】 2021年，全省共检查用人单位9.79万家，涉及劳动者367.33万人。立案办结各类劳动保障违法案件1901件，协调处理各类案件25466件，其中，立案办结工资类案件911件，为1.96万名劳动者追发工资等待遇2.62亿元。向社会公布重大劳动保障违法行为173件，列入推送欠薪“黑名单”信息98条。协调跨区域案件263件（其中外省发来协查43件，发往外省协查220件），办理国务院“互联网＋督查”及中国政府网线索445件、人社部督办网络舆情20件；国务院领导批示3件。接收国务院根治欠薪线索平台线索45652条，办结44402条，涉及7.66万名劳动者8.95亿元。在国务院对省级政府2020年度保障农民工工资支付工作考核中，继续取得考核等级A级第一名的成绩。

【劳动保障监察维权维稳】 全省妥善处置因劳资纠纷引起的各类突发事件11起，涉及劳动者423人；向公安机关移送涉嫌拒不支付劳动报酬犯罪案件219件，涉及劳动者5900人，涉及金额1.09亿元。其中，公安机关立案188件，法院依法判决入罪6件，被告入刑6人。连续2

次下发《关于欠薪风险预警防范的函》，对高负债房产项目欠薪风险、“双减”政策下教培机构欠薪纠纷等风险隐患进行预警防范，从8月底至春节前，全省50个恒大欠薪项目历史欠薪已经全部清零，共处置支付欠薪14256人次，金额30367.34万元；从8月开始至年底，全省共排查校外培训机构9818户，发现欠薪风险隐患126件，涉及拖欠3867名劳动者工资等待遇2830万元，责令改正24件、行政处理决定 8件，办结91件，为1410名劳动者追讨工资等待遇 1437.91万元。

【劳动保障监察专项行动】 4月初至5月底，在全省组织开展清理整顿人力资源市场秩序专项行动，共出动执法人员7483人次（其中人社部门4755人次，公安部门879人次，市场监管1437人次，其他有关部门412人次），检查11024户次（其中用人单位8019户次，人力资源服务机构2938户次，未经许可和登记擅自从事职业中介活动的组织或者个人67户）；查处未经许可擅自从事职业中介活动20件（其中未经许可擅自从事网络招聘服务1件）、参与签订不实就业协议2件、发布（提供）虚假就业信息5件、泄露或违法使用劳动者个人信息1件、发布（提供）的就业信息中含有歧视性内容6件、扣押劳动者居民身份证等证件和以担保或其他名义向劳动者收取财物6件、以职业中介或招用人员为名牟取不正当利益或者进行其他违法活动5件；责令改正39件，责令退赔劳动者中介服务费、押金或其他费用1.5万元；罚款11件1.7万元。

4月至12月底，根据省纪委省监委“漠视侵害群众利益问题”专项整治工作部署，在全省开展重大工程建设项目劳资纠纷专项治理工作。在重大工程建设项目检查整改方面，共检查在浙央企、国企重大工程建设项目9674个，发现问题风险点415个，全部整改完毕（其中约谈18起、责令改正55起、行政处理决定2起、行政处罚决定18起、列入黑名单5起、移送公安2起）；梳理136个“三多”问题项目，采取约谈、函告、信用惩戒、行政处罚等措施整改完毕；在线上欠薪举报投诉处理方面，共处理办结国家根治欠薪线索平台工程建设领域线索件7332件，共为1.7万名劳动者解决工资2.39亿元；在线下欠薪举报投诉调处方面，共办结建设领域欠薪案件467件，为5544名劳动者追发工资9219万元。

11月初至2022年春节前，组织开展了根治欠薪冬季专项行动，检查用人单位54597户，涉及122.28万人（其中农民工95.87万人），查处调处拖欠工资案件4353件，涉及3.92万人4.62亿元（其中农民工3.44万人4.19亿元）。其中，责令改正395件，行政处理决定84件，行政处罚172件，移送公安机关涉嫌犯罪案件104件，公安机关立案63件。公布欠薪严重违法单位106户，列入欠薪“黑名单”109件。

【“浙江无欠薪”行动】 1月11日，组织开展全省统一的欠薪投诉集中接访活动，90个县（市、区）政府领导在当地社会矛盾纠纷调处化解中心接访，11日当天共接待投诉607起，涉及4073人7579万元。4月，省根治欠薪工作领导小组办公室组织对全省11个设区市政府保障农民工工资支付工作开展考核。4月下旬至5月底，开展《保障农民工工资支付条例》实施一周年宣贯活动，开展“举办一次知识竞赛、实施一次上门宣传、开展一次宣贯征文、发布一批典型案例、组织一次技能比武”系列宣传活动，举办全省首届建设领域劳资专管员职业技能大赛，印发《浙江省实施〈保障农民工工资支付条例〉法律责任条款的行政执法指引》。5月至9月，开展护航建党百年“浙江安薪”专项行动。7月，国务院根治拖欠农民工工资工作领导小组对我省根治欠薪工作进行考核，核查组对我省台州、绍兴两地的12个建设项目和部分欠薪线索件进行了实地检查。11月，经省政府同意，省根治欠薪工作领导小组印发《以数字化改革为引领持续擦亮“浙江无欠薪”品牌的实施意见》，深化“浙江无欠薪”行动，推动实现欠薪治理体系和治理能力现代化。12月，根据《国务院根治拖欠农民工工资工作领导小组关于表彰全国根治拖欠农民工工资工作先进集体和先进个人的决定》（国治欠发〔2021〕4号），省厅监察执法局等5个单位被授予“全国根治拖欠农民工工资工作先进集体”荣誉称号，宁波市劳动保障监察支队副支队长胡铮奇等7人被授予“全国根治拖欠农民工工资工作先进个人”荣誉称号。

【欠薪治理数字化改革】 围绕提升欠薪整体智治能力这一核心业务，迭代升级“安薪在线”数字应用，集成欠薪联合预警、工资支付监管、劳动纠纷治理等系统，全面构建“事前预警监测、事中过程监控、事后集成处置、全程信用监管”的欠薪智治闭环。“安薪在线”被评选为省数字化改革第二批最佳应用及2021年度浙江省改革突破奖银奖。同时，积极开展数字化改革应用场景试点工作。指导温州、湖州、嘉兴、绍兴、金华、台州等地开展“浙江无欠薪”、信用监管、执法监管等数字化改革应用场景开发，积极推动工资支付监管制度在多领域应用。

【信用体系建设】 一是开发“信用监管”数字化应用，构建指标科学化、治理精准化、评价多层级和奖惩法制化的信用监管体系，依据信用记录实施分类监管，并加大对重点监控企业、重点风险人群、重点服务人群、重点关怀人群的执法和服务。二是通过对外提供信用报告查询打印、强化快递业等特殊行业信用监管等，推进人力社保信用信息的协同应用。针对“频繁跳槽”等问题，在“浙里办”上线“信用就业”场景，通过对求职者学历、专业技能、就业轨迹等的授权查询，稳定企业用工环境。三是继续做好重大劳动保障违法行为和拖欠工资“黑名单”社会公布和数据共享工作。2021年，全省共向社会公布重大劳动保障违法行为173件、推送拖欠工资“黑名单”信息247条。

（徐　迟）

调解仲裁

【劳动人事争议调解】 全省各级劳动人事争议仲裁委员会及基层调解组织案外处理劳动人事争议案件6.4万件，涉及劳动者人数6.9万人；调解成功率88%，完成省政府设定的年度考核目标，挽回损失15.6亿元。

【劳动人事争议仲裁】 全省各级仲裁委员会立案受理劳动人事争议案件7.6万件，涉及劳动者8.5万人。全省各级仲裁机构共审结案件7.8万件（含上年度结转案件），结案率96%，完成省政府设定的年度考核目标，挽回损失 21.6 亿元。

【调解组织和仲裁机构建设】 全省已建立乡镇（街道）基层调解组织 1386 个，配备调解员 3212 人。规模以上企业建立调解组织 3.8 万家，配备专兼职调解员 6.6 万人。全省共有劳动人事争议仲裁委员会 110 家，劳动人事争议仲裁院 107 家，独立办公 80 家；全省共有仲裁庭 230 个，其中建筑面积 60 平方米以上、配备监控、投影等设备和质证的标准庭 157 个。在乡镇（街道）、工会等设立仲裁派出庭 225 个。仲裁院实际在岗在编专职仲裁员 561 人，辅助人员 293 人，兼职仲裁员 1445 人。2021 年共开展培训 212 次，培训人员 22626 人次。

【法律援助工作】 全省各级仲裁委员会均设立法律援助工作站，为 6749 名（含 5639 名农民工）符合条件的劳动者提供法律援助，涉及经济标的 1.9 亿元。

【体制机制创新】 3 月，制定出台《关于劳动人事争议调解协议仲裁审查程序的若干规定》（浙劳人仲〔2021〕1 号），规范省劳动人事争议调解协议仲裁审查程序，促进劳动人事争议调裁工作有效衔接；6 月，制定出台《浙江省劳动人事争议仲裁庭审操作规程》（浙劳人仲〔2021〕2 号），统一全省仲裁案件开庭审理程序，提高仲裁案件处理的质量和效率；8 月，经人力资源和社会保障部同意，在温州市开展工伤争议速裁改革试点。

【“互联网 + 调解仲裁”建设】 4 月，启动数字化改革“智慧仲裁”应用项目建设，先后完成工资速裁、庭审监控、调解协议仲裁审查三个应用场景和数字驾驶舱建设；9 月，出台《浙江省劳动人事争议数字仲裁庭建设标准》（浙劳人仲办〔2021〕2 号），规范和指导数字仲裁庭的建设。全省共处理网络调解仲裁案件 3 万件，涉案金额 6.6 亿元，网络办案率达到 37%。

（常　宽）

政策法规

【业务标准化工作】 2021 年，迭代完善全省系统政务服务办事标准，于 12 月制定《政务服务事项业务经办规范（2021 版）》。6 月，印发《2021 年全省人力社保系统新增和迭代“一件事”清单》，推进全省系统 16 个“一件事”改革和联办系统建设。牵头推进社保医保参保“一件事”改革，8 月底全省实现社保医保参保“一件事”线上线下联办。9 月，印发《第一批高频人社政务服务“跨省通办”事项清单和办事指南》。深化人社系统涉企经营许可事项“证照分离”改革，实施告知承诺制事项政务服务 2.0 改造。持续开展“减证便民”，编写人社系统实行告知承诺制证明事项清单和工作规程。建设“政务服务‘好办易办’”数字化改革应用，于 9 月份在全省推广，初步实现为群众企业提供高标准、高质量就近办理人社政务服务事项的目标。深化“人社服务快办行动”，并在全国系统专题会议上作典型经验介绍。牵头编制全国首部社银合作相关的省级地方标准《银行办理社保经办业务服务指南》，实现办事群众、人社部门、银行三方共赢，我省将银行办理社保经办业务的实践成果、创新经验上升为制度标准，属于全国领先之举。

【立法调研】 积极推进《浙江省社会保险基金监督条例》立法工作，将《浙江省社会保险基金监督条例》列入 2022 年的立法建议项目，为“社保基金安全链”改革项目提供制度保障，填补社会保险基金监管领域的法律空白。

【行政争议和行政复议诉讼处理】 举办全省系统行政执法培训班，切实提高全省系统依法行政工作水平。4 月，制定《2021 年全省人力社保系统依法行政工作要点及责任分工》。认真做好 2020 年度行政争议案件处理分析总结，指导全省系统采取有效措施预防化解各类行政争议。厅本级参加行政应诉案件 7 起、行政复议案件 3 起，审结的均胜诉。审核厅信息公开答复 42 件，办理厅行政规范性文件合法性审查 50 余件，办理省委省政府、外厅局相关法规规章征求意见反馈 198 件。

【规范性文件管理】 完成厅本级行政规范性文件集中和涉及行政处罚内容、计划生育内容等专项清理，公开发布现行有效行政规范性文件 811 件、废止（失效）行政规范性文件 134 件。建立全省系统政策法规数据库，归集全省系统法规政策文件 2770 件，其中行政规范性文件 1307 件，省本级有效行政规范性文件 824 件。10 月，制定《浙江省人力社保系统行政规范性文件管理办法》，创新建立“政策—经办—系统—数据”同步研究机制和行政规范性文件监督、评估机制。建设“政策监管”数字化改革应用，打造政策文件全量、精准查询和文件“立改废”线上管理及辅助监管评估的服务端、治理端功能，实现重要政策执行情况可量化、可展示、可评估的政策法规全流程闭环管理，并于 9 月份在全省系统推广应用。

【法制宣传和普法活动】 全面落实法治宣传教育责任清单制度。举办全省系统行政执法专业法律知识培训班，切实提高依法行政能力。围绕《保障农民工工资支付条例》《行政处罚法》《浙江省标准化条例》等法律法规开展专项普法活动，组织开展“仲裁进企业（社区）”活动，有力推动全省系统自觉学法守法用法。组织开展全省人力社保系统窗口单位业务技能练兵比武活动。针对新就业形态劳动争议、拖欠劳动报酬等劳动保障领域违法行为，积极开展以案释法，编制典型案例，开展普法宣传。荣获 2020 年度“法治浙江”（法治政府）建设先进单位称号。

（潘　剑）

规划财务和综合计划

【综合统计】 1 月，省人力资源和社会保障厅印发《关于 2020 年度全省人社系统绩效考评情况的通报》（浙人社发〔2021〕5 号）。6 月，省人力资源和社会保障厅印发《2021 年度浙江省人社系统绩效考核评价办法》（浙人社发〔2021〕29 号）。7 月，省人力资源和社会保障厅印发《关于进一步加强和规范我省人力资源和社会保障统计工作的意见》（浙人社发〔2021〕33 号）。7 月，省人力资源和社会保障厅编制发布 2020 年浙江省人力资源和社会保障事业发展统计公报。

【规划管理】 5 月，省发展和改革委员会、省人力资源和社会保障厅联合印发《浙江省人力资源和社会保障事业发展“十四五”规划》（浙发改规划〔2021〕208号）。9月，省人力资源和社会保障厅办公室印发《〈浙江省人力资源和社会保障事业发展“十四五”规划〉主要指标、举措和重大任务责任分解的通知》。

【标准化工作】 11月，省人力资源和社会保障厅办公室印发《关于成立浙江省人力资源和社会保障厅标准化工作领导小组和工作专班的通知》（浙人社办发〔2021〕31号）。11月，省人力资源和社会保障厅印发《浙江省人社领域助力共同富裕示范区建设标准化提升行动计划（2021—2025年）》（浙人社发〔2021〕62号）。12月，省人力资源和社会保障厅印发《浙江省人力资源和社会保障厅标准化工作管理办法》（浙人社发〔2021〕66号）。

【财务审计】 3月，省财政厅、省人力资源和社会保障厅下发《关于下达2021年人力社保专项资金的通知》（浙财社〔2021〕24号），明确各地市2021年人力社保专项资金分配金额。7月，省人力资源和社会保障厅印发《浙江省人力资源和社会保障厅2021年内部审计工作计划》。11月，省财政厅、省人力资源和社会保障厅下发《关于提前下达2022年人力社保专项资金的通知》（浙财社〔2021〕93号）。

【社会保障卡居民服务“一卡通”】 2月，省文化和旅游厅、省人力资源和社会保障厅下发《关于推进社会保障卡在文化和旅游领域“一卡通”应用的通知》（浙文旅产〔2021〕2号）。3月，浙江省社会保障卡居民服务“一卡通”专班下发《关于组建社会保障卡居民服务“一卡通”工作专班的通知》，印发《推进社会保障卡在政府公共服务领域应用工作方案（试行）》。4月，长三角社会保障卡居民服务“一卡通”专班办公室印发《长三角社会保障卡居民服务“一卡通”专班工作方案》《长三角社会保障卡居民服务“一卡通”工作清单》。10月，省交通运输厅、省人力资源和社会保障厅下发《关于推进第三代社会保障卡在交通运输领域应用的通知》。

（赵俊杰　吕源源）

宣传和电话咨询

【宣传工作重点】 1月，策划开展2020年全省及各市人力资源社会保障工作成就和特色亮点盘点，拍摄2020年人力资源社会保障工作宣传片。3月，省人力资源和社会保障厅办公室印发《2021年全省人力资源和社会保障宣传工作要点》（浙人社办发〔2021〕8号），进一步明确2021年人力资源社会保障宣传工作任务清单。《浙江人社》编辑部约请11个市人力资源社会保障部门主要领导，畅谈本地区年度工作的新思路、新目标、新举措。4月，积极协助中国劳动保障报社在衢州举办2021年人力资源和社会保障新闻宣传业务培训班，并组织地市宣传骨干参加培训。4月，积极配合人社部行风办在嘉兴南湖举行“永远跟党走 为民办实事”——“人社服务标兵万里行”主题宣传启动仪式。5月，参与省政府办公厅、省委宣传部、省委网信办联合主办的“政务公开在行动——民生政策进万家”系列网络宣传活动，围绕社保领域惠民政策，精心制作政策宣传海报、H5、短视频等宣传产品，线上线下开展政策宣介。12月，策划“数字化改革看人社”专题宣传，“浙江人社”

微信公众号先后推出7篇系列报道,《浙江人社》杂志推出人社数字化改革专刊,全方位亮出我省人社系统数字化改革最新应用成果。

聚焦“共同富裕示范区建设”“技能赢未来”“稳就业”等重点工作,开展“一事一宣传”;积极开展“奋斗新时代”人社领域先进典型宣传,围绕规范企业职工基本养老保险省级统筹、“金蓝领”职业技能提升行动、加强山区26县人力社保支撑促进跨越式高质量发展、支持多渠道灵活就业、打通高层次创新型人才职称评审“直通车”、浙江省人社领域推进高质量发展建设共同富裕示范区实施方案等政策出台实施,做好政策解读宣传。全年,“浙江人社”微信公众号共制作发布政策图解12则,推送系列动漫短视频29则,创新推出《一分钟人社事项办事指南——浙江省人社政务服务高频事项系列动漫片》宣传产品15期。

积极协调中央和我省主流新闻媒体采访报道。人民日报、中国组织人事报、中国劳动保障报、浙江日报、浙江卫视、浙江在线、浙江发布等7家省级以上主流媒体共刊发全省人力社保系统工作新闻稿件1051篇,其中厅本级稿件156篇。全省系统在人社部《中国组织人事报》《中国劳动保障报》分别刊登稿件235篇、489篇;我厅在人才人事和劳动保障两条线的宣传工作,被人社部办公厅通报表扬。

【党史学习教育主题宣传】 围绕“庆祝建党百年”主题,制定浙江人社系统《庆祝中国共产党成立100周年主题宣传活动方案》,编发厅党史学习教育信息简报16期,《浙江人社》杂志第6期推出反映浙江人社系统深入开展“三为”专题实践活动做法成效的彩印特刊向建党百年献礼。省人力社保厅“安薪在线”数字化改革应用入选《党史学习教育百法百例》,并获评浙江省“三为”实践活动最佳实践案例。

【宣传工作队伍和制度平台建设】 加强厅“一网站、一杂志、一热线、一发布”四大宣传阵地建设。落实网站巡查制度,对厅门户网站栏目调整、信息更新加强日常监督检查。完成《浙江人社》杂志12期编辑发行。强化新媒体平台内容建设,全年,“浙江人社”新媒体平台共发布信息643条次。

【网络舆情应对处置】 网络舆情信息管理实现数字化智能化。1月,“网络舆情信息管理系统”试运行,省、市、县三级舆情信息实现全流程在线办理。同时,开发网络舆情应用APP“舆情快递”,接入“浙政钉”,实现网络舆情掌上办。实行全省人力社保舆论专报、月报、季报和年报制度。春节、五一、国庆和庆祝建党百年等重大活动,以及重大政策出台期间,启动网络舆情工作三级响应,实行24小时值班零报告制度。全年共监测交办网络舆情4209件,其中欠薪维权2811件。

【电话咨询服务工作】 省本级12333专线来电总量21.5万个,群众满意率99%,处理省统一政务咨询投诉举报平台来信25450件,办结率100%,牵头发布省级惠企政策9条。

【电话咨询服务平台建设】 4月,牵头梳理和发布人力社保疫情期间惠企政策,助力企业纾困。5月,实现与省机关事业养老保险业务系统优化对接,提供省本级机关事业单位工作人员职业年金查询服务。6月，根据人力资源社会保障部12333工作部署，受理表彰奖励政策咨询和违规评选评奖来电举报。

（孙　凌）

信息化建设

【人力社保数字化改革】 2021年，按照省委、省政府推进数字化改革的部署要求，坚持整体智治和系统思维，加强人社数字化改革顶层设计，印发《浙江省人社数字化改革总体方案》，运用数字化技术、数字化思维、数字化认知对人社治理的体制机制、组织架构、方式流程、手段工具进行全方位系统性重塑，打造“整体智治、唯实唯先、高效协同、系统集成”的“数字人社”。全省联动全面梳理人社核心业务，创新开展全省人社数字化改革“对标争先”行动，确定20个“对标争先”试点项目，共有36项任务在地市试点。以解决重大问题、满足重大需求、提升治理能力和群众获得感为目标，以重大需求清单、多跨场景清单、改革成效清单“三张清单”为关键抓手，全力打造具有浙江辨识度的人社改革最佳应用。建成“浙里就业”重大综合应用，包括“社保基金安全在线”“安薪在线”“浙里数智就业”“技能浙江”“浙里电子劳动合同（协议）在线（浙里签）”“重点群体就业帮扶在线”“新就业形态劳动权益保障在线”等16个应用场景，并按照“成熟一个、推广一个”的原则在全省系统进行推广。其中，“安薪在线”应用在全省数字化改革推进会上作了典型经验介绍，获得2021年浙江省改革突破奖银奖；“重点群体就业帮扶在线”被评为数字社会系统第二批最佳应用；“居民服务一卡通”项目被评为浙江省推进长三角一体化发展第一批最佳实践，并入选省政府部门改革创新项目；人社部张纪南部长对我省人社数字化改革工作给予批示肯定。同时，深入实施“人社服务快办行动”，推进社保医保参保“一件事”改革，实现群众企业办理社保医保参保关联事项“一次申请、一窗收件、一次录入、一体反馈”，人社服务的智能化、便捷化、人性化水平大幅提升。

【社会保障卡建设】 截至2021年12月底，发行实体卡6157万张，基本实现常住人口全覆盖，电子社保卡签发3762万张，电子社保卡人口覆盖率63.12%。依托社保卡合作银行，建立社保卡服务网点6416个，全省社保卡服务就近办格局基本形成。全面发行加载“交通联合”功能的第三代社会保障卡，夯实居民服务“一卡通”建设基础，完成社保卡服务事项跨省通办改造。全面实现《人力资源社会保障信息化便民服务创新提升行动方案》中95项人社领域社保卡“一卡通”应用项目。2021年1至12月新增退休人员中有95.05%的养老金通过社保卡发放，2021年12月底前的存量退休人员中有40.46%的养老金通过社保卡发放。完成宁波、温州、台州全国社会保障卡“一卡通”创新应用示范城市建设任务。

【重点业务系统建设】 推进浙江省流动人员人事档案管理服务平台建设，建立规范完整的全省流动人员人事档案基础信息资源库，实现了智能分析、决策参考的档案数据驾驶舱，推动了人事档案管理的标准化、存储的数字化，应用的网络化和系统一体化，满足了信息管理、公共服务、宏观决策等方面的要求。推进博士后管理平台建设，着力实现全省博士后工作的“权限下放、数据集中”“动态反映、过程监察”，实现省、市、县各层级的上下密切联动，全省博士后人才队伍数据的实时、准确、安全、可用，建成博士后管理工作的智慧管理服务体系。推进社保信息系统省集中，建设省集中统一的社会保险信息系统，完成所有地市社保系统的历史数据迁移、个性化需求开发和系统上线应用等工作，实现统一信息系统、统一经办服务和统一基金财务管理；建立健全了行政、经办、信息、监督“四位一体”的基金管理风险防控体系，为企业职工基本养老保险省级统筹改革提供了良好的支撑和保障。配合“1123”改革，完成了相关模块的快速开发和上线，完成了嘉兴城乡居保单独模块的开发和上线。根据人社部企业职工养老保险全国统筹信息系统标准规范和对接要求，推动部中台部署、系统适应性改造、数据清洗比对和联调测试等工作；推进浙江省企业职工养老保险全国统筹信息系统建设。推进就业系统省集中，进一步完善系统，完成就业失业资金内控管理功能开发。完成宁波差异化改造、个性化需求开发、历史数据迁移和系统部署上线工作。完成系统与社保省集中、医保等系统的对接接口升级完善和系统整体验收工作。

【基础设施建设】 完善省集中支撑平台，完成社保、就业、一体化经办、流动人员人事档案等省集中核心业务数据库同城容灾部署实施，完成杭州两中心数据级容灾，升级数据备份系统和衢州异地备份设备，提升数据备份安全。做好数据中心平台监控和数据库 SQL 优化。完成浙江省养老保险全国统筹信息系统硬件支撑平台建设方案，配合工行完成项目采购。搭建大数据分析支撑平台，完成服务器集群、HDOOP 数据库、大数据治理软件系统集成，汇集入库社保、就业、社保卡、数据仓等 8 个系统的 390 亿条数据，为就业大脑、数字人才等应用服务提供大数据支撑。提升业务专网性能，省级数据中心与政务云互联网络主、备链路带宽由 1G 扩容至 2G，完成宁波到省级 200M 数据回流专线的部署联调。做好政务信息系统迁云工作，2021 年 309 台服务器完成政务云部署，目前我厅上云服务器 1201 台，系统上云率已经达到 94%。做好互联网出口整合和应用迁云工作。

【网络安全工作】 切实做好专网安全管控，印发《关于开展浙江省人力资源和社会保障提升数据安全保障能力专项行动的通知》《关于进一步做好网络安全监测预警和安全信息通报工作的通知》两个文件，要求全省人力社保系统做好专网安全管控工作。依托浙江省人力社保专网安全管控平台，提升网络安全保障能力，规范全省人社部门网络安全监测预警和安全信息通报工作。完成专网安全管控平台和省委网信办网络安全协调指挥平台漏洞处置功能的对接。根据人社部、省公安厅要求，组织相关技术力量，完成网络安全攻防演练工作，针对性地提升网络安全防护，确保网络安全加强主机安全防护，完成数据中心业务主机漏洞修复。部署虚拟桌面云平台，通过虚拟终端进行日常运维，进一步加强终端侧数据安全管控。完成 25 个信息系统等级保护测评工作，并进行备案。起草《关于加强人社信息系统建设运维企业网络和数据安全管理的通知》，对我厅信息系统运维企业背景、企业人员和安全保密协议签订等情况进行督查，督促全部企业完成网络和数据安全自查工作，并对照检查省级数据中心日常职责履行、制度落实和技术监管情况。

（王　津　张　荣）

人事、人才培训教育

【人事、人才培训工作】 7月5至9日，云和县乡村合作创业带头人人力资源管理能力提升培训班在杭州举办，云和县部分村经济合作社、合作主体（企业或公司）和专业协会负责人力资源管理的人员及部分乡镇从事乡村振兴工作的人员共计50人参加了培训。举办省级现代服务业高级研修班，在127期申报项目中遴选出25期立项项目，下发《浙江省人力资源和社会保障厅办公室关于公布2021年度省级现代服务业高级研修班计划的通知》（浙人社办发〔2021〕12号），年内培训学员1354人，行业覆盖服务业全域。持续深化现代服务业高端人才培养，助推我省服务业转型发展。持续推进我省本土人才国际化培养工作，助力打造浙江“重要窗口”。搭建本土人才国际化培养系统构架，与省国资委联合出台《关于加强涉海涉港人才国际化培养提升建设世界一流强港新能力的实施意见》（浙国资企领〔2021〕1号），联合举办国内境外班及出国培训班各1期，培训学员分别为32人、25人。与省商务厅联合出台《关于加强高素质商务人才培养提升商务高质量发展新能力的实施意见》（浙商务联发〔2021〕117号），联合举办高端人才商务领军人才培训班及出国培训班各1期，分别培养学员52及25人。完成《长三角一体化背景下，我省涉海涉港本土人才国际化培养路径研究》调研课题，探索新形势下我省紧缺人才培养新路径。积极开展人力资源服务业高端人才培养工作，助推高质量发展共同富裕示范区建设。按照我厅梳理申报人社领域推进高质量发展建设共同富裕示范区重点任务、重大改革项目要求，积极申报人力资源服务业高端人才培养项目，引领带动我省人力资源服务业发展。计划利用3年时间，紧抓人力资源产业变革方向，突出专业性、前瞻性和应用性，培养1000名人力资源服务业高端人才。举办人力资源服务业领军人才及高端人才培训班各1期，分别培养学员50人、30人。

【人事教育工作】 开展事业单位负责人素质提升工作，承办2021年度省直事业单位负责人培训班1期，培训学员51人。同时，协助省委组织部开展领导干部网络学院教学，做好网络学院机关分院日常维护、网络课程审核、学员信息更新等工作，现有注册学员15692人。全年开展学法用法专题培训工作，完成9529名省直机关处级领导干部党史学习教育专题线上培训。开展学习贯彻十九届六中全会精神专题培训及考核工作。

（韩凯军　马友发）

人才开发和市场管理

【概况】 2021年，深入学习贯彻中央和省委人才工作会议精神，在省委组织部牵头抓总、兄弟部门大力支持下，着眼浙江所需、人才所盼、未来所向，坚持改革创新，强化担当作为，为高质量发展建设共同富裕示范区凝聚人才力量，全年引进各类人才139万人，人才综合实力有了新的提升。

【高层次人才引进和人才项目洽谈】 大规模开展引才活动，举办海内外人才项目对接活动671场、创业创新大赛403场、线上线下引才活动9727场，新引进35岁以下大专学历以上130万人。深入开展企业难题“揭榜挂帅”系列活动，为4505家企业发布技术难题8012个，攻克814个，兑现榜金17.5亿元。全年赴上海、南京、成都、武汉、长沙、合肥等8地举办系列引才活动，因疫情防控，哈尔滨、西安、北京3场赴外引才转为线上招聘，11场活动共接洽高层次人才10万余人，达成初步就业意向28453人。成功对接北京、上海、西安、哈尔滨等54个城市224所高校和科研院所，积极开展各类项目路演活动，全年举办“揭榜挂帅”专场对接活动700多场。

【重大平台人才支持】 在职称评聘、岗位设置、绩效工资、项目遴选、服务保障等方面给予重大平台重点支持。同时，为重大平台提供全国2508所高校院所、海外352个引智渠道信息，帮助中科院医学所、海康威视等5家博士后工作站获批独立招收资格，为西湖大学、之江实验室分别招收博士后149名、79名。设立人才院，建立编制池，着力解决重大平台人才后顾之忧。

【人力资源服务业发展】 编制发布年度人力资源服务业发展白皮书，实施育优、引优、扶优“三优三百”计划，举办博览会、发展论坛和创业创新大赛，引导行业向专业化、数字化、高端化发展。启动实施“共享人力资源 助力共同富裕”行动，发动2609名专家、9个人力资源产业园和70家人力资源企业，与山区26县建立了一对一、一对多的共享互助关系，开展服务活动251场。今年以来，人力资源机构配置30万年薪以上人才4万多名。截至目前，我省有人力资源服务机构5085家，营收2288亿，占GDP3.54%，增速位列服务业前列。

【人才服务数字化】 建设“浙里人才管家”，打造“人才码”“引才云”“项目汇”等一批重大应用场景，为高层次人才赋码384.3万人，提供政策查询、资金拨付、金融服务等各类服务288万人次；获取意向简历329.5万份，归集500万人才数据，为120万家企业提供了招才引智服务。“浙里人才管家”系统入选全省数字化改革第一批“最佳应用”。

【大学生来浙暑期实践活动】 为前移引才关口，提升就业质量，7至8月，会同省委组织部、清华长三角研究院开展第三届“青年才俊浙江行”活动，组织清华、北大、同济等高校的122名学生来浙开展实践和技术交流活动。

【人才服务数字化转型】 会同省委人才办，建设“浙里人才管家”应用。根据全省数字化改革“152”工作体系，构建人才工作数字化改革“1+4+N”总体框架。建设人才全息数据库，初步完成数据中台建设和数据标准制定，建立了数据有效性审核校验机制，实现全省人才基础数据、人才需求、人才供给、人才服务、人才政策、人才平台等数据归集和共享交互。截至12月底，已归集511.1万人才数据；1029项、17345条人才政策数据。迭代升级“人才码”，完成省市县三级“人才码”数据互通和服务页面跳转，整合政务服务、生活服务、双创服务等各类服务资源，已接入3大类55小类8167个服务事项。初步形成纵向覆盖省市县、横向打通各部门的人才服务网络，人才凭码享受全省服务，全年共赋码395.2万人。推广优化“引才云”。开发岗位发布、在线对接、智能匹配等功能，可同时承接上千场招聘会，容纳30万人在线应聘求职，并实现省内各市、县（市、区）全覆盖。已接入企业81.7万家，发布岗位需求701.1万个，举办对接活动8320余场，吸引求职人才359万人。建设完善“项目汇”，集成省级重点人才工程11项，实现省级重点人才工程在线申报功能。对接省科技厅，实现省级项目汇平台与省“万人计划”杰出人才、科技创新领军人才、科技创业领军人才、领军型团队等申报评审系统的数据对接。开发上线“人才谱”，按照“及时感知、全景呈现、动态更新”要求，初步完成数字屏首页及人才结构、人才服务、供需对接等数据驾驶舱开发，可初步呈现在库人才数量、结构、分布、流动及产业供需等情况。开发建设人才竞争力指数，通过大数据、云计算等途径，实时呈现各地人才规模、结构、效能、平台、服务等情况，实现人才工作考核常态化、数字化。8月，“浙里人才管家”分别在浙里办和浙政钉上线。11月，入选全省数改第一批“最佳应用”。

【流动人员档案管理服务】 全年流动人员人事档案增至24万余卷，全年受理“最多跑一次”10.6万余件，窗口接待群众办事2.4万人次，网上办件总量为3.5万件。完成初定职称1739人，中高级职称评审1524人。根据深入推进“最多跑一次”改革要求，已完成22万份档案影像化扫描，档案电子化率达81.3%。在此基础上，进一步精简材料、推动数据共享、流程再造，所有事项均实现“网上办、掌上办”。建成档案省集中系统，归集全省档案485.6万卷，档案转接等11个政务服务事项已实现“全省通办”；12月，被人力资源社会保障部列为流动人员人事档案“跨省通办”首批13个上线地区之一，实现流动人员人事档案接转、依据档案记载出具相关证明、为相关单位提供政审材料的“跨省通办”。

【流动人才党员教育管理】 省人才市场人事代理人员党委原有党员9081人，按照应转尽转原则开展属地化管理工作后，已转出党员8295人，目前在库党员786人，支部从300个缩减到31个。以“互联网+”数字化管理为抓手，推动流动人才党员支部规范化建设，精准摸排、掌握每位党员基本信息和流动情况，提升流动人才党员服务效能。持续加强流动人才党员党内帮扶，开展志愿献血、扶贫助学、敬老助残等公益活动，积极发挥流动人才党员先锋模范作用。

（范九洋　刘渊慧）

科学研究

【课题研究】 2021年，聚焦共同富裕、扩大中等收入群体、劳动权益保障、多层次社保体系建设等前沿视角开展科研工作，完成课题研究6项，发表论文11篇，呈送内参22篇，获得省领导批示2个，比较有影响的成果有《保障灵活就业，助推低收入群体实现共同富裕》《加快健全有利于共同富裕社会保障体系的思考与建议》

《欧美国家对新就业形态劳动者权益保障的实践经验及启示》《〈社保法〉颁布十周年浙江省实施情况研究》等课题报告。其中，《〈社保法〉颁布十周年浙江省实施情况研究》被部劳科院评为年度优秀科研成果。金林贵副厅长在全国劳动保障科研工作座谈会上作典型经验交流，省人力社保研究院被部劳科院评为课题研究工作优秀单位。

【课题立项结题】 根据厅年度工作会议的部署和要求，拟订科研课题选题指南，指引全省人力社保系统科研工作把握方向、突出重点、强化应用，以厅办公室名义下发了2021年度省人力社保系统科研课题申报通知，经专家评审共有8个重点课题、99个一般课题立项；组织专家对上年度立项的课题成果进行结题评审；同时做好立项课题跟踪管理和成果转化工作。

【志书编纂】 历时10年，完成《浙江通志·人力资源志》《浙江通志·社会保障志》的编纂任务。完成《浙江人力资源和社会保障年鉴2021》的编纂出版。

（洪　韬）

对口支援和结对帮扶

【东西部扶贫劳务协作】 2021年，深化“十省百市千县”省际劳务合作，2021年省市县三级与劳务输出省份签订协议467份。引导企业大力开发不讲学历、不讲技能、不讲年龄的爱心岗位7.5万个，确保底薪4500元以上。加大劳务培训，2021年共举办劳务协作培训班1158期，组织7.1万名农村劳动力参加。2021年底，在浙务工的省外劳动力达2304万人，在浙脱贫人口达225万人，规模稳中有升。省职介中心完成东西部劳务协作信息平台开发上线工作，在线展示省内1.03万家企业21.8万个岗位，省外近900家职技院校和省内347家人力资源服务公司相关信息。

【结对帮扶工作】 11月，省职介中心承办2021年云和县安溪乡“民族乡村振兴”干部能力提升培训班1期，共48名乡村干部、行业领头人及乡贤参训。

（刘真真）

各市工作情况

各市工作情况

杭州市

【城乡就业】 实施稳就业保就业政策。制定实施"2021年杭州就业援助精准服务计划"，发挥失业保险稳就业作用，对不裁员或少裁员的参保企业实施失业保险稳岗返还政策，向4.4万个企业返还失业保险费3.89亿元，惠及职工148.75万人。调整应届毕业生生活补贴政策，对来杭工作的毕业生分两笔发放本科1万元、硕士3万元、博士10万元的生活补贴，全年共发放补贴16.3万余人、发放金额22.73亿元。落实高校毕业生求职创业补贴政策，全年发放补贴8525人、补贴金额2557.5万元。组织用人单位赴外地及在杭高校举办现场招聘会23场，提供岗位7万余个。上线"杭州校招"云聘平台，提供应届毕业生岗位1.3万余个。扩大大学生见习训练规模，新增就业见习基地103家，组织就业见习训练大学生8672人，拨付就业见习补贴3271.33万元。拱墅区潮鸣街道、西湖区西溪街道溪畔社区、余杭区余杭街道凤凰山社区被国家人力社保部评为第五批国家级充分就业社区。

引导创业带动就业。杭州市人力社保局、市财政局联合印发《杭向未来·大学生创业创新三年行动计划（2020—2022年）实施细则》（杭人社发〔2021〕32号），构建集大学生创业生活补贴、项目资助、场地补贴、担保贷款和融资支持等"一条龙"政策扶持体系。举办"潮玩潮创·IN杭州"2021杭州大学生创新创业日，开展世界青年双创高质量发展论坛等10余项重点活动，营造双创浓厚氛围。举办第七届中国杭州大学生创业大赛总决赛，国内外439支团队、1400余名大学生来杭参赛；首次举办"青春飞扬·杭向未来"大赛"创业服务季"活动，促成118个项目在杭注册企业。新认市级大学生创业园2个，开展大学生创业见习工作，拨付创业见习补贴8.85万元。全市无偿资助大学生创业项目714个、资助金额6120万元，毕业5年内的全日制大学生新创办企业8812家，带动就业2.13万人。发放创业担保贷款10.56亿元，举办2021杭州众创大会，举行2021"有梦想，一起跑"杭州创业马拉松活动；新认定市级创业陪跑空间9家，认定第一批市级创业孵化示范基地17家，征集入库优秀创业项目93个，杭州万轮科技园被人社部认定为第五批全国创业孵化示范基地；杭州LOMO创意谷、杭州市大学生创业园（浙大城市学院分园）、杭州湾信息港被省人力社保厅评为第四批省级创业孵化示范基地。

就业形势保持稳定。全市城镇新增就业

92.79万人，城镇失业人员再就业5.97万人，帮扶就业困难人员实现就业2.52万人，失业保险参保净增40.03万人，年末城镇登记失业率2.34%。全市人力社保部门接收2021届高校毕业生14.2万余人，同比增加8.33%。其中，博士研究生884人、同比增加19.30%；硕士研究生21868人、同比增加8.20%；本科毕业生95285人、同比增加11.88%。发放用工社保补贴、自主创业社保补贴、公益性岗位社保补贴和岗位补贴、灵活就业社保补贴等各类补贴10.17亿元，惠及各类就业人员27.83万人。

【社会保险参保情况】 截至2021年底，杭州市职工基本养老保险、工伤保险、失业保险参保人数分别达763.56万人、707.43万人、563.49万人，比上年末分别净增参保46.58万人、74.07万人、40.04万人，全市基本养老保险参保率99.36%，基本实现“人人享有社会保障”。

【社会保险政策】 2021年1月起，杭州市企业职工基本养老保险纳入省级统筹管理，按照“统一养老保险政策执行、统一基金收支管理、统一基金预算管理、统一责任分担机制、统一集中信息系统、统一经办管理服务、统一激励约束机制”等统筹规定实施。实施《企业职工基本养老保险遗属待遇暂行办法》，2021年9月1日起，遗属待遇按照新标准执行，大幅提高参保人员死亡丧葬补助费、抚恤费两项遗属待遇标准，进一步保障参保人员及遗属合法权益。根据国家、省有关新就业形态劳动者劳动保障权益维护政策规定，2021年12月1日起，对新就业形态灵活就业人员放开户籍限制，允许在灵活就业地参加企业职工基本养老保险。8月，杭州市人力社保局、市财政局、市税务局联合印发《关于印发部分特定人员参加工伤保险办法（试行）的通知》（杭人社发〔2021〕89号），允许部分超龄人员、职业技术院校实习生、新业态从业人员单险种参加工伤保险，进一步扩大工伤保险覆盖面，分散各类用人单位工伤风险，加强对部分从业人员的工伤权益保障，自2021年10月8日起执行，试行期限为2年。进一步落实被征地农民参加养老保险专项工作，按规定办理被征地存量人员参保工作近6万人。

继续提高全市企业退休人员基本养老金，其中，杭州市区调整后企业职工养老保险退休人员人均养老金达3135.59元/月。调整城乡居民基本养老保险基础养老金标准，2021年1月1日起，市区基础养老金标准提高至310元/人/月，桐庐、淳安、建德3县（市）提高至275元/人/月，单年度调整额历史最高，平均调整额全省领先。调整失业保险金标准，市区由每人每月1608元提高到1824元。全年认定工伤3.04万人，组织劳动能力鉴定2.03万人次，其中，因病非因工劳动能力鉴定1736人次。

【社会保险经办管理】 2021年，杭州市人力社保局、市总工会联合印发《关于调整企业离退休人员死亡后供养直系亲属资格确认事项审批权限的通知》（杭人社发〔2021〕120号），企业离退休人员死亡后供养直系亲属享受生活困难补助费资格确认事项的审批权限由市总工会负责核定调整为市社会保险经办机构负责核定，自2022年2月1日起施行，进一步理顺该事项的权责关系，规范审批程序。

杭州市全面升级“社保易窗”智能服务平

台，在全天候AI在线咨询服务基础上，启用AI智能自助收件功能，实现24小时在线接待受理，开发完成退休全事项智能预警、新办企业参保信息云上达、参保变动智能提醒、养老待遇支付智办提醒、关系转移接续全流程可视化、困难群众帮扶助手等六大功能应用场景，实现参保情况、退休审批前置事项、关系转移具体进度等主动提醒、全程可查，累计推送服务短信29万余条，服务群众31万余人次。“社保易窗”被市委组织部列为8家公务员岗位练兵示范点创建单位之一。深入实施“人社服务快办行动”，推进网办掌办服务，全年全市社保经办总业务经办量1215.89万件，通过浙江政务服务网、“亲清在线”平台等线上办理1034.9万件，网办率达85.11%。深化开展“社银合作”，全市共有707个“社银合作”银行网点经办社保业务高频事项。推动社保医保参保“一件事”改革。

加强社保基金监督，开展社保基金管理问题专项整治、企业职工基本养老保险提前退休问题专项核查、全市社保经办机构工作人员及其亲属社保待遇核查、社保基金疑点数据核查，加强经办风险防控。实施社保基金安全评估和第三方审计工作，加强社保基金风险警示教育。构建并启用社保基金风险控制“智治”平台，建立事前风险评估、事中业务控制和事后检查相结合的风险控制体系，从9个维度做风险识别评测，对预警信息进行分级处置。

【人才引进与开发】 2021年8月，市委人才办、市人力社保局、市发改委联合发布《杭州市人才发展“十四五”规划》，内容包括发展背景、总体要求、发展重点、以全球视野加强高素质人才队伍建设、以窗口意识推进高水平人才改革、以用户思维优化高质量人才服务及组织保障等7个部分。12月，杭州市人才管理服务中心联合市统计局、智联招聘编制发布《杭州市2021年重点产业紧缺人才需求目录》，以杭州市重点产业为着眼点，聚焦数字经济、高端装备制造、生命健康、金融服务、文化、旅游休闲等重点产业领域，对杭州市重点产业紧缺人才需求状况开展调研，为杭州市全面打造成人才生态最优市提供有效支撑，为杭州市重点产业相关企业未来人才工作提供发展建议。开展高层次人才分类认定工作，新认定高层次人才22592人，其中，A类3人、B类101人、C类376人、D类1816人、E类20296人。

举办“创新驱动·智享未来”2021杭州人力资源服务机构招才引智群英榜发布暨人力资源服务和产品创新创优路演，在全国率先发布“人力资源服务机构招才引智群英榜”，展示人力资源服务机构在招才引智中勇挑重担、发挥市场化引才主力军的风采，共20家机构上榜。首次开展人力资源服务机构参与重大发展战略资助活动，对在助力乡村振兴、稳就业、双招双引等重大发展战略中发挥积极作用的5家人力资源服务机构分别给予20万元资助。举办中国杭州国际人力资源峰会、第九届中国（浙江）人力资源服务博览会等品牌活动，组团参加首届全国人力资源服务业发展大会。新增浙江省（余杭）数字经济人力资源服务产业园等1家省级产业园和杭州市萧山经济技术开发区人力资源服务产业园等1家市级产业园。至年末，全市共集聚各类人力资源服务机构1059家，从业人员2.8万人，实现产值826.4亿元，服务用人单位233.9万家次，帮助实现就业和流动

654.7万人次。

3至11月，杭州市举办“创客天下·杭向未来”2021杭州海外高层次人才创新创业大赛，分别设置留学人员项目和外国人项目两个专场，遴选引进世界各地创新创业人才项目，1341个项目进入海选，其中外国（非华裔）人才项目410个，至年末，10个项目在杭州签约落户。举办2021杭州国际人才交流与项目合作大会，26个国家和地区的100余名高层次人才代表参会，长三角地区和省内城市代表出席开幕式和各分会场活动，累计签约项目182个、金额119.2亿元。杭州连续11年入选外籍人才眼中最具吸引力的中国城市。

【专业技术和留学人员管理】 杭州市实施“杭州万人计划”培养类人才引育工程，选拔900名中青年培养人选，以高层次青年人才为重点加快专业技术人才队伍建设。14人入选浙江省高层次人才特殊支持计划青年拔尖人才。结合杭州市重点发展产业领域选聘钱江特聘专家100名。实施博士后倍增计划，积极引进培养博士后青年创新人才，新设立省级博士后科研工作站53个，杭州海康威视数字技术股份有限公司等3家单位获批独立招收资格；引进博士后研究人员608人，在首届全国博士后创新创业大赛获金奖1项、银奖3项、铜奖2项。杭州海康威视数字技术股份有限公司获评第六届全国“专业技术人才先进集体”。5人获选浙江省优秀博士后。加强博士后工作的组织机构建设，成立杭州博士后联谊会。推进实施中小学教师职称自主评聘改革，杭州市建设职业学校等30所中等职业学校开展高级讲师及以下职称自主评聘改革工作。“创客天下·杭向未来 2021杭州市海外高层次人才创新创业大赛”入选人社部2021年度海外赤子为国服务行动计划；入选“2021年中国留学人员回国创业启动支持计划”项目4个，其中，重点类项目2个，优秀类项目2个。评审资助2021年度高层次留学回国人员在杭创新创业项目37个，资助金额783万元。

【职业能力建设】 杭州市持续优化“名城工匠”培养生态，全年培养高技能人才3.97万人，开展职业技能培训19.7万人次。新建省级技能大师工作室4个、市级技能大师工作室25个，认定杭州市首席技师20人、杭州市技术能手78人。组织市级和区、县（市）级技能竞赛164场，带动岗位练兵超过11万人次。年内，市公共实训基地实训、鉴定22.94万人次，其中高级工及以上实训5.85万人次。

【事业单位人事管理】 杭州市开展事业单位统一公开招聘，全年公开招聘事业单位工作人员9568人。全年新聘任专业技术二级岗31人，专业技术三级岗77人。全面推广使用浙江省事业单位人事管理服务系统和事业单位“一件事”平台，全市通过系统办理公开招聘、交流调动、岗位聘任、政策性安置等事业单位人事管理业务32169件，涉及280212人；通过平台受理社保、公积金、编制等事业单位“一件事”业务，全年办件量40751件。

【工资福利】 杭州市根据国家综合性消防救援队伍职业保障方案和省实施办法，完成消防员工资套改工作，确保消防体制改革平稳过渡。制定落实新冠疫情防治一线医务人员薪酬待遇操作口径，做好一次性绩效工资总量核增工作，落实将卫生防疫津贴发放范围扩大到一线医务人员政策。健全教师工资待遇保障，落实教育“双减”工作要求，把用于义务教育阶段教师课后服务补助的经费额度作为增量纳入绩效工资，指导完善教师工资收入分配政策。

【劳动关系】 杭州市协调劳动关系三方组织实施全市劳动关系“和谐同行”三年行动计划（2021—2023年），优化营商环境，进一步夯实构建和谐劳动关系工作基础，依法推进劳动关系治理体系和治理能力建设。深化特殊工时审批清单式改革，进一步优化特殊工时审批服务，强化事中事后监管，提高行政服务效率。组织开展劳务派遣经营情况报告年度核验、劳务派遣用工情况“双随机”检查，规范劳务派遣用工行为。2021年8月1日起，杭州市区最低月工资标准提高至2280元，最低小时工资标准提高至22元；桐庐县、淳安县、建德市3个县（市）的最低月工资标准提高至2070元，最低小时工资标准提高至20元，城乡工资收入差距逐步缩小。开展工资集体协商“集中要约行动”，以“健全产业工人薪酬激励机制”为主要内容，促进劳动者薪酬水平合理增长。加强国有企业薪酬分配调控，严格落实薪酬管理制度和省人力社保厅发布的国有企业工资指导线，做好国有企业收入分配制度改革各项工作。发布2021年杭州市人力资源市场部分职位工资价位。

【农民工管理服务】 协调市农民工工作领导小组各成员单位共同做好农民工服务工作，稳定和扩大农民工就业，有序推进农民工市民化。全市农民工职工基本养老保险、工伤保险参保人数分别达343.08万人、412.29万人。

【劳动保障监察】 杭州市各级劳动保障监察机构监察检查用人单位13.2万余户（次），协调处置各类劳动保障违法案件6015件，其中，立案查处各类劳动保障违法案件445件，结案率100%。组织实施人力资源市场秩序清理整顿、重大工程建设领域劳资纠纷、护航建党百年“浙江安薪”、超时加班问题集中排查化解、新业态行业专项执法等专项治理行动6次，共检查各类用人单位7200余户。深入开展“杭州无欠薪”专项治理行动，健全政府负责、部门主管、企业主抓、人社牵头“四个责任”体系，构建市、区县、镇街、网格、劳资专管员5级欠薪治理体系。开展建设领域六项制度规范、飞行检查等行动，推行查欠薪行为、查制度建设、查责任落实“一案三查”机制，抓好联合督查督办。开展建设领域示范样板企业培育，组织欠薪投诉集中接访，常态运行根治欠薪实体化专班。全年为8552名劳动者追发工资待遇6450万余元，向公安机关移送涉嫌拒不支付劳动报酬犯罪案件50件，公安机关立案25件。

【调解仲裁】 杭州市实施“一窗式”即接即办工作标准化和规范化，提升基层劳动纠纷化解率。全市办结劳动纠纷件43452件，其中基层调解办结数37994件，占87.44%，调解成功率94.47%。全市受理劳动人事争议案件23030件，结案22316件。

【信息化建设】 杭州市人力社保部门充分运用“数字之城”基础优势，系统推进就业创业无感智办、根治欠薪精密智控、社会保障卡一卡智用、社保基金风控智治等10项“数智”场景，数字就业、电子劳动合同、智慧技能等3

个项目在省人力社保厅揭榜挂帅。杭州市试点的“浙里就业—重点群体就业帮扶”应用子场景入选全省数字社会“第二批最佳应用”，靶向解决重点群体就业难题，服务人次达40万以上，11.1万名重点人群实现就业与再就业；“网签电子劳动合同”平台汇聚电子劳动合同超270万份，走在全国同类型城市前列；“数智就业”应用场景，实现从“人找政策”到“政策找人”的突破，失业保险金申领、技能提升补贴申领等8个高频事项实现无感智办，入选全省数字社会第一批案例集，获《全国优化营商环境简报》（第85期）刊发推广。推进“人社服务快办行动”，个体劳动者就业、社保关系转移等10个民生关键小事上线“浙里民生关键小事智能速办”专区，社保业务高频事项网办率达92.99%。截至2021年12月，杭州市社会保障卡发卡1340万张，电子社保卡签发1139.29万张。推进社会保障卡“居民服务一卡通”，完成身份认证、待遇领取、自助查询、就医结算四大功能43项应用，实现社会保障卡交通互联互通，可在300余个开通城市刷卡乘车。

【对口支援和结对帮扶】 2021年，杭州市人力社保局、市财政局、市对口和山海协作工作领导小组办公室联合印发《关于加强就业帮扶巩固拓展脱贫攻坚成果助力乡村振兴的通知》（杭人社发〔2021〕145号），推出支持对口地区有组织劳务输出、鼓励对口地区劳动力来杭就业、劳务协作活动补贴等10项暖心政策。杭州市与四川广元市、甘孜州分别签订《浙江杭州—四川广元东西部劳务协作框架协议》《浙江杭州—四川甘孜东西部劳务协作框架协议》，成立广元市驻杭州市劳务协作工作站、杭州广元“双创”共建示范基地。帮助7.9万余名四川省农村劳动力在杭就业，帮助5193名四川省脱贫人口在杭州就业。择优评选9个就业扶贫“爱心企业”，给予每个企业5万元的一次性奖励补助。打造国内首个东西部劳务协作数字化服务平台——“杭广共富云”，9月28日在广元市昭化区启动，集聚杭州广元两地招聘企业784家、在招岗位2832个、创业服务机构79家、创业载体16个、注册用户1.42万人，匹配就业岗位3273个，该项目入选浙江省人力社保厅东西部劳务协作案例集、杭州市共同富裕示范区城市范例十大揭榜挂帅项目，获人社部《工作信息》专题宣传和人民网、中国就业、浙江日报等50余家媒体宣传报道。

【获省级以上荣誉〔含所属县（市、区）〕】

荣誉集体

1. 全国人力资源和社会保障系统优质服务窗口

杭州市就业管理服务中心

淳安县劳动保障监察大队

2. 2021年全国根治拖欠农民工工资工作先进集体

杭州市劳动保障监察支队

杭州市劳动人事争议仲裁院

3. 2021年全国清理整顿人力资源市场秩序专项行动取得突出成绩单位

建德市劳动监察大队

4. 第五批国家级充分就业社区

杭州市拱墅区潮鸣街道

杭州市西湖区西溪街道溪畔社区

杭州市余杭区余杭街道凤凰山社区

5. 2020—2021 年度《中国劳动保障报》新闻宣传工作做得好的单位名单

杭州市人力资源和社会保障局

杭州市上城区人力资源和社会保障局

杭州市拱墅区人力资源和社会保障局

杭州市西湖区人力资源和社会保障局

杭州市萧山区人力资源和社会保障局

杭州市余杭区人力资源和社会保障局

杭州市临平区人力资源和社会保障局

6. 就业宣传工作先进集体（中国就业促进会）

杭州市就业管理服务中心

7. 全国节约型机关

杭州市余杭区人力资源和社会保障局

8. 浙江省 2021 年落实鼓励和支持就业创业政策力度大、提高就业创业服务水平成效明显的县（市、区）

杭州市拱墅区

9. 2021 年度全省人社系统绩效考评优秀单位

杭州市人力资源和社会保障局

杭州市西湖区人力资源和社会保障局

杭州市拱墅区人力资源和社会保障局

杭州市萧山区人力资源和社会保障局

杭州市滨江区人力资源和社会保障局

杭州市临安区人力资源和社会保障局

杭州市余杭区人力资源和社会保障局

杭州市富阳区人力资源和社会保障局

10. 2018—2020 年浙江省市场环境建设成绩突出集体

建德市人力资源和社会保障局

11. 全省劳动人事争议案件处理工作成绩突出单位

杭州市人力资源和社会保障局

杭州市上城区人力资源和社会保障局

杭州市拱墅区人力资源和社会保障局

杭州市西湖区人力资源和社会保障局

杭州市临平区人力资源和社会保障局

12. 全省劳动人事争议“互联网+调解仲裁”工作成绩突出仲裁院

杭州高新技术产业开发区（滨江）劳动人事争议仲裁院

杭州市萧山区劳动人事争议仲裁院

杭州市余杭区劳动人事争议仲裁院

13. 全省劳动人事争议案件处理工作成绩突出基层调解组织

杭州市滨江区“来就调”律师工作室

杭州市钱塘区下沙街道劳动人事争议调解中心

杭州市富阳区鹿山街道劳动争议调解中心

杭州市临安区锦城街道劳动人事争议调解中心

杭州市淳安县劳动纠纷人民调解委员会

荣誉个人

1. 全国人力资源社会保障系统优质服务先进个人

杭州市人力资源和社会保障局　　秦　亮

2. 就业宣传工作先进个人（中国就业促进会）

杭州市就业管理服务中心　　骆翰琳

杭州市就业管理服务中心　　胡朝会

3. 全省“最美公务员”

杭州市萧山区人力资源和社会保障局　　徐志杨

4. 浙江省 2021 年度中小微企业培育工作成绩突出个人

杭州市人力资源和社会保障局就业创业指导处　刘立清

5. 浙江省第七次人口普查省级成绩突出个人

杭州市就业管理服务中心　应莉莉

6. 第三届浙江省黄炎培职业教育“杰出校长奖”

杭州萧山技师学院　许红平

7. 2018—2020年浙江省市场环境建设成绩突出个人

建德市人力资源和社会保障局　蒋科燕

8. 全省劳动人事争议案件处理工作成绩突出仲裁员

杭州市劳动人事争议仲裁委员会　戴翠虹

杭州市劳动人事争议仲裁委员会　黄美英

杭州市上城区劳动人事争议仲裁委员会　陈仁忠

杭州市拱墅区劳动人事争议仲裁委员会　庄晨丽

杭州市杭州高新开发区（滨江）劳动人事争议仲裁委员会　徐　靖

杭州市萧山区劳动人事争议仲裁委员会　祝玉莲

杭州市余杭区劳动人事争议仲裁委员会　冯怡婷

杭州市临平区劳动人事争议仲裁委员会　蒋霄阳

杭州市富阳区劳动人事争议仲裁委员会　李晓波

杭州市临安区劳动人事争议仲裁委员会　童永康

桐庐县劳动人事争议仲裁委员会　吴　尧

建德市劳动人事争议仲裁委员会　杨　杰

9. 全省劳动人事争议案件处理工作成绩突出调解员

杭州市上城区九堡街道劳动人事争议调解中心　熊建良

杭州市拱墅区东新街道劳动人事争议调解中心　杨燕琪

杭州市拱墅区米市巷街道劳动人事争议调解中心　曹　静

杭州市滨江区HR兼职调解联盟　吴　婷

杭州市萧山区劳动人事争议人民调解委员会　孙利刚

杭州市余杭区中泰街道劳动人事争议调解中心　郑金明

杭州市临平区星桥街道劳动人事争议调解中心　沈子芳

杭州市钱塘区义蓬街道劳动人事争议调解中心　王　杰

杭州市富阳区东洲街道劳动人事争议调解中心　洪卫儿

桐庐县劳动人事争议联合调解中心　陈春虹

淳安县劳动纠纷人民调解委员会　许力鑫

建德市梅城镇劳动人事争议调解中心　李建平

宁波市

【城乡就业】 2021年，全市城镇新增就业34.42万人，同比增长64.29%；就业登记人数507.4万人，同比增长5.64%；失业登记人数9.75万人，同比增长4.06%；城镇登记失业率2.31%，继续保持低位。印发《关于印发〈深入推进“甬上乐业”计划的若干措施〉的通知》（甬人社发〔2021〕16号）、《宁波市人力资源和社会保障局 宁波市财政局关于进一步加强企业用工保障工作的通知》（甬人社发〔2021〕4号）、《宁波市人力资源和社会保障局等19个部门关于进一步做好支持灵活就业工作的通知》（甬人社发〔2021〕38号）等多个文件。深入实施“甬上乐业”计划，全力促进各类群体就业创业。全市发放创业者社保补贴、创业带动就业岗位补贴、创业场租补贴共计1.74亿元，惠及创业者2.65万人。发放创业担保贷款6.34亿元，开展创业培训1.3万余人，持续创业实体2100余家。新认定118家高质量就业社区村，全市累计建成632家。组织各类专场招聘会1900余场，服务企业9.4万余家次。持续开展春风行动、就业援助月等活动，走访就业困难人员7727户，帮扶就业困难人员再就业2.28万人，失业人员再就业4.15万人，“零就业”家庭持续动态归零。

【社会保险参保情况】 截至2021年底，全市户籍人员养老保险参保率99.23%。全市企业职工基本养老保险、城乡居民基本养老保险、被征地人员养老保障、机关事业养老保险、工伤保险参保分别为511.2万人、101.4万人、30.3万人、29.3万人、443.2万人。全年为低保、残疾人等困难群体3.4万人提供共计1011.88万元的补助。12月以来，近2600名非本市户籍灵活就业人员新参加企业职工基本养老保险，8家新业态平台企业为提供劳务关系的近1500名从业人员单险种新参加工伤保险。

【社会保险政策、经办管理】 2021年7月起，宁波市城乡居民基本养老保险基础养老金标准实现全市统一并提高到310元/月。宁波市社保省系统4月上线以来系统运行、业务经办、信访舆情平稳。年初完成规范被征地养老保障转基本养老保险整改善后工作，年底前全面完成存量被征地农民参加基本养老保险工作。完成户籍人员中断补缴叫停、外来务工险并轨集中经办、城乡居保暂停领取待遇人员清理、社保新基数启用等企业职工基本养老全国统筹基础性工作。

【社会保险经办管理】 全市138.62万名退休人员调待发放养老金12.3亿元，全市城乡居保基础养老金统一调整为310元/月居全省第一。实施参保、离职、工伤、过世“一件事”，退休“一件事”办结量居全省第一，社保高频事项网办率超90%。完成“咨询智服、政策智达、预约办、视频办”试点，落实社保经办适老化服务。在国家市场监督管理总局6月底发布的2020年全国公共服务质量检测情况通报中，宁波市社会保障公共服务满意度在110个被监测城市中居第二位。

【人才引进与开发】 2021年全年新引进大学生21.6万人，同比增长30.7%，其中本科增长42%，硕博分别增长10%，硕士首次突破万人；新增高技能人才8.16万人，同比增长21.8%；入选省级培养工程青年拔尖人才15人，其中创业人才入选人数位居全省第一。深化打造“我选宁波、我才甬现”品牌。市本级走进太原、上海等全国40余个城市60余所高校，举办“我选宁波、我才甬现”全国巡回招聘和宣讲活动104场，共2100余家次企事业单位参会，需求人才7.5万余名，共4.2万余人次参会对接，达成意向1万余人。2021年3月，赴重庆率先在全国开启线下赴外招聘会，全市共举办赴外引才257场，共3883家次单位参会，需求人才150687人，共220189人次参会对接，达成初步意向22341人次。

【专业技术和留学人员管理】 2021年，全市178名专技人才赴四川凉山州工作，在省内搭建首个东西部协作专技人才服务管理平台。专家服务场景（甬、舟、台）增至105处，其中公交出行累计突破69.6万人次，地铁出行突破77.5万人次，提供体育健身服务共5.9万人次，景点服务共1.2万人次，两年共发放医疗补助1700余人次。评选2021年度宁波市突出贡献专家31名、优秀留学人才10名、服务人才先进单位20家和先进个人30名，为82名人才兑现本土人才培养升级奖励。推进企业职称自主评价试点工作。深化推动职称数字化改革，依托“浙江省专业技术职务任职资格申报与评审管理服务平台”，有序推进251家教育、卫生、技工院校、科研等单位职称自主评聘数字化改革。开展全省汽车行业高级工程师、宁波市高级经济师以及石化、材料等6个专业高级工程师申报评审工作。全年新建省级博士后工作站53家，建站数量和运营质量继续保持在全省前列。2个项目分获第一届全国博士后创新创业大赛金奖、银奖。组织开展第一届浙江（宁波）博士后“双百”供需对接会活动，来自北京大学等全国18个高校的博管办/流动站负责人，全球68个高校院所的267名青年博士，以及全省9个地市的156个博士后设站企业338名企业代表参会，为浙江省史上规模最大的一次博士后对接活动。赴武汉、杭州等地组织知名高校和企业开展青年博士对接交流活动15场次，新招收企业博士后研究人员225名。出台《关于加强人才自主培养，实施甬江育才工程领军拔尖人才项目的意见》，8人入选“省万人计划青年拔尖人才”创新类人才。遴选市级专业技术人员继续教育高级研修班项目25个，遴选紧缺人才培训项目18个，认定9家市级继续教育基地、3家单位为市级示范基地。通过2021中国·宁波海外留学人才云端创业行“全球云端展示对接”实现全球互动，共有406个海外留学人才项目与100多家企事业单位进行对接，382个有意向来甬创业创新的高层次海外留学人才（项目）与宁波近百家企事业单位、高校科研院所对接洽谈，达成初步对接意向共200余项。

【职业能力建设】 制定实施宁波新时代工匠培育工程。2021年6月，出台《关于高水平培育新时代宁波工匠队伍的意见》，积极推进宁波工匠遴选工作。弘扬劳模精神、劳动精神、工匠精神，共计获评浙江大工匠2人、浙江杰出工匠8人、浙江工匠75人、浙江青年工匠236人；遴选出宁波大工匠2名、宁波杰出工匠10名、宁波工匠101名、宁波青年工匠300名。2021年全市技能人才总量达到195.75万，新增15.60万；高技能人才数量63.28万，新增8.16万；高技能人才占技能劳动者比重达到32.33%，技能劳动者占从业人员比重达到33.18%。成功举办“第一届宁波技能大赛暨2021年‘乡村振兴’职业技能大赛”，设置重型车辆技术、数控等37个比赛项目，来自全省690名选手参赛，218人获金、银、铜及优胜奖，37 人获宁波市“技能之星”荣誉。积极落实项目制培训实施办法、创业培训管理办法等相关政策，拟订出台创业培训管理办法、实训基地管理办法等政策，积极抓好各项培训任务落实。2021 年，全市组织技能培训 42.27 万人次，开展新型学徒制培训 8280 人。抓好重点培训项目落实。抓好项目制征集发布，先后发布 3 批次 100 多项项目制目录，开展项目制培训 10 多万人次。组建技能大师联盟，以大师联盟为平台，培养选拔一批优秀技能人才，开展技术攻关、技能创新、带徒传技为主要内容的“万名优师育高徒”培养行动，更好实践工匠精神、学习传承技能、服务企业行业。做好年度技能大师工程建设，新增 15 家市级技能大师工作室、6 家省级技能大师工作室，对原入选的市级技能大师工作室进行考核评估，考核优秀 10 家。抓好高技能人才培育，实施“技能菁英”培养计划。积极推进技能等级认定工作，征集公布第二批技能等级认定第三方评价机构，积极实施技能等级认定。抓好技工院校工作，2021 年，新增 2 家技工学校、5 个品牌专业，推进职业教育与技工教育融通，宁波技师学院与宁波职业技术学院联合招生联合培养。组织实施三期职业技能教学教研活动，选拔集训宁波市技工院校学生参加全省技工院校学生学党史竞赛活动。

【事业单位人事管理】 2021 年，宁波市事业单位发布招聘公告 274 家次，招聘计划 7375 名，发布拟聘用公示 476 家次、5747 人，办理录用手续 5945 名，审核办理工作人员交流调动 1589 名。调整 486 家事业单位岗位设置方案；完成岗位变动认定 29000 余人次。开展宁波市事业单位专业技术二级岗位审核认定工作，聘任了 16 名专家。组建工作专班，梳理问题清单、风险清单及各类别人员数量清单三张报表，做好政策、口径与问题、困难的上传下达。探索完成业务系统本地化功能改造，打造集业务办理、监督管理、数据分析于一体的事业单位人事工资大数据平台，实现“事业单位人事管理数字化改革”场景应用。组织拍摄事业单位公开招聘面试组织指南视频，制定下发《关于进一步规范和改进事业单位公开招聘工作的通知》。连续第四年开展宁波市面向应届优秀高校毕业生选聘高层次紧缺人才活动，推出选聘计划 287 名，共有 5130 名考生报名，稳定增长 21%，引才效果和品牌影响进一步提升。

【工资福利】 落实事业单位工资制度改革。完成 2020 年度 254 家市属事业单位绩效工资总量核定、62 家考核优秀事业单位绩效工资奖励的审核工作；2020 年人均年工资总额比 2019 年增长 6.4%；加强事业单位人才激励政策，指导市属高校、科研院所开展“X 项目”实施工作，支持和鼓励各类人才创业创新，激发事业单位人才干事创业活力。落实疫情防控一线医务人员激励措施，截至 2021 年年底已核准发放宁波市疫情防治一线医务人员临时性补助 3782 人次，金额 1191 万元。做好义务教师待遇保障工作，研究落实宁波市“双减”政策的实施细则和激励政策，健全义务段教师收入与公务员收入的联动长效机制，依法保障义务段教师待遇落实。于 2021 年 11 月出台了《关于调整精减退职人员生活困难补助费标准的通知》（甬人社发〔2021〕33 号）和《关于调整机关事业单位工作人员死亡后遗属生活困难补助费等标准的通知》

（甬人社发〔2021〕34 号），调整提高宁波市精减退职人员、机关事业单位死亡职工遗属和计划外长期临时工的生活困难补助标准。做好工资管理数字化改革，加大力度推动事业单位工资基础信息完善工作，持续推进事业单位工资业务网上办理，增加系统应用率，提高线上办结率，截至 2021 年年底市本级和各区县（市）工资信息完整度均达到 95% 以上。

【劳动关系】 1 月中旬转发《浙江省协调劳动关系三方四家会议办公室关于切实做好 2021 年春节期间劳动关系稳定工作的通知》，2 月初出台《宁波留甬返岗劳动用工“十提醒”》，全方位做好留甬过年服务保障工作，确保了春节前后劳动关系和谐稳定。对照省厅相关文件精神，牵头起草《宁波市优化新业态劳动用工服务实施办法（暂行）》，并于 1 月发布实施。妥善处置中华纸业关停、北仑三星重工停产腾退、武田企业股权收购等多家企业裁员过程中的劳动关系处理工作，全力消除影响社会安全稳定的风险隐患。7 月联合市总工会、市工商联、市企联 / 企协出台《关于印发劳动关系“和谐同行”三年行动计划打造和谐劳动关系示范区实施方案的通知》，全年累计为 4385 家企业提供劳动用工体检，培训劳动关系协调员 9373 人次（含 2020 年 2302 人次）；在宁海率先开展电子劳动合同试点工作，培育金牌劳动人事争议调解组织 40 家、劳动关系和谐企业（园区）40 家、金牌劳动关系协调员 100 名。9 月发布《关于调整宁波市最低工资标准的通知》，明确自 2021 年 8 月 1 日起，宁波市行政区域内的最低月工资标准调整为 2280 元、2070 元两档；非全日制工作的最低小时工资标准调整为 22 元、20 元两档。10 月发布《宁波市 2021 年度人力资源市场部分职位工资价位及 2020 年度行业人工成本信息》。10 月底出台《关于在全市范围内实施特殊工时岗位审批清单式管理的通知》，将特殊工时岗位审批由原来的“按周期报批”转变为“一次审批、长期有效”的高效审批流程。12 月中下旬发布疫情期间劳动关系政策十问十答，针对镇海突发疫情和可能出现的企业职工劳资关系问题，及时做好宣传报道和舆论引导，确保劳动关系稳定。

【劳动保障监察】 2021 年，全市各级劳动保障监察机构主动监察用人单位 14751 户，处理线上线下有效投诉 7023 件，处理各类网络舆情 624 条，为 2.02 万名劳动者追回被拖欠工资 2.61 亿元。全年办结处罚案件 330 件，列入欠薪“黑名单”10 家，欠薪处罚 114 件。公布 118 家存在重大违法行为企业。劳动维权窗口接待服务 2536 人次，连续两年获得宁波市“工人先锋号”荣誉称号。全市未发生因欠薪而引发的影响社会的重大群体性或极端事件。宁波市保障农民工工资支付工作（连续四年）被评为省 A 级；在全省首届建设领域劳资专管员职业技能大赛中荣获团体第一名。全市妥善处置因劳资纠纷引起的各类突发事件 11 起，110 指令 10254 条；向公安机关移送涉嫌拒不支付劳动报酬犯罪案件 22 起，涉及劳动者 1546 人，涉及金额 4430.23 万元。先后组织清理整顿人力资源市场秩序、漠视侵害群众利益专项行动以及护航建党百年“安薪在甬”、工程建设领域专项治理等共计 7 次。2021 年 11 月至 2022 年元旦春节期间，全市组织开展根治欠薪冬季专项行动，共组织出动检查人员 1151 人次，组织现场咨询16次，印发宣传资料1.2万余份，接受咨询270次，检查各类用人单位7489户，其中抽查督查在建项目797个（其中政府投资项目和国企项目245个）。共处理欠薪问题1180件，为4500名劳动者追回工资4486万元，对欠薪案件实行每日上报和动态清零，对8件欠薪存量案件进行督办销案，移送司法机关 3件，列入欠薪“黑名单”1家，向社会公布严重违法企业19家。以数字化改革为牵引，加强人社一体化平台信息数据录入，深化落实工资支付监管系统，扎实推进“六项制度”落实落地，截至12月底，全市1656个在建项目基础信息已全部纳入平台；建立工作专班，指导督促各区县（市）做好“安薪指数”考核指标落实，加强欠薪线索核查处置，并开展回访抽查，实现工作闭环，有力提升欠薪治理智慧监管水平。

【调解仲裁】 2021年，全年全市两级仲裁机构立案受理案件15023件（其中人事争议23件），同比上升28.7%；共审结案件15675件，结案率97%、调解率76.8%，涉案金额4.95亿元；调解组织受理劳动争议案件16130件，调解结案率99%，涉案金额4.36亿元。在全市范围内推广线上调解仲裁办案模式，多起劳动纠纷通过“掌上仲裁”完成调解结案，全年网络办案率43.7%。向社会发布主题为“诚信建设”的十大典型劳动争议案例，引导用人单位和劳动者信仰法律，坚守诚信，共同构建和谐劳动关系。利用三年时间培育一批工作基础好、制度机制全、办案能力强、服务水平高的基层金牌劳动人事争议调解组织100家。2021年，首批40家调解组织均已选定公示。成立鄞州区白鹤街道和镇海区招宝山街道2家基层派出庭并通过验收，提升派出庭办案比重，压实基层纠纷化解责任。

【信息化建设】 成立局数字化改革领导小组及工作专班，加强数改工作的统筹领导。全局联动全面梳理人社重大任务和核心业务。加强人社数字化改革顶层设计，印发《宁波市人社数字化改革总体方案》，打造“整体智治、唯实惟先、高效协同、系统集成”的“数智人社”。在做好数改全面工作的同时，积极争取人社“智配直享”、人社应急管理、人才工程统一申报、民生“一卡通”应用、数字化绩效考评系统、人力资源综合服务平台等6个省市试点建设任务。完成15个省厅试点项目在宁波推广落地应用，取得良好社会效益。全力打造具有辨识度的人社改革最佳应用，民生“一卡通”“畅游驿站”应用场景获评省人社数字化改革最佳实践案例，居民服务“一卡通”入选推进长三角一体化发展“最佳实践”和《2021年度省政府部门改革创新项目》，“人才码”应用入选宁波市第一批省市数字化改革“最佳应用”，“礼享大学生”应用（镇海区）入选省发改委数字社会最佳案例集（第四批），《打造“123”数据安全防护体系，护航人社数字化改革》入选2021年浙江省数字化改革网络安全十大优秀案例。积极对标对表数字化改革“一本账”各条跑道，加强区（县市）统筹，一体化推进、规范化运行。人社“智配直享”列入省厅“浙里就业”重点子场景（该项目已列入《全省数字化改革重大应用“一本账”》），“人社应急管理”应用列入省厅“安薪在线”重点子场景（该项目被评为全省数字化改革第二批最佳应用），“就业服务”“素质提升”列入宁波市“新居民”一件事（该项目已入选宁波市首批省市数字化改革“最佳应用”）重点子场景，数字化绩效考评系统、人力资源综合服务平台列入市“党政机关整体智治”跑道重点应用，“掌上仲裁”入选全省2021年度有辨识度有影响力法治建设成果推荐项目。完成《人力社保局深化“最多跑一次”改革业务系统改造》《宁波市社保风险防控系统》项目实施。完成912工程市人力社保局项目建设、验收和审计，努力实现真替真用。完成人社“智配直享”综合应用系统项目立项。持续推进“甬上人才金港”项目申报。

【对口支援和结对帮扶】 认真落实对口支援整体联动、劳务协作、专家精准帮扶支援、技能人才培训协作、人力资源协作和劳动保障监察协作等6项工作机制。第一时间赴凉山州开展实地调研，签订《宁波·凉山劳务协作框架协议书》，出台《关于做好“宁波—凉山”东西部协作就业帮扶工作的通知》，支持凉山籍人员来甬就业创业，推动有组织劳务输入，深化“十省百城千县”劳务协作，打造4家“零工市场”，扩大劳务协作规模。2021年，有组织输送凉山籍务工人员来甬稳定就业2347人，其中脱贫人口988人；凉山籍农村劳动力来甬稳定就业15665人，其中脱贫人口2340人；四川籍农村劳动力来甬稳定就业11.9万人，完成指标236%，其中脱贫人口1.3万人，完成指标的268%；中西部22省脱贫人口在甬就业40万人，超过去年底的35.2万人。2021年，累计帮助2355名丽水籍劳动力在甬就业。建立跨区域就业信息发布机制，坚持每月2次向丽水发布宁波就业岗位信息，累计发送岗位信息10万条（次），搭建宁波市用工就业服务平台，为丽水地区提供线上+线下招聘模式。成功举办“绿谷精英·创新引领行动计划”项目路演会，全面深化两地校企合作。积极构建普惠职业技能培训政策，制定出台职业技能培训补贴目录和标准、实训基地管理办法等配套政策。针对对口地区有培训和就业意愿的劳动者，举办“高技能人才金蓝领培养工程培训”“创业导师培训”等职业技能培训班，提升致富能力。全年赴对口地区开设电商创业培训班6期、岗前技能培训班5期，累计培训2694人，其中脱贫人口2001人。依托“高洽会”等平台，吸引21家丽水、衢州企业线上参会；组织30家次企业参加丽职院、丽水学院毕洽会暨“我选宁波、我才甬现”线上招聘会，推出需求1030人，助力丽水高校学生高质量就业。开展山海协作人力资源供需对接活动，助推宁波、台州、丽水和舟山等重点生产型企业、人力资源服务机构、对口专业院校等达成35个合作意向。会同市委组织部下达《关于做好2021年度东西部协作首批专业技术人才选派工作的通知》，选派178名专技人才赴对口地区开展智力帮扶，助力科技、教育、医疗、农业等多领域技术提升。积极为协作地区劳动者劳动维权开辟绿色通道，在案件受理、处置等环节压缩办理流程，全年办理衢州、丽水籍劳动者劳动纠纷案件12起，为21人追回劳动报酬34.3万元。

【获省级以上荣誉】

荣誉集体

1. 全国脱贫攻坚先进集体

宁波市就业管理中心

2. 李克强总理考察浙江时指出“宁波对灵活就业人员的支持政策值得好好总结”，国家发

改委办公厅在全国推广《关于印发宁波市灵活就业人员支持政策典型经验的通知》

宁波市人力资源和社会保障局

3. 第三届全国创业就业服务展示交流活动“城市创业精品展示项目”

宁波市人力资源和社会保障局

4. 全国人力资源社会保障系统优质服务窗口

宁海县西店镇社会保障和公共就业服务中心

5. 中国国际人才交流基金会项目管理授权合作“优秀培训机构”

宁波市人才培训中心

6. 2021 年度《中国组织人事报》和《中国人才》杂志人事报刊宣传工作做得好单位

宁波市人力资源和社会保障局

7. 2020—2021 年度《中国劳动保障报》新闻工作做得好单位

宁波市人力资源和社会保障局

宁波市海曙区人力资源和社会保障局

宁波市北仑区人力资源和社会保障局

宁波市鄞州区人力资源和社会保障局

宁波市奉化区人力资源和社会保障局

余姚市人力资源和社会保障局

慈溪市人力资源和社会保障局

8. 沪甬人才合作先锋区建设入选浙江省推进长三角一体化发展首批“最佳实践”名单

宁波杭州湾新区人力资源和社会保障局

9. 帮助贵州省脱贫攻坚先进集体名单

慈溪市人力资源和社会保障局

10. 2021 年浙江省“示范数字档案室”

象山县人力资源和社会保障局

11. 全省“建设清廉机关、创建模范机关”工作先进集体

宁波市人力资源和社会保障局

12. 全省人社系统窗口单位业务技能练兵比武优秀组织奖

宁波市人力资源和社会保障局

13. 浙江省首届劳资专管员职业技能大赛团体第一名

宁波市劳动保障监察支队

14. 第三届浙江省黄炎培职业教育奖优秀学校奖

宁波技师学院

15. 第三届马兰花全国创业培训师讲师大赛浙江分赛省级选拔赛“优秀组织奖”

宁波市人才培训中心

16. 全省调解仲裁案件处理工作成绩突出单位

宁波市人力资源和社会保障局

宁波市海曙区人力资源和社会保障局

宁波市北仑区人力资源和社会保障局

宁波市鄞州区人力资源和社会保障局

象山县人力资源和社会保障局

17. 全省调解仲裁案件处理工作成绩突出“互联网 + 调解仲裁”仲裁院

宁波市人力资源和社会保障局

宁波市社会保险管理服务中心（市劳动人事争议仲裁院）

宁波市奉化区劳动人事争议仲裁院

慈溪市劳动人事争议仲裁院

18. 全省劳动人事争议仲裁练兵比武团体一等奖，文书写作、庭审考核团体优胜奖

宁波市人力资源和社会保障局

19. 全省劳动人事争议仲裁练兵比武团体一等奖

宁波市人力资源和社会保障局

20. 全省人社系统窗口单位业务技能练兵比武竞赛团体二等奖

宁波市人力资源和社会保障局

荣誉个人

1. 全国五一劳动奖章

宁波技师学院　刘庆华

2. 全国根治拖欠农民工工资工作先进个人

宁波市劳动保障监察支队　胡铮奇

3. 全国人社窗口单位业务技能统一在线比赛全国“人社知识通”

宁波市镇海区人力资源和社会保障局　袁　婷

宁波市海曙区人力资源和社会保障局　罗　鹏

4. 全国人社窗口单位业务技能统一在线比赛全国“人社岗位练兵明星”

宁波市镇海区人力资源和社会保障局　何丽珍

5. 2021年度人社窗口单位业务技能练兵比武全国总决赛团体三等奖

宁波市海曙区人力资源和社会保障局　罗　鹏

6. 全省人社系统窗口单位业务技能练兵比武竞赛“优秀选手”称号

宁波市镇海区人力资源和社会保障局　袁　婷

7. 全省调解仲裁案件处理工作成绩突出调解员

宁波市海曙区高桥镇劳动人事争议调解中心　陈风云

宁波市海曙区鼓楼街道劳动人事争议调解中心　夏蓉菁

8. 第三届浙江省黄炎培职业教育奖杰出教师奖

宁波技师学院　屠剑敏

9. 全省调解仲裁案件处理工作成绩突出仲裁员

宁波市劳动人事争议仲裁委员会　蒋昕桦

宁波市劳动人事争议仲裁委员会　陆桑榆

宁波市劳动人事争议仲裁委员会　林成杰

宁波市海曙区劳动人事争议仲裁委员会　张亚辉

宁波市江北区劳动人事争议仲裁委员会　蒋文斌

宁波市北仑区劳动人事争议仲裁委员会　黄晓燕

宁波市鄞州区劳动人事争议仲裁委员会　金　洁

宁波市奉化区劳动人事争议仲裁委员会　张　蝶

余姚市劳动人事争议仲裁委员会　毛桂平

慈溪市劳动人事争议仲裁委员会　韩利迪

宁海县劳动人事争议仲裁委员会　胡　娟

宁波国家高新技术产业开发区劳动人事争议仲裁委员会　邵　洁

宁波东钱湖旅游度假区劳动人事争议仲裁委员会　周敏捷

10. 浙江省事业单位改革成效突出个人

宁波市人力资源和社会保障局　丁政午

宁波市奉化区人力资源和社会保障局　葛　娜

11. 浙江省人事考试系统“请党放心·考试安全有我”征文活动一等奖

宁波市人事考试院　田　冬

12. 2021年度全省劳动人事争议仲裁练兵比

武优秀仲裁员，理论考核、文书写作、庭审考核个人优胜奖

宁波市鄞州区劳动人事争议仲裁院 张宇琼

13. 2021 年度全省人社系统窗口单位业务技能练兵比武竞全省“人社知识通”

宁波市海曙区人力资源和社会保障局

罗 鹏

宁波市海曙区人力资源和社会保障局

周顺皎

宁波市海曙区人力资源和社会保障局

王 静

宁波市海曙区人力资源和社会保障局

周佩艳

宁波市海曙区人力资源和社会保障局

吴海艳

宁波市镇海区人力资源和社会保障局

袁 婷

宁波市镇海区人力资源和社会保障局

何丽珍

宁波市镇海区人力资源和社会保障局

顾梦琪

宁波市镇海区人力资源和社会保障局

余孜俊

14. 2021 年度全省人社系统窗口单位业务技能练兵比武竞赛团体二等奖

宁波市海曙区人力资源和社会保障局

罗 鹏

宁波市海曙区人力资源和社会保障局

周佩艳

15. 2021 年度全省人社系统窗口单位业务技能练兵比武竞赛挑战奖

宁波市海曙区人力资源和社会保障局

王 静

宁波市镇海区人力资源和社会保障局

顾梦琪

宁波市镇海区人力资源和社会保障局

余孜俊

（励呈仪）

温州市

【城乡就业】 2021 年，持续开展“惠企减负、稳岗留员”行动，全年减征失业保险费 8 亿元，发放失业保险金 4.26 亿元，技能提升补贴 7192 万元。率全省之先推出高校毕业生、失业人员、困难人员、残疾人、退役军人等重点群体就业快速援助服务，有效助推了灵活就业、重点群体就业。一年来，全市新增就业 14.79 万人，帮扶就业困难人员实现就业 5509 人，城镇失业人员再就业 2.24 万人，零就业家庭动态清零，城镇登记失业率控制在 1.91%。全市失业保险参保人数达 155.06 万，同比增加 7.27%，比 2020 年末增加 10.51 万人。

【社会保险参保情况】 2021 年，全市养老、工伤、失业三项社会保险基金收入合计 415.31 亿元，支出 444.96 亿元，当年缺口 29.65 亿元，累计结余 138.10 亿元。企业职工基本养老保险参保人数 357.02 万人，比上年增加 16.67 万人，其中企业单位身份参保 170.37 万人，同比增加 3.43 万人；灵活就业人员身份参保 186.65 万人，同比增加 13.24 万人；企业职工基本养老保险基金收入 250.58 亿元，支出 314.76 亿元，当年缺口 64.18 亿元，累计结余 52.29 亿元。机关事业单位基本养老保险参保人数 31.11 万人，同比增加 0.6 万人；机关事业单位基本养老保险基金收

入79.28亿元，支出76.16亿元，当年结余3.12亿元，累计结余8.20亿元。城乡居民基本养老保险参保人数186.46万人，同比减少27.43万人；城乡居民基本养老保险基金收入67.65亿元，支出35.73亿元，当年结余31.92亿元，累计结余56.70亿元。被征地农民基本生活保障参保人数35.74万人，同比增加3.15万人；被征地农民基本生活保障基金收入58.54亿元，支出13.47亿元，当年结余45.07亿元，累计结余53.42亿元。工伤保险参保人数341.12万人，同比增加27.71万人；失业保险参保人数156.06万人，同比增加11.51万人。工伤保险基金收入9.06亿元，支出10.48亿元，当年缺口1.42亿元，累计结余7.99亿元；失业保险基金收入8.74亿元，支出12.92亿元，当年缺口4.18亿元，累计结余12.92亿元。

【社会保险政策】 2021年，市人力社保局制定《温州市企业人才集合年金试行办法的补充通知》，进一步调动企业和金融机构参与企业人才集合年金的积极性。会同市财政局出台《关于印发〈温州市区原机关事业单位统筹试点制度参保人员养老保险关系衔接方案〉的通知》，为平稳解决全市"非编"人员历史遗留问题提供了政策保障。根据市社保委会议精神，调整城乡居民基本养老保险基础养老金标准，2021年市区企业退休人员月均基本养老金从上年度2961元提高到3110元；市区城乡居民基本养老保险基础养老金从245元提高到270元，惠及市区9万余参保人；各县（市）基础养老金提升幅度达到25—60元。

【社会保险经办管理】 2021年，率全省之先启动"社保业务直通车"服务模式，通过送业务培训、政策宣讲到基层窗口、为群众面对面答疑、零距离上门服务等方式，为基层经办机构和企业群众减负担解难题，相关做法获省厅肯定，被浙江人社、温州日报等媒体报道。创新开设"社保存易办"服务，有效解决企业和群众"休息时间无法办事"的困扰，实现社保业务线下办理24小时不打烊，满足群众多样性、便捷性服务需求。

【人才引进与开发】 2021年，全力克服疫情对人才招引工作带来的不利影响，深化举措深入实施高校毕业生招引"510计划"攻坚行动，全年开展外出双线引才266场，发布岗位14.5万个，举办本地双线招聘会627场，参会单位3.8万家，提供岗位103万个。温州人才网首创网络视频面试，线上创新直播带岗，全市全年举办网络招聘会470场、提供93万个岗位。全市累计开展市内外双线引才近900场，发布岗位118万个，达成意向16.7万人，进一步打响"创业之都欢迎您，来了就是一家人"引才品牌，释放最强引才磁场效应。进一步扩大"温州市事业单位和龙头企业面向全球引进录用博士、硕士和2021届优秀本科毕业生"活动招录范围，将世界排名前500的高校纳入报名范围，新增高校585所，其中仅温州市本级事业单位招录博士、硕士249人，为温州引进了大批优质人才。率全省之先开展"诚信人力资源服务机构"评审，推荐11家上榜省级人力资源服务业扶优育优企业名录，通过引领示范作用进一步规范市场。主动融入长三角人力资源圈，成为在长三角30余个联盟城市中第8个竞得长三角十佳HR经理人评选活动承办权的城市。

【专业技术和留学人员管理】2021年，新入选享受国务院政府特殊津贴6人。完成博士后资助“一件事”改革，累计兑现博士后资助3249万元；指导国科温州研究院获省级优秀博士后工作站，成为全省唯一连续两年获此荣誉的单位。全力加强工作站建站和博士后招引的指导和服务，全年新建博士后工作站26家，为去年的3.5倍，完成省对市考核指标的104%；新引进博士后110名，为去年的2.2倍，完成省对市考核指标的148%。重点加强高校、中小学、卫生等领域相关单位新纳入省职称平台规范管理，全年1.88万人申报职称，晋升高级2691人，中级8080人，省职称系统推广使用率实现100%，完成省考核指标的125%，省职称工作治理端评估得分全省排名第一。统一核准全市职称中评委53个，新增自主评聘委员会56个，向长三角电气工程师创新中心等单位下放职称评审权，进一步拓展第三方评价和自主评聘范围；顺利完成各项资格考试工作，累计参考人数123431人次。

【职业能力建设】2021年，率全省之先推出“十万工匠培育工程”，全年新增工匠人才取证数9.8万人，其中新增高技能人才4.34万人。率全省之先开展职业培训机构第三方监管，在省厅资金监管现场会议作典型发言并向全省推广经验做法，筑牢资金安全生命线。实施“浙派工匠”和“瓯越工匠”联动选树机制，构建市技术能手、首席技师、大师工作室、温州名匠、浙江工匠、大国工匠人才培养梯次，全年选树全国技术能手3人，浙江杰出工匠7人，浙江工匠62人，浙江青年工匠188人。实施大师工作室和实训基地、高技能培养基地提质扩量；新获省大师工作室3个，省高技能培养基地2个；创新成立高技能人才联谊会和县级分会，市级联谊会已吸纳E类以上大师名匠165人。全年开展市、县两级技能竞赛151场，选拔1.77万名高技能人才，引领近10万职工“岗位大练兵，技能大比武。选送120余名优秀选手参加全国（省）一类、二类技能大赛，其中2人斩获第四届全国智能制造应用技术技能大赛模具工赛项一等奖（荣获“全国技术能手”称号），1人荣获全国新职业技术技能大赛人工智能训练师省选拔赛第一名，1人荣获全国纺织行业职业技能竞赛第五名。全年新增职业技能等级认定备案机构413家，其中企业386家，社会评价组织27家。全市职业技能等级认定机构共认定10.47万人次，获职业技能等级证书90430人次，认定数和获证数均居全省第二。

【事业单位人事管理】2021年，全市公开招聘事业单位工作人员6632人，交流调动（转隶）3247人。推进事业人员职业生涯全周期管理“一件事”改革，完善系统功能、优化办理流程、建立长效机制，全年全市“一件事”平台办件3.32万件，省人事工资系统业务办理6.14万件，居全省前列。全力采集完善省人事工资系统信息，系统信息完整度达98%。启动市级岗位管理业务档案电子化工程。稳妥做好县以下事业单位职员等级晋升制度改革前期准备工作，加强工程技术类事业单位专业技术岗位结构比例动态调控，开展全市专业技术二级岗位评聘，全年市级事业单位岗位聘用变更调整9434人。落实防疫一线人员岗位聘任、年度考核倾斜关爱政策，激励干部担当作为。首次将科级干部培训纳入组织部主体班次统一干部调训，以“六个一”制度打造温州培训品牌。

【劳动关系】 2021年，市人力社保局在扩大调查范围、增加样本企业数量、提升调查精准度的基础上，对全市1775家企业的人工成本情况和22万名职工工资报酬等数据进行催报、采集、分析。创新实施分区域、分层次发布模式，发布温州市区、县级市及各县域三个区域，共计381个全行业职业小类及236个制造业职业小类的人力资源市场工资价位，基本覆盖全市不同区域、不同行业中比较普通、从业者较多的职位，适合不同行业、不同职业劳动者的需求。同时，强化企业薪酬调查数据分析应用，首次印发了《温州市2020年人工成本信息》《温州市2021年企业薪酬调查分析报告》（内参版）和《温州市2021年度重点产业薪酬分析报告》，为全市加快扩中提低、助推共同富裕提供数据分析。组织实施劳动关系“和谐同行”三年行动计划，2021年，全市已开展劳动用工体检3215家企业，培训劳动关系协调员 5731名。

【劳动保障监察】 2021年，市人力社保局迭代升级工资监管系统2.0版，先行将3.91万家劳动密集型制造业等企业和100.53万名员工纳入系统动态监管，数量分别占全省的86.8%和84.0%，获评全省人社系统第一批推广应用试点项目和最佳实践案例，工作成效获人力社保部信息专报及官网等刊登。打造“智慧＋信用”监管应用场景，吴伟斌厅长等省人社厅领导先后批示要求全省借鉴推广，温州也是国内第一个劳动监察可以对建筑业企业信用扣分的地市；打造“一企一码•云追溯”应用监管场景，把欠薪线索消化在属地，人力社保部官网长篇幅刊登温州创新做法。

经人社部推选，6月4日，监察支队代表全国劳动监察系统参加由中宣部举办的“中外记者见面会”，介绍根治欠薪“温州经验”，并在央视《新闻联播》播出。

【家政服务业】 2021年，市人力社保局联合各部门、各企业率全国地市之先建设《家政便民服务点建设与运营规范》《家政服务溯源管理规范》和《家政服务 母婴护理服务规范》三项地方标准，成功建成家政服务质量标准体系，于12月3日正式施行，为全国贡献了温州探索。8月1日，率全国设区市之先实施首部家政服务专项地方性法规《温州家政服务条例》，为全国家政服务行业贡献了温州经验。

【调解仲裁】 2021年，全市共处理劳动人事争议案件8915件，办结8538件，结案率95.8%，调解成功率84.9%，一裁终局率62.2%，仲裁终结率91.2%，网络办案率31.1%，按期结案率100%，超额完成省定考核指标。创新推出“工伤速裁”改革，建立速裁机制，通过多跨协同、信息共享、云端服务等方式，实现流程再造、机制创新、数字转型，大幅压缩工伤保险待遇纠纷的办案时间，为工伤纠纷快速化解贡献“温州经验”。改革推行以来，共处理工伤保险待遇纠纷案件1619件，30日内审结的达90%，实现工伤职工法律援助100%全覆盖。

【信息化建设】 2021年，市人力社保局推出的利民补助“一键达”、无欠薪应用、信用就业等3个项目获得省厅数改揭榜挂帅项目，并入选全省人社数改最佳案例。其中利民补助“一键达”获陈金彪常务副省长批示肯定；社保卡“一卡通”项目在温州市数改专题调研会上获得省委常委、温州市委书记刘小涛点赞；温州人社数改获新华网、光明网、浙江日报、温州日报等中央和省市主流媒体报道20余次。创新搭建全省首个官方“信用就业”查询数字化场景，实现员工和企业信用信息互查，为省内信用就业领域数字化改革提供了“温州经验”，入选全市首批信用应用场景重点创建名单，荣获第三届“新华信用杯”全国优秀信用案例。超额完成社会保障卡扩面工作，全年新增社保卡36.94万张，新增电子社保卡323.2万张。第三代社保卡于6月1日顺利发行，6个月发卡217万张。

【对口支援和结对帮扶】 2021年，积极开展东西部劳务扶贫对口支援工作，重点推进与四川阿坝县、红原县、壤塘县、南部县、仪陇县、理县、马尔康市的劳务协作。深化“百城联动促发展”跨省劳务对接，打通信息交流渠道，与202个协议市、县积极协作推进节后合作，与黔西南州、昭通人社局签订《“携手留岗、共同稳岗”工作协议》，引导务工人员留温留岗、共同稳岗。全市全年开展组织温州企业组团前往湖北、湖南、贵州、陕西等地开展线下跨省劳务协作工作9场，校企洽谈会4场，吸引求职人员1万余人，初步达成意向1000余人。

【获省级以上荣誉】

集体荣誉

1. 全国清理整顿人力资源市场秩序专项执法行动成绩突出单位

温州市劳动保障监察支队（连续第三年获评）

2. 全国人力资源社会保障系统优质服务窗口

温州市社会保险管理服务中心

3. 2016—2020年全省法治宣传教育成绩突出集体

温州市人力资源和社会保障局

4. 全省“建设清廉机关创建模范机关”工作先进集体

温州市人力资源和社会保障局

5. 2021年度全省人社系统绩效考评优秀单位

温州市人力资源和社会保障局

温州市鹿城区人力资源和社会保障局

温州市瓯海区人力资源和社会保障局

6. “十三五”期间浙江省残疾人工作成绩突出集体

温州市人力资源和社会保障局

7. 全省劳动人事争议案件处理工作成绩突出集体

温州市人力资源和社会保障局

温州市龙湾区人力资源和社会保障局

瑞安市人力资源和社会保障局

苍南县人力资源和社会保障局

8. 全省劳动人事争议“互联网＋调解仲裁”工作成绩突出仲裁院

温州市鹿城区劳动人事争议仲裁院

温州市瓯海区劳动人事争议仲裁院

乐清市劳动人事争议仲裁院

9. 全省劳动人事争议案件处理工作成绩突出基层调解组织

温州市鹿城区丰门街道劳动人事争议调解中心

温州市瓯海区新桥街道劳动人事争议调解中心

乐清市劳动人事争议仲裁委员会北白象调解中心

瑞安市塘下劳动人事争议调解中心

个人荣誉

1. 浙江省最美公务员

温州市人力资源和社会保障局　　瞿自杰

温州市人力资源和社会保障局　　潘剑龙

2. 全省劳动人事争议案件处理工作成绩突出仲裁员

温州市劳动人事争议仲裁委员会　　王旭之

温州市洞头区劳动人事争议仲裁委员会　　吴琼琼

永嘉县劳动人事争议仲裁委员会　　陈建勇

文成县劳动人事争议仲裁委员会　　刘丽萍

平阳县劳动人事争议仲裁委员会　　陈　静

泰顺县劳动人事争议仲裁委员会　　徐小青

龙港市劳动人事争议仲裁委员会　　张秀波

温州市经济技术开发区劳动人事争议仲裁委员会　　张为民

3. 全省劳动人事争议案件处理工作成绩突出调解员

温州市鹿城区双屿街道劳动人事争议调解中心　　黄子顺

温州市龙湾区永中街道劳动人事争议调解中心　　张康建

温州市瓯海区新桥街道劳动人事争议调解中心　　金流义

温州市洞头区劳动人事争议人民调解委员会　　潘文财

瑞安市社会矛盾纠纷调处化解中心　　温　健

文成县黄坦镇劳动人事争议调解中心　　蒋笑笑

泰顺县劳动人事争议人民调解委员会　　吴光飞

苍南县灵溪镇劳动争议调解中心　　温作杰

（林　乙）

湖州市

【城乡就业】 2021年，全市城镇新增就业10.98万人，城镇登记失业率1.81%。出台《关于进一步做好市本级高校毕业生（技能人才）购房补贴等政策实施的通知》（湖就创联办发〔2021〕1号）、《湖州市区创业担保贷款管理办法》（湖人社发〔2021〕15号）等多个文件，共兑现各类大学生补助9.1亿元，发放创业担保贷款5.79亿元，资助创业项目5245个，带动就业16031人。举办“家庭服务业促就业专场招聘会”“民营企业招聘月”等各类招聘活动1392场。开通“乐业湖州”共富班车，聚焦“四低”人员、离校未就业高校毕业生、就业转失业人员、复退军人等全市各领域就业重点群体和缺工企业，实施精细化就业援助，帮扶3.58万名困难人员和失业人员实现再就业，发放就业困难人员社保补贴4093.44万元、公益性岗位补贴793.36万元。贯彻稳岗返还及失业保险扩围政策，落实失业保险阶段性降费4.62亿元、稳岗补贴4760.79万元、失业保险金1.75亿元、失业补助金5822.7万元，不断降低企业用工成本和失业人员生活压力。

【社会保险参保情况】 2021年，全市企业职工基本养老保险参保167.85万人，全市企业职工养老保险参保人数净增8.63万人，全市户籍人口法定人员基本养老保险参保率为99.69%。其中：吴兴区99.74%、南浔区99.72%、德清县99.73%、长兴县99.71%、安吉县99.53%，城乡居民养老保险参保49.9万人，基本实现法定人员参保全覆盖。机关事业养老保险参保10.84万人，完成原机关事业养老保险统筹试点参保人员养老保险关系衔接工作2011人。7957名存量被征地农民完成被征地农民基本生活保障制度参保工作。工伤保险参保136.77万人，失业保险参保93.4万人。

【社会保险政策】 从2021年1月1日起，城乡居民基础养老金由每月250元/人提高到每月290元/人；全市49.16万名企业退休人员和3.4万名机关事业退休人员月人均增资分别为119元和246元。5月1日起，市区被征地农民基本生活保障金由原每人每月873元调整到917元，被征地农民基本生活补助金由原每人每月707元调整到743元。完成企业职工基本养老保险基金省级统筹，启动全国统筹项目建设工作。全省机关保年金统一投资运营管理，完成基本养老金和职业年金待遇分开发放工作。1至4月，全市累计降低工伤保险费3397万元，其中市本级2368万元。新业态从业人员、超龄就业人员、在校实习生等特殊人群纳入工伤保险制度保障范围。

【社会保险经办管理】 开展社银合作，在市区建设银行、工商银行、湖州银行、吴兴农商银行等9家银行223个网点，下延社保经办业务24项。26个便民事项下延至市区31个乡镇（街道）便民服务中心进行受办理。在乡镇（街道）、村（社区）基层服务站（所）设置社保自助服务终端，参保群众可自助进行参保中断、社保查询、参保信息和证明打印等业务。在“浙里办”APP的“人社服务专区”上线“退休无忧”功能。7月，我市作为试点在全省率先上线社保稽核风控系统。落实《工伤保险定点医疗机构协议管理办法》和《湖州市工伤保险辅助器具配置服务协议》，将二级以上医疗机构和部分辅助器具配置机构纳入协议管理。我市现有湖州明州医院、湖州南太湖医院、解放军陆军第七十二集团军医院、安吉洑氏医院（住院）、安吉康山煤矿医务室（老工伤门诊）、长兴雉洲医院6家试点医疗机构已开通工伤医疗费联网直接刷卡结算业务。建设“浙里基金在线”数字化应用场景，实现基金监督闭环管理。

【人才引进与开发】 全年新入选国家级引才计划23人、省级引才计划68人（人社条线入选国家级引才计划建议人选6人、省级引才计划建议人选27人）。全市新引进“南太湖精英计划”领军型创业创新人才和团队63个、海内外高层次人才764人，新招引大学生12.5万人，其中博士研究生1480人、青年博士896人、青年大学生7.26万人。“头雁”培育“五未”攻坚专项行动培育“头雁”企业44家，提升“五未”人才项目228个，新增规上企业26家。举办包括城市综合推介、人才项目对接洽谈、产学研项目对接洽谈等活动共378场，开展线上线下招聘活动582场，招引大学生，新增“城市定制班”合作单位7家、“人才工作站”36家、校外实习实训合作基地68个。申报国家“启明计划”创业人才11人，申报省海外引才计划创业人才项目18个。组织举办“千名海外赤子云归来”系列对接洽谈欧洲、亚太地区专场。组织参加第一届全国人力资源服务业发展大会，做好浙江省人力资源服务业发展年度白皮书和“两优”榜单推荐，35家机构上榜。

【专业技术和留学人员管理】组织召开建设、交通、水利、新闻等专业职称评审推荐会15场，3130名专业技术人才晋升高一级职称，新增工程师2752名，1336名专业技术人才推荐申报副高以上职称，推荐入选享受国务院政府特殊津贴专家5人。浙江省“万人计划”青年拔尖人才创新类申报对象遴选入选4 人。鼓励高端装备、数字经济、生命健康、现代服务业等重点领域专技人才开展高级研修，省级以上专业技术人员高级研修班入选9个。完成2016—2019年入选的500多名“1112”人才工程人才考核工作。5月，正式上线专业技术人才知识更新工程数字化平台——“湖州市专业技术人员继续教育学时登记系统”，学时登记管理系统注册登记用户达到6160人。开展湖州市博士后工作站“百名博士集聚行动”。新建省级博士后工作站21家，引进博士后人才108名；另外，有7人获得省博士后择优资助，程勇荣获“浙江省优秀博士后”称号，王兰、何贝两名博士后分别获得首届全国博士后创新赛组银奖和创业赛组铜奖两项大奖。出台我市《关于做好2021年度职称评审工作的通知》（湖人社函〔2021〕57号）、《进一步深化重点企业（行业）职称社会化评价改革试点工作通知》（湖人社函〔2021〕78号），健全职称评审监督管理机制。健全专技岗位动态调整机制。建立市属事业单位正高级岗位统筹管理机制，重点支持优秀中青年专技人才职称评聘。指导浙江省蓄电池行业协会修改完善专业评价标准，整合保留10家重点企业行业协会，新增3家企业行业试点单位，全市16人取得蓄电池副高级职称，152人晋升为工程师。“海外赤子云归来·助力长三角一体化”系列云上对接洽谈行动入选国家“海外赤子”为国服务行动计划“特别资助类”项目。推进国家级留学人员创业园创建，做好留学人员回国项目实施成效跟踪调查服务等工作。

【职业能力建设】全年新增备案职业技能等级认定试点单位243家，其中企业228家、技工院校2家、社会培训评价组织13家，涉及电工、钳工、铣工、车工等185个工种，实现技能等级重点行业全覆盖，全年累计开展职业技能等级认定51815人次、发放技能等级证书42603人次。全市高技能人才总量达22.96万人，技能人才总量达64.1万人，新增培养高技能人才1.58万人。实施新时代浙江工匠培育工程和开展“金蓝领”职业技能提升行动，加大数字经济、先进制造业、民生服务业、现代农业等重点产业扶持力度、聚焦智能制造产业工人、民生服务从业人员、乡村振兴实用人才以及创业就业等重点领域群体，大规模开展有针对性的高质量高标准职业技能培训。大力推进职业技能提升行动，各类职业技能培训8万余人次。会同市总工会发动县区开展“浙江工匠”遴选推荐和“湖州工匠”选树活动，获评“浙江工匠”42人、选树“湖州工匠”60人；会同团市委开展“浙江青年工匠”遴选推荐活动，入选“浙江青年工匠”132人；会同市委人才办开展“浙江大工匠”“浙江杰出工匠”“南太湖特支计划”高技能领军人才等推荐申报和评审工作，娄可柏成功入选浙江大工匠，6人入选浙江杰出工匠，10人入选“南太湖特支计划”高技能领军人才；大力发动县区企业申建市级和省级技能大师工作室，新建市级技能大师工作室18家，入选省级技能大师工作室3家。全市78名选手参加全国新职业技术技能大赛浙江省选拔赛，涉及智能制造工程、人工智能工程、互联网营销师、工业机器人系统操作员、无人机装调检修工、全媒体运营师等19个职业工种。长兴技师学院蔡振月、施晨荣获第二届全国人工智能应用技术技能大赛浙江省选拔赛无人机装调检修工赛项学生组一等奖，马文瑞、胡桑雨荣获第二届全国人工智能应用技术技能大赛浙江省选拔赛无人机装调检修工赛项职工组二等奖，学生组和职工组选手均进入全国决赛。会同市总工会、市农业局、市市场监督局等部门开展茶艺师、维修电工等项目市级技能大赛25余场次，参赛职工3000余人，带动县区企业岗位练兵比武两万余人次。推进全市企业职业技能等级认定工作，鼓励有条件的技工院校、龙头企业开展技能等级认定试点，试点企业在备案职业范围内，开展职业技能等级认定工作，对企业发放的职业技能等级认定证书效用等同于国家职业资格证书，确保持有人对应享受同等待遇。承接服装水洗工、纺织印花制版工、危险废物处理工、生活垃圾清运工、生活垃圾处理工5大国家职业技能标准的开发工作。建成“智慧技能—职业技能评价监管应用”。

【事业单位人事管理】 贯彻落实市委办《关于实施“专业化能力提升”工程加强新时代高素质专业化干部队伍建设的意见》（湖委办〔2021〕1号）文件精神，出台《湖州市事业单位特设岗位设置管理实施办法》（湖人社发〔2021〕16号），深化事业单位职称评聘制度改革，统筹管理专技高级岗位指标。统筹全市事业单位运用人力资源社会保障统计报表系统SMIS2012完成2021年事业单位年报上报工作。

【工资福利】 运用浙江省事业单位人事工资管理服务系统，推进市属事业单位工作人员各项工资业务线上线下申报审批。发放落实市本级270名政调企人员特困补助和春节慰问金共计334万元。提高市改企业退休人员工龄补贴标准，由原来21元/月提高至42元/月。深化高校和科研院所绩效工资改革，建立高校“激励绩效总量”项目，研究科研院所“绩效工资+X项目”运行办法。根据湖州师范学院创建大学、湖州学院转设等新情况，提出师院2020年度绩效工资发放情况及处理意见报告，确保高校绩效工资规范运行。配合市医改领导小组、市健康湖州建设领导小组、市卫健委深化全市域“三医联动”“六医统筹”集成改革试点工作，共同推进健康湖州建设，进一步深化市本级公立医院薪酬制度改革，完善市域医共体薪酬体系。配合市教育局完成教育督导工作、推进“双减”工作，提高并保障中小学教师绩效工资，完善义务教师收入与公务员收入的动态调整机制。研究义务教育阶段学校课后服务工作绩效工资政策。出台《湖州市关于进一步加强评比达标表彰规范管理活动的通知》。完成创建示范活动清理规范工作，清理后保留31个项目。

【劳动关系】 联合市总工会、市工业经济联合会、市工商业联合会出台《湖州市劳动关系“和谐同行”能力提升三年行动计划实施方案

（2021—2023年）》。制定《劳动用工体检报告》通用标准模板，2021年为全市2562家企业开展劳动用工免费体检服务。开班培训劳动关系协调员35个班次，培训劳动关系协调员4105人。指导吴兴区物流产业园、长兴县纺织产业园等组建劳动纠纷协调组织，推荐安吉县劳动人事争议仲裁委员会推荐为国家级金牌调解组织。启动全市第八批和谐企业（园区）评选工作。5月，组织市协调劳动关系三方四家、全市劳动关系和谐企业（园区）创建活动的园区和企业相关负责同志共100余人参加会议2021年“和谐同行”千户企业培育共同行动工作培训。开展新业态从业人员社会保障问题专题调研。

【农民工管理服务】 配合国务院农民工办、省农民工工作领导小组对我市农民工工作开展广泛调研，牵头对我市近五年农民工市民化相关工作、农民工回流、春节前农民工返乡情况等开展专题调研，分别撰写《湖州市农民工市民化专题调研报告》《湖州市关于春节前后农民工返乡返岗评估情况的报告》《湖州市关于农民工返乡回流情况的报告》等调研材料。严格规范执行《保障农民工工资支付条例》等法律法规，开展集中“送维权政策+送清凉”活动，派送印有投诉二维码和服务热线的矿泉水30万瓶，全面营造“乐业在湖·安薪无忧”氛围。悬挂宣传横幅1000余条，张贴宣传海报3000余份，发放《致农民工朋友的一封信》3万余份，投放有关“务必签订劳动合同”“保管好工资卡”等短信20余万条，并在主要路段、公交站台等设置维权公益广告500余块，在100多个点位电子屏幕播放“在浙安薪”宣传片。

【劳动保障监察】 以“乐业在湖·安薪无忧”品牌建设为牵引，出台欠薪纠纷专题破解、工程建设领域欠薪纠纷专项治理、护航建党百年“浙江安薪”专项行动等方案，协调处置各类欠薪线索12312件，涉及劳动者3.74万人，其中劳动保障监察机构窗口接待协调处置欠薪线索2050件，涉及劳动者8100人；核实处置国家欠薪线索平台交办的欠薪线索2102件，涉及劳动者3400人；办理涉及欠薪的“12345”热线8160件，涉及劳动者2.59万人、金额6.82亿元，立案查处各类劳动用工违法行为78件，以涉嫌拒不支付报酬移送公安处理21件，联合公安机关有效处置非理性讨薪行为54起，全市未发生因欠薪等劳动纠纷引发的各类群体性事件、信访事件及极端事件，实现全市劳动用工规范有序，劳动关系更加和谐稳定。以“浙江无欠薪”提升应用为抓手，揭榜挂帅省人社厅数字化改革试点项目，谋划“安薪云”智治模式，构建欠薪预警指标体系。开展清理整顿人力资源市场、超时加班、女职工权益保护等专项行动5次，检查用人单位1.96万家、涉及劳动者53.93万人，切实掌握在建工程项目、重点企业、重点区域用工情况。组织企业规范劳动用工座谈会百余场次，赴企业上门服务300余人次。建立“LD调处工作室”。成功举办“人社练兵解‘薪’忧，献礼建党一百年”全市劳动保障监察业务技能比武。

【调解仲裁】 全市调解组织及仲裁机构共办理案件9333件，其中基层调解6821件，仲裁立案受理2512件，结案率98.3%，调解成功率93.9%。发布乡镇（街道）劳动人事争议调解工作湖州市地方标准，全省范围内首例劳动纠纷调解领域地方标准。组织省仲裁院领导及杭州市、嘉兴市、绍兴市仲裁业务骨干等开展仲裁庭审观摩互评10次。结合新业态从业人员权益保障，积极推动新业态领域劳动争议调解组织建设，申报建立新业态调解组织10家，其中新业态企业调解组织2家、区域性调解组织2家、行业性调解组织6家。依托全省调解仲裁网络平台及浙里办APP，全市调解仲裁机构线上办理劳动纠纷案件946件，其中网络办理仲裁案件839件，仲裁网办率为35.9%。实施仲裁建议书制度，联合法院、律师协会等开展典型案例征集活动，筛选出18个典型案例，涉及劳动关系认定、劳动合同签订、违规职工处理及新业态维权等突出问题。对接法律援助部门，依托仲裁院法律援助工作站落实法律援助服务132件，涉及困难职工255人。贯彻《长三角区域劳动人事争议调解仲裁战略合作协议》，开展区域共建活动。首期“长三角企业劳动用工联合体检”活动成功举办，来自无锡市、宣城市、湖州市及上海浦东新区的仲裁业务骨干集中开展在线答疑活动，为用人单位、劳动者解答劳动法律问题，取得了良好的社会效果。邀请江苏省仲裁员业务竞赛冠军来湖州座谈交流办案经验体会，推进两地调解仲裁深度协作。

【劳动保障电话咨询】 受理12345市长热线来电1023件。

【信息化建设】 开展人力社保“大数据”治理工程。初步建成人社整体智治数据仓，已完成社会保险类、就业创业类、社保卡类、人才开发类、人社政策类、工商登记类、税务登记类等多个大类的300余张数据表，共涉及26.8亿条数据。建设人社辅助决策平台，探索建设PC端人社辅助决策门户，勾画企业、个人两类服务对象的人社全生命周期业务画像。完善“一体化”经办服务体系。按政务服务2.0实施标准，规范全市572个人力社保事项对应的业务受理和经办环境。完善智能咨询服务系统，在浙里办APP和政务自助终端的“人社专区”开设智能推荐服务，上线11个高频事项，实现智能帮办服务。完善湖州城市大脑驾驶舱“人社专区”，更新6个大类2100余条数据内容。建设“社保基金安全在线”“一键参保、退休无忧”“安薪云”“智慧技能”等应用，保障社保基金安全在线、职业技能评价监管、退休无忧、工伤全周期服务等场景参加省、市两级数字社会领域的路演，其中退休无忧场景成功入选省数字社会第五批案例集。全市社保卡累计持卡数337.9万张，新增持卡人数13.5万人，电子社保卡累计签发数319.86万张，新增电子社保卡签发数200.78万张。3月31日起正式发行加载交通功能市民卡，已累计发放市民卡157.72万张。成立湖州市民卡服务公司，协助开展市民卡服务运营和应用推广工作。1月19日启动文旅应用对接，已实现全市6家博物馆、6家美术馆持卡入馆，实现图书馆（含城市书房）持卡入馆、图书借阅等应用；全市33家A级旅游景点刷卡购票、入园全覆盖。完善全市198台政务自助终端可通过社保卡认证后，自助办理各类业务服务。

【对口支援和结对帮扶】 出台《中共湖州市委 湖州市人民政府关于打造对口工作升级版助力对口地区全面推进乡村振兴的实施意见》（湖委发〔2021〕8号）、《湖州市人力资源和社会保

障局 湖州市财政局 湖州市人民政府区域合作交流办公室关于进一步做好湖州市东西部劳务协作工作稳定就业的通知》（湖人社发〔2021〕3号）、《湖州市人力资源和社会保障局 湖州市财政局 湖州市人民政府区域合作交流办公室关于进一步加强东西部就业帮扶巩固拓展脱贫攻坚成果助力乡村振兴的通知》（湖人社发〔2021〕43号）等相关政策，对市东西部协作区县结对帮扶关系进行优化调整，进一步健全劳务协作机制、完善政策措施、加强资金保障。与四川阿坝藏族羌族自治州等新地区就开展就业培训、搭建信息平台、强化就业服务等方面签订劳务协作协议。

【获省级以上荣誉】

荣誉集体

1. 全国青年文明号

湖州市社会保险事业管理中心

2. 全国人力资源社会保障系统优质服务窗口

湖州市就业管理服务中心

3. 省人社厅技能比武优秀组织奖

湖州市人力资源和社会保障局

4. 全国“百家金牌劳动人事争议调解组织”

安吉县人力资源和社会保障局劳动纠纷多元化解中心

5. 2021年度全省人社系统绩效考评优秀单位

湖州市人力资源和社会保障局

湖州市吴兴区人力资源和社会保障局

湖州市南浔区人力资源和社会保障局

德清县人力资源和社会保障局

长兴县人力资源和社会保障局

安吉县人力资源和社会保障局

6. 全省劳动人事争议案件处理工作成绩突出单位

湖州市人力资源和社会保障局

湖州市吴兴区人力资源和社会保障局

安吉县人力资源和社会保障局

7. 全省劳动人事争议“互联网＋调解仲裁”工作成绩突出仲裁院

长兴县劳动人事争议仲裁院

个人荣誉

1. 全省劳动人事争议案件处理工作成绩突出仲裁员

湖州市吴兴区劳动人事争议仲裁委员会 韩 芮

湖州市南浔区劳动人事争议仲裁委员会 陈中山

德清县劳动人事争议仲裁委员会 沈文浩

长兴县劳动人事争议仲裁委员会 俞 肖

安吉县劳动人事争议仲裁委员会 王 勇

2. 推进人力资源服务业高质量发展工作成绩突出个人

湖州市吴兴区人力资源和社会保障局 唐晓华

（庄梦芸）

嘉兴市

【城乡就业】 全面落实统筹城乡就业，2021年全市城镇新增就业18万人，年末城镇登记失业率1.82%。帮扶就业困难人员实现就业14735人，失业人员实现就业4.10万人。持续深化统筹城乡就业改革，出台《嘉兴市就业工作领导小组关于建立嘉兴市稳就业工作协调机制的通知》，确立四个工作目标，建立五大工作机制，落实15项具体工作措施。有效落实就业精准帮扶，2021年分别落实全市就业困难人员灵活就业社保补贴1.56亿元、享受补贴人数43140人，市本级残疾人“三小车”公益性岗位补贴157.26万元、享受补贴人数139人次。完成2021年度离校未就业高校毕业生就业帮扶4205人，发放困难家庭毕业生求职创业补贴347.78万元，享受补贴1159人。全面优化城乡创业生态环境，2021年全市办理创业贷款297笔，发放创业贷款13687.8万元，认定农村电子商务创业孵化园4家，县级服务中心16家，举办乡村振兴带头人培训班40余期。健全公共就业服务体系，推进各级人力资源市场智能化改造；2021年全市8家人力资源市场共举办招聘会810场，进场单位3.28万家，累计提供岗位66.8万个，进场求职50.17万人次。

【社会保险参保情况】 2021年社保参保人数持续增长，全市养老保险参保人数349万人，养老保险户籍人员法定参保率为97.75%。截至2021年12月底，全市企业职工基本养老、机关事业养老、城乡居民养老、失业保险、工伤保险参保人数分别达到271.61万人、14.75万人、62.56万人、162.56万人 、231.62万人。

【社会保险政策】 2021年，出台《关于进一步做好被征地农民参加基本养老保险有关工作的通知》（嘉人社〔2021〕81号）通过增设被征地农民参加养老保险缴费补贴（14.91万元）和城乡居保高缴费档次（5000元/年），明确2020年12月15日后产生的被征地农民参加基本养老保险办法，确保征地参保的合规性、稳定性、可操作性，切实维护被征地农民的合法权益。2021年1月1日起，嘉兴市城乡居保基础养老金由225元/月调整为290元/月，实现跨越性增幅29%和“六年倍增”。此次调整后嘉兴市城乡居保人均待遇标准达到500元/月以上，同时，从2021年9月1日起，我市城乡居民基本养老保险一次性丧葬补助金标准从4000元调整至5800元。对于嘉兴市特困人员、低保对象、残疾人、低保边缘户等四类困难群体，选择500元/年缴费标准的，给予全部补贴；对于选择1800、2600、3300元/年缴费标准的，按照个人缴费总额的65%标准给予部分补贴。本次提升得到省厅分管领导和市政府分管领导的批示肯定。对2020年12月31日前已按国家和省有关规定办理退休、退职手续的退休人员，从2021年1月1日起调整了基本养老金待遇，平均调整122元/月，调整后企业退休（职）人员基本养老金平均水平为2931元/月。通过浙江数字人社工作台实现工伤认定结果、劳动能力鉴定结果等基础数据实时共享。2021年，全市完成工伤认定2.04万件，劳动能力鉴定1.28万件，受理因病丧失劳动能力鉴定1101件。

【社会保险经办管理】 社保业务实现“同城通办”“一窗办理”。全市社保高频事项网办率达90.75%，位列全省第四。社保业务在各级社保服务中心、镇（街道）和村（社区）、合作银行窗口全部实行“无差别全科受理”，社银合作网点达到699个。为方便群众办事，更多业务下沉到镇、村，实现个体劳动者参保登记等群众高频办件事项在镇（街道）直接受理办结，个人业务服务事项“同城通办”，构建了方便快捷的服务体系。

经办服务流程制度化、便捷化、人性化。2021年3月全市城乡居民基本养老保险上线省级集中系统，2021年9月完成社保系统市集中验收。集中开展“疏堵点，破难点，畅通经办服务”专项行动，深入推动人社系统行风建设等工作，对服务流程进一步梳理细化。通过“手把手”指导、“心贴心”服务，构筑起掌端指导办、终端机自助办“两端”协同场景，实现政务人社服务线上线下融合，引导群众办事规范化、便利化、人性化。嘉兴市养老保险服务中心获得市总工会授予的“嘉兴市工人先锋号”荣誉称号。

【人才引进与开发】 留学人员回国创业启动支持计划、省万人计划青年拔尖人才入选数分列全省第一、第二。举办国际人才交流大会、“红船杯”大赛等重大引才活动，实施精英引领计划，引进重点领域高端人才项目239个，20家领军人才企业上榜我市“专精特新”小巨人培育名单，其中5家入选国家级“专精特新”小巨人企业，6家列入瞪羚企业培育对象。迭代精英引领计划，增设青年人才项目，实施“硕博倍增计划”和大学生“550”引才计划，全市拨付项目资助和人才补贴5.9亿元。举办“嘉人有约”四季引才、百所高校嘉兴行、海外人才云招聘等系列引才活动836场，赴27个省区市开展招才引智活动，引进硕博人才6493人、大学生12万人。建设嘉兴人才码，贯通省市县三级，实现人才政策“一键智达”、人才事项“一网通办”、人才服务“一码畅行”、人才信息“一屏掌控”，迭代开发“智能秒认”、“扫一扫”享优惠、“求职招才”专区等多跨应用场景。全市入库人才69万，提供人才服务20万人次，兑现人才资金2.3亿元，平台活跃度全市“浙里办”上线应用首位。举办长三角人力资源高峰论坛、中高端人力资源需求对接会，设立全省首家长三角人力资源专家组织工作站，发布年度行业发展蓝皮书，开展“共享人力资源，助力共同富裕”行动。12家人力资源企业入选省“育优”企业，11家入选省“扶优”企业。全市112家规上人力资源机构实现营收298.78亿元，同比增长32.7%。

【专业技术和留学人员管理】 2021年，全市新增专技人才35077名，其中专业技术资格23800人，执业（职业）资格11277人。扩大民营企业自主评聘试点范围，新增20家自主评聘企业；扩大学校职称自主评审范围，新增93所中小学、幼儿园开展中初级职称自主评聘试点改革。推荐1人为全国杰出专业技术人才候选人，1家企业为全国专业技术人才先进集体候选单位；2个专家服务团项目成功入选人社部2021年专家服务基层示范团项目。开展继续教育培训达18万余人次，立项省级高研班26期、市级高研班41期。新建博士后工作站28家，新引进博士后81人，3位博士后获省博士后科研项目择优资助，1人荣获全国博士后创新创业大赛金奖。

【职业能力建设】 2021年，全市高技能人才总量30.75万人，占技能劳动者比重31.54%，新增高技能人才2.78万人，入选浙江大工匠2人、浙江杰出工匠5人。开展新型企业学徒制培训3600人次，完成职业技能培训14.1万人次。全市共组织42个项目市级职业技能竞赛，参加人数3579人，产生126名技师和3000名高级工。全国职业技能大赛荣获一等奖3个、“全国技术能手”称号5名。全市共有技工院校7所，实现县（市）全覆盖。分别是嘉兴技师学院、平湖技师学院、桐乡技师学院，海宁技师学院、嘉善技师学院（筹）、海盐县技工学校和嘉兴交通技工学校，在校生规模20043人，当年度毕业生3807人。

【事业单位人事管理】 对16家市级机关部门所属的25家市属事业单位进行了岗位设置方案核准备案。办理岗位聘任343次，涉及岗位变动1428人次。开展县以下管理岗位职员等级晋升摸底调研，形成“三张清单”，为调整岗位设置方案打下较好基础。

【工资福利和表彰奖励】 完善绩效工资政策，对市属部分学校核增了人均5000元奖励性绩效工资，建立了对市属高中和教育学院的激励考核机制，按照激励考核机制核增绩效工资总量876万元。开展疫情防控一线医护人员关心关爱工作，会同市财政局核增31名援鄂医护人员薪酬水平财政补助和318名一线医务人员卫生防疫津贴财政补助167.6699万元；核增市疾控中心、市急救中心等2家事业单位81人一次性绩效工资总量119.13万元；核增嘉兴市第一医院一次性绩效工资总量977.12万元。组织申报2021年度表彰项目9个（市级2个，7个县市区各1个）、通报表扬项目5个（市级）。开展创建示范活动清理，报省功勋荣誉表彰工作领导小组办公室审核活动项目53个。对“十三五”生态环境治理、扫黑除恶专项斗争、全国双拥模范城创建、庆祝建党百年活动、中心城市品质提升、防御第6号台风“烟花”等项目开展行政奖励；会同市公务员局起草《关于进一步明确行政奖励工作有关事项的通知》，充分发挥行政奖励在政治过硬堪当现代化重任干部队伍中的激励作用。

【人事考试管理】 2021年，嘉兴市设考点的考试项目23项，涉及考生11.25万人。组织开展中央机关及其直属机构考试录用公务员笔试、全市公务员录用笔试、市属事业单位招聘笔试等人才选拔类考试，涉及考生4.87万人。组织实施全国监理工程师、二级造价工程师、二级建造师、计算机技术与软件专业技术、全国高级经济考试（机考）、翻译专业资格考试（机考）等多项全国或全省专业技术人员资格考试及职业（执业）资格考试，涉及考生6.38万人。全年处理各类人事考试违纪违规人员37名。组织开展全市人事考试警示教育系列活动，参加全省“请党放心，考试安全有我”为主题的演讲比赛活动，两名参赛选手分别获得了一等奖和二等奖。同时，市人事考试中心被评为优秀组织奖。嘉兴市人事考试指挥平台建成，嘉兴市所属五县人事考试保密库房建成并率先在省厅检查验收中一次性通过，成为全省首批县级人事考试试卷保密室全覆盖的地市。

【劳动关系】 召开协调劳动关系三方会议，发布《嘉兴市劳动关系“和谐同行”三年行动计划实施方案》，以维护劳动者权益、促进企业发展、防范和化解劳动关系领域矛盾风险为主线，争取用三年左右时间，推进劳动关系工作创新，提升劳动关系工作能力和工作效能，扎实推进市劳动关系治理体系和治理能力建设。举办劳动关系协调员职业培训，市本级700多名企业法人、人力资源岗位管理人员和劳动关系协调员参训。发布嘉兴市人力资源市场工资指导价位及嘉兴市行业人工成本信息，共发布417个全日制就业人员职业（工种）、16个不同国民经济行业、32种分技术工人职业（工种）、4类企业规模、14个不同岗位等级以及5种不同学历工资指导价位。全市人力社保系统办理来信75件、接待来访129批、办理网上信访3976件、办理政务热线3061件。

【农民工管理服务】 强化公共就业。通过定期开展包括"春风行动"活动、"人力资源合作交流月"活动、"就业再就业服务周"活动等，为用工单位和求职者搭建桥梁，不断拓宽农民工就业渠道。2021年以来，市各级人力资源市场举办线上线下招聘活动共408场，进场单位19188家，累计发布就业岗位52.4万余个，服务求职人员21.86万人，达成初步意向6.9万人。协作联动严厉查处欠薪行为，排查在建工程项目1123个、用人单位2.5万余家、民工工资专户7296个，发现问题隐患255个，现场解决中风险166个，对高、较高风险项目开出限期整改书16份。根据《关于印发〈浙江省百万农民工素质提升工程实施方案〉的通知》精神，嘉兴市完善体系、拓宽渠道，大力开展农民工技能提升培训，累计培训在岗农民工4.3万人次，农村转移就业劳动者3.2万人次。2021年新居民随迁子女享受政府购买民办义务教育学校学位人数达11702人，义务教育阶段随迁子女在公办学校就读（含政府购买服务）比例达到90.01%，超过省教育厅85%的比例要求。

【劳动保障监察】 全市通过组织开展"实施百日攻坚、护航百年红船"根治欠薪专项行动、清理整顿人力资源市场秩序专项行动、漠视侵害群众利益专项治理行动和根治欠薪冬季专项行动四大专项行动，发放宣传资料2.2万份，印制并在工地现场发放省"安薪码"安全帽贴2.8万多个。共检查用人单位4.8万余家（在建工程项目2300个），检查中发现问题隐患3110个，现场开出整改指令2064个，督办7家央企10个问题项目，约谈涉欠"三多"项目负责人71人次。特别是通过"实施百日攻坚、护航百年红船"根治欠薪专项行动，实现连续100天因欠薪引发的大规模群体性事件、赴省进京上访事件、极端讨薪事件及重大舆情事件"四个零发生"，获得市委领导批示肯定。

【调解仲裁】 2021年嘉兴市劳动人事争议仲裁院着力打造仲裁"正"理念，大力弘扬调解"和"文化，助推嘉兴和谐劳动关系创建，举全院之力落实案件调处新常态，2021年全市各级劳动人事争议仲裁机构共立案3826件，涉及劳动者4634人，涉案金额1.47亿元，调解成功率89.2%，仲裁终结率96.3%，网络办案率30.3%。受疫情影响引发的劳动争议案件数量比2020年同期增长6.70%。2021年市仲裁院联合市总工会等单位组织评选出9家市级、8家省级金牌劳动人事争议调解组织；市仲裁院将数字化改革延伸到仲裁全领域，使仲裁数改实践取得新突破，设立"网络仲裁调解室"，顺利开展第一场网络庭审，全市网络办案率比2020年同期增加68.33%；"嘉兴人社"微信公众号每两周发布法治类专栏《以案说法》，使市仲裁院普法宣传出现了新风貌，2021年市仲裁院已发布7期《以案说法》，同时，市仲裁院编写的《仲裁百宝书》《数据分析报告》均获得了社会各界认可；长三角一体化方面，2021年市仲裁院分别与上海长宁区、松江区开展合作交流活动，指导嘉善召开“2021长三角一体化示范区劳动争议调解仲裁联合研讨会”，与市中院、市总工会、市司法局开展案例研讨，发布近20个指导案例，统一裁审标准，全院同志深入9个县级仲裁机构调研学习，打造品牌模式，让合作交流实现了新提升；市仲裁院高度重视展现红船旁的仲裁铁军新形象，组织全市59名仲裁员、调解员参加人社部、省厅相关业务类培训，在全市范围内开展9场仲裁观摩活动。在省厅2021年度练兵比武中市仲裁院取得“团体二等奖”的优异成绩，并获得“优秀仲裁员奖”“理论考核优胜奖”“庭审考核优胜奖”等单项奖。

【信息化建设】 全力推进信息系统建设工作。完成嘉兴市社会保险、公共就业系统的省、市集中数据迁移及回流工作；推进嘉兴市公共事务三期（嘉兴市社保市级集中项目）、嘉兴市人力社保一体化业务经办平台功能扩充——“一件事”办理等14项功能建设、嘉兴市人力社保业务信息系统（一期）项目等建设、验收工作。做好人社网络和信息安全防护工作，完成专网安全管控体系建设及网络调整工作。做好人社数据归集工作，完成浙江省一体化数字资源系统（IRS）应用目录管理，应用和数据、组件、云资源的关联。开展社保卡建设工作。组建嘉兴市社会保障卡居民服务“一卡通”工作专班并印发专班工作方案；2021年4月29日至5月26日，开展第三代社保卡预申领工作；5月28日正式启动第三代社保卡发行，全市共预申领第三代社保卡220万张。完成社保卡管理服务工作，合作银行扩面6家，新增工商银行、中国银行、建设银行和嘉兴银行；完成社保卡政务2.0大厅测试和跨省通办业务的测试工作；2021年3月25日至26日，长三角社会保障卡居民服务“一卡通”专班第二次会议在嘉兴召开。人社部信息中心，长三角三省一市（上海、江苏、浙江、安徽）的人社、数源、交通、文旅等部门相关负责人参加会议。做好数字化改革工作，申报提升“民生一卡通”应用——金融科技服务应用推广项目并入围省厅揭榜挂帅项目，完成民生一卡通（用卡权益）“1215”框架建设，于9月底在浙里办上架试运行。

【对口支援和结对帮扶】 2021年，共与对口地区开展互访42次，签订劳务合作协议25份，就业岗位推送7.3万余个，其中来嘉就业5307人，帮助脱贫人口实现就业285人，赴受援地举办招聘会53场，提供岗位4.7万余个，来嘉就业3430人，面向脱贫人口发放补贴37.2万元，为筑牢脱贫攻坚成功提供了坚实助力。

【获省级以上荣誉】

荣誉集体

1.2020—2021年度《中国劳动保障报》新闻宣传工作做得好的单位

嘉兴市人力资源和社会保障局

2.全国人力资源和社会保障系统优质服务窗口

嘉兴市人才交流服务中心

3.2020年度全国敬老文明号

嘉善县养老服务中心

4. 全省劳动人事争议案件处理工作成绩突出集体

嘉善县人力资源和社会保障局

5. 2021年度全国清理整顿人力资源市场秩序专项行动取得突出成绩单位

嘉善县人力资源和社会保障局

6. 全省根治欠薪工作先进集体

平湖市人力资源和社会保障局

7. 2021年度《中国劳动保障报》新闻宣传工作做得好的单位

桐乡市人力资源和社会保障局

8. 全省劳动人事争议仲裁练兵比武活动团体二等奖

嘉兴市人力资源和社会保障局

9. 全省调解仲裁案件处理工作成绩突出单位

嘉兴市南湖区人力资源和社会保障局

荣誉个人

1. 全国人社系统优质服务先进个人

海宁市人力资源和社会保障局　　夏铃洁

2. 全省劳动人事争议案件处理成绩突出仲裁员

平湖市劳动人事争议仲裁院　　叶　芮

3. 全省“无欠薪”县（市、区）建设先进个人

海宁市劳动保障行政执法队　　胡云峰

嘉兴市南湖区人力资源和社会保障局　　夏　滨

4. 全省劳动人事争议案件处理成绩突出仲裁员

嘉兴市南湖区人力资源和社会保障局　　陈　力

嘉兴经济技术开发区人力资源和社会保障局　　江　恒

嘉兴港区人力资源和社会保障局　　杜雪刚

5. 2020年“浙江省担当作为好干部”

嘉兴市秀洲区人力资源和社会保障局　　王其方

6. 浙江省劳动关系工作联合培训和练兵比武十佳仲裁员

嘉兴经济技术开发区人力资源和社会保障局　　苏　阳

7. 世界互联网大会互联网发展论坛组织工作突出贡献个人

桐乡市人力资源和社会保障局　　骆鸿民

8. 全省劳动人事争议仲裁练兵比武活动优秀仲裁员奖

全省劳动人事争议仲裁练兵比武活动理论考核优胜奖

全省劳动人事争议仲裁练兵比武活动庭审考核优胜奖

嘉兴市南湖区人力资源和社会保障局　　吴亦萍

（虞仙乐）

绍兴市

【城乡就业】 2021年，全市新增城镇就业27.18万人，登记失业率2.02%，城镇失业人员实现再就业21.2万人，其中就业困难人员实现再就业2.86万人。2月，开行全省首趟接返务工人员专列，并相继开行贵州等5省20趟就业专列，共接返外来务工人员2695人，帮助员工高效安全返岗，保障企业复工复产。开展“劳务协作不停步，提升就业加速度”用工

保障攻坚活动，开发 2.0 版劳动力余缺调剂平台，开展“就业大篷车进乡镇”下乡招聘活动，组织活动 60 场次，606 家企业提供 16039 个岗位，达成就业意向 1158 人次。赴云南、贵州、河南、安徽、江西、黑龙江等劳务输出省份开展劳务对接，加强合作交流，构建劳务协作新格局。实施就业援助专项行动，针对就业困难群体开展大走访、大调查、大援助活动，全年帮扶实现就业 1.32 万人次，落实公益性岗位补贴 312.47 万元。高效落实失业保险扩围政策，累计发放失业保险金 2.8 亿元、失业补助金 7944.2 万元，为 7.36 万人发放就业困难人员灵活就业社保补贴 2.66 亿元。开展“数字就业困难人员”帮扶工作，完善公益性岗位开发、管理流程，确保零就业家庭动态清零。持续推进高质量社区（村）建设，新认定区级高质量就业社区（村）173 个，积极推进东西部劳务协作和定点帮扶，承办浙江省与甘肃省劳务协作，组织企业招聘会 13 场次，提供岗位数 8490 个，其中爱心岗位 979 个。举办 2021 年绍兴市大学生创业创新大赛和“万亩千亿”新产业平台创业创新大赛，全市评选认定市级创业孵化示范基地 7 家，获评第四批省级创业示范基地 2 家。完成创业担保贷款余额 1.13 亿元，直接扶持创业 2670 人，实现创业带动就业 7526 人，给予承办银行发放创业奖补 26.89 万元。

【社会保险参保情况】 全市基本养老保险参保 368.93 万人（其中职工养老保险 263.43 万人，城乡居民养老保险 88.33 万人），户籍法定人员基本养老保险参保率达到 99.65%。全市工伤保险、失业保险参保人数分别达到 183.9 万人、136.87 万人。

【社会保险政策】 调整城乡居民基本养老保险基础养老金标准，从 2021 年 1 月 1 日起，全市城乡居民基本养老保险基础养老金标准由每人每月 215 元调整为 245 元。企业职工养老金实现 17 连涨。落实贫困人口参保优惠和代缴补贴政策，累计 2.71 万名困难人员享受城乡居民基本养老保险财政代缴政策。将越城、诸暨、嵊州作为参保扩面试点、新昌作为夯实缴费工资基数试点，全力推进企业职工基本养老保险参保扩面。健全社保基金监管体系，高质量开展养老保险基金管理风险排查，累计核查疑点 1.48 万人，追回基金损失 364.58 万元；严厉打击欺诈冒领行为，累计核查养老、工伤保险享受待遇人数 3.36 万人次，追回冒领金额 906.67 万元。

【社会保险经办管理】 贯彻落实企业职工基本养老保险省级统筹政策，通过省社保集中系统对外开展各项经办服务，优化社保政策宣传服务，借助“绍兴人社”微信公众号、“绍兴社保”抖音号等新媒体平台，传播社保高频事项网上办操作指南、社保政策业务知识，进一步扩大社保政策宣传覆盖面，特别是在疫情期间，大力推行不见面操作指南，为防止办事群众在社保窗口聚集。执行好社保扶贫长效机制，为符合条件的特困对象、低保、低保边缘户、残疾人等 4 类群体办理城乡居民基本养老保险参保手续，确保其享受城乡居民基本养老保险财政代缴政策。

【人才引进与开发】 迭代升级招才引智专列，开展 2021 招才引智春秋季专列驻点引才、高校行、海外招才等活动，走访对接高校 469 家，科研、人力资源机构341家次，开展线上线下对接活动790场，拜访副高级以上专家1113名，其中院士33名，达成博士以上人才意向1781人、科技项目合作意向584个、平台合作意向42 个，收到简历12.3万份，推荐121名人才申报国家领军人才计划。推广高校毕业生“绍兴青年码”，实现“码上招聘会、码上投简历”；开行“金蓝领”技能人才专列，达成技能人才实习、就业意向5000余人次；持续优化人才生态，完成4.0版人才新政修订，梳理形成3个即兑、38个快兑、12个直兑事项，兑付时间减少331个工作日。全市新增就业大学生14.2万人。组织2021国家高层次人才绍兴智汇行暨“万亩千亿”产业对接活动，共达成人才项目合作意向11项。推荐2021年省特支计划青年拔尖人才19人，入选5人；遴选绍兴“名士之乡”特支计划青年拔尖人才40人。举办第三届人力资源发展大会，首次发布绍兴三大“万亩千亿”产业发展蓝图和人才需求预测以及《2020绍兴市人力资源服务业发展白皮书》，成立绍兴名士乡人才发展有限公司、绍兴市人力资源服务协会，全国56家知名人力资源机构和72家职业院校与我市300余家重点产业企业开展洽谈，签订合作协议28个，达成人力资源服务合作意向73项，校企合作意向242项，全市新增人力资源服务机构97家。

【专业技术与留学人员管理】 全年新设立省级博士后科研工作站23家，引进博士后研究人员123名，超过过去5年引进数的2倍，博士后引进实现指数级增长。突破博士后独立招收资格瓶颈，浙江新和成工作站获批博士后独立招收培养资格。组织开展“万亩千亿”新产业人才全球创新大赛，近200位海内外高层次人才报名参赛，8个项目获奖，目前落地4人。举办长三角天然药物化学研讨会暨博士后对接活动，来自国内外高校、科研院所的药学领域院士、专家和博士后研究人员共200余人参加活动，中国科学院院士陈凯先、林国强等12位专家参加学术交流，绍兴高校、企业58名教学和研发人员到会学习观摩。全年新晋升专业技术职务29556人，其中高级以上2757人。职称社会化评价工作取得实质性突破，全市20家单位开展试点，评审、认定中初级专业技术职务2000余人。浙江新和成研究院荣获第六届全国专业技术人才先进集体。

【职业能力建设】 新增高技能人才3.54万人，完成技能培训24.01万人次，新增全国技术能手10人，6人入选浙江杰出工匠，59人入选浙江工匠，184人入选浙江青年工匠。新增省技能大师工作室2家，评选“特支计划”高技能拔尖人才15人，新建绍兴市技能大师工作室20家。新设首个民办技工学校越州交通技工学校，绍兴技师学院顺利摘筹，全市技工院校总量达到7所，实现全市域覆盖，其中技师学院3所、高级技工学校1所、技工学校3所，在校人数突破1.79万人，毕业生就业率保持在98%以上（含升学）。采用政校企联合培养的模式，在绍兴技师学院（筹）开设“仪陇班”，采用“2+3”办学模式，在仪陇当地学习两年后来绍就读，一年后注册为高级工班学生，实行免学费就读，在校学习期间，培养企业按照每人300元／月和600元／年的标准给予生活补贴和探亲交通补贴，首届“仪陇班”44名学生已在绍就读。举办“百校百企”技能人才合作洽谈会，全国

70余所职技院校与300余家绍兴企业参加，共达成技能人才实习、就业等合作242项。赴江西、云南、天津等地开行“金蓝领”技能人才招引专列，举办对接座谈会30余场、专场招聘会10场，招引技能人才5000余人。全市举办91场职业技能竞赛，其中市级职业技能竞赛60场（一类竞赛16场，二类竞赛44场），6个区、县（市）举办职业技能竞赛31场，11000余名选手参赛，产生绍兴市技术能手100人。新增全国技术能手10人，创历史新高。浙江工业职业技术学院入选第46届世界技能大赛数控车项目中国集训基地。

【事业单位人事管理】 共组织两次事业单位公开招聘，并指导监督卫健委、教育局等下属事业单位自行组织人才引进及公开招聘工作，全市招聘聘用事业人员3327名，其中博士113名、硕士656名。同时做好事业单位新入职人员的岗前培训，2021年度统一组织新进事业人员的岗前培训711人，进一步提升事业单位新进人员的工作能力，推进全市事业单位工作人员培训工作科学化、制度化、规范化。

【劳动关系】 开展全市劳动关系“和谐同行”三年行动计划，协调开发“企业劳动用工自检系统”，鼓励全市企业开展用工体检，体检企业数量已超1800家。持续提升劳动合同签订率，截至2021年底，全市规上企业劳动合同签订率达98.6%以上。抓实劳动关系领域风险防控，强化风险预警机制、加强形势分析研判，全力确保劳动关系和谐稳定。

【农民工管理服务】 在全省率先打造农民工工资争议“速裁庭”的基础上，继续研究工资争议速裁程序，积极推动速裁扩面。全年通过速裁机制累计处理农民工工资案件772件，涉及劳动者971人，调解643件，撤诉129件，涉案标的合计2859.98万元，速裁结案率100%，调解率100%。

【劳动保障监察】 全市劳动监察机构共受理各类举报投诉案件1402件，为2452名劳动者追发劳动报酬2577.78万元，作出行政处罚案件38件，罚款金额77.30万元，受理部、省欠薪线索平台欠薪线索件3899件，办结3813件，办结率97.79%。推进重大工程建设项目劳资纠纷专项治理，出台市县乡三级责任监管体系机制、乡镇（街道）欠薪治理责任人等制度，开展夏季专项行动、重点房地产项目专项检查行动，进行全面欠薪隐患排查治理和积案清零工作；共摸排建设项目841个，梳理落实“六项制度”不规范项目466个。高标准完成国务院保障农民工工资支付考核，获全省保障农民工工资支付工作A类等次，全面推广工资支付监管平台，实现线上发薪率达到95%，“六项制度”上传率达到90%；承办全省劳资专管员比武竞赛，组织参加全省劳资专管员技能比武和《保障农民工工资支付工作条例》知识竞赛，取得全省团体第二名。

【调解仲裁】 全市各级仲裁机构共立案受理劳动人事争议案件4983件，结案5122件，涉案金额1.52亿元。调解结案2829件，裁决1093件，其中一裁终局747件，其他1200件。结案率95.6%、调解成功率88.7%。对市本级仲裁庭进行改造，建成数字化智能仲裁庭，进一步规范庭审，依托办案平台实现网络庭审、远程调解等应用提升调解仲裁服务水平，实现调解仲裁案件 100% 全业务、全流程在线办理。

【劳动保障电话咨询】 市级投诉咨询热线接听量总计 1637 起；通过“一线受理全市协办”移交督办案件共计 160 起，其中五日内调处督办案件 145 起，回访投诉人满意率达 100%。”

【信息化建设】“人才管家”“劳动欠薪智能监管应用”和“职业培训券全流程应用”三个项目获省厅试点，并已上线推广运行。“人才管家”项目方案获省委组织部部长黄建发批示肯定，列入全省数字化改革应用“一本账”，基本形成人才全息数据库、智办服务、智能应用、智治分析、智控管理“1+4”数字化应用体系，上线应用 91 项，浏览量 181 万人次、领码 9.6 万人、经办 2.1 万件次。“劳动欠薪智能监管应用”已初步建成执法监管指挥舱、预警发现、处置应用、跨越执法等模块，已归集 15 个部门（单位）96.8 万条数据，设计 20 余套预警规则，推进劳动监察执法智慧监管。“职业培训券全流程应用”实现培训业务全程网办，到 2021 年年底全市累计发放职业培训券 110 万张，开展用券培训 19500 余人次，涉及补贴金额 740 万元。

【对口支援和结对帮扶】 承办浙江省与甘肃省劳务协作，共有 20 家企业提供 3670 个用人岗位，进场 1972 人，其中脱贫人员 227 人，达成就业意向 82 人，巩固中西部脱贫人员脱贫成果。组织开展“绍乐携手 共同富裕”东西部劳务协作线上招聘会，线上收看 9764 人次，简历收到 34 份，参与互动 75 人次。

【获省级以上荣誉】

荣誉集体

1. 获全省保障农民工工资支付工作 A 类等次

绍兴市

2. 2021 年度全省人社系统窗口单位业务技能练兵比武竞赛优秀组织奖

绍兴市人力资源和社会保障局

3. 全省劳资专管员技能比武和《保障农民工工资支付工作条例》知识竞赛 二等奖

绍兴市代表队

4. 全省劳动人事争议案件处理工作成绩突出单位

绍兴市柯桥区人力资源和社会保障局

绍兴市上虞区人力资源和社会保障局

5. 全省劳动人事争议“互联网 + 调解仲裁”工作成绩突出仲裁院

诸暨市劳动人事争议仲裁院

新昌县劳动人事争议仲裁院

6. 全省劳动人事争议案件处理工作成绩突出基层调解组织

绍兴市越城区斗门街道劳动人事争议调解中心

绍兴市柯桥区钱清街道劳动人事争议调解中心

诸暨市店口镇劳动争议多元调解中心

7. 2021 年度推进全省人力资源服务业高质量发展工作成绩突出集体

绍兴（上虞）人力资源服务产业园

荣誉个人

1. 2021 年度全省人社系统窗口单位业务技能练兵比武竞赛优秀选手

绍兴市柯桥区人力资源和社会保障局

周　颖

2．全省劳动人事争议案件处理工作成绩突出仲裁员

绍兴市越城区劳动人事争议仲裁委员会

张海红

绍兴市柯桥区劳动人事争议仲裁委员会

任剑刚

绍兴市上虞区劳动人事争议仲裁委员会

胡晓斐

嵊州市劳动人事争议仲裁委员会　李世文

新昌县劳动人事争议仲裁委员会　章惠江

3．全省劳动人事争议案件处理工作成绩突出调解员

绍兴市越城区陶堰街道劳动人事争议调解中心　鲁关标

绍兴市柯桥区兰亭街道劳动人事争议调解中心　徐志刚

诸暨市陶朱街道小朱工作室　朱光美

嵊州市三界镇劳动人事争议调解中心

马赛骏

新昌县沙溪镇劳动人事争议调解中心

俞晓燕

4．2021年度推进人力资源服务业高质量发展工作成绩突出个人

绍兴市就业促进和人力资源服务中心

吴永生

（张　涌）

金华市

【城乡就业】 2021年，全市城镇新增就业25.62万人，失业人员再就业2.68万人，城镇登记失业率1.56%。春节期间外来务工人员“留金过年”比例达46.10%。对全市所有44.06万余家在册企业进行了用工大调查。全市发放稳岗补贴4845万元，惠及1.78万家企业；全市失业补助金累计发放7.25万人次，金额457.77万元。新增省级高质量社区41个，东阳市南马镇花园村入选第五批国家级就业社区。开展重点群体“就帮到底”先锋护航行动，为重点群体提供精准帮扶12万人次。全市创业担保贷款累计发放3.30亿元，贴息1000万元。新认定50家市级创业孵化基地。“创业创新组合拳”“演员工会”“超市经济”等3个项目在第三届全国创业就业服务展示交流活动展示。

【社会保险参保情况】 全市基本养老保险参保人数407.55万人，比上年增加15.55万人，参保率为98.61%；失业保险参保人数128.06万人，比上年增加10.55万人；工伤保险参保人数228.19万人，比上年增加26万人；被征地农民基本生活保障参保人数21.34万人，比上年减少0.16万人。

【社会保险政策】 联合市财政局印发《关于调整全市城乡居民养老保险基础养老金标准的通知》（金人社发〔2021〕66号），从2021年1月1日起，确定全市三档月基础养老金标准分别为每人每月230元、260元、280元，调整惠及全市56.3万城乡居民养老保险待遇领取人员，调整后月人均基础养老金标准达248元，年增加城乡居民养老待遇2.23亿元。上调企业退休人员基本养老金，金华市区人均调整待遇122.93元，调整后月基本养老金为2814.93元。出台《关于贯彻落实关于进一步做好被征

地农民参加基本养老保险有关工作的通知若干政策的实施意见》（金人社发〔2021〕3号），统一全市被征地农民参加基本养老保险政策。出台《关于推行工伤预防“五位一体”智防联控工作机制实施方案》，全市统一推进建立工伤数据动态分析预防、隐患排查整改预防、工伤预防示范引领、工伤预防奖惩激励和工伤预防协作等常态化工作机制。推进新就业形态从业人员职业伤害保障制度，建立工伤保险“1＋1”模式，将群众演员、快递小哥、外卖骑手等新就业形态从业人员纳入工伤保险和工伤补充保险范围，累计参保3.2万人。

【社会保险经办管理】 搭建老年人待遇资格“智慧认证”平台，实现智能化自动认证，使老年人待遇资格告别“自证时代”，认证通过率96.71%，全市每年减少人工服务120万余人次，近130万退休人员“零次跑”。推进社保业务经办“智配直享”改革，近30项社保业务群众免申请“无感智办”。建立社保医保联办平台、设置联办窗口、完善“一件事”平台业务应用功能、推进社保医保联办体系建设、破解群众多头跑多窗办难题。推进社保业务跨省通办、全省通办，累计梳理跨省通办事项30项，全省通办事项218项，已办理跨省通办3000余件，全省通办2700余件。建立每月200余人次常态化回访机制、实施精准取号引导、老年人服务“四五六工作法”等，群众满意率98%以上。开通参保登记、退休待遇、工伤待遇等21项短信提醒服务，共发送短信10万余条，获得群众好评。

【人才引进与开发】 深入实施人才攻坚“345”行动，全年引入大学生12.26万人。市县联动组织开展“五大战区挂图引才”“十省百校巡回引才”“武汉金华人才周”等活动832场。全年新增企业博士后工作站23家、招收培养博士后44人，累计建站数达到95家。推广应用人才“智配直享”服务模式，累计发放人才政策补助13亿元以上。

【专业技术和留学人员管理】 全年新增专业技术人才2.44万人，完成专业技术人员继续教育培训5.9万人。深化职称制度改革，新设金华市生态环境工程技术人员工程师评委会和金华市轨道交通工程师评委会；进一步下放职称评审权限，全市新增中小学自主评聘学校25所，做到公办普通高中、职业高中全覆盖；新增企业创新工程师124人。深入实施《金华市321人才“领创计划”实施办法》，综合考核优秀人员16名，遴选创业创新成果项目33项。有效支持一批对应我市重点产业、重点学科发展的创新创业项目，完成成果转化或落地。同时全年开展专家服务活动100场，服务人数达5000人。

【职业能力建设】 推动出台《关于实施新时代“百工之乡八婺金匠”培育工程的意见》，加快培养领军型、创新型、应用型、成长型技能人才队伍，为技能人才提供强有力的政策保障。王关根、蒋卫东入选浙江大工匠、章跃洪等6人入选浙江杰出工匠、章雪松等48人入选浙江工匠、张帅等163人入选浙江青年工匠。发布含49个工种的紧缺工种目录，发放1701名高技能人才技师津贴422.02万元。组织参加全国乡村振兴职业技能大赛浙江省选拔赛，获得一等奖2名，二等奖7名，三等奖5名的优异成绩，其中2名选手获“浙江省技术能手”称号。全市组织技能竞赛96场次，参赛人数达到1.6万人次。新增3家省级技能大师工作室，新增29家市级技能大师工作室。金华市技师学院入选浙江省黄炎培职业教育优秀学校、潘曙明被评为杰出教师。

【事业单位人事管理】 全市公开招聘事业单位工作人员3756人，其中市本级694人。坚持“以用为本”做好事业单位人才引进工作，指导市本级事业单位通过人才引进招聘方式，录用硕士研究生230人、博士研究生31人、副高以上职称45人。招聘西藏籍高校毕业生1名。拟定全市工程技术类事业单位专业技术岗位结构比例调整办法，完成认定及岗位结构比例调整工作。核准市本级82家事业单位岗位设置方案，完成职称计划申报岗位核准671人、岗位变动12422人。完成年度专业技术二、三级岗位申报评选及聘任工作。规范有序开展事业单位人员交流，完成全市990名事业干部的交流调动，其中市本级62名。积极推进“事业单位人员全周期管理数字化改革”项目，按期完成省“揭榜挂帅”项目，实现改革成果在全省推广应用，通过市县联动、协同共进，完善“事业单位人事工资系统”和“一件事”平台业务应用功能，不断提升办事效能。

【工资福利】 完善并落实中小学教师和公务员工资收入水平联动机制，确保中小学教师平均工资收入水平不低于或高于本地公务员平均工资收入水平。落实市直事业单位绩效上浮、高层次人才绩效工资和职业院校社会化服务收入提取政策。推动各主管部门指导下属事业单位在总量内制定再分配方案，体现公平公正并适当拉开差距。深化事业单位工资数字化改革，建立每月工资申报制度，提升工资管理服务水平。全市开展创建示范活动清理规范工作，明确清理创建示范活动的清理范围、清理依据、清理原则。清理后，全市创建示范项目数较2018年下降43项。

【劳动关系】 开展劳动关系“和谐同行”能力提升，联合市总工会、市工商联、市企业家协会制定印发《金华市开展劳动关系“和谐同行”能力提升三年行动方案》，完成企业劳动用工体检3022家，培训劳动关系协调员4483名，市级金牌协调劳动关系协调组织30家、协调员90名，全力推进和谐劳动关系创建，打造和谐劳动关系金华样板。我市劳动争议多元调解做法入选全国《优化营商环境百问百答》。通过“一次系统调研、一个系统建设、一次专项行动”，全力维护新就业形态劳动者劳动保障权益。基本摸清新就业形态用工底数（全市12.4万人），厘清权利义务关系，完善灵活就业人员参加职工养老保险、单险种工伤保险等社会保障制度，实现劳动权益全流程实时监控，初步形成权益保障智治闭环。完成全市最低工资标准首次统一调整。由市政府统一发布全市的最低工资标准，并由原来的三档变为二档，缩小了县市区之间的差距。同时，调整后的月最低工资标准增长15%，与社会平均工资比例从现行的31%提高到36%，进一步提升低收入人群的收入水平。

【农民工管理服务】 充分发挥农民工工作领导

小组办公室协调作用，印发《金华市2021年农民工工作重点》。年初，开展“八大行动”，严格落实留金农民工服务保障工作，并重点督促快递物流、外卖等新业态企业落实政策措施，保障留金农民工合法权益。将返乡入乡合作创业带头人培训纳入职业培训补贴范围，指导推进“1+3+N”合作创业组织模式在乡村落地生效，全年按照建设要求，向省人力社保厅推荐28个省级合作创业村。

【劳动保障监察】 市根治欠薪工作领导小组印发《纵深推进“金华无欠薪”行动助力社会治理争先实施方案》（金治欠发〔2021〕2号）；全省首创建设“党建＋安薪”项目部，建成安薪项目部209个，监督发放工资27亿元，获人社部《人力资源社会保障工作信息》刊登；快递行业人社信用“智评众享”应用纳入“浙里安薪”平台，入选省人力社保厅《人社数字化改革（最佳实践）》；上线“金华人社”欠薪反映平台，实现欠薪反映“足不出户”。全年开展重大工程建设项目劳资纠纷专项治理、护航建党百年“浙江安薪”专项行动、《保障农民工工资支付条例》实施一周年系列宣传等行动，检查用人单户1.5万余户次，涉及劳动者62.39万人次。全市共调处劳动纠纷案件1.8万余件，基层劳动纠纷化解率达94.98%；公安机关立案查处拒不支付劳动报酬案件58件，采取刑事强制措施55人，法院判处拒不支付劳动报酬罪8件。

【调解仲裁】 深化劳动纠纷基层调解工作，推动纠纷就地就近化解，人社部调解仲裁司专程来我市调研。创新“案前调解”机制，推行“上门服务调”“主动调查调”“分类施策调”“全程跟踪调”“线上线下同步调”五法开展案前调解工作。在电商、物流等行业建成首批5家新就业形态基层调解组织，强化新就业形态劳动者合法权益保护。加强调解仲裁队伍建设，组织比武练兵系列活动，仲裁战线上两位同志分获全国和全省“人社知识通”称号。全市共处理劳动争议1.44万件，仲裁终结率为97.1%，调解成功率为94.8%，网络办案率为51.4% 。

【信息化建设】 推进人社全域智慧协同治理综合应用、人社“智配直享”服务平台、事业单位人事工资管理系统、人社信用管理应用系统、人才通服务平台等数字化改革项目的系统建设，完成人社服务快办行动对接改造。完善网络安全应急响应体系，防范安全风险，保障网络信息安全。全市新增发放社保卡20.45万张，签发电子社保卡217.41万张。推进第三代社保卡建设，于4月30日正式发行，不断拓展在公共、教育、财政、民政、卫健、公安等领域的应用，打造社会保障卡居民服务“一卡通”。

【对口支援和结对帮扶】 完善东西部劳务协作促进政策，出台《关于进一步加强东西部就业帮扶深化东西部劳务协作的通知》，帮扶协作地区脱贫人口在金稳定就业，截至2021年12月，建立省外劳务合作基地104个，吸纳中西部省份脱贫人口在金稳定就业10.95万人。开展“婺爱秦巴”助力乡村振兴行动，通过“三帮三强”举措助力秦巴地区巩固拓展脱贫攻坚成果，截至2021年12月，开展线上线下招聘活动13场，提供岗位2.23万个。开展中西部技能人才校企对接，分别于3月和5月组织技能人才校企合作洽谈会，共邀请省内外109所职技院校和我市400多家企业现场交流，签订校企框架合作协议295份，协议输送毕业生（实习生）2万余人。开展“暖岗暖心·就在金华”行动，评选市级就业扶贫基地20家。

【获得省级以上荣誉】

荣誉集体

1.2020—2021年度《中国劳动保障报》新闻宣传工作做得好的单位

金华市人力资源和社会保障局

2.2021年度人事报刊宣传工作做得好的单位

金华市人力资源和社会保障局

3. 全国人力资源社会保障系统优质服务窗口

义乌市人力资源和社会保障局行政服务专区

4. 全国2021年度工作突出基层劳动人事争议调解组织

东阳市劳动争议联合调解中心

5.2016—2020年全省依法治理创建活动成绩突出单位

金华市人力资源和社会保障局

6. 全省老干部工作先进集体

金华市人力资源和社会保障局机关党委

7.2021年度全省人社系统绩效考评优秀单位

金华市人力资源和社会保障局

义乌市人力资源和社会保障局

金华市金东区人力资源和社会保障局

永康市人力资源和社会保障局

8. 全省数字社会“揭榜挂帅”项目

人社智配直享改革

9. 省数字化改革重大项目“一本账”目录项目

“浙里就业”应用

10. 省高质量发展推进共同富裕示范区建设典型案例

社保待遇资格“智慧认证”

11. 浙江省人力社保系统最佳实践案例

浙里就业创业综合服务应用

快递行业人社信用管理

事业单位人事全周期管理

“义友站”应用场景

新就业形态劳动权益保障在线

12.2021年度全省人社系统窗口单位业务技能练兵比武竞赛团体二等奖、优秀组织奖

金华市人力资源和社会保障局

13. 浙江省先进基层党组织

金华市就业服务中心党总支

14. 全省劳动人事争议仲裁练兵比武活动团体优胜奖、理论考核团体优胜奖

金华市人力资源和社会保障局

15. 全省劳动人事争议案件处理工作成绩突出单位

金华市人力资源和社会保障局

金华市婺城区人力资源和社会保障局

东阳市人力资源和社会保障局

永康市人力资源和社会保障局

16. 全省劳动人事争议“互联网+调解仲裁”工作成绩突出仲裁院

金华市金东区劳动人事争议仲裁院

东阳市劳动人事争议仲裁院

义乌市劳动人事争议仲裁院

17. 全省劳动人事争议案件处理工作成绩突出基层调解组织

金华市保安协会劳动争议调解委员会

东阳市横店镇劳动人事争议调解中心

义乌市北苑街道劳动人事争议调解中心

浦江县黄宅镇劳动人事争议调解中心

荣誉个人

1. 全国根治拖欠农民工工资工作先进个人

义乌市劳动监察大队　王　晖

2. 全国“人社知识通”

金华市婺城区劳动人事争议仲裁院　杨文浩

3. 全省事业单位改革成效突出个人

金华市人力资源和社会保障局　胡银梁

4. 2021年度全省人社系统窗口单位业务技能练兵比武竞赛挑战奖

金华市劳动人事争议仲裁院　李崭彦

5. 2021年度全省人社系统窗口单位业务技能练兵比武竞赛优秀选手

金华市婺城区劳动人事争议仲裁院　杨文浩

6. 2021年度全省人社系统窗口单位业务技能练兵比武竞赛全省“人社知识通”

金华市劳动人事争议仲裁院　李崭彦

金华市婺城区劳动人事争议仲裁院　杨文浩

武义县就业处　徐好单

7. 全省劳动人事争议案件处理工作成绩突出仲裁员

金华市婺城区劳动人事争议仲裁委员会　黄立忠

金华市金东区劳动人事争议仲裁委员会　陈红磊

东阳市劳动人事争议仲裁委员会　王湘波

义乌市劳动人事争议仲裁委员会　张惠萍

永康市劳动人事争议仲裁委员会　王学智

浦江县劳动人事争议仲裁委员会　倪少聪

金华市劳动人事争议仲裁委员会（开发区）　吕旭光

8. 全省劳动人事争议案件处理工作成绩突出调解员

金华市劳动争议联合调处中心　向李明

金华市保安服务有限公司调解委员会　张剑波

金华市婺城区白龙桥镇劳动人事争议调解中心　汪道勇

兰溪市总工会劳动争议调解中心　施　伟

义乌市苏溪镇劳动人事争议调解中心　范良兵

永康市劳动争议联合调处中心　吴华锋

武义县泉溪镇劳动人事争议调解中心　金　帅

（徐　超）

衢州市

【城乡就业】 2021年，全市城镇新增就业6.77万人，完成目标任务338.43%；年末城镇登记失业率1.64%，维持在较低水平；帮扶就业困难人员实现就业3550人，完成目标任务的142%；城镇失业人员实现再就业2.8万人，完成目标任务187.49%。2021年，大学生创业园智慧新城园被认定为全国创业孵化示范基地，实现此项工作零的突破。在全国首个开展企业就业环境评价试点，研究制定企业就业环境评价指标体系，有效引导企业改善就业环境。

【社会保险参保情况】 2021年，全市养老、工伤、失业三项社会保险基金收入211.63亿元，支出212.36亿元，当年缺口0.73亿元，累计结余40.64亿元。企业职工基本养老保险参保人数为87.85万人，比上年同期增加3.62万人；其中企业职工单位身份参保44.17万人，同比增加3.41万人；灵活就业人员身份参保43.68万人，同比增加0.21万人；企业职工基本养老保险基金收入160.55亿元，支出168.29亿元，当年缺口7.74亿元，基金累计结余1.79亿元。机关事业单位工作人员养老保险参保人数9.55万人，同比增加0.25万人；机关事业单位工作人员养老保险基金收入26.79亿元，支出25.79亿元，当年结余1.0亿元，累计结余5.74亿元。城乡居民基本养老保险参保人数为86.07万人，基金收入18.08亿元，支出13.92亿元，当年结余4.16亿元，累计结余23.78亿元。被征地农民基本生活保障参保人数2.35万人，同比减少0.06万人；被征地农民基本生活保障基金收入2.77亿元，支出1.60亿元，当年结余1.17亿元，累计结余18.52亿元。法定户籍人口基本养老保险参保人数为202.66万人，参保率为99.72%。工伤保险参保人数为55.02万人，同比增加7.93万人。全市工伤保险基金收入2.94亿元，支出2.40亿元，当年结余0.54亿元，累计结存2.20亿元。失业保险参保人数41.48万人，同比增加2.66万人。

【社会保险政策】 2021年，衢州市在全省率先实施城乡居保提档补缴工作，办理补缴人员补缴后平均缴费水平从最初的300元/年提高至2898元/年。

【社会保险经办管理】 2021年，持续推进“网上办”“掌上办”“自助办”，全市社保高频事项网办率达到86.15%。全面推行机关事业单位工作人员职业生涯全周期“一件事”线上经办，全年共办理公务员及事业单位招录、调动18840人。职工工伤认定5935人，市本级1168人。工伤鉴定2976人次，其中市本级鉴定1268人，委托指导县市鉴定机构鉴定1708人；因病鉴定213 人次，其中市本级鉴定120人，委托指导县市鉴定机构鉴定93人。

【人才引进与开发】 2021年，全面推进人力资源服务产业园建设，全年引进人力资源机构12家，实现营收3000万元。10月18日—21日在京举办“‘南孔圣地·衢州有礼’——2021北京·衢州人才周”活动，达成来衢就业意向者124人。

【专业技术和留学人员管理】 2021年，通过评审、认定、考试，取得专业技术资格14460人，其中正高82人、副高1061人、中级3763人、初级9554人；博士后科研工作站新建数占规模以上工业企业数9‰；省职称系统推广使用率100%。

【职业能力建设】 2021年，职业技能培训7.43万人次，新增高技能人才9779人，成功入选浙江大工匠1名、浙江杰出工匠4名、浙江工匠21名、浙江青年工匠87名，新增省级技能大师工作室2家，新增技工院校3家，实现技工院校县（市）全覆盖。

【事业单位人事管理】 2021年，会同组织、编制部门分别于2月20日和3月25日对外发布市县联动事业单位人才引进和公开招聘公告，共推出高层次紧缺人才引进职位550个，公开招聘事业单位工作人员职位996个，“智汇衢州”品牌效应初步显现，有力地推进了人才引进工作，全年事业单位共招聘工作人员2130人，其中硕士研究生以上人才438人。

【工资福利】 2021年，深化落实人才高地政策，完成了15家单位突出绩效考核和总量核定工作，确保业绩突出人员高于本单位人员收入水平，真正做到多劳多得、优绩优酬。抽调精干力量组成核查小组，完成市本级186家事业单位对省系统中8964名事业人员的信息排查工作，对存在的工资问题进一步梳理分类，研究提出解决方案，确保人事工资系统基础数据完整准确。会同市国资委、市财政局研究起草《市属国有企业工资决定机制》，大力推进市属国有企业员工薪酬的规范。梳理起草衢州市《行政奖励规程》，进一步明确行政奖励的条件、对象、流程，突出功绩导向，先后完成能源双控、被征地农民养老保险征收、五水共治、招商引资、省四体会等12项专项工作，共记功嘉奖66家集体和89名个人。

【劳动关系】 2021年，全市6个县（市、区）和智造新城全部一次性通过考核验收，实现创建全覆盖，圆满完成既定目标。2021年，衢州市人社系统受理各类欠薪举报投诉案件7058件；全市工程建设领域“六项制度”平均落实率89.17%。

【农民工管理服务】 2021年，全市农民工总量约6.95万人，与2020年相比增加近6100人，增幅为9.58%，从事第一产业0.2万人、第二产业4.21万人、第三产业2.54万人。

【劳动保障监察】 2021年，将1100多页电子台账上传省劳动保障监察信息系统，并全面开展自查，形成自查报告报省领导小组办公室。省保障农民工工资支付工作考核组赴常山县、衢江区开展检查考核，共检查20个在建工程项目，考核结果为B等次。

【调解仲裁】 2021年，全市各级共处理劳动人事争议案件2286件，其中各仲裁院立案处理劳动人事争议案件30件，结案30件，调解16件，网络办案率22.2%，结案率和调解率分别为98.3%和88.6%。

【劳动保障电话咨询】 2021年，通衢问政一共受理网络咨询事项192件，办结率100%。即时办结“12345”政府服务热线交办工单309件。

【信息化建设】 2021年，推进居民服务“一卡通”，全市发行社保卡267万张，全市所有国有文博场馆100%实现社保卡购票、入馆、图书借阅功能，居民可凭社保卡在全国300余个城市刷卡乘车，并在全国各地享受医疗费用就医刷卡。深化“一网通办”，推动30个高频政务服务事项“跨省通办”，实现全省系统2.0政务服务事项100%“全省通办”。

【对口支援和结对帮扶】 2021年，共吸纳中西部建档立卡人员来衢稳定就业达1.7万人。赴云南保山、四川绵阳等地举办专场招聘会，赴湖南开展人力资源交流考察情况，建立甘肃驻衢州劳务输出工作站。

【获省级以上荣誉】

荣誉集体

1.2021年度浙江人社系统窗口单位业务技能练兵比武竞赛一等奖

衢州市人力资源和社会保障局

2.《中国组织人事报》2021年度优秀单位

衢州市人力资源和社会保障局

3.《中国劳动保障报》2021年度优秀单位

衢州市人力资源和社会保障局

4.2016—2020年浙江省普法工作成绩突出单位

衢州市衢江区人力资源和社会保障局

5.全国人力资源社会保障系统优质服务窗口

常山县人力资源和社会保障局

荣誉个人

1.全国根治拖欠农民工工资工作先进个人

衢州市人力资源和社会保障局　张哲都

2.2018—2020年浙江省市场环境建设成绩突出个人

龙游县人力资源和社会保障局　何正喜

3.省农村工作指导员和科技特派员工作成绩突出个人

衢州市人力资源和社会保障局　唐亮亮

（王晓乙）

舟山市

【城乡就业】 全面推进高质量就业，全年城镇新增就业45691人，城镇登记失业人员再就业4037人，其中就业困难人员再就业2097人，年末城镇登记失业率1.56%，零就业家庭实现“动态归零”。切实保障企业留工稳岗和复工复产，461家重点企业春节期间留舟率超70%。推动企业分批有序错峰组织返程返岗，全市累计通过包车41辆次接回员工1491人。实施“十百千”劳务协作“深耕”行动，全市新签订劳务协议9份，挂牌劳务合作工作站5个。推进高质量就业社区（村）建设，全市新增高质量就业社区（村）40个，昌国街道合源社区等18个社区为市级高质量就业社区（村），14个社区获评省级高质量就业社区（村），嵊泗县菜园镇基湖社区被认定为“国家级充分就业社区”。全面优化创业生态，连续第三年举办中国•浙江舟山群岛新区全国大学生创业大赛，开展舟山群岛新区第八届创新创业大赛、“大学生创业之星”评选等系列创业活动。建设启用舟山市大学生创业孵化基地，首批8个项目成功入园。发放创业担保贷款5852.8万元，贴息513.05万元，扶持创业2825人，开展网红直播、军嫂创业等各具特色的创业培训2706人次。建设创业就业“智链通”综合应用，打造创业“无感智推”场景，补齐政策“应享未享”短板，累计为949名创业者推送可享受创业政策1634条，补贴申请量较去年同期增长16.8%，项目被评选为舟山市数字社会最佳应用，入选《舟山市数字社会案例集（第一批）》。

【社会保险参保情况】 2021年末，全市养老保险、失业保险、工伤保险参保人数分别达到84.77万人、26.59万人、40.70万人。其中，职工基本养老保险61.60万人，比上年新增1.6万人；机关事业单位养老保险5.93万人，比上年新增0.14万人；城乡居民基本养老保险17.24万人，比上年减少0.91万人；被征地农民基本生活保障1.44万人，比上年减少0.33万人。全市养老保险户籍法定人员参保率达到95.64%。2021年，全市收缴职工基本养老保险基金133.86亿元，支付135.46亿元，当年收支出现赤字1.60亿元，历年累计结余7.78亿元；征缴机关事业养老保险基金18.48亿元，支付17.34亿元，当年结余1.14亿元，历年累计结余4.06亿元；征缴城乡居民基本养老保险基金6.24亿元，支付3.47亿元，当年结余2.76亿元，历年累计结余8.44亿元；征缴失业保险费2.04亿元，支出1.93亿元，当年结余0.11亿元，历年累计结余3.90亿元；征缴工伤保险费0.93亿元，支付1.69亿元，当年收支出现赤字0.76亿元，历年累计结余3.47亿元。

【社会保险政策】 5月，舟山市人力社保局、市发改委、市经信局、市住建局、市交通局、市港航和口岸管理局、市水利局、市税务局联合印发《舟山市工程建设项目工伤保险办法》。10月，舟山市人力社保局、市财政局联合印发《关于进一步做好原集体捕捞渔民和舟人社发〔2012〕15号文件涉及人员参加企业职工基本养老保险有关工作的通知》（舟人社发〔2021〕81号），要求未达到法定退休年龄的特殊人员按规定参加企业职工基本养老保险，不得以事后追补缴费的方式增加缴费年限。经市政府专题会议讨论研究，11月印发《舟山市人民政府专题会议纪要》（〔2021〕18号），明确国有企业原“行政事业转企人员”保障范围和养老待遇计算办法，推进国有企业原行政事业转企人员养老保障。提高社会保险待遇水平，从1月1日起，机关事业、企业退休人员基本养老金分别进行待遇调整；8月1日起，全市城乡居民基本养老保险基础养老金标准由每人每月190元调整为每人每月225元，同时对年满80周岁及以上的高龄老人，高龄补贴增发10元/月。8月1日起，全市失业保险金发放标准由1440元/月提高至1656元/月。全年累计发放失业保险金51381人次7837.02万元；继续实施失业保险保障扩围政策，全市累计发放失业补助金23285人次1163.35万元。落实惠企稳岗政策，继续实施普惠性失业保险稳岗返还政策，符合条件的大型企业按企业及其职工上年度实际缴纳失业保险费的30%返还，中小微企业按60%返还。全年共返还失业保险费1941.23万元，惠及企业4713家、职工11.6万人。延续实施阶段性下调失业保险和工伤保险费率的政策，执行时间延长至2022年4月30日，累计为1.9万余家企业减征失业保险费超1.3亿元，为1.82万家企业减征工伤保险费0.64亿元。

【社会保险经办管理】 推进企业职工基本养老保险提质扩面，通过参保、就业、征缴数据测算分析，摸清应参保人员及应缴金额底数信息，对130余家参保单位开展专项稽核，全市企业职工参保率提高至72.46%。落实低保户、低保边缘户、残疾人等困难群体城乡居保政府代缴工作，做到应保尽保、应享尽享。清理规范被征地农民、原集体捕捞渔民和舟人社发〔2012〕15号文件涉及人员等特殊群体参保工作，完成被征地农民点对点面签，全市共面签2.67万人，面签完成率达100%。工伤认定、鉴定工作总体平稳，全市共认定工伤3977件；享受工伤保险待遇人数4397人，其中工亡待遇343人、伤残待遇4054人。全市劳动能力鉴定1960人次，其中，工伤职工劳动能力鉴定

1882人次，非因工或因病丧失劳动能力程度鉴定78人次。推进政务服务标准化、规范化、便利化建设，迭代升级政务服务事项，编制《全市人力社保系统政务服务事项经办规范（2021年版）》。在全市范围内建设人社基层服务网点（含社银合作网点）528个，建成15分钟人社办事圈，被国家人社部确定为人社快办服务联系点。2021年，市本级政务服务事项网上办理率达87.74%，民生事项全市通办率达86.2%，一网通办率达89.35%，位列全省第一。加强社保基金安全监管，建立社会保险待遇领取核查和数据定期比对应用工作机制，定期开展全市参保人员数据比对，获取参保、待遇领取、涉刑、死亡等重要信息。对死亡冒领、重复领取、涉刑违规领取养老保险待遇等加大追缴清理力度，共追回超发待遇100.16万元。全面开展社保基金管理问题专项整治、社会保险基金风险评估、社会保险基金运行风险自查、2020年企业职工基本养老保险提前退休问题专项核查，结合核查情况，市人力社保局印发《关于进一步做好提前退休管理工作的通知》（舟人社发〔2021〕66号）文件，防范和化解社保基金管理风险能力进一步提升。

【人才引进与开发】 围绕先进制造业、油气全产业链、教育卫生等领域人才需求，着力缓解优秀专业人才的结构性短板问题，全年新引进紧缺专业人才52名，其中企业紧缺高端人才29人。助力“银龄教师”“银龄医师”等人才工程深入推进，全年向教育、卫生两个行业部门推荐人选200多人，先后引进奥林匹克竞赛教练、医疗学科带头人、主任医师等11名。持续实施“高校毕业生聚舟计划”，通过市县（区）上下联动以及“小团组、高频次、精准化”的工作模式，先后赴青岛、西安、太原等27个城市61所高校开展校园专场招聘活动72场，组织单位620家次，推出岗位3438个。共引进各类高校毕业生16658人，创历年新高，其中硕士及以上学历共计775人（硕士研究生683人、博士研究生92人），同比增长21.09%。推动人力资源服务业发展，新设立人才资源机构38个。至年末，全市共有各类人力资源服务企业190家，其中职业中介类85家、劳务派遣类105家，10家机构入选“全省人力资源服务业榜单”。全市举办各类人力资源招聘会108场，其中线下招聘会74场，1758家用人单位推出就业岗位0.8万个，需求人数3.9万人，累计入场1.2万人次，求职登记0.7万人，达成初步就业意向0.2万人；举办线上网络招聘会34场，906家企业共推出岗位0.33万个，需求人数1.4万人；开展“舟创未来•智汇东海”等主题的直播带岗活动9场。升级打造“引才云”平台，创新建设AI云聘智配、就业D图、一校一码一招聘、薪酬风向标等特色场景，实现人才供需双向适配、引才资源全景呈现和数据归集整体智治。至年末，已归集2707所高校信息，4000余家用人单位岗位2.2万余个，实现简历智推2万余份次，岗位智推4.6万个次，网站总浏览量达145.9万次。该项目分别被省委组织部和省人社厅纳入全省数字化改革重大应用“一本账S1”，在全省推广应用。强化人才保障与服务，全年新增发放高层次人才证570张，市本级通过人才认定1389人；兑现购房补贴180人2430万元，配租人才公租房(含免租）313人；审核通过政府奖励339人（其中绩效类255人、个税奖励类84人），涉及金额423.82

万元，发放津贴 1368 人次 817.9 万元；发放安家补贴 49 人 238.75 万元，发放高精尖人才奖励 31 人 890.4 万元；协调解决家属就业就学申请 19 人，发放实习补贴 1062 人 473.24 万元。推动人才服务整体智治，创新推出一仓集成、一键智认、一屏智治、一码立享的人才全生命周期“一件事”联办多跨应用场景。人才数据仓有效汇集社保、专技、学历、各类荣誉、编制等信息，汇集全市人才数据 12.2 万人，项目于 9 月上线，至年底已完成智办认定 1088 件。改革后，审核周期从 2 个月缩短为最快 2 天，平均提速 88%；材料提交从 5 份以上平均缩减 85%。

【专业技术和留学人员管理】 加大高层次人才培养力度，2021 年，4 人入选省“万人计划”青年拔尖人才。新设立省级博士后工作站 4 家，新引进博士后研究人员 8 人。至年末，全市共有博士后工作站 15 家，其中国家级 2 家、省级 13 家。持续推进教授（专家）工作室建设，新建教授（专家）工作室 13 家。深入推进职称制度改革，11 月，舟山市人力社保局、市经信局印发《舟山市石化行业初中级专业技术职务任职资格评价条件（试行）》（舟人社发〔2021〕91 号），评价条件更侧重于专技人员在石油炼化技术研发、石化生产制造等方面取得的成绩，使职称评价标准回归岗位需求和实际贡献，推动市石化人才队伍结构优化。推进教育系统职称改革，新增 4 所中等职业技术学校开展自主评聘试点工作。至年末，全市有专业技术人员 10.6 万人，其中高级职称专业技术人员 0.78 万人、中初级职称专业技术人员 9.82 万人。启动实施“共富路·人社行”专家服务基层系列行活动，首场活动于 11 月 10 日在普陀区桃花镇举行。精心选派 30 余名专家，组团开展就业指导、民宿经营、水产养殖、农业种植、卫生医疗、家电维修、政策咨询等七大系列的服务，活动当天现场累计服务群众 350 余人次。

【职业能力建设】 5 月，舟山市人力社保局、市财政局发布《2021 年舟山市职业技能提升培训补贴标准参考目录》（舟人社发〔2021〕34 号），将补贴范围覆盖至就业技能培训、创业培训、项目制培训、其他培训四大类，并首次将机关事业单位中缴纳失业保险费人员列入培训补贴对象。10 月，舟山市委办、市府办印发《关于高水平培育新时代千岛工匠队伍的实施意见》（舟委办发〔2021〕78 号），明确“十四五”期间我市技能人才队伍建设的总体目标、主要任务和具体举措。11 月，舟山市人力社保局、市财政局联合印发《舟山市职业技能提升行动项目制培训实施细则》（舟人社发〔2021〕95 号），进一步扩大职业技能培训规模，提高培训的针对性和有效性，不断创新职业能力建设工作方式和方法。首次启动“绿色石化、智能楼宇、机械制造”等项目制培训 5 班 400 人。2021 年，全市共开展补贴性职业技能培训 42291 人次，新增高技能人才 7900 名。参加技能人才评价 29483 人次，其中高技能人才（高级工及以上职业技能等级）评价获证 11729 人次。至年末，全市技能人才占从业人员比例达到 30.0%。开展企业新型学徒制试点工作，舟山技师学院与重点企业签订《高技能人才培养合作协议》，按照“校企双制、工学一体”的原则，实现“招工即招生、入企即入校、企校双师联合培养”，至年末已有 721 人已顺利注册入学。创新“职技融通”技能人才培养模式，舟山市人力社保局与市教育局共同签署《合作备忘录》，采用“技工教育＋高职教育”的职技融通模式，实施学籍“双注册”，即学生毕业后可同时取得全日制大专文凭和高级工及以上技能等级证书，有效破解长期以来困扰技工教育发展的“学历”瓶颈问题。首批舟山技师学院“电子技术应用”等3个专业120名学生已顺利入学。连续第18年组织开展全市职业技能大比武活动，共有“油气全产业链、港贸物流、海洋旅游、数字经济、综合服务”等5个行业领域12个职业（工种）的市级一类比武和11个工种的市级二类比武。全市600余名一线职工直接参与一类大比武活动。组织院校学生、产业工人两支队伍参加全国乡村振兴职业技能大赛浙江省选拔赛，5名选手进入前十名，1人获省三等奖。全面开展技能月宣传活动，举办“工匠进社区，大师亮绝活”活动、“技行天下”系列展示活动、“青蓝携手，师徒结对”仪式，并推出“技能月”系列报道活动，在各大报纸、媒体、公众号上对技能大师事迹介绍、技能人才队伍建设进行记述。

【事业单位人事管理】 8月，舟山市人力社保局印发《舟山市事业单位专业技术三级岗位管理办法》（舟人社发〔2021〕65号），明确事业单位专业技术三级岗位竞聘条件、竞聘程序、聘期考核等要求，更好地激励高层次专业技术人才。全市共晋升19人，其中卫健系统12人、教育系统2人、其他系统5人。12月，舟山市人力社保局印发《舟山市事业单位工作人员培训实施办法（试行）》（舟人社发〔2021〕106号），推进市事业单位工作人员培训工作制度化、规范化，促进事业单位高素质专业化人员队伍建设。调整交通、住建、水利、自然资源和生态环境所属工程类事业单位结构比例，将新增空缺职数优先用于聘用业绩突出的工程人员。市本级发布事业单位招聘公告34个，推出招聘计划867个，同比增长34%，入围体检考察555人。其中卫生、教育系统16批次，招聘计划648个，入围体检考察390人；面向硕士研究生及以上、42所世界一流建设高校的全日制本科毕业生推出事业单位紧缺岗位招聘公告3批次，招聘计划59个，涉及信息技术、土木建筑、法务、港航交通等重点领域，56人入围体检考察。深入推进省人事工资系统应用，不断完善人员和工资信息。开展事业单位人员数据信息采集攻坚行动，完成全市886家事业单位25373名人员数据信息采集工作。

【工资福利】 调整机关事业单位精减退职、遗属和计划外长期临时工生活困难补贴标准，分别调整至1675元／月、1395元／月、1220元／月，月增资分别为70元、60元、55元。

【劳动关系】 4月，舟山市人力社保局、市总工会、市工商联、新区企联／企协联合印发《关于实施劳动关系“和谐同行”三年行动计划打造和谐劳动关系示范区工作方案》和《舟山市打造金牌劳动人事争议调解组织实施方案》的通知（舟人社发〔2021〕22号），争取用3年左右时间，推进劳动关系工作创新，提升劳动关系工作能力和工作效能，扎实推进我市劳动关系治理体系和治理能力建设。8月，舟山市人力社保局印发《劳务派遣行政许可审批告知承诺制实施办法（试行）》（舟人社发〔2021〕59号），从“一摞材料”到“一纸承诺”，实现事前审批为主向事中事后监管为主的转换。在全省首次推出行政许可网络云核查办法。用远程视频勘验替代传统人工现场勘验，通过“屏对屏”的形式对项目进行勘验评审，变群众跑腿为数据跑腿，实现行政许可核查无接触。9月，舟山市政府发布《关于调整全市最低工资标准的通知》（舟政发〔2021〕15号），从2021年9月15日起，将市最低月工资标准调整为2070元，非全日制工作的最低小时工资标准调整为20元；舟山市人力社保局印发《关于公布舟山市2021年度企业人力资源市场工资价位及2020年度人工成本信息的通知》（舟人社发〔2021〕72号），涉及全日制就业人员职业（工种）223个，包含焊工、电工、防水工、车工、钳工等在内的40个技术工人职业（工种）分等级的工资价位，11个行业门类的工资价位，基本覆盖不同行业、不同职业劳动者的需求。

【劳动保障监察】 2021年，全市各级防处机构协调处理案件287起，为9645名劳动者追回工资20102.39万元，结案率100%。处置全国根治欠薪线索反映平台欠薪举报投诉线索1773条，涉及人员5325人，涉及金额13633.34万元。平台的欠薪投诉举报率下降超过40%，全市未发生重大欠薪群访和恶性事件。深入开展根治欠薪夏季、冬季专项行动，全市各级防处机构扎实做好在建工程项目“三查两清零”工作，对全市所有在建工程进行地毯式排摸。是年，全市共检查用人单位1010家，涉及职工6.2万人，其中建筑工地395家，涉及农民工2.89万人，查处欠薪案件83起，涉及3516人，追发工资及赔偿金6575.7万元。抓好鱼山项目根治欠薪工作，进一步强化市人力社保局、岱山县政府、鱼山管委会、浙石化“四方联动”工作机制，制作鱼山项目欠薪隐患动态“三色图”，督促施工企业做到工资“人走账清”备案。针对欠薪隐患重点企业，实行“工程款100%划入工资专户用于发放工人工资”应急机制，启动劳动监察办案程序，市、县两级劳动监察部门前往鱼山岛等在建项目所在地办案60余次，并7次前往天津海盛、中化二建、广西建工等施工企业总部所在地天津、太原、南宁等地约谈督促。打造“工程建设领域工资支付和信用监管平台”，聚焦“治欠合力凝聚难、用工情况核实难、资金流水跟踪难”三大难题，联动共享发改、财政、住建等9部门数据，实现工程项目从立项审批到完工销号的全方位监管；创新信用监管手段，实现监管对象由工程项目向重点人群拓展。至年末，平台已累计监管500万元以上工程项目775个，涉及农民工20.42万人，工资发放39.40亿元。该项目列入省厅数字化改革揭榜挂帅试点项目，并在全省推广应用，得到省数字政府组组长暨军民主任充分肯定：“很实、有特色、能解决问题”。

【调解仲裁】 2021年，全市各级仲裁机构立案受理劳动争议案件2037件，上期结转136件，涉及人员2028人，涉及金额13307.53万元。审理结案2019件，结案率92.9%，其中调解撤诉1605件，调撤率79.5%，结案金额6110.78万元。仲裁网办率25.2%。全市乡镇（街道）启用“全国劳动人事争议在线调解服务平台”，河南商会劳动争议调解室挂牌成立。强化劳动争议裁审衔接，11月，舟山市中级人民法院民一庭和舟山市劳动人事争议仲裁院联合印发《关于印发2021年度舟山市劳动人事争议裁审衔接会议纪要的通知》(舟劳人仲院〔2021〕2号),就部分劳动争议疑难问题达成共识并形成会议纪要,进一步提升案件审理裁判水平。

【信息化建设】 成立舟山市人力社保局数字化改革领导小组及工作专班,制定出台《舟山市人社数字化改革工作方案》。开展核心业务梳理,形成政务运行、协同治理、政务服务、监督管理、决策指挥和体制机制六大方面31项核心业务、21项重大任务,分解为分任务数132个、颗粒化事项数471个。迭代升级舟山人社数据仓,汇集社保、就业、人才等人社全领域数据约6.9亿条,并打造了"引才云""工程建设领域工资支付和信用监管平台""创业就业智链通""人才全生命周期一件事联办""阳光考录"等一批多跨应用场景。局数字社会建设工作在舟山市直部门中排名第一。推进社会保障卡建设,成立市社会保障卡居民服务"一卡通"专班,包括人社、大数据、教育、公安、民政、财政、交通、文旅、卫健、医保、残联、城投集团12家成员单位,共同推进居民服务"一卡通"建设。全面启动第三代社会保障卡换发,至年末,共发放第三代社保卡54万余张,完成95项人社应用、39项非人社应用。

【对口支援和结对帮扶】 深化东西部劳务合作机制,实施高质量就业订单培训机制,统筹重点产业、扩大培训对象、增加培训规模、拓展合作区域,带动四川达州和其他中西部地区脱贫劳动力实现稳定就业。2021年,全市先后开办绿色石化、港口机械、海员、家政等订单班,累计培养学员1005人。高质量就业订单培训机制被列入省高质量发展建设共同富裕典型案例清单。是年,全市帮助中西部22省脱贫劳动力稳定就业30112人。

【获省级以上荣誉】

荣誉集体

1. 2021年度全国人力资源社会保障系统优质服务窗口

嵊泗县人力资源和社会保障洋山服务中心

2. 2021年度全省人社系统窗口单位业务技能练兵比武优秀组织奖

舟山市人力资源和社会保障局

3. 全省建设领域劳资专管员职业技能大赛三等奖

舟山市代表队

4. 全省劳动人事争议仲裁练兵比武团体三等奖

舟山市代表队

5. 全省劳动人事争议仲裁练兵比武文书写作团体优胜奖

舟山市代表队

6. 全省劳动人事争议案件处理成绩突出单位

舟山市定海区人力资源和社会保障局

7. 全省劳动人事争议"互联网+调解仲裁"成绩突出仲裁院

岱山县劳动人事争议仲裁院

8. 全省劳动人事争议案件处理成绩突出基层调解组织

舟山市普陀区六横镇劳动纠纷多元化解中心

嵊泗县菜园镇劳动争议调解中心

9. 2021年度国家备案众创空间

舟山市普陀区普陀湾众创码头服务中心

10. 浙江省第二批数字经济“飞地”示范基地

舟山市普陀湾（上海）众创码头

11. 第四批省级创业孵化示范基地

舟山市定海区海洋科技创业园

荣誉个人

1. 全国根治拖欠农民工工资先进个人

舟山市劳动监察支队　施贤斌

2. 平安护航建党100周年成绩突出个人

舟山市劳动监察支队　林君伟

3.2021年度全省人社系统窗口单位业务技能练兵比武优秀选手

舟山市人力资源和社会保障局　赵晓丽

4. 全省劳动人事争议仲裁练兵比武优秀仲裁员

舟山市普陀区劳动人事争议仲裁院　陈丹维

5. 全省劳动人事争议仲裁练兵比武理论考核个人优胜奖

舟山市普陀区劳动人事争议仲裁院　陈丹维

6. 全省劳动人事争议仲裁练兵比武文书写作个人优胜奖

岱山县劳动人事争议仲裁院　叶开浩

7. 全省劳动人事争议案件处理成绩突出仲裁员

舟山市定海区劳动人事争议仲裁委员会　赵　雷

舟山市普陀区劳动人事争议仲裁委员会　陈丹维

岱山县劳动人事争议仲裁委员会　叶开浩

8. 全省劳动人事争议案件处理成绩突出调解员

舟山市定海区金塘镇劳动人事争议调解中心　朱洁辉

舟山市普陀区六横镇劳动纠纷多元化解中心　陈　楠

嵊泗县枸杞乡劳动人事争议调解中心　黄彬琳

（安佳媚）

台州市

【城乡就业】 全市城镇新增就业24.42万人，城镇登记失业率1.08%。天台县获省政府就业创业工作督查激励表彰。台州市“就业创业十大行动”高水平助力乡村振兴项目作为返乡创业典型经验，亮相人社部举办的第三届全国创业就业服务主题展，获评城市创业精品展示项目。“留引扶”组合拳助企保用工获评台州市“我为群众办实事、我为企业解难题、我为基层减负担”专题实践活动最佳实践案例。

推进“1+3+N”乡村振兴合作创业村建设，拓宽农村富余劳动力转移就业渠道，将农民工返乡创业纳入创业补贴支持范围，组织以特色民宿、农村电商、乡村旅游、种植业为主的乡村合作创业带头人培训，组织专家下乡开展指导服务，促进返乡入乡创业和就近就地就业，带动更多农村劳动力、贫困人口增收致富。共组织开展乡村合作创业带头人培训69期，专家助力乡村振兴177场，培育创业合作村（社区）41家。11月，印发《台州市人力资源和社会保障局等16部门关于支持多渠道灵活就业的通知》（台人社发〔2021〕60号），鼓励发展个体经济、支持非全日制就业和新就业形态发展，强化灵活就业服务和权益保障，拓展城乡劳动者就业渠道。

推广数字就业应用，开展“浙创汇”创业服务数字应用场景建设，依托数字就业重点群体帮扶场景应用平台，帮扶重点群体就业。“浙就业”台州市驾驶舱配置人数6866人，实现全市下辖130个乡镇（街道）全覆盖；村（社区）配置3131个，配置率92%。2021年全市重点群体总数39962人，服务35302人次，帮扶率90.38%。实施“高校毕业生就业创业助飞行动”，帮扶高校毕业生7947人，帮扶率100%。8月，出台《台州市就业见习管理实施办法》（台人社发〔2021〕37号）。启动万名大学生台州就业见习计划，举办线上线下就业见习（实习）招聘，开展就业见习岗位直播活动，全市累计设立就业见习基地414家，全年组织大学生来台就业见习5413名。帮扶失业人员就业，全市开发公益性岗位1245个，帮扶5054名困难人员再就业，为1.06万人发放失业补助金近2000万元。

完善创业带动就业扶持体系，优化创业服务。台州星星大学生创业园通过国家级创业示范孵化基地复评，9家创业园入选省级创业孵化园。1月，组织第五届“创赢台州”（电商直播）创业大赛，助力台州好产品走出去，促进电商直播等新业态吸纳更多人员就业。完善创业担保贷款，联合人行等四部门出台《台州市创业担保贷款实施办法》（台银发〔2021〕76号），规范发放流程，加大贷款及贴息力度，发放创业担保贷款3.7亿元。实施创业培训“马兰花”计划，组织第二期台州市创业培训讲师提升班，创业培训5469人，扶持创业4015人。联合举办台州市大学生创业大赛和退役军人创业创新大赛。

【社会保险参保情况】 全市养老保险参保率为97.82%。企业职工基本养老保险参保人数为262.04万人，同比增加14.45万人。机关事业单位养老保险参保人数20.59万人，同比增加0.4万人。城乡居民基本养老保险参保人数为160.92万人，同比减少32.24万人，其中，60周岁以下参保人数93.08万人，同比减少33.79万人。失业保险参保人数119.33万人，同比增加6.55万人。工伤保险参保人数为242.52万人，同比减少1.56万人。

【社会保险政策】 企业职工基本养老保险省级统筹工作全面施行，1月开始实现保险基金统收统支。完成2020年度市区社保基金调剂工作，制定省级统筹后的市区企业职工养老保险基金调剂方案。10月，印发《关于统一全市工伤待遇计发标准的通知》（台人社函〔2021〕67号），自2021年起，工伤保险待遇涉及以统筹地区上年度职工平均工资为计发基数的，统一按省厅发布的“浙江省非私营和私营单位就业人员加权平均工资”标准执行；自2021年11月1日起，住院伙食补助费标准调整为每天25元。12月，印发《关于2021年提高城乡居民基本养老保险基础养老金标准的通知》（台人社发〔2021〕61号），从2021年4月1日起，全市城乡居民基本养老保险基础养老金标准由每人每月190元提高为235元。

完成被征地农民参加养老保险后续工作，2020年12月25日前已核定参保指标的被征地农民全部按规定选择相应险种参保，实现“老人”参保指标清零、新老政策划断。

【社会保险经办管理】 深化“最多跑一次”改

革，推进“社慧保”项目，构建业务办前知晓、办时易畅、办后反馈的全流程全链条服务模式，联合多个部门实施数据共享，精准配送服务事项，推动社保业务主动感知、智慧办理、智动反馈。全市社保高频业务网办率达92.26%。开展社保事项满意度调查，人工智能电话调查4500次，有效人工电话调查6500次。台州市社保中心获评第20届“全国青年文明号”。

完成市级13117家企业社保缴费基数申报和12559家企业工伤浮动费率调整工作。面向全市所有未参保或转保的被征地农民发放参保和业务告知书17.26万张，办理参保（转保）71567人，实现应保尽保、愿保尽保。开展劳务派遣单位减免社会保险费专项清查行动，清查劳务派遣单位220家，整改滞留的减免社保费1258.9万元。完成全市90.95万名企业、机关事业单位退休人员基本养老金待遇调整工作，共补发6.42亿元养老金。企业退休人员人均增资108.32元/月，机关事业单位退休人员人均增资253.08元/月。

发放企业退休干部困难补助67人次。完成养老保险全国统筹各类数据清理工作，处理全市5.1万条中断缴费人员信息。开展城乡居民基本养老保险暂停领取待遇人员专项清理整改工作，核查整改1.55万名状态异常人员。

开展经办风险排查、养老保险基金专项审计、社保基金安全评估第三方审计等各项专项检查，并逐项落实整改。对死亡后领取待遇、重复领取待遇、服刑期间领取待遇等违规冒领行为，在整改基础上，建立常态化核查机制，规范处置流程。在全市范围应用省稽核风控平台和部稽核考核系统开展数字化稽核，核查处理疑点数据26709条。

【人才引进与开发】 全年引进“500精英计划”创业创新人才163人，落地创业企业137家，已培育产值超2000万元的人才创业企业32家，其中产值超亿元以上6家。开展首届高层次人才创新大赛，吸引来自20个国家的124位高层次创新人才报名参赛。创建市级“500精英计划”创业创新园9家，实现县（市、区）全覆盖，共入驻“500精英计划”创业企业111家。实施“一企一策”助飞行动，帮扶29家成长性较好、发展潜力大的“500精英计划”企业做大做强。10月，联合宁波、舟山、丽水举办山海协作人力资源供需对接会。

全年开展引才活动，新引进大学生10.23万名。2月，召开2021“青年英才聚台州”计划全球发布会。3月，开展春季校园线下招聘杭州周活动。4月，首次在山西太原举办2021“智汇台州”高层次人才智力合作春季洽谈会暨百校引才山西周活动。5月，首次与湖北40所高校在台州集中洽谈对接，举办台州—湖北高校校地、校企对接洽谈大会。6月，首次在云南开展2021“智汇台州·百校引才”云南周暨政校企合作对接洽谈会。7月，推进“台燕归巢”行动，召开台州籍大学生交流大会。9月，举办全球青年英才网络洽谈十大活动，全国100多所高校线上参加。出台《关于加强大学生招引工作的补充意见》（台政办发〔2021〕37号），在房票补贴、安家补贴、招聘补贴、创业创新项目等方面进一步加大政策吸引力度。开展大学生新政集中宣传月和大学生政策进学校、进园区、进平台、进企业、进社区、进窗口等“六进”宣传活动2698场次，发放政策宣传手册7.82万份。2021“智汇台州·百校引才”校园招聘共组织203场招聘会，覆盖上海、重庆、山西、陕西、云南等地的20个重点城市，2594家次企事业单位参与，达成初步意向20784人。举办“百校引才云招聘”“2021台州名企云招聘融媒大直播”等活动，为1.33万家企事业单位提供招聘服务，推出岗位需求6.67万个，简历投递8.6万余份。

深化人才政策兑现全周期“一件事”改革，数字赋能人才服务，30多个人才服务事项纳入“台州人才在线”和“台州人才码”，线上全流程办理政策兑现服务。开展青年英才一站式服务，青年人才驿站平台访问量达50余万人次，日均访问量超过4000人次，人才码申请4.6万人。

【专业技术和留学人员管理】 全省人社系统数字化改革“揭榜挂帅”试点项目——构建高效的专技人才管理服务平台通过省厅考核评估验收。完善职称申报评审系统，各级各类评委会职称工作全部纳入全省职称系统并轨运行，全年共有10899人通过职称系统初定、认定、评审及自主评聘取得专业技术职务任职资格。实施博士后人才集聚增效工程，开发上线“台州博士后”平台，配套建立科研需求征集对接、科研过程跟踪管理制度，新建省级博士后科研工作站20家，新招收博士后研究人员77名。4月，在山西太原举办博士后科研项目合作洽谈会，发布博士后科研需求“揭榜挂帅”项目榜单。深化职称制度改革，扩大事业单位自主评聘改革试点范围，19家医院、59家学校试行高级职称自主评聘。深化企业工程领域社会化评价试点，5家企业试行中级职称自主评价。

【职业能力建设】 围绕“技能台州”实施新时代浙江工匠培育工程和“金蓝领”职业技能提升行动。3月，温台技工院校（产业）联盟成立；7月，台州技师学院、台州第一技师学院正式摘筹获批；12月，天台技师学院、仙居技师学院筹建。全市技能培训15万人次，新增技能人才93062人，高技能人才39229人，其中技师4817人。新增特支计划高技能人才6名，入选浙江大工匠1名、浙江杰出工匠3名、浙江工匠59名、浙江青年工匠157名、万人计划3人。7月，出台《“台州技工”星级评价激励办法（试行）》。开展“台州技工”星级评价激励，评选首批星级台州技工9762名。推荐3家省级技能大师工作室、5家市级技能大师工作室。新增职业技能等级自主认定备案企业439家，累计完成认定14万人次、发证12万人次。开展就业技能培训、岗位技能培训、技能提升培训等各类培训，为151988名人员发放职业培训补贴9260万元。在市本级、玉环、仙居、三门试点职业技能电子培训券。举办台州市第二届职业技能大赛，一类项目19个、二类项目20个，共产生19名台州市技能大师、67名台州市技师能手。市县开展各类职业技能竞赛160场。

【事业单位人事管理】 深化事业单位人员职业生涯全周期“一件事”改革，全面推广事业单位人事工资系统和“一件事”平台，提升管理效能。会同市委组织部出台《关于严格规范事业单位人事管理工作的通知》（台人社发〔2021〕16号）、《台州市事业单位特设岗位设置管理实施办法（试行）》（台人社发〔2021〕59号），规范事业单位人事日常管理，促进事业单位人才队伍建设。全市事业单位公开招聘2877人，其中博士85人，占比2.95%；硕士664人，占比23.08%；本科2003人，占比69.62%；副高及以上42人，占比1.46%；教育行业699人，占比24.30%；卫生行业814人，占比28.29%。人员交流449人，台州市外调入31人，占比6.90%；调出台州市外24人，占比5.35%。岗位聘任变动情况22083人，评聘专技二级岗位3人，三级岗位35人。

【工资福利】 推进市直技术服务类事业单位薪酬制度改革，完善公立医院薪酬制度改革，会同财政、卫计部门进一步调整优化院长年薪制。规范绩效工资管理制度，核定200多家市直属事业单位绩效工资总量，委托第三方机构对市直42家事业单位的绩效工资发放情况进行专项审计并落实整改。完成机关事业人员交流调动、岗位（职务）变动、转正定级、工龄变更、人员退休等工资核定或备案共计2500余人。完成上年度市直2个表彰、5个表扬项目的奖励，对49家集体、80名个人进行记功、嘉奖。清理规范市级以下创建示范活动，保留29项，合并16项为7项，取消48项。

【劳动关系】 实施区域性和谐劳动关系“1518”创建工程和“双爱”活动，制定出台《台州市“和谐同行”能力提升三年行动计划实施方案》。4月12日，省三方四家在台州召开全省劳动关系工作暨学习台州经验现场会。规范农民工劳动合同签订，推广电子劳动合同，搭建电子劳动合同信息化平台。开展体面劳动促进行动，对全市3100家企业进行点对点用工体检服务，指导企业整改提高。8月，台州市调整最低工资标准，最低月工资标准调整为2070元、1840元两档，非全日制工作的最低小时工资标准调整为20元、18元两档。9月，发布台州市劳动力市场211个职业工资指导价位和30个技术工人职业（工种）分等级工资指导价位。

【农民工管理服务】 1月，出台《关于进一步加强制造业企业用工保障工作的意见》（台政办函〔2021〕2号），从鼓励到台就业、强化市场驱动、加强技能人才引育、提升政府服务等四个方面，帮助企业稳岗留工，促进农民工留台过年。开展“我在台州过大年”活动，联合全国10省33个地市人社局，向在台外来务工人员发出《留在台州，过个幸福年》联合倡议书，引导更多外来务工人员安心留台。开展“我在台州过大年”微视频大赛，市县联动开展“服务进企业、暖心留员工”大走访活动，慰问外地员工2173人，帮助企业及职工解决困难218个。春节期间，台州市外来务工人员留台率为47.14%，是上年的2倍。开展清单式用工管理服务，列入清单管理重点企业137家，帮扶107家企业解决缺工12143人。

【劳动保障监察】 台州市人力资源和社会保障局以零扣分的成绩代表浙江省圆满完成国务院保障农民工工资支付工作实地考核，被评为全国根治拖欠农民工工资工作先进集体，台州市劳动保障监察支队获评全国清理整顿人力资源市场秩序专项执法行动取得突出成绩单位。4月，联合市委政法委等部门在全省首创出台《关于全面加强基层劳动纠纷综合治理工作的实施意见》（台政法〔2021〕22号），在多元化解、程序衔接、司法确认等关键政策领域探索破题，夯实劳动纠纷综合治理源头基础。全市劳动监察、仲裁和基层调解组织共受理劳动纠纷8453件，劳动纠纷总量同比下降54.35%，基层调解化解成功率达85.39%，追发劳动报酬3208万元，立案查处欠薪违法案件54件，打击拒不支付劳动报酬犯罪行为37件，全市劳动关系状况总体和谐稳定，未发生因劳资问题引发的重大突发事件。加大对欠薪违法行为的打击力度，保障劳动者合法权益。开展清理整顿人力资源市场秩序行动，开展漠视侵害群众利益问题专项治理、护航建党百年"浙江"安薪专项治理、女职工产假权益专项执法行动、根治欠薪冬季专项行动，及时纠正企业违法行为、打击严重违反劳动保障法律法规行为，规范企业合法用工，维护劳资双方的合法权益。加强与住建、水利、银行等部门协调合作，推进浙江省工资支付监管平台的应用，实时动态监管，确保在建工程"零欠薪"。全市系统开展"浙江安薪"百日攻坚行动，实现1474个项目纳入工资监管平台全覆盖。对78万名建筑工人工资支付情况开展监测，线上发薪累计超200亿元，化解隐患预警560余次，全市"安薪指数"达96.5，居全省第一。将制造业、三产及劳务企业纳入工资监管平台，全市平台注册企业3115家，银行签约1863家，实现在线发薪892家。定期公布重大欠薪违法案件情况，将欠薪等失信行为纳入"信用台州"平台数据库，实施联合惩戒，37个用人单位被列入欠薪"黑名单"。通过强化诉调对接，建立联络员，提供法律援助等方式，健全完善人民调解、行政调解协议书司法确认工作机制，大幅缩短欠薪案件进入法院执行期限，平均时间由原来195天缩短到10天左右，解决疑难案件400多起。联合市委政法委、台州海事局、宁波海事法院等部门出台《台州市海船船员维权服务协作机制实施意见》，解决船舶类劳资纠纷维权难问题，构建海上和谐劳动关系。

【调解仲裁】 全市劳动人事争议仲裁机构共受理案件4111件，案件数较上年同期下降25%，其中工资和解除劳动关系争议案件数1051件，工伤赔偿案件2004件，结案率97.1%，调解成功率89.8%，网络办案率47.2%。推进案前调解机制改革，推动各县级仲裁院全部建立调解组织，聘请调解员，对仲裁案件开展立案前先行调解，全市通过案前调解程序置换仲裁调解书案件300多件，92.5%的劳动纠纷在仲裁阶段终结。7月，组织全市骨干仲裁员赴上海参加长三角四地仲裁院联席会议，学习交流仲裁工作。9月，全市骨干仲裁员在三门县社会矛盾纠纷调处化解中心仲裁庭开展了庭审观摩。组织全市仲裁员练兵比武，在全省仲裁系统的练兵比武大赛中获得团体总分第四名，团体理论考核优胜奖。

【信息化建设】 获批人社部基本公共服务标准化试点1项、省厅数字化改革"揭榜挂帅"项目6个，"揭榜挂帅"项目数全省系统第一。"安薪在线"入选全省数字化改革"最佳应用"。"人事考试在线"获评全省系统数字化改革"最佳实践案例"。"台州掌上人社"访问量在全省数字社会热门应用中排名前列。"牵肠挂肚"民生实事改革获批数市直部门第一。牵头制定的《银行办理社保经办业务服务指南》省级行业标准正式出台，填补全国空白。《台州市建设专技人员职称申报评审平台》《台州市推进"社银联通"市域全覆盖》，以及温岭、玉环、仙居工伤"一件事"改革相关做法被省委改革办《竞跑者》转发推广。开展电子社保卡发行，全市新增发行实体卡14.5万张，新增签发电子社保卡202.83万张。4月，印发《推进社会保障卡在政府公共服务领域应用的工作方案》（台人社函〔2021〕10号），拓展社会保障卡在政府社会管理、公共服务中的应用功能，全市社保卡实现交通出行、旅游观光、文化体验、待遇发放等领域的“一卡通”。

【对口支援和结对帮扶】 实施跨省“驻点招工”，全市人社系统赴9省21个地市，9天时间内累计开展现场招聘活动117场次，设立劳务协作工作站23个，签订劳务合作协议69份，招引新员工12204人，组织120辆“直通包车”引导老员工及时返岗8411人。开展“春风送岗、职等你来”春季系列招聘活动，共举办“十城百场”线下招聘活动99场、“万企十万岗”企业用工网络招聘月活动67场，通过11家人才招聘网站“招聘联盟”共享岗位信息，发布招聘信息19.6万条，达成就业意向4.08万人。

拓展劳务合作范围，深化劳务协作。拓展劳务合作范围至山西、云南、四川等劳动力输出省份，建立跨区域、常态化的合作关系，组织企业与当地院校开展校企合作，签订政校企合作协议5份，举办台州专场招聘会6场，接待学生7600余人，达成就业意向1016人。

【获省级以上荣誉】

荣誉集体

1. 全国根治拖欠农民工工资工作先进集体

台州市人力资源和社会保障局

2. 省委省政府2020年度改革创新工作成绩突出集体

台州市人力资源和社会保障局

3. 省政府就业创业工作督查激励

天台县

4. 全省人社系统绩效考评优秀单位

台州市人力资源和社会保障局

天台县人力资源和社会保障局

仙居县人力资源和社会保障局

5. 第三届全国创业就业服务主题展城市创业精品展示项目

台州市实施“就业创业十大行动”高水平助力乡村振兴项目

6. 全省人社系统窗口单位业务技能练兵比武二等奖

台州市代表队

7. 全省建设领域劳资专管员职业技能大赛团体二等奖

台州市代表队

8. 全省劳动人事争议仲裁练兵比武团体三等奖、理论考核团体优胜奖

台州市代表队

9.《中国劳动保障报》新闻宣传工作做得好的单位

台州市人力资源和社会保障局

台州市路桥区人力资源和社会保障局

天台县人力资源和社会保障局

10.2021年度人事报刊宣传工作做得好的单位

台州市人力资源和社会保障局

仙居县人力资源和社会保障局

11. 全国青年文明号

台州市社会保险事业管理中心

12. 全国清理整顿人力资源市场秩序专项行动取得突出成绩单位

台州市劳动保障监察支队

13. 全国人力资源社会保障系统优质服务窗口

台州市椒江区人力资源和社会保障局5G智慧大厅

14.2020年度浙江省改革创新最佳实践案例

台州市创新公益诉讼专项监督机制

15. 国家发改委社会领域公共服务助力脱贫攻坚典型案例

台州市路桥·朝天携手推进东西部扶贫劳务协作平台

16. 省发展改革委数字社会案例

温岭市“工伤处理全链条服务”应用

17. 第三届马兰花全国创业培训讲师大赛浙江分赛省级选拔赛优秀组织奖

台州市就业服务中心

18. 全省老干部工作先进集体

天台县人力资源和社会保障局

19. 全省首批标准化离退休干部党支部

天台县人力资源和社会保障局离退休干部党支部

20.2021年浙江省“规范化数字档案室”

三门县人力资源和社会保障局

荣誉个人

1. 全国人力资源社会保障系统优质服务先进个人

台州市人力资源和社会保障局　　张　靖

2. 全省事业单位改革成效突出个人

台州市人力资源和社会保障局　　江黎明

3. 浙江省担当作为好支书

台州市人力资源和社会保障局　　李国进

4. 全省“小微企业三年成长计划”工作先进个人

台州市人力资源和社会保障局　　沈　强

5.《中国劳动保障报》优秀通讯员

台州市人力资源和社会保障局　　李宗伟

6. 全省人社系统窗口单位业务技能比武优秀选手

天台县人力资源和社会保障局　　范益霞

7. 第一届全国博士后创新创业大赛总决赛金奖

台州市椒江区参赛项目“新体系固态电池”　　马　昕

8.2021年全国行业职业技能竞赛二等奖

三门技师学院　　任齐明

（李宗伟）

丽水市

【城乡就业】 2021年，全市城镇新增就业33065人，完成目标任务165.33%；城镇登记失业率1.56%，控制在3%的目标之内。大力促进城乡居民增收，城镇常住居民人均可支配收入53259元，同比增长9.7%，增速居全省第四位。发挥就业创业工作领导小组作用，牵头组织三次领导小组会议，研究部署稳就业保民生工作。市人力社保局与市财政局、市金融办、人行丽水市中心支行联合印发《丽水市区创业担保贷款实施细则》（丽人社〔2021〕30号），明确创业担保贷款的申报条件、贷款额度、利率和期限、贷款办理程序、贷款担保及管理、财政扶持力度等方面内容。市人力社保局联合市财政局出台《2021关于调整失业保险金、失业补助金发放标准的通知》（丽人社〔2021〕94号），明确将失业保险金发放标准调整为1472元/月，失业补助金发放标准按是否缴费满12个月，分为736元/月和294.4元/月。市人力社保局联合市民政局、市商务局和市农业农村局出台《丽水市区养老、家政服务和现代农业企业创业就业补贴实施细则》(丽人社〔2021〕110号),进一步明确养老、家政服务和现代农业企业创业就业补贴申领条件、流程,确保政策落实到位。

落实稳岗政策,扎实做好失业保险稳岗返还工作,全市兑现失业保险稳岗返还资金3316.86万元,惠及企业1.12万家、职工14万人,其中市区返还1471.3万元。继续实施失业保险单位缴费比例下调政策,失业保险单位费率由1%降为0.5%,个人费率仍按0.5%执行,全年全市减征企业失业保险费1.93亿元。将服务企业用工摆在突出位置,迭代升级丽水公共招聘网和劳动力调剂服务平台,探索夜市招聘、直播带岗等新途径,共组织各类招聘活动334场,发布岗位14.48万余个(次),达成意向数2.26万人。举办"'浙丽'就业,'职'等你来"网络直播带岗活动,组织招聘单位103家,提供岗位3000余个,直播观看量达5.26万人次,线上线下接收简历600余份。

把高校毕业生等青年就业作为重中之重,促进高校毕业生多渠道就业。年内共对3171名高校毕业生进行精准帮扶,期末共有770个高校毕业生见习基地(单位)3305个见习岗位,在岗见习1166人。持续开展公益性岗位托底安置工作,2021年底全市有公益性岗位1942个,在岗人员1487人。全市新认定高质量就业社区(村)144个,累计建成高质量就业社区(村)779个。帮扶困难人员再就业1626人,完成省目标数0.12万人的135.5%;失业人员再就业累计5144人。

落实各类创业扶持政策,出台创业担保贷款新政,新增创业担保贷款1.12亿元。连续七年举办"奇思妙想,创赢绿谷"创业创新大赛,全市共140余个项目参赛,推出的创业创新故事短视频在各平台播放量超1000万。举办丽水首届"创业培训讲师大赛暨第三届马兰花全国创业培训讲师大赛"丽水市选拔赛,全市共培养创业培训讲师82人,认定创业培训定点机构60家。积极推进创业孵化载体建设,2021年四家创业园获评省级创业孵化示范基地。开展创业服务系列活动115场,扶持创业1848人,带动就业5570人。积极延伸高校服务触角,在丽高校均成功挂牌高校创业指导站及市本级创业园,连续合作举办13届职业生涯规划和创业大赛。举办"丽创荟"创业项目云展示活动,筛选150个优秀创业创新视频作品参与展示,受到中国新闻网、浙江日报等媒体关注,各平台视频播放量达110万,进一步提升了"丽创荟"创业品牌影响力。提请市政府成立丽水市超市产业转型提升工作领导小组,组织工作专班实体化运作;整体谋划"丽水市商超联合会"行业组织建设,完成了会长人选报批、社会团体审批、《章程》编制,同步推进异地超市行业分会建设,已成立14个异地联合会分会。发布《丽水市超市业态发展(创业创新)分析报告》,服务辐射全国6.2万家丽水籍超市门店,带动24万人就业。

【社会保险参保情况】 2021年,市人力社保局加大对灵活就业人员、城乡居民等重点人群政策宣传,分类精准施策,促进职工和城乡居民全面持续参保。全市基本养老保险参保人数202.98万人,较2020年末新增4.11万人,参保率99.05%;工伤保险参保人数89.21万人,净增10.82万人;失业保险参保人数33.67万人。

【社会保险政策】 2021年，市人力社保局、市财政局、市自然资源和规划局、国家税务总局丽水市税务局联合印发《关于丽水市被征地农民参加基本养老保险工作的补充通知》（丽人社〔2021〕31号），对被征地农民参加基本养老保险政策进行完善。2021年12月，市人力社保局、市财政局联合印发《关于2021年提高城乡居民基本养老保险基础养老金最低标准的通知》（丽人社〔2021〕125号），自2021年1月1日起，全市城乡居民基本养老保险基础养老金最低标准从每人每月180元提高至每人每月225元，65周岁及以上参保城乡老年居民倾斜性养老金最低标准从每人每月5元提高至每人每月10元。同月，市人力社保局、市财政局、市住建局、市交通运输局、市水利局、市税务局联合印发《关于做好建设项目工伤保险工作的通知》（丽人社〔2021〕126号），在全省首创建设项目“双挂双浮”工伤保险费率确定机制。

【社会保险经办管理】 2021年，发布《关于开展2021年度缴费基数申报工作的通知》，开展缴费基数申报现场培训和钉钉直播培训，完成2021年度缴费基数申报及启用。开展企业职工基本养老保险中断人员清理工作，全市第一批共84492人次已完成清理工作94.73%，清理进度排名全省第一。落实每月到龄中断工作机制，对历史人员及数据开展集中清理。首次正式建立市区灵活就业人员每月职工养老欠费短信告知服务机制。对被征地农民参加基本养老保险开展业务经办，全市2020年12月15日前产生的被征地农民需告知人员约35843人全部告知到位并有序开展业务经办。完成浙江省首个被征地农民延长期一次性缴费接入省财政非税收入管理平台试点工作，被征地农民可在线上或银行窗口缴纳相关费用，实现“跑零次”或“就近跑一次”。开展临退休人员档案预审服务，上门为纳爱斯集团、丽汽集团、市就业局等10个企业和档案存放部门近300多名企业参保职工、200多名灵活就业参保人员的档案开展预审工作。实现业务经办“只见一扇窗、启用一套表、提前一季审、联动一张网”四个一工作创新，提高退休审批效率。退休办理通过2.0申报平台的受理率达到99.5%，完成市政府考核目标，全年市本级办理退休审批2587件，受理养老保险转移接续事项1925件，其中办结转出业务1227件，转入676件，涉及金额3470.9万元。省内养老保险关系转移全面实行退休前一次归集，省外所有企业和个人参保转移事项通过185部平台网办和12333掌办。完成退役军人养老保险关系转移接续工作，共涉及养老转移接续退役军人4981人，完成率98%以上，名列全省前茅。将人社、医保、公积金等部门多头办理的11个退休事项进行有效整合，形成一套综合申请表，全面实现企业职工退休“一件事”全流程“最多跑一次”，整个流程办理时限由145个工作日压缩到30个工作日，其中养老保险审批环节实现即办，6月份以来，全市共办结2216件。年初完成2020年度新增的285名机关事业单位退休人员和1631名企业退休人员的待遇计发工作，5月完成1321名征地领取待遇人员的预发转计发，12月完成2021年度新增的201名机关事业单位退休人员和2020名企业退休人员的预发转计发工作。完成2021年度机关事业单位及企业退休人员基本养老金调整工作，惠及全市退休人员30.97万人，其中企业退休人员人均月增资112元。有序调整

2021年工伤职工伤残津贴、护理费、供养亲属抚恤金待遇。完成企业职工养老保险待遇项目梳理，将1698个项目归并匹配到省统一的60个待遇项目代码中，删除6个无效项目，全市完成1704个待遇项目的匹配归并并被省社保中心审核通过，完成率100%。实行待遇领取资格认证每月通报制度，做好退休人员社会化管理工作，截至12月31日，共完成全市待遇资格认证57.5万人，认证率达到99.35%，其中掌上认证率达到67.07%，共经办入社区登记业务 53511人。推进社银合作工作，将全市237家农信银行网点纳入社银合作网点，与中国邮政储蓄银行股份有限公司丽水市分行和中国邮政集团有限公司丽水市分公司完成《银行办理社保经办业务合作协议》，签订47家，均实现业务经办。强化基金监管风险防控能力，通过日常内控稽核，促进业务经办制度化、规范化。全面落实取消社银人工报盘、取消直接收到现金业务、取消手工经办业务的“三个全面取消”工作要求。完成老农保财务支付系统改造并平稳上线，加强社保基金风险防控。会同法院在全省率先创新实践工伤先行支付案子（企业未缴纳工伤保险）的行政追偿流程，有效保障社保基金安全。开展人社智慧大厅建设，减少窗口设置，开辟网办区、自助办区，形成实体经办、网办、掌办和自助办“四位一体”的经办模式，配备导办人员4名，网办电脑8台，智能机6台，截至12月底，丽水人社智能机可办理社保业务16项，累计办理社保业务20133笔。推进社保政务服务“一网通办”，企业社会保险登记等33项社保高频业务可通过政务服务2.0平台实现“全省通办”“一网通办”，社会保险个人权益记录单查询打印等15个事项实现“跨省通办”、全国“一网通办”。截至12月底，市本级社保高频事项网办量达453734件，网办率达88.65%。共完成劳动能力鉴定22批次，面检鉴定5091人，同比增长28%。2021年，社保卡持卡人数284万余人，发行第三代社保卡30.2 万张，发行电子社保卡131万张，实现电子社会保障卡同步申领合作银行全覆盖。全面推进三代社保卡及电子社保卡在城市公共服务领域核心应用；公共交通方面，全市范围内县（市、区）均完成设备改造，支持第三代社保卡、电子社保卡乘坐公交车；医疗保障方面，目前已接入三级医院4家，二级医院18家，一级以下医疗机构636家，药店468家。提供互联网医保结算、诊间结算、送药上门等线上服务。提供医保、民政、残联、工会、退役军人、低收入农户、商保等一站式结算服务；文化旅游方面，全市21家A级景区、11家博物馆、10家图书馆、138个城市书房均实现社会保障卡（码）入馆（园）、办证、购票、图书借阅等功能；公共服务领域，社保卡目前已实现身份凭证、信息记录、缴费以及待遇领取、结算和支付等功能，其中人社领域就业、社保、人事、劳动关系等公共服务，非人社领域教育补贴发放、惠民惠农补贴资金发放等公共服务均可通过社保卡办理。

【社会保险基金监督】 2021年，组织开展全市养老保险基金管理风险排查，亲属参保关系专项检查，待遇资格认证专项检查和省厅下发的季度、专项等疑点信息核查，先后2次组织全市开展企业职工基本养老保险提前退休问题排查和要情摸底排查。在全市开展对企业职工基本养老保险基金和城乡居民基本养老保险基金的安全评估，同步以社保基金监督委员会办公室名义对市本级全险种开展安全评估第三方审计，并对龙泉、云和、松阳三个县（市、区）的企业职工、城乡居民基本养老保险进行了安全评估第三方审计机构专业复评。2021年全市共发现新增要情6起，未发现重大要情和涉及社保工作人员要情。制定了《丽水市深化社保基金管理问题专项整治，开展社保基金安全警示教育工作方案》和《关于开展社保基金安全“警示教育月”活动的通知》，在全市范围内专题开展“以案为鉴、警钟长鸣”为主题的警示教育月活动。积极推进全市应用“社保基金安全在线”系统。

【人才引进与开发】 2021年，研究制定《关于加强引进高校毕业生工作的若干意见操作细则》，制定高校毕业生购房补贴、鼓励高校毕业生来丽应聘、鼓励在校大学生来丽实习、支持企业外出引才等四项政策的操作细则。根据我市“绿谷英才”特殊支持计划实施办法，按照“创新引领、贡献导向、靶向支持”的原则，研究制定社会建设领军人才选拔管理办法，提出人才选拔管理的总体思路、选拔程序、培养措施、管理举措等。围绕市发展壮大五大现代产业集群，委托丽水学院课题组开展《2021-2022年度丽水市紧缺人才开发导向目录》《丽水市重点产业紧缺人才目录》编制工作，研究提出紧缺人才类别、能力需求、学科专业、学历（学位）等具体要求。根据《关于加强企业骨干人才队伍建设的意见》《丽水市企业骨干人才遴选认定管理办法（试行）》，遴选认定丽水市第二批企业骨干人才400名，其中“绿谷企业英才”100名、“绿谷企业新秀”300名。根据《丽水市“首席专家”选聘与管理办法（试行）》，开展丽水市第二批“首席专家”岗位及人选申报评审工作。王赳等33人入选第二批丽水市“首席专家”名单。根据中共丽水市委办公室、丽水市人民政府办公室《关于加快集聚高层次科技创新创业人才推动高质量绿色发展的意见》（丽委办发〔2019〕54号）和丽水市人民政府办公室《关于加强引进高校毕业生工作的若干意见》（丽政办发〔2020〕78号），进一步促进高校毕业生在丽就业创业，推动企业引进和培养高校毕业生，做大人才“蓄水池”；纳爱斯集团有限公司等10家企业获“引进高校毕业生示范企业”荣誉，丰银平等10人获“最美高校毕业生”荣誉，王国嗣等10人获“最美高校毕业生”提名。2021年市“138”人才高级研修班在市委党校举行，47位人才工程培养人员参加研修。举办丽水市人力资源服务业人才高级研修班、丽水市企业人力资源经理高级研修班。深化党史学习教育“我为企业解难题”实践活动，加强结对企业联系服务。深入推进人力资源服务业提振工程，加大力度培育人力资源服务企业，引导人力资源服务业向价值链高端延伸；坚持育优扶优引优，被省人力社保厅列入“扶优”企业2家、“育优”企业3家。全市共有22家次企业被列入《浙江省人力资源服务业发展白皮书（2021）》榜单。全市新增人力资源服务机构99家，总数达到202家，建立人力资源市场网站27个，设立固定招聘场所67个。组织7家人力资源服务机构负责人参加第一届全国人力资源服务业发展大会，观摩行业发展成果展，展示市优质企业发展成果。

2021年，丽水市深入推进“双招双引”一号工程，引才成效创历史新高，全市共举办线上线下招聘活动604场次，引进高校毕业生44155人，比去年全年增长183%。全省率先推广浙江“引才云”平台，线上线下同步开展网络引才活动。我市在西安、成都、兰州等地成立了3家人才联络站，聘请20名丽水籍人才为“引才大使”，聘请了249名丽水籍在外高校大学生为“大学生招引联络员”。我市连续11年赴武汉引才，连续6年赴西安引才，精心策划“痴心十年·只为等你”为主题的武汉系列招才引智活动。在与西安交通大学等5所高校续签“人才金桥”合作框架协议的基础上与湖北大学、兰州资源环境职业技术学院、黑龙江省大学生就业创业指导中心、智联招聘等5家高校或人力资源服务机构建立了“人才金桥”合作关系。迭代升级丽水人才码，实现“人才码”全省互认，全市“人才码”一体化。首个丽水人力资源服务产业园启动运营，招商遴选两批次8家市外知名人力资源服务企业入园。2021年实现13万份流动人员人事档案数据市级集中基础上省级集中。举办全市最大规模毕业生人才招聘会——“好年华·聚丽水”第二届全国大学生双选会，《浙江日报》、浙江经视、《中国劳动保障报》、《中国组织人事报》等多家知名媒体报道活动。首次举办人力资源服务业发展大会，现场达成人力资源招聘、培训、高级人才寻访（猎头）等项目合作意向85个。开展高校毕业生引进若干政策兑现服务，市本级共服务5613人次人才政策申请，发放3883.297万元人才补贴（含丽水学院购房补贴）。

【专业技术和留学人员管理】 深入推进博士后工作，研究制定《丽水市博士博士后倍增计划实施办法》，开展博士后大调研走访活动，组织赴西安、武汉等地对接高校流动站，新设博士后工作站12家，招收博士后人员23人，入选省级博士后科研项目择优资助一等、二等各1项。博士后工作站解决技术难题71个，承担省级以上重大项目35个，申请或取得专利授权183个，获得科研成果奖22个，争取各级补助资金4000多万元，带动经济效益4亿多元。组织开展“智聚山海·助力共富”省级专家服务暨丽水市“双百”人才计划推进会、清华大学创新领军工程博士论坛等人才科技峰会系列子活动，促成5个揭榜挂帅项目合作。深入实施“双百”人才计划，新选派73名博士专家到企业、乡镇挂职，连续6年选派323名博士专家到295家企业、24个乡镇挂职服务。加强“双百”人才工作宣传和典型选树工作，考核评定优秀挂职人才15人，相关宣传文章在《中国组织人事报》《浙江日报》等主流媒体刊发。组织开展全国杰出专业技术人才和先进集体推荐申报工作，推荐金爱武等14人申报全国杰出专业技术人才、丽水市中心医院等8家集体申报全国专业技术先进集体。组织开展万人计划青年拔尖人才创新类申报工作，推荐许丽娟等7人为青年创新人才人选。开展国家级专家服务基地申报、丽水学院省级继续教育基地周期评估等工作。做好省、市级现代服务业和专业技术人员高级研修班申报遴选，择优推荐省级高研班27个，最终获批11个，其中现代服务业高研班省级资助1个、专业技术人才高研班省级重点资助1个、一般资助2个、自筹7个，遴选市级高研班6个。

进一步深化职称制度改革，全市取得职称资格12426人，其中，高级1322人，中级4206人，初级6898人。出台《丽水市职称评审管理实施细则（试行）》《丽水市创新创业人才职称“直通车”评审办法》，进一步加强职称评审管理服务机制。成立丽水市汽车零部件工程技术人员职称中评委，标志着丽水市职称社会化评价迈出重要一步，为丽水市下放中级职称评审权限，扩大行业协会、龙头企业等组建行业职称评审委员会进行积极探索和试点。开展年度职称改革督查复审工作，以单位自查、行业巡查和重点抽查相结合的方式，对全市各级评委会进行职称督查复审。规范继续教育学时要求，推进职称证书电子化、评审信息化，进一步规范职称申报程序，稳步推进各系列职称评审工作，推进养老服务领域专业技术人才培育，评定首批养老服务照护师 5 人、助理照护师 10 人，并举办发证仪式。

【职业能力建设】 2021 年，市人力社保局以“稳就业、广扶持、促提升、抓实效”为导向，以“金蓝领”职业技能提升行动为抓手，开展职业技能培训，培养一支知识型、技能型、创新型技能人才队伍，全年开展职业技能培训 64251 人次，使用职业技能提升行动专项资金 57789 万元。积极探索开展“互联网 + 职业技能”线上培训工作，3 家培训机构的线上培训平台通过备案，今年运用备案平台开展 1796 人次约 11442 课时的职业技能线上培训。深化技能人才评价制度改革，全市新增备案职业技能等级认定试点机构 126 家，全市职业技能等级证书获证 13863 人次。成功举办“技能宝贵·匠心铸魂”第一届丽水技能大赛，通过大赛培育了 10 名“丽水市首席技师”、50 名“绿谷技能大师”、6 名“丽水市技术新秀”等。丽水市选送的选手在全国乡村振兴职业技能大赛浙江省选拔赛中获得一个一等奖，两个二等奖，三个三等奖。实施新时代工匠培育工程，2021 年，全市 2 人入选“浙江杰出工匠”，16 人入选“浙江工匠”培养项目，54 人入选“浙江青年工匠”培养项目。完善“现代制造业 + 地方特色产业 + 传统产业”三位一体高技能人才建设项目体系，2021 年建成 10 家市级技能大师工作室。制定《丽水市“绿谷英才”高技能精英选拔管理办法》，打造丽水骨干技能人才梯队。成功举办第十届人才科技峰会子活动咖啡产业人才高峰论坛，邀请全国各地咖啡行业的顶尖人才共同探讨咖啡产业人才建设。丽水技师学院（筹）于今年 9 月顺利开学，丽水市中科技工学校和丽水开放技工学校成功设立。

【事业单位人事管理】 2021 年，市人力社保局完善事业单位职业生涯全周期“一件事”协同平台，协调相关部门及时解决“一件事”平台经办过程中的问题，实现各系统间数据共享，共办结 7 个“一件事”业务 11049 件。根据市委深化改革领导小组要求，做好机构改革人员转隶工作，完成市直事业单位 4 家，共 39 人转隶入岗审核；完成市教育、卫健、住建、交通、水利等 20 家主管单位 55 家下属事业单位岗位设置调整工作。会同市委组织部加大面向世界“一流”大学引才工作力度，高规格引进优秀毕业生 50 名。完成全市事业单位专业技术二、三级岗位人选评审工作，通过委托省级及外市专家，选拔出示范引领、德才兼备的高层次人才 40 人，其中二级岗 6 人、三级岗 34 人。组织开展 2021 年度全市中小学教师专业技术二级、三级岗位评审工作，推荐人选 4 人，其中二级岗 1 人、三级岗 3 人；完成事业单位岗位聘用变动（晋升）审核工作，共审核岗位变动400批次。全市招聘事业单位工作人员2118人，其中硕士研究生（含“双一流”本科毕业生）566人，博士46人。2021年市人事考试院推广了“一个标准”。《公务员考录工作规范》地方标准在今年的丽水市公务员四级联考中进行了首次实践，有效组织全市424个岗位开展招录工作，为21112名考生提供考务服务。各考点尤其是县（市、区）级考点考录工作的规范化、精准度得到极大提升。此项工作也得到省人事考试院的高度肯定，丽水市在全省推进会上做了经验介绍。二是实现“三满意目标”，今年以来，人事考试院顺利完成公务员考录（遴选）、事业单位招考（选聘）、人才引进、专业技术资格（水平）等71场考试工作，服务考生11万人次，比去年同期分别增长了10.9%和11.2%；发放各类资格证书3187本，比去年同期增长28%，取得了政府满意、人民满意、考生满意的优良成绩。三是试行“五级评价”，协同市委组织部对丽水市面试考官库进行了更新维护，同时综合面试考官测评工作经验、测评技术掌握、参与业务培训、日常考核管理等情况，试行面试考官五级评价管理。维护后，丽水市共有入库面试考官422名，其中拟定二星级面试主考官28名、一星级面试主考官67名、三星级面试考官118名、二星级面试考官120名、一星级面试考官89名。

【工资福利】 2021年，提升事业单位人事工资全周期管理应用“数字工资”场景应用被省厅确定为人社数字化改革“对标争先”试点项目并向全省推广，系统覆盖全市2757家事业单位，退休业务实现全覆盖，773家单位纳入工资统发，市本级152家全额拨款单位实现工资与财政预算管理一体化。出台《关于明确市直事业单位受处分人员考核及奖金发放有关问题的通知》，明确市直事业单位受处分人员考核及工资待遇有关问题。会同市财政局出台《关于进一步规范市本级机关单位工作人员夜餐费开支管理的通知》，进一步修订完善夜餐费开支管理政策。完成非营利性服务业劳动工资总额半年度和前三季度增幅阶段性目标任务。完成市直事业单位2021年度绩效工资总量核定，核定完成5家公立医院2020年度薪酬总量。根据省厅要求，调整精减退职困难补助、遗属生活困难补助费等标准。完成市直机关事业单位2020年度综合目标考核奖金发放工作。完成2021年度市、县评比表彰和通报表扬申报项目审核、推荐、上报工作。制定《关于行政奖励申报和审批的操作意见》，对行政奖励的条件、种类、审批权限、程序、受奖比例等作了进一步规范。组织开展丽水市全国文明城市创建“两连冠”工作、扫黑除恶专项斗争工作、市区城中村改造工作、见义勇为行政奖励、无信访积案县工作行政奖励和反腐败追逃工作行政奖励等6项重点工作的行政奖励审批工作。开展省级以下创建示范活动工作清理，丽水全市共拟保留（含合并保留）项目30项，其中，拟保留创建示范活动项目共24项，拟合并保留创建示范活动项目共6项。

【劳动关系】 2021年，市人力社保局联合市总工会和市工商联印发了《关于实施劳动关系“和谐同行”三年行动计划打造和谐劳动关系示范区的通知》，通过企业劳动用工体检、劳动关系协调员培训、劳动关系和谐企业（园区）创建、金牌劳动关系协调组织评选、推广电子劳动合同平台应用等活动全面提升劳动关系工作能力和工作效能，扎实推进市劳动关系治理体系和治理能力建设。为432家企业进行用工体检，培训劳动关系协调员2146人，组织全市52家企业进行电子劳动合同平台适用，录入劳动合同4554份。组织市、区两级8个业务处室单位开展“和谐同行、职企共建，人社政策法规进基层”宣传活动，发放宣传资料1000余份。

调整丽水市最低工资标准，将市最低月工资标准从1660元调整为1840元，非全日制工作的最低小时工资标准从15元调整为18元，拉动各用人单位最低岗位的工资水平，促进低收入劳动者增收；开展薪酬调查，发布《2021年度丽水市人力资源市场工资价位》，指导用人单位与劳动者合理确定工资水平；确定2020年度市管企业负责人平均薪酬上限、发布国企工资指导线、开展市属国有企业内外收入专项检查，推进市管企业负责人薪酬制度和国有企业工资决定机制改革工作；会同总工会、工商联联合印发《关于开展以“健全产业工人薪酬激励机制”为主要内容的集体协商要约行动的通知》，引导企业建立完善产业工人成长的薪酬激励机制。

劳动关系处优化劳务派遣许可审批程序，将告知承诺制适用到劳务派遣许可中，本年度共审批许可劳务派遣单位4家，审批特殊工时47件涉及29家企业；通过进企走访调研、用工体检情况回访、召开座谈会、建立微信联系群等方式，为开发区企业、劳务派遣企业、新业态企业提供劳动关系政策咨询解答和对口帮扶。

【劳动保障监察】 2021年，市劳动保障监察支队紧紧围绕根治欠薪总目标，以数字化改革为契机，推动实施“丽水安薪”智治工程，持续巩固深化“丽水无欠薪”行动。全市劳动保障监察机构主动巡查用人单位4734户，处置各类欠薪线索、隐患5515件，涉及17717人，清欠金额27863万元，其中国务院欠薪线索659件，涉及1303人，清欠金额1405万元；向公安机关移送拒不支付劳动报酬案件9起；向社会公布重大违法案件11起，纳入黑名单惩戒7起。深入开展清理整顿人力资源市场秩序专项行动、护航建党百年“浙江安薪”专项行动、女职工产假等权益保护专项行动、贯彻落实职工带薪年休假情况专项行动、重大工程建设项目劳资纠纷专项行动、根治欠薪冬季专项行动等治理行动。全领域宣传贯彻《保障农民工工资支付条例》。扎实推进上门宣传。人力社保部门联合建设、水利、工会等部门开展《条例》等法律法规宣传“进工地、进企业、进社区”活动，到工程建设项目施工现场、工厂车间等生产一线开展宣传活动。活动开展以来，共发放宣传资料5000余份，悬挂固定宣传标语200多条，现场解答咨询达8000余人次。推进“浙江安薪”平台应用，实现对建设项目农民工工资发放的全过程监管。2021年，实现制造业和服务业企业进驻平台零突破，目前已有255家企业入驻平台，市“安薪指数”连续多月位列全省第一。紧盯关键领域。坚持“以防为主、防治结合”的方针，在劳动纠纷频发的工程建筑领域开展专项治理工作，研究制定《丽水市工程建设项目分级管理机制实施方案》，在建工程项目分类定级，加强重点欠薪隐患项目监管针对性。加强部门联动，形成工作合力，组织开展多部门联合执法行动，始终保持对欠薪犯罪行为的高压态势。加强对欠薪问题的协同监管和联合惩戒，各部门间建立欠薪信息通报机制，对情况复杂、处理难度和影响大的欠薪问题，建立由主要成员单位参与的应急处置专班，专人负责、专案处理，提高快速反应和协同作战能力。

【调解仲裁】 2021年，丽水市劳动人事争议仲裁院对硬件设施设备进行了全程数字化和互联网信息化升级改造。丽水提升“智慧仲裁”应用项目作为全省人社系统数字化改革试点工作之一，坚持问题导向、目标导向、效果导向，通过再造劳动人事争议处理机制与流程，打通不同制度程序节点，推动劳动人事争议调解、仲裁、诉讼、强制执行环节无缝衔接，完善线上线下体系融合，实现劳动维权从“最多跑一次”到“一次不用跑”仲裁服务新模式。“智慧仲裁”围绕劳动者高效便捷维权需求，建设调解协议仲裁审查、工资争议速裁、庭审联网监控、浙江智慧仲裁在线四个应用场景，简化仲裁程序，促进劳动者与企业就近处理劳动争议。同时，完成案件地域分布、案件总体情况、指标预警、风险管理、工资速裁、仲裁审查、庭审监控、案件类型、仲裁院案件量排名、仲裁员案件量排名等10个专题模块、182项数据指标的实时监测，确保仲裁案件处理质效双重升级。全市立案受理劳动人事争议案件2106件，仲裁结案率99.1%，调解成功率90.8%，结案金额7937.95万元。网络办理劳动人事争议案件1186件，网办率达56.3%，案件实时上线率100%。规范劳动人事争议仲裁庭审行为，强化庭审功能，提高仲裁员驾驭庭审的能力，增强仲裁的社会公信力，温州、金华、衢州、丽水四地组织开展相互庭审观摩活动。加强长江三角地区劳动人事争议调解仲裁合作，上海奉贤仲裁联合长三角合作城市江苏常州、浙江丽水、安徽六安、安徽淮南、浙江杭州萧山开展了长三角一体化劳动人事争议调解仲裁工作主题实践和业务培训活动。丽水市人力资源和社会保障局获2021年度全省劳动人事争议案件处理工作成绩突出单位。丽水市劳动人事争议仲裁院获全省劳动人事争议仲裁练兵比武团体优胜奖。全市6名仲裁员、6名调解员获全省优秀仲裁员和优秀调解员称号。

【信息化建设】 2021年，人社数字化改革取得显著成效。建成“数字工资”和“智慧仲裁”这2个省厅数字化改革揭榜挂帅项目，坚持整体智治和系统重塑，全面梳理核心业务，开展人社数字化改革“对标争先”行动，2021年8月16日向全省推广应用。打造一批具有丽水特色的“数字化改革”场景应用，提升服务端和管理端的整体智治。美好人社动态监测平台。集成人社智能“三服务”应用场景，为全市个人、企业、基层提供各种人才、就业、惠企等相关资讯、服务。动态监测平台归集劳动力人口基础信息123万，重点群体人员5万多，提供线上服务13万次，政策直达兑现4万余次，求职招聘1.6万余次。丽水社会保障市民卡实现多码融合“一码通城”，提供多场景、协同性、综合性的城市生活服务，构建完善的市民数字化服务体系。智慧大厅实现跨业务协同集成“秒认证”“多方式登录”“语音互动”“视频指引”“小二助手”等数字化创新服务应用，率先实现全省系统办事大厅减窗行动。花园云（城市大脑）驾驶舱完成“基本养老保险”“就业创业与和谐劳动关系”“人才引育”“每日民生”4

个驾驶舱建设。人才码实现人才服务“零材料、零申报、零跑腿、零见面、零时段”“五个零”改革，精准打造“一码汇通，智控专享”服务。就业创业码做到精准识别信息、精准推送服务、精准享受待遇。

【对口支援和结对帮扶】 2021年，丽水市人力社保局积极落实新一轮东西部协作部署，多次赴四川泸州就劳务协作和对口帮扶进行对接，并与泸州人力社保部门签订人力资源合作框架协议；累计与7省22个地市建立劳务协作关系，建立劳务合作站20个。举办东西部扶贫劳务协作系列招聘活动21场，参加活动企业213家，提供岗位7657个，入场11064人，其中贫困家庭劳动力、大学生4000人，签订来丽就业意向协议1118份。持续做好中西部脱贫人员在丽水就业情况核实和帮扶工作，截至2021年年底，共有3.3万名中西部脱贫人员在丽就业。

【获省级以上荣誉】

荣誉集体

1. 2020—2021年度《中国劳动保障报》新闻宣传工作做得好单位

丽水市人力资源和社会保障局

2. 全国人力资源社会保障系统优质服务窗口

丽水市人事考试院

3. 2021年度浙江人社窗口单位业务技能练兵比武三等奖

丽水市人力资源和社会保障局

4. 2021年度浙江人社窗口单位业务技能练兵比武优秀组织奖

丽水市人力资源和社会保障局

5. 第三届马兰花全国创业培训讲师大赛浙江分赛省级选拔赛优秀组织奖

丽水市人力资源和社会保障局

6. 全省劳动人事争议案件处理工作成绩突出单位

丽水市人力资源和社会保障局

丽水市莲都区人力资源和社会保障局

云和县人力资源和社会保障局

缙云县人力资源和社会保障局

7. 全省劳动人事争议“互联网＋调解仲裁”成绩突出仲裁院

缙云县劳动人事争议仲裁院

庆元县劳动人事争议仲裁院

8. 全省劳动人事争议案件处理成绩突出基层调解组织

丽水市劳动人事仲裁院夕阳红调解工作室

龙泉市剑池街道办事处劳动人事争议调解中心

遂昌县云峰街道劳动人事争议调解中心

景宁畲族自治县东坑镇劳动人事争议调解中心

荣誉个人

1. 2021年度全国人社窗口单位业务技能练兵比武“全国人社知识通”

丽水市莲都区人力资源和社会保障局　叶灵垚

2. 2021年度全国人社窗口单位业务技能练兵比武“岗位练兵明星”

青田县人力资源和社会保障局　陈　宇

3. 2021年度浙江人社窗口单位业务技能练兵比武“浙江人社知识通”

丽水市莲都区人力资源和社会保障局　　叶灵垚

松阳县人力资源和社会保障局　　王　颖

4.2021年度浙江人社系统窗口单位业务技能练兵比武竞赛优秀选手

青田县人力资源和社会保障局　　陈　宇

5.全省劳动人事争议案件处理成绩突出仲裁员

丽水市劳动人事争议仲裁委员会　　陶　侃

丽水市劳动人事争议仲裁委员会　　黄力莎

龙泉市劳动人事争议仲裁委员会　　周伟斌

青田县劳动人事争议仲裁委员会　　刘　璇

云和县劳动人事争议仲裁委员会　　厉程锦

庆元县劳动人事争议仲裁委员会　　吴修荣

（吴松平）

重要文件选载

浙江省人力资源和社会保障厅　浙江省发展和改革委员会等18部门关于实施“金蓝领”职业技能提升行动的通知

浙人社发〔2021〕9号

各市、县（市、区）人民政府，省级有关单位：

为深入贯彻习近平总书记关于职业技能培训工作的重要指示精神，扎实推进新时代浙江工匠培育工程，提升我省劳动者职业技能水平和就业创业能力，缓解就业结构性矛盾，推动技能人才队伍不断发展壮大，根据《国务院关于推行终身职业技能培训制度的意见》（国发〔2018〕11号）、《国务院办公厅关于印发职业技能提升行动方案（2019－2021年）的通知》（国办发〔2019〕24号）要求，经省政府同意，决定实施“金蓝领”职业技能提升行动。现就有关事项通知如下：

一、总体目标

以建设全球先进制造业基地为目标，聚焦我省数字经济、先进制造业、民生服务业、现代农业等关键领域，聚焦全省智能制造产业工人、民生服务从业人员、乡村振兴实用人才以及创业就业等重点群体，聚焦我省在“互联网+”、生命健康、新材料三大科创高地建设发展过程中涌现出的新职业新岗位，大规模开展有针对性的职业技能培训，完善政府引导、企业主体、社会参与、劳动者共享的职业技能培训机制，基本建立覆盖城乡劳动者的终身职业技能培训制度。到2023年，全省培训达到300万人次以上。

二、主要举措

（一）实施“金钥”培训计划

聚焦全球先进制造业基地建设，发挥行业企业主体作用，依托职业院校（技工院校，下同）、公共实训基地、行业企业培训中心等载体，实施“金钥”培训计划。将人工智能、物联网、大数据等数字化技术融入智能制造、数字安防、汽车及零部件、绿色化工、现代纺织和服装等先进制造业领域，开展职业技能培训，提高技能人才专业知识水平和解决实际问题能力，打造一支复合型高精尖技术技能人才队伍，加快传统制造产业数字化转型升级，形成与我省全球先进制造业基地建设相匹配的产业工人队伍。到2023年，培训智能制造技能人才30万人次以上，其中数字安防产业技能人才1.5

万人次以上、汽车及零部件产业技能人才 1.2 万人次以上、绿色化工产业技能人才 1.5 万人次以上、现代纺织和服装产业技能人才 0.9 万人次以上；培训电子商务产业技能人才 3 万人次以上。

（二）实施“金服”培训计划

聚焦家政、养老、育婴等生活服务业优化发展以及邮政快递、交通运输、仓储管理、文化和旅游、应急救援等生产服务业提质扩容需求，依托职业院校、民办职业培训机构、行业协会培训中心及产教融合实训基地，实施“金服”培训计划。面向农村转移劳动力、就业困难人员、妇女等群体，重点开展居家服务、养老护理、育婴托幼、邮政快递等市场急需紧缺服务类职业的技能培训。逐步实行生活服务业从业人员持技能等级证书与待遇享受挂钩制度，将职业道德、救护常识、安全意识和法律意识等贯穿培训全过程，可将不具有按月领取城镇职工基本养老金资格的从业人员纳入补贴范围。加强对生产服务业从业人员职业能力、节能环保、健康卫生、安全驾驶等培训，提升其服务生产经营的能力。加快制定服务业各职业（工种）的职业技能标准或行业企业评价规范，建立完善职业技能等级认定和专项职业能力考核制度，改善服务业从业环境，提升从业人员技能素质、拓宽就业渠道，为第三产业结构优化提供有力的技能支撑和人力保障。到 2023 年，培训家政服务行业技能人才 15 万人次以上、养老护理行业技能人才 30 万人次以上、育婴托幼行业技能人才 10 万人次以上、文化和旅游服务行业技能人才 10 万人次以上、道路运输行业技能人才 6 万人次以上、邮政快递行业技能人才 30 万人次以上。

（三）实施“金穗”培训计划

聚焦乡村振兴和现代农业发展人才需求，通过整合省内教育培训资源，依托职业院校、科研院所、乡镇成校、农业龙头企业和农业专业合作社等，构建农民教育培训平台，实施“金穗”培训计划。开展数字农业、农机装备、农村电商以及农业生产技术、服务、管理等内容的职业技能培训，建立农机修理工等农业职业技能等级制度，加强生产型、经营型、技能服务型、社会服务型和技能带动型五类农村实用人才和返乡创新创业人才培训，打造一批“乡村工匠”品牌，培育现代农业发展和新农村建设需要的新时代高素质农民队伍。到 2023 年，培训各类农村实用人才 15 万人次以上，其中高素质农民 2 万人次以上、农民职业技能培训 7 万人次以上。

（四）实施“金创”培训计划

聚焦“大众创业、万众创新”，依托各众创空间、孵化基地、地方研究院、创业学院等创新创业平台载体，实施“金创”培训计划。面向高校学生、退役军人、乡村创业带头人、创业 5 年以内的小微企业主等群体，建设一批创新创业教育培训基地，开展创业创新素质培养、创业项目指导、新业态拓展、创业经营管理等内容的培训，带动新兴产业发展和乡村产业振兴，拓宽就业空间，发挥创业带动就业、稳定就业、提升质量的重要作用。到 2023 年，开展各类群体创业培训 10 万人次以上，其中培育农创客 6000 名以上。

（五）实施“金苗”培训计划

聚焦提升青年群体技能水平，实施“金苗”培训计划。充分发挥职业院校培育青年技能人才的重要作用，结合本校优势专业面向社会青年劳动者开展培训。全面推行企业新型学徒制和现代学徒制，推动企业与职业院校深入合作，联合培养与我省产业发展相适应的储备技能人才。面向高校学生、退役士兵、残疾人、城乡未继续升学的应届初高中毕业生、贫困家庭子女等群体，开展就业技能培训，推动我省青年实现技能就业。到2023年，培养新时代学徒10万名以上，开展高校学生、城乡未继续升学的初高中毕业生就业技能培训5万人次以上，开展退役士兵技能培训2万名以上，开展残疾人职业技能培训6万人次以上。

统筹做好其他行业企业职工技能培训。到2023年，开展国有和国有控股企业职工职业技能培训30万人次以上、小微企业职工职业技能培训30万人次以上、建筑业从业人员职业技能培训30万人次以上、高危行业企业从业人员和各类特种作业人员安全技能培训60万人次以上。

三、完善体制机制

（一）建立健全技能培训工作机制

以企业职工、农村转移就业劳动者、城乡未继续升学的初高中毕业生、失业人员、退役士兵、残疾人、就业困难人员、有培训需求的高校毕业生、职业农民等群体为重点培训对象，完善技能培训工作机制。组织建立职业能力标准开发指导委员会，开发职业技能标准、培训规范，构建新时代职业标准制度体系。深化职业技能培训工作“放管服”改革，实施职业技能培训目录清单管理，引导劳动者按需自主选择培训，落实各项培训补贴政策。依托新时代浙江工匠信息平台，拓展信息查询、培训目录发布、补贴发放、资金监管等一体的管理服务信息功能，为“金蓝领”职业技能提升行动提供评估监测服务。人力社保部门和行业主管部门要定期发布人才需求、就业岗位等信息，引导行业企业职工积极参加培训。人力社保部门和行业主管部门要组织制定培训标准，组织企业、行业协会和社会组织开展职业技能等级认定，经认定取得的职业技能等级证书统一纳入全省和全国职业技能等级证书系统。支持指导企业重点抓好职工岗前培训、技能提升培训和开展职业技能等级认定。职业院校要切实承担社会培训职责，积极主动开展社会培训，社会培训人次与学制教育人数比要达到1.2:1以上。充分发挥社会力量办学的重要补充作用，支持鼓励其开展技能培训。民办技能培训机构在招生、补贴政策等方面与公办技能培训机构享受同等待遇。积极推进“互联网+职业技能培训”，逐步建立“技能学分”制度，完善技能人才继续教育体系。

（二）调动企业开展技能培训积极性

支持企业建立职工培训中心，将符合条件的优先列入公共实训基地建设范围。企业依法提取职工教育经费，并按规定用于培训中心、技能大师工作室建设。积极推行项目制培训，支持企业根据自身实际确定培训项目、制订培训方案，向失业保险缴费地人力社保部门或行业主管部门申报开展项目制培训并经备案后，自主开展项目制培训，经考核合格的，核发培训合格证书。企业按规定享受培训补贴，各地可结合实际情况先行拨付最高50%的培训补贴资金。鼓励企业与参训职工通过友好协商的方式，结合实际确定培训时间和培训期间的相关待遇。企业职工经培训后提前解除劳动合同，违反服务期规定的，职工应向企业支付违约金，违约金的数额按企业实际支出的培训费用支付。

（三）完善培训补贴等政策

各地要按职业（工种）紧缺程度、技能复杂程度、等级高低等因素，适时调整培训补贴标准。对劳动者参加社会培训或自学取得职业技能等级证书（职业资格证书）的，给予个人培训补贴。对企业职工取得培训合格证书的，各地可按补贴目录清单中相应培训类别给予企业补贴。培训补贴原则上每人每年享受不超过3次，同一职业同一等级不可重复享受。鼓励企业建立高技能人才技能津贴制度，指导标准按高级工500元/月、技师800元/月、高级技师1200元/月、特级技师2000元/月执行。

四、保障措施

（一）加强组织领导

“金蓝领”职业技能提升行动是今后一个时期我省职业技能培训工作的重点，各级政府要将“金蓝领”职业技能提升行动工作开展情况纳入人才工作述职评议考核内容。各地要在就业工作领导小组框架下，围绕技能人才培养、引进、评价、使用、激励等环节，健全“金蓝领”职业技能提升行动工作协调机制，实现高技能领军人才重点抓、产业技能人才行业抓、地方技能人才属地抓、企业技能人才主体抓的齐抓共管技能人才培育体系。人力社保部门牵头抓总技能人才培养工作，负责政策协调、组织推动和质量监管，做好普惠兜底培训；发展改革部门负责支持有条件的院校推进产教融合实训基地、职业技能培训基地等基础能力建设；财政部门负责资金保障和筹集整合，组织指导相关部门对资金实施全过程预算绩效管理；行业主管部门按照“谁主管、谁培训、谁负责”的原则，组织本行业劳动者按需参加培训。各相关部门要建立工作报告制度，加强统计分析和监测研判，完善政策措施，保障培训有序开展。

（二）建立评价监督制度

建立政府、企业、培训机构和劳动者共同参与的质量评价机制，鼓励第三方机构参与职业技能培训的监督评估工作，监督评估结果向社会公开，引导劳动者选择优质职业技能培训机构参加培训。建立培训机构、培训对象的信用综合监管机制，记录认定机构、企业和个人虚报、隐瞒、伪造等不正当手段骗取培训补贴的不良信息，共享至省公共信用平台，纳入主体信用档案，实施信用约束。

（三）营造社会氛围

各地各有关部门要依托融媒体、基层公共服务平台等，广泛宣传“金蓝领”职业技能提升行动各项政策，加强政策解读，提高政策知晓度和惠及面。有关部门、职业院校、培训机构要设立职业技能培训线上线下服务窗口，为劳动者提供培训政策咨询、培训内容指导、培训机构选择、培训补贴申领等服务。要大力弘扬劳模精神和工匠精神，提高技术工人待遇，加大技能人才激励表彰力度，增强职业技能培训吸引力，进一步营造技能报国、技能成才的社会新风尚。

本通知从印发之日起实施。

附件：“金蓝领”职业技能提升行动重点任务分工

浙江省人力资源和社会保障厅
浙江省发展和改革委员会
浙江省经济和信息化厅
浙江省教育厅
浙江省民政厅
浙江省财政厅
浙江省住房和建设厅
浙江省交通运输厅
浙江省农业农村厅
浙江省商务厅
浙江省文化和旅游厅
浙江省卫生健康委员会
浙江省退役军人事务厅
浙江省应急管理厅
浙江省人民政府国有资产监督管理委员会
浙江省市场监督管理局
浙江省邮政管理局
浙江省残疾人联合会
2021 年 1 月 22 日

附件

“金蓝领”职业技能提升行动重点任务分工

序号	工作内容	牵头单位	配合单位
1	基本建立覆盖城乡劳动者的终身职业技能培训制度，到2023年，全省培训达到300万人次以上。	省人力社保厅	各行业主管部门
2	到2023年，培训智能制造产业技能人才30万人次以上，其中数字安防行业技能人才1.5万人次以上、汽车及零部件行业技能人才1.2万人次以上、绿色化工行业技能人才1.5万人次以上、现代纺织和服装行业技能人才0.9万人次以上。	省经信厅	省人力社保厅
3	到2023年，培训电子商务行业技能人才30万人次以上，培训家政服务行业技能人才15万人次以上。	省商务厅	省发展改革委、省人力社保厅
4	到2023年，培训养老护理行业技能人才30万人次以上。	省民政厅	省人力社保厅
5	到2023年，培训育婴托幼行业技能人才10万人次以上。	省卫生健康委	省人力社保厅
6	到2023年，培训文化和旅游服务行业技能人才10万人次以上。	省文化和旅游厅	省人力社保厅
7	到2023年，培训道路运输行业技能人才6万人次以上。	省交通运输厅	省人力社保厅
8	到2023年，培训邮政快递行业技能人才30万人次以上。	省邮政管理局	省人力社保厅
9	到2023年，培训各类农村实用人才15万人次以上，其中高素质农民2万人次以上、农民职业技能培训7万人次以上。	省农业农村厅	省人力社保厅、省教育厅、省商务厅
10	到2023年，开展各类群体创业培训10万人次以上，其中培育农创客6000名以上。	省人力社保厅	省教育厅、省退役军人事务厅、省农业农村厅
11	到2023年，培养新时代学徒10万名以上。	省人力社保厅、省教育厅	各行业主管部门
12	到2023年，开展高校学生、“两后生”就业技能培训5万人次以上。	省教育厅	各行业主管部门
13	到2023年，开展退役士兵技能培训2万名以上。	省退役军人事务厅	省人力社保厅
14	到2023年，开展残疾人职业技能培训6万人次以上。	省残联	省人力社保厅
15	到2023年，开展国有和国有控股企业职工职业技能培训30万人次以上。	省国资委	省人力社保厅
16	到2023年，开展小微企业职工和个体工商户职业技能培训30万人次以上。	省市场监管局	省人力社保厅
17	到2023年，开展建筑行业职业技能培训30万人次以上。	省建设厅	省人力社保厅
18	到2023年，开展高危行业企业从业人员和各类特种作业人员安全技能培训60万人次以上。	省应急管理厅	省市场监管局
19	组织建立职业能力标准开发指导委员会，开发国家职业技能标准、省级评价规范。	省人力社保厅	各行业主管部门
20	实施职业技能培训目录清单管理，落实各项培训补贴政策。	省人力社保厅	各行业主管部门
21	发布人才需求、就业岗位等信息，引导行业企业职工积极参加培训。	省人力社保厅	各行业主管部门
22	组织制定培训标准，组织企业、行业协会和社会组织开展职业技能等级认定。	省人力社保厅	各行业主管部门

续表

23	职业院校社会培训人次与学制教育人数比达到1.2：1以上。	省教育厅	省人力社保厅
24	积极推进“互联网+职业技能培训”，逐步建立“技能学分”制度，完善技能人才继续教育体系。	省人力社保厅	各行业主管部门
25	企业依法提取职工教育经费，并按规定用于培训中心、技能大师工作室建设。	省人力社保厅、省财政厅、省总工会	省发展改革委、省教育厅、省科技厅、省国资委、省税务局、省工商联、各行业主管部门
26	企业申报开展项目制培训，按规定享受培训补贴，各地可结合实际情况先行拨付最高50%的培训补贴资金。	省人力社保厅、省财政厅	各行业主管部门
27	组织劳动者经培训取得职业技能等级证书（职业资格证书）的，按职业工种紧缺程度、技能复杂程度、等级高低等因素，设置培训补贴区间标准。	省人力社保厅、省财政厅	各行业主管部门
28	依托新时代工匠信息平台，拓展信息查询、培训目录发布、补贴发放、资金监管等一体的管理服务信息功能。	省人力社保厅	省财政厅
29	建立培训机构、培训对象的信用综合监管机制，实施信用约束。	省人力社保厅	省发展改革委、省市场监管局、各行业主管部门
30	将“金蓝领”职业技能提升行动工作开展情况纳入人才工作述职评议考核内容。	省人力社保厅	各行业主管部门

浙江省人力资源和社会保障厅关于印发刘国富同志在全省人力资源和社会保障工作会议上的讲话和2021年全省人力资源社会保障工作要点的通知

浙人社发〔2021〕13号

各市、县（市、区）人力资源和社会保障局，厅机关各处室、直属各单位：

2021年3月9日上午，全省人力资源和社会保障工作电视电话会议在杭州召开，会议深入学习贯彻习近平总书记重要讲话精神和党的十九届五中全会精神，认真落实省委十四届七次、八次全会精神，以及全国人社工作会议部署要求，全面总结2020年工作，分析当前形势，研究部署2021年和“十四五”时期全省人力资源和社会保障重点工作。厅党组副书记、副厅长刘国富代表厅党组作了题为《强化政治建设 强化担当作为在忠实践行“八八战略”、奋力打造“重要窗口”中交出人社事业发展高分报表》的工作报告。

现将刘国富同志工作报告、《2021年全省人力资源和社会保障工作要点》印发给你们，请结合实际认真贯彻落实。

浙江省人力资源和社会保障厅

2021年3月16日

强化政治建设 强化担当作为 在忠实践行“八八战略”、奋力打造“重要窗口”中交出人社事业发展高分报表

——在全省人力资源和社会保障工作电视电话会议上的讲话

刘国富

（2021年3月9日）

这次会议的主要任务是：深入学习贯彻习近平总书记重要讲话精神和党的十九届五中全会精神，认真落实省委十四届七次、八次全会精神，以及全国人社工作会议部署要求，全面总结2020年工作，分析当前形势，研究部署2021年和“十四五”时期全省人力资源和社会保障重点工作。下面，我讲四点意见。

一、攻坚克难，砥砺奋进，2020年全省人力资源和社会保障工作取得显著成绩

2020年是新中国历史上极不平凡的一年。面对繁重的改革发展任务和复杂的国内国际形势，特别是新冠肺炎疫情的严重冲击，全省人社系统坚持以习近平新时代中国特色社会主义思想为指导，认真贯彻落实中央和省委省政府关于统筹推进疫情防控和经济社会发展的决策部署，围绕“六稳”“六保”目标任务，扎实开展“三服务”活动，准确研判形势，果断采取行动，在危机中开新局、在担当中展作为，全省人力资源和社会保障事业取得显著成效。

（一）深入开展“十省百市千县”省际劳务合作，全力保障企业复工复产。针对疫情导致的省外员工返岗难问题，我们坚决贯彻落实省委省政府“两手硬、两战赢”决策部署，第一时间牵头成立企业员工返岗专班，深入开展“十省百市千县”省际劳务合作，与劳务输出大省签订劳务合作协议，全省派出361个工作组1600余人赴输出地对接工作，全力打通健康码互认、交通运输、员工组织等难点堵点，多措并举组织员工有序返岗。在全国率先开通专列和包机，通过专车、专列、包机等方式接返外省员工98万人，居全国第一。同时，充分发挥市场力量，采取“政府+人力资源服务机构+企业”形式，发动全省3000多家人力资源服务机构开展线上线下用工服务，助力企业复工复产，圆满完成复工企业用工保障阶段性目标任务，得到省委省政府主要领导充分肯定。袁家

军书记专门批示:“担当作为、成效明显”。

(二)把稳就业保就业放在首要位置,保持就业局势总体平稳。我们积极应对疫情带来的严峻挑战,千方百计稳定和扩大就业,着力防范化解规模性失业风险。全省城镇新增就业111.8万人,城镇调查失业率4.3%。出台《关于进一步做好稳就业工作的实施意见》。开展“百日千万网络招聘行动”,组织高校毕业生参加见习3万人。通过“先上岗、再考证”等措施,积极做好疫情期间事业单位公开招聘高校毕业生工作。各地积极开展劳动力余缺调剂,探索“共享用工”模式,开发“人力宝直聘”“海兼职”等平台,有效缓解劳动力余缺矛盾。加大创业扶持力度,发放创业担保贷款33.8亿元,扶持创业4.1万人。实施扩大失业保险保障范围政策,向38万参保失业人员发放失业保险金和15万人发放失业补助金。深入开展东西部扶贫劳务协作,开发爱心岗位6.2万个,1.2万名建档立卡人员来浙就业,超额完成国家下达的目标任务,为决战决胜脱贫攻坚贡献了浙江力量。省就业管理中心和宁波市就业管理中心被评为全国脱贫攻坚先进集体。

(三)以新时代浙江工匠培育工程为抓手,全面提升技能人才队伍建设水平。出台《关于实施新时代浙江工匠培育工程的意见》。实施职业技能提升行动,支持鼓励企业开展线上技能培训,出台以工代训政策,帮助企业稳定岗位。全年开展职业技能培训168.6万人次。积极推进企业、社会培训评价组织开展技能等级认定试点,共888家职业技能等级认定机构开展试点,11.2万人取得技能等级证书,居全国第三。全省新增高技能人才23.64万人。新设立技师学院6所,筹建技师学院2所,全省招生5.6万人,同比增长13%,在校生数达到17.4万人,创历史新高。成功举办以“时代点燃梦想,技能改变人生”为主题的首届浙江技能大赛,进一步营造了技能成才、技能报国的浓厚社会氛围。我省选手在全国第一届职业技能大赛中获得5金7银7铜的优异成绩,团体总成绩位居全国第四。

(四)创新方式引育人才,加大人才供给支撑。我们抢抓窗口机遇,大规模开展“云招聘”“云路演”“云签约”“云评审”“云分享”活动。完成浙江引才云一期建设,打造权威人才需求信息发布主渠道。全年引进各类人才126万人,其中大学生115万人。牵线嘉兴市与北京理工大学合作共建高能级人才平台。全年新设立企业博士后工作站171家,新增博士后1612人。出台《浙江省职称评审管理实施办法》,进一步推进工程领域职称社会化评价改革,推进企业科研人员自主评聘改革试点。出台《事业单位工作人员培训实施办法》。人力资源服务业加快发展,全年实现营收1852亿元,发布全国首个行业发展白皮书,制定行政许可承诺办法和产业园创建评估办法。同时,制定义务教育教师工资收入与公务员比较口径,实现不低于当地公务员平均工资水平。认真做好疫情防控一线医务人员待遇保障和抗击疫情表彰奖励工作,落实一线医务人员提前晋升专业技术岗位等激励政策。

(五)着力完善政策制度,促进社会保障可持续发展。按照中央关于改革和完善基本养老保险制度的总体部署,以省政府名义出台《关于规范企业职工基本养老保险省级统筹制度的实施意见》。依法规范被征地农民参加基本养老保险工作,在省委省政府的高度重视和高位部署推动下，我们严格按照国家规定，科学制定政策，坚持专班运作、系统联动、连续作战，各地以高度的政治自觉和行动自觉，在最短时间内推动被征地农民参保政策平稳落地，确保了社会面的整体稳定。同时，积极打好社保减负组合拳，全年共为企业减负1176亿元。按照国家部署调整全省退休人员基本养老金水平，调整城乡居民基本养老保险基础养老金最低标准，每月提高10元达到每月165元。首次开展工伤保险基金省级调剂，出台《关于创建工伤预防常态化工作机制的指导意见》。开展职业年金基金市场化投资运营和城乡居民基本养老保险基金委托投资。上线社保省集中系统，为全面实施省级统筹提供信息化支撑。开展全省失业保险基金管理内控专项检查，全面实施社保基金第三方审计和基金安全评估。

（六）以防范化解矛盾纠纷为重点，维护劳动关系和谐稳定。我们坚持“双维护”原则，加强疫情期间劳动关系指导协调，明确疫情防控期间劳动关系相关政策解答口径，合理平衡企业和职工双方的权益。制定出台《浙江省共享用工培育规范指引》。认真总结我省贯彻习近平总书记关于农民工工作“八个有”的经验做法，扎实做好为农民工服务工作。深化“浙江无欠薪”行动，建设企业工资支付监管平台，在1万多个在建工程建设项目中推广应用。全省90个县（市、区）全部达到“无欠薪”标准，我省在2017—2019年国务院对省级政府年度保障农民工工资支付工作考核中连续三年位居第一。积极稳妥处置众泰汽车股份有限公司欠薪等重大事件。充分发挥浙江劳动人事争议调解仲裁网络平台优势，引导劳动者在线维权，稳妥处理劳动纠纷，90%的案件在仲裁阶段案结事了。

（七）以“最多跑一次”改革为牵引，加快推进数字化转型。我们全面梳理制定全省人社政务服务事项清单（2020年版），开展政务服务2.0建设。实施“对标争先、改革创新”行动，坚持省市联动，推动人社重点领域和关键环节改革任务落地见效。推动群众企业“一件事”改革，制定出台12个“一件事”办理规范。会同省委组织部，牵头实施事业单位工作人员职业生涯全周期管理“一件事”改革，相关经验做法被人社部发文推广。大力开展人社系统“减窗行动”，全省系统人工办事窗口数量同比减少57%。制定《银行办理社保经办业务服务指引》地方标准，进一步规范“社银合作”。扎实开展人社服务快办行动，强化系统行风建设，组织开展窗口业务技能大练兵大比武活动，荣获全国人社窗口单位业务技能统一在线比试团体一等奖。

同志们，过去一年取得的成绩来之不易，根本在于习近平新时代中国特色社会主义思想的科学指引，是省委省政府坚强领导的结果，离不开各级党委政府的高度重视，离不开各有关部门单位的大力支持，凝结着全系统干部职工的心血和汗水。在此，我代表厅党组向各级党委政府、向有关部门单位和全系统干部职工表示崇高的敬意和诚挚的感谢。

二、提高政治站位，强化政治担当，深刻把握中央和省委各项决策部署对人社事业发展提出的新要求

党的十九届五中全会作出了“十四五”时期我国将进入新发展阶段的重大战略判断，强调要坚定不移贯彻新发展理念，加快构建以国内

大循环为主体、国内国际双循环相互促进的新发展格局，推进国家治理体系和治理能力现代化，为未来5年乃至15年的发展擘画了新蓝图。省委十四届八次全会深入贯彻党的十九届五中全会精神，吹响了忠实践行“八八战略”、奋力打造“重要窗口”，争创社会主义现代化先行省的奋进号角。我们要认真学习贯彻中央和省委全会精神，从全局和战略的高度，深入把握中央和省委各项决策部署对人社事业发展提出的新要求，切实增强贯彻落实的思想自觉和行动自觉。

一要立足新发展阶段，提高站位，着眼长远，找准人社工作新定位。党的十九届五中全会指出，当前和今后一个时期，我国发展仍然处于重要战略机遇期，但机遇和挑战都有新的发展变化，要深刻认识社会主要矛盾变化带来的新特征新要求，推动高质量发展，更好满足人民日益增长的美好生活需要。省委十四届八次全会提出，新发展阶段的浙江要继续干在实处、走在前列、勇立潮头，必须更加坚定自觉地担负起“五大历史使命”，必须抓紧抓牢抓实“十三项战略抓手”。从全局来看，新发展阶段人社工作的基础地位更加突出，支撑保障作用更加凸显。我们要深刻理解和准确把握新发展阶段的基本内涵和重大意义，主动适应新发展阶段，不断完善人社事业发展体制机制，更好满足人民对美好生活新期待，不断增进民生新福祉。

二要主动融入新发展格局，突出重点，精准发力，发挥人社职能新优势。构建新发展格局的核心是要畅通国民经济循环，使生产、分配、流通、消费更多依托国内市场。我们要站在战略的高度，积极探索服务和支撑构建新发展格局的人社路径。要坚持把保障和改善民生作为畅通国内大循环的出发点和落脚点，着力补齐人社领域民生短板弱项，适应人民群众需求变化，增强高质量发展的内生动力，推动共同富裕取得实质性进展。要大力引育高层次人才，激发各类人才创新创造活力，为科技自立自强提供坚实支撑。要以实施“技能中国”行动为契机，大力培育新时代浙江工匠，为提升制造业价值链提供更多高素质技能人才。要坚持以改善民生为导向，着力稳定和扩大就业，完善社会保障体系，提升劳动关系治理能力，不断扩大中等收入群体，提高居民消费能力和意愿。

三要深刻剖析深层次问题，敢于碰硬，勇于突破，实现人社事业高质量发展。当前我省人社事业高质量发展仍面临一些深层次矛盾和问题。比如，就业结构性矛盾依然突出，“技工荒”现象依然存在；能够解决“卡脖子”技术难题的高端人才仍然紧缺，技能人才的规模和结构还不能满足浙江经济高质量发展的现实需要；在企业职工基本养老保险省级统筹后，还要进一步增强社保基金的可持续能力，让更多符合条件的劳动者能够拥有更加可靠的社会保障；新经济、新业态、新模式对就业和劳动关系工作带来新挑战；数字化改革还需要进一步谋深谋实，找准改革的突破口和切入点，更好撬动全领域改革。我们要直面问题，深入剖析，找准症结，深化改革创新，努力把工作短板变成事业发展“潜力板”，推动人社事业高质量发展。

三、坚持改革创新，强化担当作为，努力交出人社事业发展高分报表

当前和今后一段时期，全省人力资源社会保障工作必须紧扣忠实践行“八八战略”、奋力

打造"重要窗口"，争创社会主义现代化先行省，在围绕中心中找准方向，在服务大局中精准定位，在深化认识中把握规律，坚持以人民为中心，立足新发展阶段，贯彻新发展理念，融入新发展格局，突出改革引领作用，持续强化高质量发展人才支撑，更好保障和改善民生，不断提升人社治理现代化水平，奋力打造十个浙江样板，形成浙江人社十大标志性成果，努力交出人社事业发展高分报表。

（一）全面推进人社数字化改革。数字化改革是"最多跑一次"改革和政府数字化转型基础上的迭代深化，是从数字赋能到制度重塑的新跨越，是从重点突破向整体智治的新跨越，是重大集成创新的硬核改革。我们要统筹运用数字化技术、数字化思维和数字化认知，充分运用人社领域在推进"最多跑一次"改革和政府数字化转型过程中形成的理念、方法和经验，按照全省数字化改革"1+5+2"部署和"125"要求，加强顶层设计，举全系统之力，构建人社系统整体高效的政务运行体系、全域智慧的协同治理体系、优质便捷的政务服务体系、公平公正的执法监管体系、智能科学的决策指挥体系，打造"整体智治、唯实惟先、高效协同、系统集成"的"数字人社"，在全省数字化改革中"争先进、得高分"。今年重点是要在全面梳理业务"422"的基础上，推进核心业务数字化，形成核心业务全覆盖、省市县全贯通的数字化系统体系；全力推进业务、数字赋能、闭环管控的数字化系统集成，打造数字就业、智慧技能一体化、人才服务枢纽和民生服务"一卡通"等综合应用；初步建立数字化监管、决策和指挥体系，实施政策监管、执法监管、风险监管和服务监管，打造人社数字化整体智治的浙江样板。

（二）打造更充分更高质量就业的浙江样板。我们要坚持就业优先导向，努力稳定和扩大就业，全年城镇新增就业80万以上，调查失业率控制在5.5%以内。大力实施创业带动就业工程，推广"网红"创业培训，进一步探索推动乡村合作创业，做精做强"奇思妙想浙江行"品牌，全年发放创业担保贷款35亿元，扶持创业5万人，带动就业15万人。出台支持灵活就业的政策，强化新业态就业人员服务保障。巩固深化省际劳务合作，实现劳务合作中西部省份全覆盖，新建省外劳务合作工作站30个，深入开展劳动力余缺调剂，全年开展2000场以上，切实保障企业用工需求。千方百计帮扶重点群体就业，实施万名高校毕业生基层成长计划和百万大学生实习就业行动，开发1万个爱心岗位，精准帮扶困难人员就业。充分发挥失业保险促就业、保生活作用，阶段性降低工伤、失业保险费率，实施失业保险费稳岗返还，保障失业人员基本生活。创建数字就业服务的新模式，加强就业形势监测分析，强化基层就业公共服务，统筹推进创业型城市、高质量就业社区（村）创建，新建高质量就业社区（村）500个，进一步提高就业质量。

（三）构筑支撑高质量发展的人才蓄水池。全面贯彻人才强省、创新强省首位战略，聚焦重大项目和重大平台，拓宽引才渠道，搭建引才平台，更大力度、更加精准地引进各类人才。全省联动举办线上线下引才活动1万场，引进大学生100万名、海外人才3万名。进一步加强专业技术人才队伍建设，深化职称制度改革，推进工程领域社会化评价和人才智力密集企事业单位自主评聘改革，建立关键核心技术人才职称评审"直通车"机制。实施省"万人计划"

青年拔尖人才、高技能人才遴选和专业技术人员知识更新工程。实施“万名博士集聚行动”，全年引进和培养博士后2200名，落实提高博士后资助标准政策。聚焦“互联网+”、生命健康、新材料等战略新兴产业和增强产业链供应链自主可控能力，以解决企业核心技术“卡脖子”问题为导向，切实做强做优博士后工作，提升服务经济高质量发展的贡献度。目前全国每年只招收2.5万名博士后，名额很有限，竞争很激烈，今年省里大幅提高了对博士后的资助标准，各地要充分认识博士后工作对于提高区域经济竞争力的重要性，加大配套支持力度，采取超常规举措，紧贴当地主导产业发展需求，发扬“拼抢”精神，推动国内知名高校、科研院所和企业新建不少于150家博士后工作站。要下大力气破解博士后工作站“空站”问题，进一步发挥企业引进博士后主体作用，加强考核管理，对“空站”时间较长的工作站要予以撤销。各地要进一步加大力度，整合资源，面向全国招引博士后，提升博士后工作站建站质量，力争用三年时间打造博士后服务科技自立自强的浙江样板。人力资源服务是提升人力资本的重要途径，也是培育新增长点、形成新动能的重要领域，大力发展高端人力资源服务业对于建设协同发展的现代产业体系具有重要意义。坚持育优扶优引优，大力实施“三优三百计划”，遴选100家专业化服务水平突出的人力资源企业，列入首批人力资源服务业“育优”企业名单，各地要加大对“育优”企业的政策支持力度，引导人力资源服务向价值链高端延伸。持续发布行业发展白皮书，重点推介人力资源服务业综合实力和猎头100强“扶优”榜单，扶持上榜企业做大做强。编制全球和全国人力资源服务业100强“引优”企业目录和优势业务推介，各地要聚焦服务区域经济发展，面向全球，加大招商引资力度，全年引进全球百强20家，全国百强30家，力争用三年时间打造人力资源专业化服务的浙江样板。研究制定县以下事业单位管理岗位职员职务职级等级晋升政策。推进事业单位绩效工资制度改革，探索有利于我省高校高水平发展的薪酬制度体系，探索对高层次人才的工资分配激励政策。出台进一步加强评比达标表彰工作的规范管理办法，落实功勋荣誉表彰奖励获得者待遇，在全省开展创建示范活动清理规范工作，探索创建示范活动规范管理机制。

（四）深入实施“技能浙江”行动。对标国际标准，向世界制造业强国看齐，深入推进“技能浙江”行动，推动技能人才提质增量，打造与建设全球先进制造业基地相匹配的高技能人才集聚地。全年培养高技能人才20万人，其中技师、高级技师5万人以上。出台《浙江省技工教育提质增量行动计划》、一流技师学院建设标准等政策，启动一流技师学院建设，实现万人技师学院零的突破，力争到2025年建成15所万人技师学院。实施实训基地建设行动，实现实训基地县域全覆盖，推进公共实训基地改造升级。实施新时代工匠遴选行动，遴选一批浙江工匠骨干人才。依托浙江大工匠等高技能人才，高水平建设10个技能创新工作团队，开展技术技能新标准研究，推进技术技能创新和成果转化。实施“金蓝领”职业技能提升行动，全年培训110万人次以上。组织全省技工院校重点面向四川、湖北、贵州等对口协作地区，采取联合招生、合作办学等形式，招引万名学生来浙就读就业；引进中西部地区职业院校万名制造类专业毕业生，来我省通过企业新型学徒制培养提升岗位技能并就业。实施职业技能竞赛锤炼行动，全年组织开展百项千场职业技能竞赛，带动全省百万企业职工学技能、练技能。全省系统要上下联动，聚力改革，力争用五年时间打造技能人才量质并举的浙江样板。

（五）完善更加公平更可持续的社会保障体系。落实中央关于社会保障工作的决策部署，实施规范企业职工基本养老保险省级统筹制度，实行基金全省统收统支，落实基金预算管理和责任分担机制，出台考核奖惩办法，确保企业职工基本养老保险省级统筹制度有效执行，打造企业职工基本养老保险省级统筹的浙江样板。研究制定适应新型就业形态的参保缴费政策。各地要对本地养老保险工作负总责，促进灵活就业人员、新业态从业人员参加养老保险，进一步夯实缴费基数，按照规定承担支出责任，做到应保尽保、应收尽收。制定出台全省城乡居保基金省级管理政策，建立长效机制，通过对个人账户结余基金进行省级集中管理、统筹安排委托投资运营计划实现基金保值增值，各地要严格执行政策规定，及时归集基金，促进城乡居保制度可持续发展。适时适度提高城乡居保基础养老金水平，探索建立鼓励城乡居民多缴费、长缴费的激励机制，推动城乡居民个人账户养老金稳步增长。进一步完善社保系统“省集中”建设，全省各项企业职工基本养老保险业务统一在省集中信息系统经办、管理，实现参保登记、权益记录、转移接续、待遇领取等业务全省标准统一、流程规范、在线办理、异地通办，不断提高经办服务能力，为实现全国统筹奠定基础。建立省级统筹运行情况实时监控分析体系，探索以信用为基础的智能经办管理服务模式，建设独立的社保经办稽核风险防控系统，强化基金运行风险防范，加强社保基金精算管理和监测预警，守住基金安全的底线。坚持把维护好工伤职工的合法权益作为底线，提高对新业态从业人员职业伤害保障工作规律性的认识，坚持“政策规定一致、待遇标准相同”原则，率先创建新业态从业人员职业伤害保障机制，确保新业态受伤劳动者得到更好保障，打造新业态从业人员职业伤害保障的浙江样板。认真落实创建工伤预防常态化工作机制指导意见，坚持以数据为中心，以工伤为主线，分行业、分产业创新举措，加强制度供给，整体谋划，系统推进，切实做到一期一分析、一事一排查、一地一标杆、一区一平台，有效降低工伤发生率，在全国率先建立可操作、可监管、可评价、可推广的工伤预防常态化工作机制。

（六）打造和谐劳动关系浙江样板。要进一步加强劳动关系源头治理，健全劳动关系协调机制，加强协调劳动关系三方机制建设，全面落实劳动合同制度，努力推广电子劳动合同，依法保障劳动者和企业双方的权益。进一步优化新业态劳动用工服务政策，引导新业态劳动用工规范有序。实施“和谐同行”三年行动计划，对10万家企业开展劳动用工体检，组织培训10万名劳动关系协调员，全省创建和谐企业1万家。以实施“浙江安薪”工程和20%的“无欠薪”县（市、区）复评考核为重点，纵深推进“浙江无欠薪”行动，让企业安心用工、职工安“薪”就业，打造具有浙江辨识度的“浙江无欠薪”样板。发扬“新时代枫桥经验”，实施仲裁效能提升行动，推进劳动争议纠纷多元化解，以集中治理重复信访、化解信访积案为抓手，着力化解信访突出问题，切实扎紧风险防范化解的管控闭环。适时适度调整最低工资标准，促进低收入劳动者特别是农民工收入较快增长。大力推广企业工资集体协商制度，强化技能人才工资收入激励机制，促进企业建立健全工资共决机制和正常增长机制，努力扩大中等收入群体规模，为我省率先构建共同富裕的体制机制增添活力。

（七）打造人社政务服务浙江样板。要加快构建线上线下融合的智能化、集成化、人性化政务服务体系。持续推进政务服务标准化，健全事项清单、业务标准迭代升级的常态化机制，业务标准保持全国领跑。大力实施信息化便民服务创新提升行动，加快完善全省统一的一体化业务经办平台，依申请政务服务事项 90% 实现“全省通办”、100% 实现“掌上办”。新增社保医保联办、职业技能培训等“一件事”，推进工伤处理、退休等“一件事”迭代升级，力争将工伤处理“一件事”打造为覆盖业务链条最完整的全国标杆。率先实施《银行办理社保经办业务服务指南》省级地方标准，规范社银合作，建成 1 万个合作网点。制定提升基层人社服务能力的意见，将民生事项 100% 下沉基层，方便群众企业就近办事。坚持传统服务与智能化服务“两条腿”走路，探索运用 5G 技术进行远程帮办，对线上平台进行适老化改造，主动为老年人提供绿色通道、上门办理等关爱服务。建设社会保障卡“一卡通”，重点以社会保障卡为载体建立居民服务“一卡通”，在交通出行、旅游观光、文化体验等方面率先实现“同城待遇”。加快推进电子社保卡的签发力度，2021 年底签发率达到 60% 以上。

四、真抓实干，狠抓落实，确保圆满完成全年各项工作目标

一分部署，九分落实。“落实”二字重千钧，关系到全年各项工作目标任务能否高质量完成，关系到全省人社事业发展能否交出靓丽的高分报表。我们要发扬求真务实、真抓实干的优良作风，拿出抓铁有痕、踏石留印的韧劲，以钉钉子精神一锤接着一锤敲，确保各项工作部署和重大改革任务落到实处。

（一）要提高站位抓落实。习近平总书记反复强调，领导干部要崇尚实干、狠抓落实，着力提高抓落实能力。党员领导干部是否具有忠诚干净担当的政治品格，最终要体现到抓落实上，不抓落实，再好的目标、再美的蓝图也只是镜中花、水中月。我们要站在忠实践行“八八战略”、奋力打造“重要窗口”的高度，切实增强抓落实的使命感和责任感，把狠抓落实内化为思想自觉和行动自觉，带着使命、带着责任、带着感情狠抓各项工作落实，努力把美好蓝图变成实践样板。

（二）要系统谋划抓落实。加强系统谋划是抓工作落实的前提和基础，没有对工作进行前瞻性思考和全局性谋划，就会方向不明、目标不清，抓落实就是一句空话、就会无的放矢，不能眉毛胡子一把抓，也不能脚踏西瓜皮、滑到哪里算哪里。要着眼大局，把握趋势，运用系统思维，聚焦全省人社领域要打造的十大标志性成果，坚持问题导向，充分开展调查研究，加强系统研究谋划，形成推进工作的指标体系、工作体系、政策体系、评价体系，找准发力点，把抓落实的“靶子”牢牢竖起来、立起来。

（三）要提升水平抓落实。提高业务水平是

抓工作落实的能力保障，是确保抓落实的各环节落到底、走到位，少走弯路的核心要求。业务能力不强、工作水平不高，即使看准了方向、明确了目标，也只能是纸上谈兵、夸夸其谈。要着力增强工作本领和业务水平，深刻领会党委政府和上级部门的部署要求，认真吃透相关文件政策精神，全面掌握基层工作实际情况，把工作落实的难点、障碍、短板搞清楚，找到工作推进的切入点和突破口，采取有力措施加以推进，从而抓出实实在在的工作成效。

（四）要争先创优抓落实。抓工作落实不能按部就班、墨守成规，依赖惯性思维，以前怎么抓、现在还是怎么抓，以前抓什么、现在还是抓什么。要树立“没有走在前列也是一种风险”的忧患意识，强化勇于争先、主动创优的担当意识，创造性地抓好各项工作落实落地。要开阔眼界，主动对标对表，把各项工作在全国的位置搞清楚，对标国际，争创一流。针对新发展阶段出现的新情况和新问题，要积极转变工作思路，创新方法和载体，解放思想、勇于尝试、大胆突破，努力营造争先创优抓落实的浓厚改革创新氛围。

（五）要提高效率抓落实。抓工作落实既要有“咬定青山不放松”的韧劲拼劲和“功成不必在我”的精神境界，还要强化时效观念，注重提高效率，不能天天抓落实、天天不见效。要早部署、早行动、早落实，不等待、不拖拉，更不能相互推诿扯皮、遇到问题绕道走，要拿出“工作不落实决不放松、问题不解决决不放手”的魄力，以“事不过夜、马上就办”的工作作风，采取清单化的工作方法，迅速将工作落到实处，做到事事有着落、招招见实效。面对重大改革任务，要不畏艰难，敢打硬仗，发扬“舍我其谁”的奉献精神，力争率先破题，率先蹚出一条改革的新路。

（六）要完善机制抓落实。抓工作落实不能只停留在会议布置上、口头交代上，要讲究方式方法，健全完善抓落实的工作机制。要突出重点，处理好“抓大事”和“抓小事”的关系，把主要精力放在抓重点工作任务的落实上，建立清单，紧盯不放，落实一项销号一项。要明确责任，每一项重点工作任务都要明确责任人和时间节点，切实把责任压紧压实，形成环环相扣的“责任链条”。省厅将建立分管领导月推进例会制度，分析条线上标志性成果建设进展情况；建立季度例会制度，分析全省重点工作推进情况，同时对全省工作开展不定期的督查检查和明察暗访，对工作落实有力的要及时通报表扬，对工作落实不力的要予以通报晾晒，以督查问责推动工作落实。

（七）要防范风险抓落实。抓工作要统筹发展和安全，坚持底线思维，强化风险意识，提高防控能力，确保各项工作顺利平稳落地。要全面排查风险隐患，针对人社领域存在的规模性失业风险、社保基金监管风险、劳动关系矛盾风险、人事考试安全风险等风险点，要在高分报表中列出风险清单，明确责任人，采取有效措施予以化解。要加强风险预警监测，充分运用大数据、互联网等现代科技手段，加强分析研判，提升预警监测能力。同时，要认真做好网络舆情应对工作，及时妥善处置网络舆情，确保不发生连锁反应，不演变为社会问题、政治问题。

（八）要团队协作抓落实。很多工作要落到实处，不是轻轻松松、一个人两个人就能完成的，要注重加强团队协作，形成抓工作落实的强大合力。部门之间要加强合作，对于重点工作任务，配合处室要密切配合，大力支持，绝不能把自己当成“过路人”“旁观者”“评论员”，要积极履职尽责，担当作为。全省系统要坚持一盘棋，上下联动，条线之间要加强沟通，省厅要加大对市县工作的指导力度，鼓励支持各地探索创新；市县要认真落实省厅的各项工作部署要求，确保工作落实不打折扣。

（九）要率先垂范抓落实。领导干部作为“关键少数”，在抓工作落实中要充分发挥好示范带头作用，形成“头雁效应”。抓落实不是做样子，也不能是做样子，必须脚踏实地，以上率下、真抓实干。领导干部要勇于喊出“向我看齐”，不当“甩手掌柜”，既要带领大家一起定好盘子、理清路子、开对方子，又要做到重要任务亲自部署、关键环节亲自把关、落实情况亲自督查，更要鼓舞士气、凝心聚力，激发大家“过了一山再登一峰，跨过一沟再越一壑”的干事创业热情，努力形成一级带着一级干、层层抓落实的浓厚工作氛围。

同时，要坚定不移推动党风廉政建设向纵深发展。要始终牢记党风廉政建设永远在路上，时刻绷紧廉洁自律这根弦，持续推进“清廉人社”建设，力戒形式主义、官僚主义，抵制享乐主义、奢靡之风。深化推进“四责协同”机制，严格落实党组书记“第一责任人”职责、其他班子成员“一岗双责”和党支部具体落实责任。聚焦重点领域和关键环节，进一步扎紧织密制度篱笆，做到笼子之外无权力。要坚决摒弃侥幸心理，要多算大账、长远账，少算小账、眼前账，严格遵守中央八项规定及其实施细则精神和省委“36 条办法”，做到慎独慎初慎微，守住清正廉洁的底线，为全省人社事业高质量发展涵养良好的政治生态。

同志们，全面建设社会主义现代化国家新征程已经开启，征途漫漫，惟有奋斗。让我们更加紧密地团结在以习近平同志为核心的党中央周围，以习近平新时代中国特色社会主义思想为指导，认真贯彻落实中央和省委决策部署，振奋精神，扎实工作，狠抓落实，为忠实践行“八八战略”、奋力打造“重要窗口”，争创社会主义现代化先行省增光添彩，以优异成绩向中国共产党成立 100 周年献礼！

2021年全省人力资源和社会保障工作要点

2021年，全省人力资源和社会保障工作的总体要求是：以习近平新时代中国特色社会主义思想为指导，深入学习贯彻习近平总书记重要讲话精神和党的十九届五中全会精神，认真落实省委十四届七次、八次全会和全国人社工作会议部署要求，紧扣忠实践行“八八战略”、奋力打造“重要窗口”，争创社会主义现代化先行省，坚持以人民为中心，立足新发展阶段，贯彻新发展理念，融入新发展格局，突出改革引领作用，持续强化高质量发展人才支撑，更好保障和改善民生，不断提升人社治理现代化水平，奋力打造十个浙江样板，形成浙江人社十大标志性成果，努力交出人社事业发展高分报表。

一、全面推进人社数字化改革

1. 在全面梳理核心业务“422”的基础上，推进核心业务数字化，形成核心业务全覆盖、省市县全贯通的数字化系统体系；全力推进业务、数字赋能、闭环管控的数字化系统集成，打造人社数字化整体智治的浙江样板。

责任单位：厅数字化改革领导小组办公室和工作专班

2. 打造数字就业、智慧技能一体化、人才服务枢纽和民生服务“一卡通”等综合应用。

责任单位：就业管理中心、职业能力处、人才处、信息中心分别牵头负责，有关处室单位配合。（列在第一位者为牵头处室、单位下同）

3. 初步建立数字化监管、决策和指挥体系，实施政策监管、基金监管、执法监管、资金使用监管。

责任单位：厅数字化改革领导小组办公室和工作专班

4. 持续深化事业单位工作人员职业生涯全周期管理“一件事”改革，不断完善全省事业单位人事工资管理服务系统。

责任单位：事业处、工资处、统发办、社保中心、养老保险中心、信息中心

二、打造更充分更高质量就业的浙江样板

5. 全年城镇新增就业80万以上，调查失业率控制在5.5%以内。

责任单位：就业管理中心

6. 大力实施创业带动就业工程，推广“网红”创业培训，进一步探索推动乡村合作创业，做精做强“奇思妙想浙江行”品牌，全年发放创业担保贷款35亿元，扶持创业5万人，带动就业15万人。

责任单位：就业管理中心、劳动关系和农民工处

7. 出台支持灵活就业的政策，强化新业态就业人员服务保障。

责任单位：就业管理中心、劳动关系和农民工处、工伤处

8. 巩固深化省际劳务合作，实现劳务合

作中西部省份全覆盖，新建省外劳务合作工作站30个，深入开展劳动力余缺调剂，全年开展2000场以上，切实保障企业用工需求。

责任单位：就业管理中心、人才处、劳动关系和农民工处、职介中心

9．千方百计帮扶重点群体就业，实施万名高校毕业生基层成长计划和百万大学生实习就业行动，开发1万个爱心岗位，精准帮扶困难人员就业。

责任单位：就业管理中心、人才市场、职介中心

10．充分发挥失业保险促就业、保生活作用，阶段性降低工伤、失业保险费率，实施失业保险费稳岗返还，保障失业人员基本生活。

责任单位：就业管理中心、工伤处

11．创建数字就业服务的新模式，加强就业形势监测分析，强化基层就业公共服务，统筹推进创业型城市、高质量就业社区（村）创建，新建高质量就业社区（村）500个，进一步提高就业质量。

责任单位：就业管理中心

三、构筑支撑高质量发展的人才蓄水池

12．全省联动举办线上线下引才活动1万场，引进大学生100万名、海外人才3万名。

责任单位：人才处、专家中心、人才市场

13．进一步加强专业技术人才队伍建设，深化职称制度改革，推进工程领域社会化评价和人才智力密集企事业单位自主评聘改革，建立关键核心技术人才职称评审“直通车”机制。实施省“万人计划”青年拔尖人才、高技能人才遴选和专业技术人员知识更新工程。

责任单位：专技处、职业能力处、事业处、人事教育中心

14．实施“万名博士集聚行动”，全年引进和培养博士后2200名，落实提高博士后资助标准政策。推动国内知名高校、科研院所和企业新建不少于150家博士后工作站。要下大力气破解博士后工作站“空站”问题，进一步发挥企业引进博士后主体作用，加强考核管理。面向全国招引博士后，提升博士后工作站建站质量，力争用三年时间打造博士后服务科技自立自强的浙江样板。

责任单位：专技处、人才处、专家中心

15．大力实施“三优三百计划”，遴选100家专业化服务水平突出的人力资源企业，列入首批人力资源服务业“育优”企业名单。持续发布行业发展白皮书，重点推介人力资源服务业综合实力和猎头100强“扶优”榜单，扶持上榜企业做大做强。编制全球和全国人力资源服务业100强“引优”企业目录和优势业务推介，加大招商引资力度，全年引进全球百强20家，全国百强30家，力争用三年时间打造人力资源专业化服务的浙江样板。

责任单位：人才处

16．会同省委组织部研究制定县以下事业单位管理岗位职员职务职级等级晋升政策。

责任单位：事业处

17．会同省科技厅研究制定科研院所专业技术岗位结构比例控制标准。

责任单位：事业处

18．推进事业单位绩效工资制度改革，探索有利于我省高校高水平发展的薪酬制度体系，探索对高层次人才的工资分配激励政策。

责任单位：工资处

19. 出台进一步加强评比达标表彰工作的规范管理办法，落实功勋荣誉表彰奖励获得者待遇，在全省开展创建示范活动清理规范工作，探索创建示范活动规范管理机制。

责任单位：工资处

四、深入实施“技能浙江”行动

20. 全年培养高技能人才20万人，其中技师、高级技师5万人以上。

责任单位：职业能力处、技能人才评价中心

21. 出台《浙江省技工教育提质增量行动计划》、一流技师学院建设标准等政策，启动一流技师学院建设，实现万人技师学院零的突破。

责任单位：职业能力处、教研所

22. 实施实训基地建设行动，实现实训基地县域全覆盖，推进公共实训基地改造升级。

责任单位：职业能力处、技能人才评价中心

23. 实施新时代工匠遴选行动，遴选一批浙江工匠骨干人才。依托浙江大工匠等高技能人才，高水平建设10个技能创新工作团队，开展技术技能新标准研究，推进技术技能创新和成果转化。

责任单位：职业能力处、技能人才评价中心

24. 实施“金蓝领”职业技能提升行动，全年培训110万人次以上。

责任单位：职业能力处、技能人才评价中心

25. 组织全省技工院校重点面向四川、湖北、贵州等对口协作地区，采取联合招生、合作办学等形式，招引万名学生来浙就读就业；引进中西部地区职业院校万名制造类专业毕业生，来我省通过企业新型学徒制培养提升岗位技能并就业。

责任单位：职业能力处、技能人才评价中心、教研所

26. 实施职业技能竞赛锤炼行动，全年组织开展百项千场职业技能竞赛，带动全省百万企业职工学技能、练技能。

责任单位：职业能力处、技能人才评价中心、教研所

五、完善更加公平更可持续的社会保障体系

27. 实施规范企业职工基本养老保险省级统筹制度，实行基金全省统收统支，落实基金预算管理和责任分担机制，出台考核奖惩办法，确保企业职工基本养老保险省级统筹制度有效执行，打造企业职工基本养老保险省级统筹的浙江样板。

责任单位：养老处、规财处、社保中心

28. 研究制定适应新型就业形态的参保缴费政策。促进灵活就业人员、新业态从业人员参加养老保险，进一步夯实缴费基数，做到应保尽保、应收尽收。

责任单位：养老处、就业管理中心、劳动关系和农民工处、社保中心

29. 制定出台全省城乡居保基金省级管理政策，建立长效机制，通过对个人账户结余基金进行省级集中管理、统筹安排委托投资运营计划实现基金保值增值。

责任单位：城乡居保处、基金监督处、社保中心、信息中心

30. 适时适度提高城乡居保基础养老金水平，探索建立鼓励城乡居民多缴费、长缴费的激励机制，推动城乡居民个人账户养老金稳步增长。

责任单位：城乡居保处

31．进一步完善社保系统“省集中”建设，全省各项企业职工基本养老保险业务统一在省集中信息系统经办、管理，实现参保登记、权益记录、转移接续、待遇领取等业务全省标准统一、流程规范、在线办理、异地通办，不断提高经办服务能力，为实现全国统筹奠定基础。

责任单位：社保中心、信息中心

32．建立省级统筹运行情况实时监控分析体系，探索以信用为基础的智能经办管理服务模式，建设独立的社保经办稽核风险防控系统，强化基金运行风险防范，加强社保基金精算管理和监测预警，守住基金安全的底线。

责任单位：社保中心、基金监督处、养老保险中心、信息中心

33．坚持“政策规定一致、待遇标准相同”原则，率先创建新业态从业人员职业伤害保障机制，确保新业态受伤劳动者得到更好保障，打造新业态从业人员职业伤害保障的浙江样板。

责任单位：工伤处

34．认真落实创建工伤预防常态化工作机制指导意见，有效降低工伤发生率，在全国率先建立可操作、可监管、可评价、可推广的工伤预防常态化工作机制。

责任单位：工伤处

35．加强社保基金监督，组织开展企业职工基本养老保险提前退休专项检查和工伤保险疑点信息核查，推进社保基金“智慧监管”试点，实现社保基金第三方审计和安全评估全覆盖，切实加强社保基金管理风险防控。

责任单位：基金监督处、就业管理中心、养老处、工伤处、城乡居保处、社保中心、养老保险中心、信息中心

六、打造和谐劳动关系浙江样板

36．加强协调劳动关系三方机制建设，全面落实劳动合同制度，努力推广电子劳动合同，依法保障劳动者和企业双方的权益。进一步优化新业态劳动用工服务政策，引导新业态劳动用工规范有序。

责任单位：劳动关系和农民工处

37．实施“和谐同行”三年行动计划，组织开展10万家企业劳动用工体检，组织培训10万名劳动关系协调员，创建和谐企业1万家。

责任单位：劳动关系和农民工处

38．以实施“浙江安薪”工程和20%的“无欠薪”县（市、区）复评考核为重点，纵深推进“浙江无欠薪”行动，让企业安心用工、职工安“薪”就业，打造具有浙江辨识度的“浙江无欠薪”样板。

责任单位：监察执法局

39．实施仲裁效能提升行动，推进劳动争议纠纷多元化解；以集中治理重复信访、化解信访积案为抓手，着力化解信访突出问题，切实扎紧风险防范化解的管控闭环。

责任单位：仲裁信访处、仲裁院

40．适时适度调整最低工资标准，促进低收入劳动者特别是农民工收入较快增长。

责任单位：劳动关系和农民工处

41．大力推广企业工资集体协商制度，强化技能人才工资收入激励机制，促进企业建立健全工资共决机制和正常增长机制，努力扩大中等收入群体规模。

责任单位：劳动关系和农民工处、职业能力处

七、打造人社政务服务浙江样板

42．持续推进政务服务标准化，健全事项清单、业务标准迭代升级的常态化机制，业务标准保持全国领跑。

责任单位：法规处和相关业务处室、单位

43．大力实施信息化便民服务创新提升行动，加快完善全省统一的一体化业务经办平台，依申请政务服务事项90%实现“全省通办”、100%实现“掌上办”。

责任单位：法规处、信息中心和相关业务处室、单位

44．新增社保医保联办、职业技能培训等“一件事”，推进工伤处理、退休等“一件事”迭代升级，力争将工伤处理“一件事”打造为覆盖业务链条最完整的全国标杆。

责任单位：法规处、职业能力处、工伤处、社保中心、养老保险中心分别牵头负责，有关处室单位配合。

45．率先实施《银行办理社保经办业务服务指南》省级地方标准，规范社银合作，建成1万个合作网点。制定提升基层人社服务能力的意见，将民生事项100%下沉基层，方便群众企业就近办事。

责任单位：法规处、社保中心、信息中心

46．探索运用5G技术进行远程帮办，对线上平台进行适老化改造，主动为老年人提供绿色通道、上门办理等关爱服务。

责任单位：法规处、社保中心、信息中心

47．建设社会保障卡“一卡通”，重点以社会保障卡为载体建立居民服务“一卡通”，在交通出行、旅游观光、文化体验等方面率先实现“同城待遇”。加快推进电子社保卡的签发力度，2021年底签发率达到60%以上。

责任单位：规财处、社保中心、信息中心

八、推动党风廉政建设向纵深发展

48．持续推进“清廉人社”建设，力戒形式主义、官僚主义，深化推进“四责协同”机制，严格遵守中央八项规定及其实施细则精神和省委“36条办法”，涵养良好的政治生态。

责任单位：机关党委（机关纪委）、人事处和各处室、单位

中共浙江省委组织部　浙江省人力资源和社会保障厅等7部门关于进一步加强山区26县人力社保支撑促进跨越式高质量发展的若干意见

浙人社发〔2021〕22号

各市、山区26县党委组织部，人力社保局、教育局、财政局、农业农村局、卫生健康委（局），人民银行：

为贯彻落实省委、省政府决策部署，进一步增强山区26县（以下简称山区县）人力社保事业发展内生动力，促进山区县跨越式高质量发展，现提出如下意见。

一、总体思路

以习近平新时代中国特色社会主义思想为指导，深入贯彻党的十九大和十九届二中、三中、四中、五中全会精神，按照省委十四届八次全会部署，立足新发展阶段，贯彻新发展理念，构建新发展格局，坚持以人民为中心，坚持系统思维，坚持加大省级支持和激发地方活力相结合，创新政策举措，强化要素保障，优化公共服务，着力解决山区县人力社保事业发展短板，推动实现共同富裕。

二、目标任务

全面贯彻人才强省、创新强省首位战略，壮大山区县高层次人才队伍，聚焦重大项目、重大工程，拓宽引才渠道，搭建引才平台，更大力度、更加精准地帮助引进各类人才。加强专业技术人才队伍建设，深化职称制度改革，畅通基层人才成长渠道，推动技能人才提质增量。持续扩大就业规模，提高就业质量，保持就业局势总体稳定。

三、主要举措

（一）支持引进高端人才。鼓励山区县设立省级博士后工作站，博士后出站后到衢州、丽水山区县民营企业工作的，省财政视情给予补助。（责任单位：省人力社保厅、省财政厅，市县相关部门）

（二）加大“飞地”人才扶持力度。允许山区县“飞地”人才参照飞入地相应人才标准，在落户、购房资格、子女教育、医疗服务等方面享受同等待遇。“飞地”人才的认定由飞入地负责。支持符合条件的“飞地”人才申报省级有关人才计划。（责任单位：省委组织部、省人力社保厅，市县相关部门）

（三）职称评聘给予适当倾斜。山区县专业技术人才参加职称评审，侧重考察其实际工作业绩，同等条件下给予适当倾斜。适当提高山区县基层事业单位专业技术中高级岗位结构比例。（责任单位：省人力社保厅，市县相关部门）

全省卫生中级资格考试时，单独划定山区县乡镇卫生院、村卫生室（社区卫生服务站）等农村医疗卫生单位的省定合格分数线。在卫生高级自主评聘方面，重点考核基层卫生人员解决常见病、多发病、新技术的推广应用和服务基层的能力水平。（责任单位：省人力社保厅、省卫生健康委，市县相关部门）

（四）加强智力帮扶和服务。支持山区县在全省性招聘大会和浙江人才网开设招聘专区，山区县企业参加省人才市场组织的引才活动，免收参展费。（责任单位：省人力社保厅，市县相关部门）

每年从发达地区选派教育、医疗、农业等事业单位专业技术人才赴山区县挂职，开展传帮带，服务期限1-2年，派出单位可对挂职人员给予绩效工资倾斜，服务经历作为职称、岗位优先晋升的依据。（责任单位：省委组织部、省教育厅、省人力社保厅、省农业农村厅、省卫生健康委，市县相关部门）

（五）强化技能人才支撑。给予山区县高技能人才培训基地、公共实训基地建设等方面倾斜支持，适当放宽山区县特色产业职业（工种）开展职业技能等级认定试点准入条件，支持承办省级一类、二类职业技能大赛。支持山区县设立技工院校，提升技工教育办学层次。鼓励省内优质技师学院到山区县设立分院。（责任单位：省人力社保厅，市县相关部门）

（六）引导高校毕业生到基层就业。支持山区县招录高校毕业生到基层公共管理和社会服务岗位工作，分配全省招录名额时给予适当倾斜。认定省级见习示范基地时，可适当降低山区县申报条件。（责任单位：省人力社保厅，市县相关部门）

（七）加强创业扶持。有条件的山区县，在风险可控的前提下，可适当降低创业担保贷款申请门槛，适当提高创业担保贷款额度，给予利率优惠；高校毕业生享受重点人群创业扶持政策的毕业年限，可从毕业5年以内放宽至毕业10年以内。认定省级创业孵化示范基地时，给予山区县倾斜支持。（责任单位：省人力社保厅、省财政厅、人行杭州中心支行，市县相关部门）

（八）加大资金支持和激励力度。在分配促进就业创业工作省政府督查激励名额、省级失业保险调剂金、就业补助资金转移支付方面给予山区县适当倾斜。（责任单位：省人力社保厅、省财政厅，市县相关部门）

（九）加强工作指导。建立省人力社保厅各处室与山区县“一对一”工作联系制度，加强山区县人社干部培养，指导协调山区县与省内发达地区人力社保部门之间的交流与合作。（责任单位：省人力社保厅）

本意见的“山区县”指衢州、丽水两市的所辖县（市、区），以及淳安、永嘉、文成、平阳、泰顺、苍南、武义、磐安、天台、仙居、三门等县市。

本意见从2021年6月1日起施行。

中共浙江省委组织部

浙江省人力资源和社会保障厅

浙江省教育厅

浙江省财政厅

浙江省农业农村厅

浙江省卫生健康委员会

中国人民银行杭州中心支行

2021年5月18日

浙江省人力资源和社会保障厅等16部门关于支持多渠道灵活就业的实施意见

浙人社发〔2021〕25号

各市、县（市、区）人民政府，省政府直属各单位：

为贯彻落实《国务院办公厅关于支持多渠道灵活就业的意见》（国办发〔2020〕27 号）精神，进一步拓宽就业渠道，强化灵活就业服务保障，经省政府同意，提出以下实施意见。

一、鼓励发展个体经济

（一）放宽市场准入。在县级以上地方人民政府指定的场所和时间内销售农副产品、日常生活用品，或者个人利用自己的技能从事依法无须取得许可的便民劳务活动，无须办理营业执照。仅通过互联网平台开展经营活动的经营者申请登记为个体工商户的，可以将网络经营场所登记为经营场所。对经批准占道经营的，免征城市道路占用费。（省市场监管局、省建设厅按职责分工负责）

（二）加大扶持力度。落实重点人群（在校大学生和毕业 5 年以内的高校毕业生、登记失业半年以上人员、就业困难人员、持证残疾人、自主择业军转干部和自主就业退役士兵）创业担保贷款、税费优惠等扶持政策。重点人群及农民工首次创办个体工商户，可给予一次性创业补贴。（省人力社保厅、省财政厅、省税务局、人行杭州中心支行按职责分工负责）

二、支持新就业形态发展

（三）拓展新业态就业渠道。推动电商新零售、移动出行、网络教育培训、远程办公、数字文旅、在线娱乐等发展，为劳动者居家就业、兼职就业创造条件。探索完善医疗、教育等行业从业人员多点执业新模式。培育直播电商基地，开展“村播计划”“美好生活浙播季”和“浙造好物”推广行动。（省发展改革委、省经信厅、省教育厅、省人力社保厅、省交通运输厅、省农业农村厅、省商务厅、省文化和旅游厅、省卫生健康委等按职责分工负责）

（四）优化新业态职业发展环境。各地可以通过政府购买服务形式，鼓励院校、培训机构、平台企业承接开发新职业标准、培训课程、评价规范等服务。开展新就业形态技能提升和就业促进项目试点，提高从业人员就业稳定性。

加大新业态人才在落户、岗位聘任、职务职级晋升、职称评定、职业技能鉴定等方面的支持力度。(省教育厅、省公安厅、省财政厅、省人力社保厅按职责分工负责)

三、支持劳动者从事非全日制就业

(五)促进非全日制就业重点行业发展。健全保洁绿化行业劳动定额和评价制度，将非全日制劳动者的工资发放、意外伤害险办理等纳入定额或评价内容。建立省级建筑工人管理服务信息平台，培育建筑劳务网上市场。(省建设厅、省人力社保厅按职责分工负责)

(六)给予非全日制就业社保补贴。对就业困难人员、离校2年内未就业高校毕业生从事非全日制等工作的，按规定给予社会保险补贴。以个人身份参加社会保险的，补贴标准不超过个人依法实际缴纳社会保险费的三分之二，补贴期限不超过3年，对初次核定享受补贴政策时距退休年龄不足5年的人员，补贴期限可延长至退休。(省人力社保厅、省财政厅负责)

四、强化灵活就业服务保障

(七)优化人力资源服务。各级公共就业人才服务机构要开展新业态灵活就业专场招聘活动，免费为灵活就业人员提供档案托管服务。人力资源服务机构为灵活就业人员推荐就业、提供用工余缺调剂等服务，按规定给予就业创业服务补贴。将有培训需求的灵活就业人员纳入职业技能提升行动范围，落实培训补贴政策。各地可采用政府购买服务等方式，开展平台企业新业态从业人员信息采集和监测统计工作。(省人力社保厅、省财政厅负责)

(八)推进灵活就业用工多样化。用人单位依法使用非全日制用工的，可以与从业人员签订书面劳动合同或者订立口头协议；在不影响本单位工作任务完成且原单位未限制的情况下，从业人员可以与其他单位建立劳动关系。用人单位与从业人员未建立劳动关系的，双方可通过劳务外包、加盟协作和其他合作关系等形式，签订民事协议，合理确定权利和义务。(省人力社保厅负责)

(九)引导更多灵活就业人员参加社会保险。灵活就业人员可按规定以个人身份参加城镇职工基本养老保险或城乡居民基本养老保险。完善新业态从业人员职业伤害保障机制，新业态平台企业可为从业人员单险种参加工伤保险。非全日制就业人员与多家用人单位建立劳动关系的，每家用人单位应当分别为其缴纳工伤保险费。(省人力社保厅、省财政厅、省税务局按职责分工负责)

(十)妥善化解矛盾纠纷。各级劳动争议调解仲裁机构和调解组织要依法为灵活就业人员提供权益保护。引导用人单位与未建立劳动关系的从业人员，开展权利义务协商，合理确定服务时间、报酬、休息休假、劳动保护等基本权益，协商不一致的，双方可通过人民调解组织、工会组织和行业协会等解决纠纷。(省人力社保厅、省总工会等按职责分工负责)

各地、各有关部门要把支持灵活就业作为稳就业保就业的重要举措，进一步细化政策措施，切实抓好贯彻落实，为促进更加充分更高质量就业、建设共同富裕示范区提供有力保障。

本实施意见自2021年7月1日起施行。

浙江省人力资源和社会保障厅
浙江省发展和改革委员会
浙江省经济和信息化厅
浙江省教育厅
浙江省公安厅
浙江省财政厅
浙江省住房和城乡建设厅
浙江省交通运输厅
浙江省农业农村厅
浙江省商务厅
浙江省文化和旅游厅
浙江省卫生健康委员会
国家税务总局浙江省税务局
浙江省市场监督管理局
浙江省总工会
中国人民银行杭州中心支行
2021 年 5 月 28 日

浙江省人力资源和社会保障厅关于印发《浙江省高层次创新型人才职称“直通车”评审办法》的通知

浙人社发〔2021〕37号

各市人力资源和社会保障局，省直有关单位：

为贯彻落实中共浙江省委《关于建设高素质强大人才队伍打造高水平创新型省份的决定》，探索完善特殊优秀人才认定标准，进一步畅通高级职称直接申报渠道，助力浙江全球人才蓄水池建设，我们研究制定了《浙江省高层次创新型人才职称“直通车”评审办法》，现予以印发，请遵照执行。

浙江省人力资源和社会保障厅

2021年7月20日

浙江省高层次创新型人才职称“直通车”评审办法

第一条 为贯彻落实中共浙江省委《关于建设高素质强大人才队伍打造高水平创新型省份的决定》，探索完善特殊优秀人才认定标准，进一步畅通高级职称直接申报渠道，助力浙江全球人才蓄水池建设，制定本办法。

第二条 本办法坚持以能力、业绩和贡献为导向，遵循社会认可、业内认同、特殊评价、简便快捷的原则。

第三条 本办法适用于我省在数字经济、高端装备、航空航天、生物医药、前沿材料等重点产业领域及我省优势产业、战略性新兴产业和未来产业中取得重大基础及应用研究和前沿技术突破、解决重大工程技术难题等标志性业绩的人才；在“揭榜挂帅”中攻克关键核心技术的人才；引进的高层次、急需紧缺人才，以及在经济社会各项事业发展中作出重大贡献的专业技术人才。

第四条 满足下列条件之一者，可直接申报正高级职称：

（一）主持完成国家级重大科技项目（不含子课题的主持者），项目已通过验收。

（二）获得授权发明专利4项（皆为第一发

明人）以上，并实施转化，取得显著的经济或社会效益。

（三）作为第一完成人，研发并经省级行业主管部门认定的新技术、新产品、新工艺、新发明、新品种等成果在生产中转化应用，近三年年均新增产值5000万元以上或年均新增上缴税金200万元以上。

（四）重大技术装备国际首台（套）前3完成人。

（五）主持编制1项国际标准或2项以上国家（行业）标准，并颁布实施。

（六）国家科学技术奖特等奖、一等奖、二等奖获奖人员。

（七）在关键共性技术、前沿引领技术、现代工程技术、颠覆性技术创新等方面解决卡脖子问题的高端人才，且由3名以上专家（本领域知名正高级专家）举荐。

第五条 满足下列条件之一者，可直接申报副高级职称：

（一）主持完成省级重大科技项目（不含子课题的主持者），项目已通过验收。

（二）获得授权发明专利2项（皆为第一发明人）以上，并实施转化，取得显著的经济或社会效益。

（三）作为第一完成人，研发并经省级行业主管部门认定的新技术、新产品、新工艺、新发明、新品种等成果在生产中转化应用，近三年年均新增产值3000万元以上或年均新增上缴税金100万元以上。

（四）重大技术装备国内首台（套）前3完成人，或国际首台（套）排名第4及以后完成人。

（五）主持编制1项国家（行业）标准，或3项以上省级标准，并颁布实施。

（六）省部级科学技术奖一等奖获奖人员。

（七）在关键共性技术、前沿引领技术、现代工程技术、颠覆性技术创新等方面解决某一细节关键问题的高层次人才，且由3名以上专家（本领域正高级专家）举荐。

第六条 “高精尖缺”高技能人才，解决关键核心技术有突出贡献，符合与专业技术人才职业发展贯通政策规定条件的，可直接申报相应高级职称。

第七条 省人力资源和社会保障厅负责组建省高层次创新型人才职称“直通车”评审常设组织（以下简称常设组织）。常设组织成员由省人力资源和社会保障厅、省级行业主管部门有关领导和本领域5名专家组成。

第八条 职称“直通车”评审应遵循下列程序：

（一）个人申请。符合参评条件人员自主登录“浙江省专业技术职务任职资格申报与评审管理服务平台”（网址：https://zcps.rlsbt.zj.gov.cn），在线提出申请，并按要求上传相关佐证材料。

（二）审核推荐。申报人评审材料经所在单位推荐，所在设区市人力社保部门审核后，提交省人力资源和社会保障厅。省直单位申报人员经所在单位推荐，并经主管部门审核后，提交省人力资源和社会保障厅。

（三）评前公示。省人力资源和社会保障厅初审通过后，即在“浙江省专业技术职务任职资格申报与评审管理服务平台”进行为期5个工作日的评前公示。

（四）组织评审。对公示无异议的，常设组织对申报人的创新能力、标志性业绩和发展潜力进行评价，视情对申报人进行面试答辩。常设组织综合相关情况，采取署名投票方式表决，同意票数达到出席评审会议成员总数三分之二以上的，即为评审通过，取得相应高级职称。

（五）结果公布。常设组织确认通过的人员，由省人力资源和社会保障厅发文公布，发放浙江省高级职称电子证书。

第九条 事业单位专业技术人员申报职称“直通车”评审的，一般应在核定的专业技术岗位结构比例内进行；所在单位暂无空缺岗位，若符合特设岗位申报条件的，可申报“直通车”评审，评审通过后的聘任、考核等事宜按照特设岗位有关规定执行。

第十条 自主评聘单位要制定职称“直通车”评审具体办法和标准（条件不低于本办法第四、五、六条的规定），随评聘方案按规定报备同意后组织实施。自主评聘单位符合参评条件人员自主登录“浙江省专业技术职务任职资格申报与评审管理服务平台”，在线提出申请，按隶属关系经当地人力社保部门审核通过后，由单位自行组织职称“直通车”评审。评审结果报省人力资源和社会保障厅认可后，单位再办理聘任手续。

第十一条 列入省级以上重大人才工程的高层次专业技术人才，根据本人实际业绩和单位发展需要，按规定可直接认定相应高级职称，不再评审。

第十二条 建立举荐专家责任和信誉制度，对把关不严、未能尽责、存在严重失实的举荐专家，实施退出和问责机制；对勤勉尽责、未谋私利，但举荐人才未评审通过的举荐专家，不作负面评价。

第十三条 本办法有关词语或概念的特定解释

（一）“主持”是指项目负责人、第一完成人；

（二）发明专利不受获得年限和地域的限制；

（三）“取得显著的经济和社会效益”需提供省级行业主管部门或省级行业协会出具的证明或审计报告；

（四）本办法中的知名正高级专家一般指两院院士、省特级专家、享受国务院政府特殊津贴人员、省有突出贡献中青年专家、本领域学科或技术带头人等；

（五）“以上”均含本数。

第十四条 本评审办法自2021年8月20日起实施。

浙江省人力资源和社会保障厅等6部门关于延续实施部分减负稳岗扩就业政策措施的通知

浙人社发〔2021〕39号

各市、县（市、区）人力社保局、发展改革委（局）、教育局、财政局，国家税务总局浙江省各市、县（市、区）税务局、宁波市税务局，各市、县（市、区）人民政府征兵办：

为深入贯彻落实人力资源社会保障部等5部门《关于延续实施部分减负稳岗扩就业政策措施的通知》（人社部发〔2021〕29号）精神，做好部分减负稳岗扩就业政策延续实施工作，现就有关事项通知如下：

一、继续实施普惠性失业保险稳岗返还政策。参保企业（含劳务派遣企业）2020年度未裁员或裁员率不高于2020年度全国城镇调查失业率控制目标（6%），2020年末参保30人（含）以下的企业裁员率不高于参保职工总数20%的，可以申请失业保险稳岗返还。大型企业按企业及其职工上年度实际缴纳失业保险费的30%返还，中小微企业按60%返还。社会团体、基金会、社会服务机构、律师事务所、会计师事务所、以单位形式参保的个体经济组织等其他参保单位参照实施。企业划型和其他参保单位返还标准可参照2020年实施阶段性减免社会保险费政策执行。劳务派遣企业申请稳岗返还须承诺已与用工单位就返还资金分配达成协议。

裁员率按上年度参保职工减少人数或领取失业保险金人数与上年度参保职工人数比较确定，符合条件之一即可享受稳岗返还。计算方式一：（2019年末失业保险参保人数-2020年末失业保险参保人数）÷2019年末失业保险参保人数×100%；计算方式二：2020年领取失业保险金人数÷2019年末失业保险参保人数×100%。

各统筹地区在上年度滚存结余备付期限由失业保险省级调剂金调剂至1年以上（宁波市自行筹资确保备付期限1年以上）后，统一实施稳岗返还政策。各地应积极采取后台数据比对方式，直接向符合条件的参保单位精准发放稳岗返还。

二、继续实施以工代训政策。对中小微企业吸纳就业困难人员、零就业家庭成员、离校两年内高校毕业生、登记失业人员（上述人员以人力社保部门登记为准）就业并开展以工代训的，根据吸纳人数给予企业职业培训补贴。对生产经营出现暂时困难导致停工停业的中小微企业组织职工以工代训的，根据以工代训人数给予企业职业培训补贴。各地可结合实际情况，将受疫情影响较大的住宿餐饮、文化旅游、交通运输、批发零售等行业的各类企业纳入补贴范围。

中小微企业的划分根据工业和信息化部、国家统计局、国家发展改革委、财政部《关于印发中小企业划型标准规定的通知》（工信部联企业〔2011〕300号）和国家统计局《统计上大中小微型企业划分办法（2017）》等有关规定执行。以单位方式参保的个体工商户，参照中小微企业执行。

各地可通过企业纳税额、用电量、营业收入、利润等反映企业生产经营情况的单一指标或综合多个指标，自行制订受疫情影响较大企业的认定条件。列入各地严重违法失信名单的企业，不纳入以工代训补贴范围。

以工代训职业培训补贴标准为每人每月500元，补贴期限最长不超过6个月，所需资金从各地职业技能提升行动专账资金中列支。同一企业同一职工不得重复申领以工代训补贴。以工代训政策实施期限延至2021年12月。以工代训注重岗位工作训练，无需单独组织开展培训。企业申请以工代训补贴无需提供培训计划和发放培训合格证书。通过缴纳失业保险费人员数据等大数据比对可核实企业为职工发放工资等情况的，以工代训补贴发放可不再要求企业提供花名册、发放工资银行对账单。以工代训补贴不计入劳动者每年3次培训补贴范围。各地要在合理确定其他职业培训经费支出和培训经费总盘子可承受的基础上，安排好以工代训补贴资金比例。

三、继续实施困难人员培训生活费补贴政策。对脱贫人口、就业困难人员、零就业家庭成员、“两后生”中的农村学员和城市低保家庭学员参加培训的，在落实职业培训补贴的同时，在培训期间按当地最低生活保障标准再给予生活费（含交通费）补贴。生活费补贴可从职业技能提升行动专账资金中列支。

四、继续放宽技能提升补贴申领条件。参保职工取得职业资格证书或职业技能等级证书的，可按规定申请技能提升补贴。技能提升补贴申领条件，继续放宽至企业在职职工参加失业保险1年以上。

五、继续实施就业见习补贴提前发放政策。支持企业扩大见习岗位规模，对见习期未满与高校毕业生签订劳动合同的，给予见习单位剩余期限见习补贴。

六、继续实施失业保险保障扩围政策。对领取失业保险金期满仍未就业的失业人员、参保缴费不足1年或参保缴费满1年但因本人原因解除劳动合同的失业人员，发放失业补助金。保障范围扩大到2021年1月1日之后新增符合条件的参保失业人员。

七、支持毕业生基层就业和升学入伍。稳定“三支一扶”计划等基层服务项目招募规模。适度扩大硕士研究生招生和普通高校专升本招生规模。稳定大学生应征入伍规模和征集比例，突出各级各类学校毕业生征集，拓宽高级技工学校、技师学院毕业生入伍通道，加强高级技工学校、技师学院毕业生征集工作组织领导，建立工作机构，落实工作人员，完善制度机制，规范技工院校毕业生学历认定，落实应征入伍服义务兵役优惠政策。

八、支持毕业生自强自立、就业创业。加强毕业生就业创业培训和服务，按规定落实就业补贴、社保补贴、创业担保贷款及贴息、创业补贴、场地支持等扶持政策。将支持和促进高校毕业生等重点群体创业就业有关税收优惠政策延续实施至2025年12月31日。灵活就业的高校毕业生参加职工基本养老保险，可选择灵活的缴费方式，在规定的个人缴费基数上下限范围内选择适当的缴费基数，选择按月、按季、按半年或按年缴费。

上述第一至七项政策受理期限截至2021年12月31日。对2020年度已受理、享受期未满的减负稳岗扩就业政策，可继续按原政策享受至期满为止。鼓励各地根据就业工作需要，按规定制定符合本地实际的就业创业扶持政策。

各地要继续落实好各项长期就业创业扶持政策，梳理调整本地区就业政策清单，及时在浙里办“浙就业”服务平台公开发布。持续加大就业政策宣传落实力度，分类精准推送政策信息，提升就业政策知晓度和到达率，推动更多政策网上办、掌上办、自助办、帮办快办，提高政策享受便捷性，促进就业大局持续稳定。

本通知自印发之日起施行。

浙江省人力资源和社会保障厅
浙江省发展和改革委员会
浙江省教育厅
浙江省财政厅
国家税务总局浙江省税务局
浙江省人民政府征兵办公室
2021年8月4日

浙江省人力资源和社会保障厅　浙江省发展改革委　浙江省交通运输厅　浙江省应急管理厅　浙江省市场监管局　浙江省医保局　浙江省高级人民法院　浙江省总工会关于印发《浙江省维护新就业形态劳动者劳动保障权益实施办法》的通知

浙人社发〔2021〕56号

各市、县（市、区）人民政府、人民法院、总工会：

经省政府同意，现将《浙江省维护新就业形态劳动者劳动保障权益实施办法》印发你们，请认真贯彻执行。

浙江省人力资源和社会保障厅
浙江省发展改革委
浙江省交通运输厅
浙江省应急管理厅
浙江省市场监管局
浙江省医保局
浙江省高级人民法院
浙江省总工会
2021年10月12日

浙江省维护新就业形态劳动者劳动保障权益实施办法

第一章　总　则

第一条　为进一步支持和规范发展新就业形态，切实维护新就业形态劳动者劳动保障权益，推动平台经济规范健康持续发展，促进我省高质量发展建设共同富裕示范区，根据国家法律法规和《人力资源社会保障部 国家发展改革委 交通运输部 应急部 市场监管总局 国家医保局 最高人民法院 全国总工会关于维护新就业形态劳动者劳动保障权益的指导意见》（人社部发〔2021〕56号），制定本办法。

第二条　本省行政区域内依托互联网平台

就业的网约配送员、网约车驾驶员、货车司机、互联网营销师等新就业形态劳动者的劳动保障权益维护，适用本办法。

个人依托平台自主开展经营活动、从事自由职业等，按照民事法律调整双方的权利义务。

第三条 坚持改革创新、问题导向、协同治理的原则，统筹处理促进平台经济发展与维护新就业形态劳动者劳动保障权益的关系。

第四条 企业应当落实公平就业制度，招用劳动者不得违法设置性别、民族、年龄等歧视性条件，不得以缴纳保证金、押金或者以其他名义向劳动者收取财物，不得违法限制劳动者在多平台就业。

企业应当依法合规用工，履行用工主体责任，关心关爱劳动者，改善劳动条件，拓展劳动者职业发展空间，逐步提高劳动者权益保障水平。

第五条 各级各部门应当认真履行职责，将维护劳动者劳动保障权益纳入协同治理体系，强化工作协同，建立平台企业用工情况报告制度和平台企业评价制度，开展平台企业新就业形态劳动者信息采集和监测统计工作，健全劳动者权益保障联合激励惩戒机制，完善相关政策措施。

第二章　劳动用工

第六条 企业招用劳动者，符合原劳动和社会保障部《关于确立劳动关系有关事项的通知》（劳社部发〔2005〕12号）第一条规定情形的，应当依法订立劳动合同。

第七条 企业对不完全符合确立劳动关系情形的劳动者进行劳动过程管理（以下简称不完全符合确立劳动关系情形）的，应当与其订立书面协议，合理确定双方的权利义务。

第八条 企业与劳动者约定其以个体经营者身份完成工作，但对劳动者进行劳动过程管理的，根据用工事实界定成立劳动关系或者不完全符合确立劳动关系情形，相应确定双方的权利义务。

第九条 平台企业采取劳务派遣等合作用工方式组织劳动者完成平台工作的，应当选择具备合法经营资质的企业，并对其保障劳动者权益情况进行监督。平台企业采用劳务派遣方式用工的，依法履行劳务派遣用工单位责任。对采取外包、承揽、加盟等其他合作用工方式，劳动者劳动保障权益受到损害的，平台企业依法承担相应责任。

第十条 平台企业或者合作用工企业在招用劳动者时，应当将双方拟建立的法律关系以书面或者口头形式告知劳动者并作出明确说明，或者在双方协商订立的劳动合同或者协议中作出足以引起劳动者注意的提示。

平台企业应当将本企业以及合作用工企业与劳动者签订的劳动合同或者协议，按规定实时汇聚到电子劳动合同（协议）在线平台，纳入统一监管。

第三章　劳动报酬

第十一条 企业应当遵循按劳分配原则，根据工作任务、劳动强度和当地最低工资标准、人力资源市场工资价位等，科学公平设置劳动报酬规则，合理确定劳动者的劳动报酬。

企业应当合理设定对劳动者的绩效考核制度，建立健全体现优绩优酬的正向激励规则。

第十二条 企业应当建立健全劳动报酬合理增长机制，按照国家和省有关规定开展工资集体协商，逐步提高劳动者劳动报酬水平。

第十三条 企业应当按照劳动合同或者协议约定、国家和省规定，向劳动者及时足额支付劳动报酬，不得克扣或者无故拖欠。

有条件的平台企业应当集中代发劳动报酬。

第十四条 企业向提供正常劳动的劳动者支付的劳动报酬不得低于当地最低工资标准。

第十五条 企业安排劳动者法定节假日劳动的，应当支付高于正常工作时间的劳动报酬。建立劳动关系的，依法支付加班工资。不完全符合确立劳动关系情形的，具体标准由双方约定或者协商确定；没有约定或者协商的，适用集体合同规定；没有集体合同或者集体合同未规定的，实行同工同酬。

第四章 工时和劳动定额

第十六条 企业和劳动者协商达成一致意见的，可以在劳动合同或者协议中明确工时和休息休假办法。经当地人力社保部门批准后，可以根据生产实际情况实行不定时工作制等特殊工时制度。

第十七条 企业应当发挥数据技术优势，合理管控劳动者在线工作时长，对于连续工作超过 4 小时的，应当设置不少于 20 分钟的工间休息时间。

第十八条 企业应当根据国家法定工时制度合理确定劳动定额和接单报酬标准。确定的劳动定额应当使本企业同岗位 90% 以上的劳动者在法定工作时间内能够完成。

第十九条 企业制定修订平台进入退出、订单分配、计件单价、抽成比例、报酬构成及支付、工作时间、奖惩等直接涉及劳动者权益的制度规则和平台算法，应当充分听取工会或者劳动者代表的意见建议，将结果公示或者告知劳动者，并接受经营所在地人力社保部门和行业主管部门监督。工会或者劳动者代表提出协商要求的，企业应当积极响应，并提供必要的信息和资料。

第二十条 行业协会、头部企业或者企业代表组织应当积极与工会组织开展协商，签订行业集体合同或者协议，推动制定行业劳动标准。

第五章 劳动保护

第二十一条 企业应当严格遵守安全生产相关法律法规，落实全员安全生产责任制，建立健全安全生产规章制度和操作规程，配备必要的劳动安全卫生设施和劳动防护用品，及时对劳动工具的安全和合规状态进行检查，加强安全生产和职业卫生教育培训。

第二十二条 企业应当落实劳动安全卫生责任制，严格执行国家劳动安全卫生保护标准，不得制定损害劳动者安全健康的考核指标。

平台企业应当建立信息沟通渠道，便于劳动者实时告知身体状况。

第二十三条 企业应当采取优化制度规则和平台算法等措施，确保怀孕 7 个月以上或者在哺乳期内的女职工，每天工作时长不超过 8 小时，不进行夜班劳动，怀孕女职工不进行 35℃以上高温天气的室外露天作业。

第二十四条 企业应当加强恶劣天气等特殊情形下的劳动保护，采取限制接单、延长服务完成时限等措施减少安全生产事故和职业病危害。

第六章　社会保险

第二十五条　企业应当履行为劳动者依法缴纳社会保险费的社会责任，并引导督促新就业形态劳动者个人积极参加社会保险。

企业和与其建立劳动关系的劳动者，应当依法参加社会保险。企业应当制定具体办法支持不完全符合确立劳动关系情形的新就业形态劳动者参加社会保险，在订立的书面协议中约定新就业形态劳动者从业期间参加社会保险的条款。

新就业形态劳动者在省内流动就业的，职工基本养老保险关系无需转移，符合待遇领取条件或者到省外流动就业时，由省内最后参保地社会保险经办机构负责一次性归集，并按规定办理待遇领取或者跨省转移手续。

第二十六条　灵活就业人员在就业地参加职工基本养老、基本医疗保险，不受户籍限制。在就业地有合法稳定住所并连续居住一定时间，且有相对稳定收入的灵活就业人员，可按规定在就业地进行就业登记并参加职工基本养老、基本医疗保险，就业登记的期限作为参保缴费的时间依据。未参加职工基本养老、职工基本医疗保险的灵活就业人员，按规定参加城乡居民基本养老、城乡居民基本医疗保险。

对不完全符合确立劳动关系情形的新就业形态劳动者，各地可根据平台企业推送的就业信息进行就业登记。

第二十七条　推进新就业形态劳动者的职业伤害保障工作，平台企业按照《浙江省数字经济促进条例》规定为劳动者单险种参加工伤保险。

平台企业遵循属地参保原则，经当地社会保险经办机构同意，可以在设区市范围内相对集中参保，缴费基数可以为全省上年度职工月平均工资。劳动者同时接送多单且难以确定责任的，由同一路程首单平台企业承担工伤保险责任。

平台企业单险种参加工伤保险的，参保缴费、工伤认定、劳动能力鉴定、待遇标准、争议处理等按照《工伤保险条例》《浙江省工伤保险条例》及其相关配套规定执行。平台企业和劳动者未建立劳动关系且未按本办法规定单险种参加工伤保险的，不适用《工伤保险条例》《浙江省工伤保险条例》等法规。

国家法律法规对新就业形态劳动者职业伤害保障另有规定的，从其规定。

第二十八条　各地应当适应新就业形态劳动者的参保需求和参保方式，加强数据共享，优化经办服务。在参保登记、权益记录、转移接续、待遇领取和结算等方面实现全省在线办理、异地通办，更好保障参保人员公平享受各项社会保险待遇。

第七章　公共服务

第二十九条　各地应当创新优化人力资源服务，积极为各类新就业形态劳动者提供个性化职业介绍、职业指导、创业培训以及相关政策咨询服务，定期开展新就业形态专场招聘活动，及时发布职业薪酬和行业人工成本等信息。

人力资源服务机构为灵活就业人员推荐就业、提供用工余缺调剂等服务，按规定给予就业创业服务补贴。

第三十条　各地应当建立适合新就业形态劳动者的职业技能培训模式，组织开展数字技能等新就业形态职业技能培训，保障新就业形态劳动者平等享有培训的权利。对新就业形态劳动者在就业地参加职业技能培训的，优化职业技能培训补贴申领、发放流程，加大培训补贴资金直补企业工作力度，符合条件的按规定给予职业技能培训补贴。鼓励将符合条件的新就业形态相关企业、社会培训评价组织纳入备案范围，开展职业技能等级认定。指导企业开发新就业形态职业评价规范。

完善职称评审政策，畅通新就业形态劳动者职称申报评价渠道。

第三十一条 各地应当将新就业形态劳动者劳动权益保障纳入基本公共服务体系，提升基本公共服务保障水平。加快城市综合服务网点建设，推动在新就业形态劳动者集中居住区、商业区设置临时休息场所，解决停车、充电、饮水、如厕等难题，为新就业形态劳动者提供工作生活便利。

加强出租车（网约车）服务区、司机之家建设，在有条件的车站、机场、景点等人流集散密集区，设立出租车（网约车）候客区，解决“车没地停、人找不到车”难题。

第三十二条 各地应当将新就业形态劳动者纳入公共文化服务标准保障范畴，免费开放全省公共文化场馆，通过县级图书馆文化馆总分馆等形式，在新就业形态劳动者工作和生活相对集中区域，建设一批嵌入式公共文化空间，丰富公共文化供给和服务。

第八章 权益维护

第三十三条 企业应当建立健全劳动者申诉机制，切实保障劳动者的申诉得到及时回应和客观公正处理。

第三十四条 各级工会组织应当加强工会劳动法律监督，监督企业履行用工主体责任，维护劳动者权益。

各级工会组织应当加强组织和工作的有效覆盖，拓宽维权和服务范围，积极吸纳新就业形态劳动者加入工会，加强对劳动者的思想政治引领，引导劳动者理性合法维权。积极与行业协会、头部企业或企业代表组织开展协商，签订行业集体合同或协议，推动制定行业劳动标准。

第三十五条 各级人力社保、交通运输、应急、市场监管、医保等职能部门和行业主管部门应当规范企业经营行为，加大监管力度，及时约谈、警示、查处侵害劳动者权益的企业，发挥在线监管平台作用，加大劳动保障监管力度，督促企业落实新就业形态劳动者权益保障责任。

第三十六条 各级法院和劳动人事争议调解仲裁机构要畅通裁审衔接，依法受理新就业形态劳动争议案件，根据用工事实认定企业和劳动者的关系，依法依规及时处理新就业形态劳动者劳动保障权益案件；积极调解非劳动关系的新就业形态劳动保障权益纠纷，及时化解矛盾。

第九章 附 则

第三十七条 本办法自2021年12月1日起施行。

浙江省人力资源和社会保障厅　浙江省财政厅关于实行城乡居民基本养老保险基金省级管理的通知

浙人社发〔2021〕55号

各市、县（市、区）人力社保局、财政局：

为完善我省城乡居民基本养老保险制度，促进制度可持续发展，根据《国务院关于建立统一的城乡居民基本养老保险制度的意见》（国发〔2014〕8号）、《国务院关于印发基本养老保险基金投资管理办法的通知》（国发〔2015〕48号）等有关规定，经省政府同意，实行城乡居民基本养老保险基金省级管理。现就有关事项通知如下：

一、总体目标

以习近平新时代中国特色社会主义思想为指导，全面贯彻党的十九大和十九届二中、三中、四中、五中全会及省委十四届历次全会精神，落实《浙江省国民经济和社会发展第十四个五年规划和二〇三五年远景目标纲要》，坚持系统观念，增强风险意识，从2022年1月1日起，实行城乡居民基本养老保险基金省级管理，形成归集全省个人账户基金结余，统筹安排委托投资运营的长效机制，促进基金保值增值，防范基金风险，为城乡居民基本养老保险制度可持续发展提供保障。

二、基本原则

（一）制度刚性原则。坚持城乡居民基本养老保险个人账户基金实账运行、收支两条线管理，基金专款专用、及时归集上解。各地应根据制度规定落实支付责任，个人账户基金不得用于支付基础养老金等应由政府保障支付的待遇项目。

（二）权属不变原则。坚持基金筹集和收益归属相对应，实行省级管理后，基金权属不变，各市、县（市、区）上解的个人账户基金本金及其产生的收益归属上解地基金。

（三）确保发放原则。各市、县（市、区）要对本地区制度运行和基金收支情况进行监测分析，提高保障和管理能力，确保本地区城乡居民基本养老保险待遇按时足额发放。

三、主要内容

（一）基金归集方式

基金省级管理实行年度归集制，根据留存在各市、县（市、区）的个人账户基金的支付能力（以下简称支付能力）归集上年度个人账户基金结余，上年度个人账户基金无结余的不归集。具体标准如下：支付能力在24个月及以上的地区，全额归集上年度个人账户基金结余；支付能力在24个月以下、12个月及以上的，按照不低于85%的比例归集，鼓励基金收支平稳的地区适当提高基金归集额度。支付能力在12个月以下的，可以暂停归集。

2020年个人账户基金支付能力按照剔除《浙江省人力资源和社会保障厅 浙江省财政厅 浙江省自然资源厅 国家税务总局浙江省税务局关于进一步做好被征地农民参加基本养老保险有关工作的通知》（浙人社发〔2020〕61号）下发后被征地农民转入的因素计算，支付能力在12个月及以上的地区，2020年产生的个人账户基金结余按照80%的比例归集。留存在各地的城乡居民基本养老保险个人账户基金，各地要加强管理、落实竞争性存放机制，按规定存入银行或购买国债，不得进行违规投资。

（二）基金归集计划

每年4月初，省级社保经办机构根据各地支付能力和上年度个人账户基金结余情况，提出全省基金归集计划，经省人力社保厅、省财政厅核定后下达基金归集计划。各市、县（市、区）应于每年6月15日前将相应金额及时足额上解到省级社会保障基金财政专户。需要增加归集金额的地区，应于每年4月底前由当地人力社保部门会同财政部门提出相关方案报省人力社保厅、省财政厅。

（三）归集基金管理

实行专户管理，归集基金纳入省级社会保障基金财政专户，专项管理，单独核算。各级财政部门、社保经办机构按规定进行核算。实行省级管理的基金收益按照实际收益确定，委托投资本金、收益和归集期间利息均按实计入上解地个人账户基金。

（四）委托投资和基金调回

省人力社保厅会同省财政厅制订基金年度委托投资计划，年度委托投资计划经省政府同意后，根据社保基金委托投资合同约定划转全国社保基金理事会投资运营。支付能力在12个月以下的地区，可以视情况向省人力社保厅、省财政厅提出基金调回申请，省人力社保厅会同省财政厅根据各地申请情况统筹安排基金调回计划。

（五）信息通报和对账

省人力社保厅会同省财政厅每年向各地政府和有关部门通报基金省级管理和委托投资运营情况。各级人力社保、财政部门要建立健全信息共享机制，健全社保经办机构、财政部门定期对账制度，确保账账相符、账实相符。

四、保障措施

（一）强化组织领导。实行基金省级管理是完善城乡居民基本养老保险制度，增强基金抵御风险能力，维护参保人员合法权益的重要举措。各地、各有关部门要充分认识城乡居民基本养老保险基金省级管理的重要意义，建立相关工作机制，认真抓好各项工作措施的落实。

（二）密切协调配合。人力社保、财政部门要加强沟通、分工协作，协同做好基金归集、资金划转、会计核算、账户管理等工作。各级人力社保部门要切实做好基金上解、调回计划，加强基金财务管理，及时做好对账工作。各级财政部门要加强财政补助资金规范化管理，确保财政补助资金及时足额到位。

（三）加强风险防范。各地要规范基金管理，确保基金安全完整，在实行基金省级管理前抓紧做好个人账户基金的核算清理工作。要建立预警机制，定期开展基金运行情况分析，加强基金安全监测，有针对性地提出强化风险防控的措施。

五、实施时间

本通知从2022年1月1日起施行，今后国家有统一规定的从其规定。

浙江省人力资源和社会保障厅

浙江省财政厅

2021年10月13日

浙江省人力资源和社会保障厅关于进一步做好灵活就业人员参加企业职工基本养老保险工作的通知

浙人社发〔2021〕63号

各市、县（市、区）人力资源和社会保障局：

根据人力资源社会保障部等8部门《关于维护新就业形态劳动者劳动保障权益的指导意见》（人社部发〔2021〕56号）、省人力社保厅等8部门《关于印发〈浙江省维护新就业形态劳动者劳动保障权益实施办法〉的通知》（浙人社发〔2021〕56号）等规定，现就进一步做好灵活就业人员参加企业职工基本养老保险工作有关事项通知如下：

一、放开灵活就业人员在就业地参加企业职工基本养老保险的户籍限制

在我省就业的法定劳动年龄段内的灵活就业人员，按照自愿原则，可以按规定以个人身份参加企业职工基本养老保险，由个人缴纳养老保险费。省内户籍灵活就业人员可以在户籍地参加企业职工基本养老保险，也可以在办理就业登记后，在就业地参加企业职工基本养老保险；外省户籍灵活就业人员可以在省内就业地办理就业登记后，在就业地参加企业职工基本养老保险。

灵活就业人员参加企业职工基本养老保险，可以在全省上年度全口径城镇单位就业人员平均工资的60%至300%之间选择缴费基数。根据国家和省有关规定，2021年12月31日前，我省灵活就业人员的企业职工基本养老保险缴费比例为18%，其中8%记入个人账户；从2022年1月1日起，缴费比例调整为20%，其中8%记入个人账户。

二、切实做好灵活就业人员就业登记

劳动者实现灵活就业后，可按规定到户籍地或就业地公共就业服务机构办理灵活就业登记手续，填报个人信息、灵活就业内容等信息，并对信息的真实性作出书面承诺。公共就业服务机构负责审核。灵活就业人员失业后可以按规定进行失业登记。

三、提供更加高效便捷的经办服务

社会保险经办机构应与就业登记机构共享就业登记信息，为参保人提供线上线下多种参保登记渠道。灵活就业人员在省内流动就业的，企业职工基本养老保险关系无需转移，符合待遇领取条件或到省外流动就业时，由省内最后参保地社会保险经办机构负责一次性归集，并按规定办理待遇领取或跨省转移手续。各地社会保险经办机构要加大政策宣传力度，鼓励灵活就业人员参加企业职工基本养老保险，在参保登记、权益记录、转移接续、待遇领取等方面提供便捷服务。

本通知自2021年12月1日起实行。

浙江省人力资源和社会保障厅

2021年12月1日

浙江省人力资源和社会保障厅关于印发浙江省就业和失业登记管理办法的通知

浙人社发〔2021〕65号

各市、县（市、区）人力资源和社会保障局：

为进一步完善就业和失业登记管理，推进公共就业服务规范化建设，我们修订了《浙江省就业和失业登记管理办法》，现印发给你们，请认真贯彻执行。

浙江省人力资源和社会保障厅

2021年12月1日

浙江省就业和失业登记管理办法

第一章　总　则

第一条　为进一步规范就业和失业登记管理，准确掌握劳动者就业失业状况，保障劳动者和用人单位依法享受就业失业政策和服务，根据《中华人民共和国就业促进法》、《就业服务与就业管理规定》（劳动和社会保障部令第28号）、《关于加强和改进人力资源社会保障领域公共服务的意见》（人社部发〔2016〕44号）、《关于进一步做好失业登记工作强化失业人员就业服务的通知》（人社厅发〔2020〕3号）、《关于进一步做好失业登记服务管理工作的通知》（人社厅发〔2020〕79号）、《关于实施提升就业服务质量工程的通知》（人社部发〔2021〕80号）等有关规定，制定本办法。

第二条　招用城乡劳动者、与劳动者终止或解除劳动关系的用人单位，以及法定劳动年龄内从事或退出个体经营、自主创业或灵活就业的城乡劳动者，进行就业登记或注销，适用本办法。

年满16周岁（含）至依法享受基本养老保险待遇，有劳动能力且有就业要求的城乡劳动者，进行失业登记或注销，适用本办法。

第三条　本办法所称用人单位，是指在本省行政区域内的企业、个体经济组织、民办非企业单位、基金会等组织，以及招用劳动者并与之建立劳动关系的国家机关、事业单位、社会团体。

第四条 县以上人力资源社会保障行政部门主管本行政区域内的就业和失业登记工作。县以上公共就业服务机构负责组织实施就业和失业登记工作。受县以上人力资源社会保障行政部门委托，街道、乡镇以及有条件的社区（村）公共服务平台可以具体经办就业和失业登记服务事项。

经办就业失业登记工作的县级以上公共就业服务机构和受委托的街道、乡镇、社区（村）公共服务平台，统称“经办机构”。

第二章　就业登记

第五条 就业登记包括用人单位招用人员登记、自主创业登记和灵活就业登记。劳动者被用人单位招用的，由用人单位为劳动者办理就业登记。劳动者从事个体经营、自主创业或灵活就业的，由本人办理就业登记。

用人单位为不完全符合确立劳动关系情形的新就业形态劳动者提供就业机会的，无需为相关人员办理用人单位招用人员登记。经办机构可依据用人单位推送的就业信息为相关劳动者办理就业登记。

第六条 就业登记的内容主要包括：

（一）用人单位信息；

（二）劳动者个人信息；

（三）就业类型和就业时间；

（四）劳动合同订立情况；

（五）就业创业证设置的其他内容。

第七条 用人单位新招用人员，应当于招用之日起30日内到用人单位所在地经办机构办理“用人单位招用登记”。登记需提供以下材料：

（一）用人单位招用人员就业登记表原件；

（二）招用人员身份证或社会保障卡复印件；

（三）首次办理登记的单位需提供营业证照副本原件。

第八条 劳动者从事个体经营或自主创业的，可在实现创业后30日内到创业地或户籍地经办机构办理“自主创业登记”。登记需提供以下材料：

（一）自主创业登记表原件；

（二）本人身份证或社会保障卡原件；

（三）营业证照副本原件。

第九条 从事灵活就业、有相对稳定收入，具有本省户籍或持有《浙江省居住证》的劳动者，可于实现就业后60日内到就业地或户籍地经办机构办理“灵活就业登记”，按规定填报个人信息、灵活就业内容等信息，并对信息的真实性作出书面承诺。公共就业服务机构负责审核。登记应提供以下材料：

（一）灵活就业登记表原件；

（二）本人身份证或社会保障卡原件；

（三）流动人口提供浙江省居住证原件。

第十条 用人单位与劳动者终止或解除劳动关系，应当于终止或解除劳动关系之日起15日内到经办机构办理“就业登记注销”。

第十一条 已办理自主创业登记或灵活就业登记的劳动者，创业情况或灵活就业情况发生变更或退出的，于变更或退出之日起15日内到经办机构办理变更或注销手续。

第十二条 经办机构应于受理就业登记申请后10个工作日内审核完毕，并办结登记手续或告知不予登记。

第十三条 建立就业登记与社会保险登记之间的业务协同和信息共享机制，做好相关信息的比对核验，不断创新和拓宽就业登记信息采集渠道。对用人单位为劳动者实名办理社会保险登记或停止参保的，以及劳动者以自主创业人员身份办理社会保险登记或停止参保的，相关信息协同生成就业登记或注销就业登记，视作用人单位和劳动者办理相关手续。

第十四条 经办机构应建立定期数据核查比对机制，通过比对社保、公安、工伤鉴定、残疾人、征兵、教育、司法等数据，掌握劳动者就业状况变化。存在以下情形的，应当注销其就业登记：

（一）已登记失业的；

（二）已享受基本养老保险待遇的；

（三）完全丧失劳动能力的；

（四）死亡的；

（五）入学、服兵役、移居境（省）外的；

（六）被判刑收监执行的；

（七）法律法规规定的其他不符合就业登记的情形。

第三章 失业登记

第十五条 年满16周岁（含）至依法享受基本养老保险待遇，有劳动能力、有就业要求并处于无业状态的以下人员，可进行失业登记：

（一）年满16周岁，未继续升学的各类学校毕（肄）业生；

（二）因各种原因与用人单位解除或终止劳动（聘用）关系的；

（三）个体工商户、私营企业或民办非企业业主停止经营的；

（四）承包土地被征用，符合当地规定条件的；

（五）军人退出现役且未纳入国家统一安置的；

（六）退出灵活就业，或从事有一定收入的劳动，但月收入低于当地最低工资标准的；

（七）刑满释放、假释、监外执行的；

（八）法律、法规规定的其他符合失业登记的人员。

第十六条 失业登记由本人到经办机构申请办理，可在户籍地、常住地、就业地、参保地中任意一地申请。

本章所称常住地是指失业人员持有的居住证上记载的现居住地；就业地是指失业人员失业前就业登记地或劳动用工备案地；参保地指失业人员失业前参加社会保险的所在地。

第十七条 失业人员进行失业登记的，应由本人如实填写相关信息，并对信息真实性作出承诺。登记需提供以下相关材料（通过国家政务服务平台办理的无需提供）：

（一）失业人员登记表原件；

（二）本人身份证或社会保障卡原件。

第十八条 经办机构不得以人户分离、户籍不在本地或没有档案、不符合失业保险金申领条件等理由不予受理或不予办理失业登记。经办机构应综合运用社保、公安、教育、工伤鉴定、残疾人等数据强化核查比对。存在以下情形的，不予登记：

（一）超出失业登记年龄范围的；

（二）完全丧失劳动能力的；

（三）户籍地、常住地、就业地、参保地均不在受理区域内的；

（四）正在就学或服兵役的；

（五）正在用人单位参加社会保险（任一险种，但不包括建筑工伤）的；

（六）已创办个体工商户、法人或非法人组织等且未注销的；

（七）故意虚构登记信息的。

第十九条 经办机构应于受理失业登记申请后10个工作日内办结登记手续。

第二十条 登记失业人员应当定期向经办机构报告就业失业状况，积极求职，参加经办机构安排的就业培训，接受经办机构提供的就业服务。

第二十一条 失业人员在失业登记地享受公共就业服务。经办机构要落实对登记失业人员的定期联系制度，每月通过信息比对或工作人员实地走访、电话调查等方式了解其就业失业情况，并做好服务记录。

失业登记有效期间，失业人员可向原失业登记地经办机构提出申请，选择在户籍地、常住地、就业地、参保地中任一个经办机构享受服务。

第二十二条 各级经办机构应当加强对登记失业人员的管理和服务，掌握登记失业人员的就业状况，及时办理失业注销手续。

有下列情形之一，由本人申请注销或经办机构注销失业登记：

（一）被用人单位录用的；

（二）从事个体经营、创办企业或民办非企业，并领取营业证照的；

（三）已从事有稳定收入的劳动，且月收入不低于当地最低工资标准的；

（四）已享受基本养老保险待遇的；

（五）完全丧失劳动能力的；

（六）死亡的；

（七）入学、服兵役、移居境外的；

（八）被判刑收监执行的；

（九）终止就业要求的；

（十）失业保险关系转移至省外的；

（十一）连续1年未主动与经办机构联系，且拒绝经办机构联系3次以上或联系不上的；

（十二）符合就业登记的其他情形或省级以上人力资源社会保障部门规定的注销失业登记的其他情形。

第四章 就业创业证发放与管理

第二十三条 将社会保障卡作为办理就业和失业登记、就业困难人员认定、接受就业服务和享受就业扶持政策的凭证，劳动者个人信息、享受服务和政策扶持等有关情况应录入社会保障卡信息管理系统。推进社会保障卡替代就业创业证，已发放的就业创业证继续有效，可与社会保障卡同时使用。

第二十四条 在浙江政务服务网和“浙里办”APP开放就业创业证查验入口，劳动者可查询本人电子就业创业证有关信息，并可打印作为办事凭证。

第二十五条 如遇部分业务办理确需实体就业创业证的，由劳动者本人向县级以上经办机构申领。申领需提供以下材料：

（一）本人身份证或社会保障卡原件；

（二）2寸近期免冠照1张。

经办机构在受理申请后，应在10个工作日内核发就业创业证，申请人可自取或申请邮递送达。

第二十六条 就业创业证由省级人力资源社会保障行政部门根据国家有关规定印制，实行全国统一样式、统一编号管理。电子就业创业证样式由省级人力资源社会保障行政部门统一规定。

第二十七条 劳动者办理实体就业创业证的，证件由其本人保管，仅限劳动者本人使用。

就业创业证遗失或损毁的，由本人向原发证机构书面说明原因，经核准后予以补发。

第二十八条 存在下列情形之一的，由经办机构注销其就业创业证和电子证照信息：

（一）享受基本养老保险待遇的；

（二）移居境外的；

（三）完全丧失劳动能力的；

（四）死亡的；

（五）依据法律法规应当失效的其他情形。

第五章 附 则

第二十九条 将就业和失业登记业务纳入浙江省就业省集中系统统一管理。

第三十条 全面推行“告知 + 承诺”办理模式，由经办机构告知申请人应当符合的条件和虚假承诺应负的责任，申请人知晓条件要求并书面承诺符合相关条件要求、承诺承担违约责任后，经办机构先予以受理，提高办事效率。

第三十一条 经办机构可通过信息共享获取的登记所需材料，申请人无需提供。

第三十二条 失业人员档案按照《中共浙江省委组织部 浙江省人力资源和社会保障厅 浙江省教育厅关于加强流动人员人事档案规范管理的通知》（浙人社发〔2013〕204 号）和《浙江省人力资源和社会保障厅 浙江省财政厅转发人力资源社会保障部 财政部关于进一步完善公共就业服务体系有关问题的通知》（浙人社发〔2013〕114 号）进行管理和服务。

第三十三条 台湾、香港、澳门居民和取得在华永久居留权的外国人在我省就业失业，可凭社会保障卡或港澳台居民居住证、港澳居民来往内地通行证、台湾居民来往大陆通行证等身份证明材料办理就业失业登记，并同等享受相关服务。

第三十四条 本办法自印发之日起施行。《浙江省人力资源和社会保障厅关于印发浙江省就业和失业登记管理办法的通知》（浙人社发〔2013〕111 号）同时废止。

浙江省人力资源和社会保障厅发文目录

2021年浙江省人力资源和社会保障厅发文目录

1月

本月厅发文目录：

发文日期	文号	标题
1月6日	浙人社发〔2021〕1号	浙江省人力资源和社会保障厅 浙江省财政厅关于调整博士后研究人员日常经费等资助标准及范围的通知
1月11日	浙人社发〔2021〕2号	浙江省人力资源和社会保障厅等4部门关于印发《个体劳动者就业等七个“一件事”办事指南》的通知
1月8日	浙人社发〔2021〕3号	浙江省人力资源和社会保障厅 浙江省民政厅 浙江省财政厅 浙江省商务厅 浙江省妇联转发人力资源社会保障部 民政部 财政部 商务部 全国妇联关于实施康养职业技能培训计划的通知
1月21日	浙人社发〔2021〕4号	浙江省人力资源和社会保障厅关于公布2020年享受政府特殊津贴人员名单的通知
1月29日	浙人社发〔2021〕5号	浙江省人力资源和社会保障厅关于2020年度全省人社系统绩效考评情况的通报
1月22日	浙人社发〔2021〕9号	浙江省人力资源和社会保障厅等18部门关于实施“金蓝领”职业技能提升行动的通知

2月

本月厅发文目录：

发文日期	文号	标题
2月1日	浙人社发〔2021〕6号	浙江省人力资源和社会保障厅关于加快推进人力社保政务服务“跨省通办”“全省通办”工作的通知
2月4日	浙人社发〔2021〕7号	浙江省人力资源和社会保障厅印发《关于优化人社公共服务切实解决老年人运用智能技术困难实施方案》的通知
2月5日	浙人社发〔2021〕8号	浙江省人力资源和社会保障厅关于进一步做好留浙过年农民工服务保障工作的通知
2月24日	浙人社发〔2021〕10号	浙江省人力资源和社会保障厅关于印发《浙江省人力资源和社会保障厅鼓励改革创新激励干事创业容错纠错实施办法（试行）》的通知

3月

本月厅发文目录：

发文日期	文号	标题
3月3日	浙人社发〔2021〕11号	浙江省人力资源和社会保障厅关于2020年度先进处室（单位）评选和厅工作人员年度考核情况的通报
3月8日	浙人社发〔2021〕12号	浙江省人力资源和社会保障厅关于成立厅数字化改革领导小组及工作专班的通知
3月16日	浙人社发〔2021〕13号	浙江省人力资源和社会保障厅关于印发刘国富同志在全省人力资源和社会保障工作会议上的讲话和2021年全省人力资源社会保障工作要点的通知
3月18日	浙人社发〔2021〕14号	浙江省人力资源和社会保障厅等4部门关于实施劳动关系“和谐同行”三年行动计划打造和谐劳动关系示范区的通知
3月24日	浙人社发〔2021〕15号	中共浙江省委人才工作领导小组办公室 浙江省人力资源和社会保障厅 浙江省财政厅 浙江省总工会 共青团浙江省委员会关于印发《新时代浙江工匠遴选管理办法》的通知
3月26日	浙人社发〔2021〕16号	浙江省人力资源和社会保障厅 浙江省财政厅 浙江省市场监督管理局关于做好小微企业吸纳高校毕业生社保补贴发放工作的通知
3月30日	浙人社发〔2021〕17号	浙江省人力资源和社会保障厅关于印发《浙江省人力资源和社会保障厅工作人员平时考核实施细则（试行）》的通知
3月31日	浙人社发〔2021〕18号	浙江省人力资源和社会保障厅关于印发《浙江省人社数字化改革总体方案》的通知

4月

本月厅发文目录：

发文日期	文号	标题
4月14日	浙人社发〔2021〕19号	中共浙江省委人才工作领导小组办公室 浙江省人力资源和社会保障厅 浙江清华长三角研究院关于开展第三届“青年才俊浙江行”活动的通知
4月13日	浙人社发〔2021〕20号	浙江省人力资源和社会保障厅等8部门转发人力资源社会保障部等8部委关于印发《工伤预防五年行动计划（2021—2025年）》的通知

5月

本月厅发文目录：

发文日期	文号	标题
5月12日	浙人社发〔2021〕21号	浙江省人力资源和社会保障厅关于印发《浙江省人社信息化便民服务创新提升行动工作方案》的通知
5月18日	浙人社发〔2021〕22号	中共浙江省委组织部 浙江省人力资源和社会保障厅等7部门关于进一步加强山区26县人力社保支撑促进跨越式高质量发展的若干意见

续表

发文日期	文号	标题
5月26日	浙人社发〔2021〕23号	浙江省人力资源和社会保障厅等4部门关于依托省一体化在线政务服务平台开展职工退休（退职）“一件事”全面应用的通知
5月26日	浙人社发〔2021〕24号	浙江省人力资源和社会保障厅 浙江省财政厅关于发布2020年城乡居民基本养老保险个人账户记账利率的通知
5月28日	浙人社发〔2021〕25号	浙江省人力资源和社会保障厅等16部门关于支持多渠道灵活就业的实施意见

6月

本月厅发文目录：

发文日期	文号	标题
6月8日	浙人社发〔2021〕26号	浙江省人力资源和社会保障厅 浙江省财政厅关于加强职业年金基金监管工作的通知
6月24日	浙人社发〔2021〕27号	浙江省人力资源和社会保障厅 浙江省财政厅关于2021年调整退休人员基本养老金的通知
6月25日	浙人社发〔2021〕28号	浙江省人力资源和社会保障厅 浙江省教育厅关于进一步做好2021年高校毕业生就业创业工作的通知
6月30日	浙人社发〔2021〕29号	浙江省人力资源和社会保障厅关于印发《 2021年度浙江省人社系统绩效考核评价办法》的通知
6月30日	浙人社发〔2021〕30号	浙江省人力资源和社会保障厅关于印发《浙江省社会保险基金监督管理约谈暂行规定》的通知
6月30日	浙人社发〔2021〕31号	浙江省人力资源和社会保障厅关于公布2021年浙江省人力资源和社会保障科学研究课题立项名单的通知

7月

本月厅发文目录：

发文日期	文号	标题
7月1日	浙人社发〔2021〕32号	浙江省人力资源和社会保障厅关于开展全省社会保险基金安全评估工作的实施意见
7月1日	浙人社发〔2021〕33号	浙江省人力资源和社会保障厅关于进一步加强和规范我省人力资源和社会保障统计工作的意见
7月8日	浙人社发〔2021〕34号	浙江省人力资源和社会保障厅等8部门关于印发《工伤预防五年行动计划（2021—2025年）实施方案》的通知
7月16日	浙人社发〔2021〕35号	浙江省人力资源和社会保障厅关于印发《浙江省人社领域推进高质量发展建设共同富裕示范区实施方案（2021-2025年）》的通知
7月20日	浙人社发〔2021〕36号	浙江省人力资源和社会保障厅关于公布继续有效行政规范性文件目录的通知
7月20日	浙人社发〔2021〕37号	浙江省人力资源和社会保障厅关于印发《浙江省高层次创新型人才职称“直通车”评审办法》的通知
7月30日	浙人社发〔2021〕38号	浙江省人力资源和社会保障厅关于公布部分废止失效行政规范性文件目录的通知

8月

本月厅发文目录：

发文日期	文号	标题
8月4日	浙人社发〔2021〕39号	浙江省人力资源和社会保障厅等6部门关于延续实施部分减负稳岗扩就业政策措施的通知
8月4日	浙人社发〔2021〕40号	浙江省人力资源和社会保障厅 浙江省财政厅转发人力资源社会保障部 财政部关于印发《企业职工基本养老保险遗属待遇暂行办法》的通知
8月11日	浙人社发〔2021〕41号	浙江省人力资源和社会保障厅 浙江省医疗保障局 浙江省大数据发展管理局关于印发《社保医保参保“一件事”改革工作方案》的通知
8月20日	浙人社发〔2021〕42号	浙江省人力资源和社会保障厅关于做好2021年国有企业工资分配宏观指导和调控有关工作的通知
8月21日	浙人社发〔2021〕43号	浙江省人力资源和社会保障厅关于成立厅共同富裕工作领导小组的通知
8月30日	浙人社发〔2021〕44号	中共浙江省委组织部 浙江省人力资源和社会保障厅 浙江省财政厅关于调整机关事业单位工作人员死亡后遗属生活困难补助费等标准的通知
8月30日	浙人社发〔2021〕45号	中共浙江省委组织部 浙江省人力资源和社会保障厅 浙江省财政厅关于调整精减退职人员生活困难补助费标准的通知

9月

本月厅发文目录：

发文日期	文号	标题
9月5日	浙人社发〔2021〕46号	浙江省人力资源和社会保障厅关于印发《提升全民数字技能工作方案》的通知
9月8日	浙人社发〔2021〕47号	浙江省人力资源和社会保障厅关于实施“智聚山海·助力共富”专家服务工程的通知
9月10日	浙人社发〔2021〕48号	浙江省人力资源和社会保障厅 浙江省对口工作领导小组办公室 浙江省财政厅 浙江省农业农村厅 浙江省乡村振兴局关于进一步加强东西部就业帮扶巩固拓展脱贫攻坚成果助力乡村振兴的通知
9月15日	浙人社发〔2021〕49号	浙江省人力资源和社会保障厅关于印发《全省人社系统深入实施“人社服务快办行动”工作方案》的通知
9月16日	浙人社发〔2021〕50号	浙江省人力资源和社会保障厅 浙江省财政厅关于2021年提高城乡居民基本养老保险基础养老金最低标准的通知
9月25日	浙人社发〔2021〕51号	浙江省人力资源和社会保障厅关于印发《浙江省正高级经济师职务任职资格评价条件（试行）》的通知
9月27日	浙人社发〔2021〕52号	浙江省人力资源和社会保障厅 浙江省财政厅关于调整企业职工死亡后遗属生活困难补助费等标准的通知
9月30日	浙人社发〔2021〕53号	浙江省人力资源和社会保障厅关于印发《2021年专项调研计划》的通知
9月27日	浙人社发〔2021〕54号	浙江省人力资源和社会保障厅 浙江省财政厅 浙江省统计局 浙江省医疗保障局 国家税务总局浙江省税务局关于公布社会保险有关基数的通知

10月

本月厅发文目录：

发文日期	文号	标题
10月13日	浙人社发〔2021〕55号	浙江省人力资源和社会保障厅 浙江省财政厅关于实行城乡居民基本养老保险基金省级管理的通知
10月18日	浙人社发〔2021〕56号	浙江省人力资源和社会保障厅 浙江省发展改革委 浙江省交通运输厅 浙江省应急管理厅 浙江省市场监管局 浙江省医保局 浙江省高级人民法院 浙江省总工会关于印发《浙江省维护新就业形态劳动者劳动保障权益实施办法》的通知
10月22日	浙人社发〔2021〕57号	浙江省人力资源和社会保障厅关于印发《浙江省人力社保系统行政规范性文件管理办法》的通知

11月

本月厅发文目录：

发文日期	文号	标题
11月1日	浙人社发〔2021〕58号	浙江省人力资源和社会保障厅关于印发《浙江省人力资源和社会保障厅工作规则》的通知
11月15日	浙人社发〔2021〕59号	浙江省人力资源和社会保障厅 浙江省财政厅关于职业年金启动投资运营前个人账户记账利率等有关事项的通知
11月25日	浙人社发〔2021〕60号	浙江省人力资源和社会保障厅 浙江省财政厅关于做好职业年金个人账户记账利息资金归集工作的通知
11月19日	浙人社发〔2021〕61号	浙江省人力资源和社会保障厅 浙江省财政厅转发人力资源社会保障部 财政部关于拓宽职业技能培训资金使用范围提升使用效能的通知
11月30日	浙人社发〔2021〕62号	浙江省人力资源和社会保障厅关于印发《浙江省人社领域助力共同富裕示范区建设标准化提升行动计划（2021—2025年）》的通知

12月

本月厅发文目录：

发文日期	文号	标题
12月1日	浙人社发〔2021〕63号	浙江省人力资源和社会保障厅关于进一步做好灵活就业人员参加企业职工基本养老保险工作的通知
12月1日	浙人社发〔2021〕64号	浙江省人力资源和社会保障厅关于加强工程建设领域劳动用工不良信息记录和管理的通知
12月1日	浙人社发〔2021〕65号	浙江省人力资源和社会保障厅关于印发《浙江省就业和失业登记管理办法》的通知
12月2日	浙人社发〔2021〕66号	浙江省人力资源和社会保障厅关于印发《浙江省人力资源和社会保障厅标准化工作管理办法》的通知
12月3日	浙人社发〔2021〕67号	浙江省人力资源和社会保障厅关于印发《浙江省人力资源和社会保障厅处置突发事件应急预案》的通知

续表

发文日期	文号	标题
12月14日	浙人社发〔2021〕68号	中共浙江省委组织部 中共浙江省委老干部局 浙江省人力资源和社会保障厅关于表彰全省老干部工作先进集体和先进工作者的决定
12月14日	浙人社发〔2021〕69号	浙江省人力资源和社会保障厅等4部门转发人力资源社会保障部等4部门关于实施提升就业服务质量工程的通知
12月21日	浙人社发〔2021〕70号	中共浙江省委组织部 浙江省人力资源和社会保障厅 浙江省财政厅关于印发《浙江省人事考试劳务费支出管理办法》的通知
12月30日	浙人社发〔2021〕71号	浙江省人力资源和社会保障厅 浙江省发展和改革委员会 浙江省经济和信息化厅 浙江省财政厅关于做好春节期间稳岗留工工作保障企业用工的通知

主要统计资料

一、综合

全省基层劳动保障机构情况

单位：个、人

项目	个数	建立劳动保障工作机构个数	劳动保障工作人员数				
				有编制的工作人员	获得职业资格人员	大专以上学历人员	女性
街道	487	486	2407	1051	——	2237	——
乡镇	886	876	2871	1330	——	2581	——

项目	个数	配备劳动保障工作人员的社区、村个数	劳动保障工作人员数				
				专职工作人员	获得职业资格人员	大专以上学历人员	女性
社区	4706	4196	5231	3490	——	4436	——
行政村	19103	15561	16548	4945	——	6861	——

说明：因人社部表式调整，“获得职业资格人员”“女性”指标栏已删除。

二、就业和失业

按三次产业分布的全社会从业人员情况

	2021年		2020年		2019年	
	绝对数（万人）	构成（%）	绝对数（万人）	构成（%）	绝对数（万人）	构成（%）
一产	206	5.29	208	5.39	406.83	10.50
二产	1727	44.32	1692	43.87	1764.27	45.53
三产	1964	50.39	1957	50.74	1704.01	43.97

注：本表数据来源为省统计局，最终以统计年鉴发布版为准。

全省失业人员再就业情况

单位：万人

项　目	2021年	2020年	2019年
城镇新增就业人数	122.36	111.81	125.7
城镇登记失业人员	45.26	42.14	34.43
城镇登记失业人员就业人数	35.01	38.58	42.45
失业人员再就业人数	47.17	47.7	45.39
困难人员再就业	12.86	12.79	15.31

全省就业专项资金使用情况

单位：亿元

	2021年	2020年	2019年
使用总额	28.65	29.36	20.56
职业培训补贴	0.32	0.25	1.13
职业技能鉴定补贴	0.02	0.03	0.08
社保补贴	14.75	16.32	11.07
公益性岗位补贴	2.71	0.23	2.79
就业见习补贴	1.10	0.87	0.74
求职创业补贴	1.02	0.98	0.26
就业创业服务补助	1.63	1.67	2
高技能人才培养补助	0.31	0.47	0.31
其他	6.79	8.54	2.17

三、技工学校和就业培训

全省技工学校情况表

项　目		2021年	2020年	增减（%）
学校数（所）	合计	99	83	19.3%
学生数（人）	在校学生数	179407	173716	3.3%
	招生数	61582	56389	9.2%
	其中：农业户口	40752	40613	0.3%
	毕业生数	34325	35267	-2.7%
教职工人数（人）	总计	14680	13452	9.1%
	其中：理论教师	9441	8272	14.1%
	实习教师	2506	2621	-4.4%
	其他	——	——	——
兼职教师（人）		1784	1944	-8.2%

全省就业培训情况

项　目	就业训练中心	民办职业培训	技工学校培训
一、职业培训机构数（个）	10	1346	99
二、在职教职工人数（人）	938	17351	——
其中：教师	184	7094	——
兼职教师	635	8514	——
三、经费来源（万元）	3541	68418	——
四、培训人数（人）	59715	1267810	484473
其中：女性	18430	573621	154879
五、结业人数（人）	54601	924598	456268
其中：初级	——	——	80553
中级	——	——	72687
高级（含技师、高级技师）	——	——	41997
六、就业人数（人）	18839	413201	——

说明：因人社部表式调整，部分数据项有变。

四、监察和仲裁

全省劳动保障监察工作情况

	2021年	2020年	2019年
检查单位数	97936	123663	169756
涉及劳动者（万人）	367.33	527.49	645.22
劳动保障监察投诉结案数（件）	1901	1875	1056
结案率（%）	1	1	1
追发劳动者工资等待遇（万元）	26230.18	14164.57	10062.61
涉及人数（万人）	1.96	1.09	1.21
清退风险抵押金（万元）	0.08	0.12	28.13
涉及人数（万人）	0.0008	0.0006	0.005
追缴社会保险费（万元）	98.12	217.75	149.09
涉及人数（万人）	0.0069	0.0161	0.012
清退童工（人）	477	198	320

全省劳动争议仲裁情况

	2021年	2020年	2019年
一、案件受理情况			
（一）受理案件数（件）	75899	59053	61530
其中：国有企业	769	476	390
集体企业	182	88	55
港澳台及外资企业	301	485	664
民营企业	70095	50576	55308
其他	4552	7428	5113
（二）案件涉及人数（人）	85551	72762	76873
二、案件处理情况			
结案件数（件）	77947	61065	63414
其中：单位胜诉	4023	3543	3427
劳动者胜诉	17730	17742	17625
双方部分胜诉	29428	25720	25377

说明：“受理案件数”2020年不含调解协议仲裁审查案件，其余年份均包含。

五、社会保障

全省社会保险基本情况

项　目	企业职工基本养老保险	城乡居民基本养老保险	机关事业单位养老保险	失业保险	工伤保险
一、参保总人数（万人）	3139.79	1055.49	227.71	1798.36	2741.58
其中：在职职工	2298.17	——	157.41	1798.36	2741.58
二、基金收支情况（亿元）					
1.当年基金收入	2719.56	342.60	739.20	108.78	75.50
2.当年基金支出	3135.37	242.66	682.82	75.98	81.69
3.当年基金结余	–415.81	99.94	56.38	32.80	–6.19
4.基金滚存结余	1908.08	354.44	150.75	199.68	70.95

备注：1.2021年社会保险基金收支余为决算数据；2.从2020年起，各项社会保险基金收入、支出不含省内上解下拨资金，中央调剂金按净上解额计

六、各市资料

各市年末总户数和总人口数

单位：户、人

地　区	总户数（户）	总人口数（人）	按性别分		按城镇人口和乡村人口分	
			男性（人）	女性（人）	城镇人口（人）	乡村人口（人）
合　计	17647067	50957762	25568616	25568616	27969296	22988466
杭州市	2619490	8345428	4122476	4122476	5933599	2411829
宁波市	2432993	6183324	3044474	3044474	4185473	1997851
温州市	2467593	8328093	4306875	4306875	4388977	3939116
湖州市	887424	2684952	1320357	1320357	1264613	1420339
嘉兴市	1196149	3718489	1806767	1806767	2239285	1479204

续表

地　区	总户数（户）	总人口数（人）	按性别分		按城镇人口和乡村人口分	
			男性（人）	女性（人）	城镇人口（人）	乡村人口（人）
绍兴市	1655770	4468479	2219069	2219069	2305603	2162876
金华市	1993035	4953865	2501963	2501963	2404665	2549200
衢州市	973250	2559373	1303337	1303337	954379	1604994
舟山市	377786	956687	470476	470476	571142	385545
台州市	1946715	6059387	3088627	3088627	2822398	3236989
丽水市	1096862	2699685	1384195	1384195	899162	1800523

注：本表数据来源为省公安厅户籍人口数。

各市社会保险参保人数

单位：万人

	企业职工基本养老保险	城乡居民基本养老保险	机关事业单位养老保险	失业保险	工伤保险	被征地农民养老保障
合　计	3139.79	1055.49	227.71	1798.36	2741.58	654.49
杭州市	763.56	81.12	35.84	563.49	707.43	68.58
宁波市	511.21	101.37	29.27	333.54	443.23	93.99
温州市	357.02	186.46	31.10	156.06	341.12	92.51
嘉兴市	271.61	62.56	14.76	162.56	231.62	60.68
湖州市	167.85	49.90	10.84	93.40	136.77	25.90
绍兴市	263.43	88.33	17.17	136.87	183.90	76.83
金华市	257.94	130.32	19.30	128.06	228.20	75.08
衢州市	87.85	86.07	9.55	41.46	55.02	26.54
舟山市	61.60	17.24	5.93	26.59	40.70	21.55
台州市	262.04	160.92	20.59	122.66	242.52	84.09
丽水市	90.88	91.19	12.06	33.67	89.21	28.73

工资指导价位

2021年全省各市、县最低工资标准

单位：元

地区	市、县	最低月工资标准	最低小时工资标准
杭州	市区	2280	22
	桐庐、建德、淳安	2070	20
宁波	市区（不含奉化）、宁波经济技术开发区、宁波高新技术产业开发区	2280	22
	奉化、慈溪、余姚、象山、宁海、宁波前湾新区	2070	20
温州	市区、瓯江口产业集聚区、浙南产业集聚区	2280	22
	乐清、瑞安	2070	20
	永嘉、文成、平阳、泰顺、苍南、龙港	1840	18
嘉兴	市区、所属县	2070	20
湖州	市区、所属县	2070	20
绍兴	市区、所属县	2070	20
金华	市区、义乌、东阳、永康	2070	20
	兰溪、浦江、武义、磐安	1840	18
衢州	市区、所属县	1840	18
台州	市区、临海、温岭、玉环	2070	20
	天台、仙居、三门	1840	18
舟山	市区、所属县	2070	20
丽水	市区、所属县	1840	18

2021年杭州市人力资源市场工资指导价位

一、分职业小类企业从业人员工资价位

序号	职业细类	分位值（单位：元/年）				
		10%	25%	50%	75%	90%
1	企业董事	59004	85315	137585	311934	558138
2	企业总经理	58800	89188	166520	343327	600875
3	生产经营部门经理	58299	83400	132155	240599	353140
4	财务部门经理	50000	70000	113010	198828	312108
5	行政部门经理	45010	60000	96000	172326	291554
6	人事部门经理	42000	60000	100000	183223	302710
7	销售和营销部门经理	51947	81094	135112	259250	460786
8	广告和公关部门经理	50983	90817	123180	217015	315313
9	采购部门经理	45911	62880	99227	158581	254117
10	计算机服务部门经理	96000	177018	211006	346466	436184
11	研究和开发部门经理	70000	108936	177005	306956	426677
12	餐厅部门经理	48125	65200	87739	129164	170038
13	客房部门经理	47183	56853	76648	114395	150610
14	其他职能部门经理	53402	76005	129509	217575	346954
15	其他企业中高级管理人员	61200	90756	142294	250881	475596
16	农业科学研究人员	55620	69584	88706	133318	176619
17	医学研究人员	58493	79940	103134	162348	199757
18	地质勘探工程技术人员	44028	55093	67364	89045	105600
19	测绘和地理信息工程技术人员	41864	53628	66434	115810	155328
20	矿山工程技术人员	50841	53702	58187	68266	105525
21	冶金工程技术人员	69061	72525	86354	138895	165766
22	化工工程技术人员	62350	78200	108730	145734	208759
23	机械工程技术人员	63111	87529	114664	173940	238386
24	电子工程技术人员	46274	64146	88965	130627	178708
25	信息和通信工程技术人员	60000	107494	156461	211800	275662
26	电气工程技术人员	54000	61022	89347	132895	177605

续表

序号	职业细类	分位值（单位：元/年）				
		10%	25%	50%	75%	90%
27	电力工程技术人员	49120	74090	100112	159041	358959
28	邮政和快递工程技术人员	38738	62341	87618	97826	123024
29	广播电影电视及演艺设备工程技术人员	58299	67159	88863	169107	186382
30	道路和水上运输工程技术人员	42244	60000	70000	80000	102740
31	民用航空工程技术人员	68619	82633	135420	205790	289951
32	铁道工程技术人员	115192	135750	148854	177046	190643
33	建筑工程技术人员	42000	57200	66883	99789	169081
34	建材工程技术人员	53000	56300	64471	74719	107060
35	林业工程技术人员	39859	45030	57600	104788	169477
36	水利工程技术人员	60000	65000	88972	130493	146559
37	纺织服装工程技术人员	47645	55389	70600	85633	107182
38	食品工程技术人员	78126	88590	109037	130618	169500
39	环境保护工程技术人员	46410	65896	78611	147132	214181
40	安全工程技术人员	41600	60000	75303	118431	161805
41	标准化、计量、质量和认证认可工程技术人员	59200	72150	94560	130173	183407
42	管理（工业）工程技术人员	40000	54000	75411	111200	162670
43	检验检疫工程技术人员	59449	74732	85417	154032	207051
44	制药工程技术人员	39180	56994	81543	110426	149670
45	印刷复制工程技术人员	42380	49731	63902	65996	82797
46	工业（产品）设计工程技术人员	57571	74954	107213	151267	199546
47	轻工工程技术人员	56071	66954	88275	133314	153869
48	农业技术指导人员	78520	85799	93824	106999	117259
49	兽医兽药技术人员	34920	43623	73131	91231	128892
50	其他农业技术人员	35036	40136	58355	63200	76106
51	飞行人员和领航人员	246579	447861	515995	1184083	1369931
52	船舶指挥和引航人员	33077	37813	56897	76623	95591
53	临床和口腔医师	60000	96485	166779	279174	444271
54	中医医师	48961	71011	89263	151201	190768
55	中西医结合医师	60787	80184	95370	201680	225417
56	药学技术人员	48030	56736	69720	85996	102225
57	医疗卫生技术人员	50291	64185	81203	108016	149379
58	护理人员	48000	69705	88459	132555	177268
59	其他卫生专业技术人员	40260	46603	64392	88579	112413
60	经济专业人员	54736	65340	87005	106140	141887
61	统计专业人员	42496	50400	64673	85263	126702
62	会计专业人员	45600	58610	78221	112740	175049

续表

序号	职业细类	分位值（单位：元/年）				
		10%	25%	50%	75%	90%
63	审计专业人员	56880	93325	131193	203964	314517
64	税务专业人员	52756	68116	96859	134730	162815
65	评估专业人员	65294	77280	107220	144970	194180
66	商务专业人员	46081	66280	118816	172251	329281
67	人力资源专业人员	50779	64192	94675	149810	232294
68	银行专业人员	122875	146674	188393	233026	284352
69	保险专业人员	61403	81017	107646	162810	266219
70	证券专业人员	73471	112427	234151	274135	452980
71	知识产权专业人员	81358	108207	125868	175388	243373
72	其他经济和金融专业人员	68873	110535	168654	238128	338716
73	律师	52368	116874	180875	267550	299330
74	法律顾问	54422	81642	116561	182799	390712
75	社会工作专业人员	58468	81408	100187	122588	135641
76	其他法律、社会和宗教专业人员	50112	61860	94506	144683	215700
77	中等职业教育教师	46686	52229	66353	101159	129386
78	中小学教育教师	66188	84720	103453	113332	128126
79	幼儿教育教师	37594	39859	44059	59000	74400
80	其他教学人员	40000	69600	77892	134238	181393
81	文艺创作与编导人员	90410	101665	115152	153071	169301
82	音乐指挥与演员	78977	82232	85712	130322	143585
83	电影电视制作专业人员	68400	84600	103278	117600	156336
84	舞台专业人员	55768	65633	74993	85584	99902
85	工艺美术与创意设计专业人员	48060	64534	98509	222400	306185
86	体育专业人员	35000	40800	75837	88000	213494
87	记者	79376	98516	127213	151509	186199
88	编辑	39859	61200	84000	132462	227757
89	校对员	49500	67377	80247	93410	97616
90	播音员及节目主持人	53767	100806	121967	154788	174234
91	翻译人员	69397	77722	97144	137094	191911
92	图书资料与微缩摄影专业人员	53618	69831	95909	128066	154145
93	档案专业人员	36000	45000	53828	71287	104776
94	其他新闻出版、文化专业人员	56086	77415	92686	163211	195849
95	其他专业技术人员	41000	54000	65951	91027	123581
96	行政业务办理人员	43617	55901	75600	106964	155351
97	行政事务处理人员	39650	48650	69740	102239	167945
98	其他办事人员	39440	48000	69309	145083	227883

续表

序号	职业细类	分位值（单位：元/年）				
		10%	25%	50%	75%	90%
99	保卫人员	35925	48000	57981	76001	92766
100	消防和应急救援人员	45176	60120	72463	117393	171609
101	其他安全和消防人员	36461	44996	62358	79464	115278
102	其他办事人员和有关人员	40128	55000	73570	112057	182567
103	采购人员	43238	57207	75481	103849	149093
104	销售人员	39043	47116	73026	124604	192540
105	贸易经纪代理人员	67482	92571	115085	153046	190919
106	再生物资回收人员	59532	63585	65970	68221	71223
107	特殊商品购销人员	39600	83680	101338	122760	160234
108	其他批发与零售服务人员	33696	39859	53000	79856	121885
109	轨道交通运输服务人员	75125	83008	103078	117949	138991
110	道路运输服务人员	55951	75505	95679	106450	116828
111	水上运输服务人员	31061	32115	43044	48936	66263
112	航空运输服务人员	92616	99790	108907	195055	231081
113	装卸搬运和运输代理服务人员	37449	47951	59960	76488	87122
114	仓储人员	37244	43121	57362	80173	105308
115	邮政和快递服务人员	28053	39859	86555	112741	139647
116	其他交通运输、仓储和邮政业服务人员	52214	57203	75891	122214	186019
117	住宿服务人员	32961	37700	45200	55421	74425
118	餐饮服务人员	35800	40680	51624	66011	83328
119	其他住宿和餐饮服务人员	34295	40077	49200	58587	74098
120	信息通信业务人员	58750	61880	101460	155323	183175
121	信息通信网络维护人员	60760	63088	65345	74324	99582
122	信息通信网络运行管理人员	48048	64213	89455	138258	224122
123	软件和信息技术服务人员	37032	50400	125342	229200	321785
124	其他信息传输、软件和信息技术服务人员	39864	69176	132837	144400	178067
125	银行服务人员	121284	161443	216568	282939	395348
126	保险服务人员	35513	54757	98182	172130	335963
127	典当服务人员	97741	103363	108680	158213	186909
128	其他金融服务人员	76113	132777	208399	338442	587176
129	物业管理服务人员	34500	40570	50635	62976	78000
130	房地产中介服务人员	42000	55091	77873	175894	302729
131	其他房地产服务人员	37831	41388	58560	132608	210361
132	租赁业务人员	77383	81469	98001	179589	235870
133	商务咨询服务人员	35510	43644	60731	82828	132610
134	人力资源服务人员	44160	46080	58751	111325	151490

续表

序号	职业细类	分位值（单位：元/年）				
		10%	25%	50%	75%	90%
135	旅游及公共游览场所服务人员	32400	36300	41712	50478	65132
136	安全保护服务人员	33360	39600	50010	67306	94104
137	市场管理服务人员	40000	45191	61107	90140	123440
138	会议及展览服务人员	32400	41876	63174	112128	133209
139	其他租赁和商务服务人员	49343	53140	62085	72066	104964
140	测绘服务人员	59000	72000	92899	129435	144425
141	检验、检测和计量服务人员	45657	57651	71977	91625	114112
142	环境监测服务人员	52400	65580	71180	82200	92180
143	专业化设计服务人员	39942	45175	66120	113175	153794
144	摄影扩印服务人员	61192	70874	83536	95753	108918
145	其他技术辅助服务人员	55189	64141	75917	100800	140659
146	水利设施管养人员	34659	36958	39769	49659	74034
147	水土保持人员	48738	59160	61800	64078	68096
148	野生动植物保护人员	49506	51536	58777	72597	91731
149	环境治理服务人员	52704	60152	73556	123064	138523
150	环境卫生服务人员	29400	33796	40848	49265	58492
151	绿化与园艺服务人员	34967	39859	47584	61200	78419
152	其他水利、环境和公共设施管理服务人员	48633	53465	57000	64100	122102
153	生活照料服务人员	29993	39080	47980	59025	72000
154	服装裁剪和洗染织补人员	39251	44402	49643	58257	68456
155	美容美发和浴池服务人员	33189	36498	39138	47112	79438
156	保健服务人员	43269	46800	51235	60259	64362
157	宠物服务人员	43265	49287	53421	68151	82271
158	其他居民服务人员	41520	47377	56344	62120	78600
159	燃气供应服务人员	54386	65602	78917	115110	123848
160	水供应服务人员	54381	62456	72326	155410	182359
161	其他电力、燃气及水供应服务人员	54208	63357	70050	104033	109097
162	汽车摩托车修理技术服务人员	57937	73753	81737	97911	127845
163	计算机和办公设备维修人员	30208	33244	62128	68353	84704
164	家用电子电器产品维修人员	43059	51746	62075	87339	105312
165	日用产品修理服务人员	46209	58821	61484	65040	69282
166	其他修理及制作服务人员	49205	61443	75527	99908	132314
167	群众文化活动服务人员	38870	41914	51295	56028	62576
168	广播、电视、电影和影视录音制作人员	36457	40663	69492	136231	153045
169	健身和娱乐场所服务人员	38188	39865	44862	55110	67457
170	文化、娱乐、体育经纪代理人员	63587	76593	89691	117739	155400

续表

序号	职业细类	分位值（单位：元/年）				
		10%	25%	50%	75%	90%
171	其他文化、体育和娱乐服务人员	39900	42136	45329	48000	52016
172	医疗辅助服务人员	55280	57667	63883	251069	344318
173	健康咨询服务人员	56000	64100	79149	164550	270700
174	康复矫正服务人员	37591	40350	70296	184524	206885
175	公共卫生辅助服务员	30799	32503	34108	42270	55529
176	其他健康服务人员	42000	54851	59170	156302	246000
177	农作物生产人员	37000	40600	49000	53600	60756
178	畜禽饲养人员	51496	56933	72182	93429	108901
179	其他畜牧业生产人员	65758	78465	87635	97448	102706
180	水产养殖人员	35387	36754	38189	65280	81892
181	水产捕捞及有关人员	60913	66327	72122	87131	96417
182	农副林特产品初加工人员	30000	41256	54802	94334	101263
183	其他农林牧渔业生产辅助人员	41646	46517	66416	70440	74390
184	其他农、林、牧、渔业生产加工人员	43529	49796	53159	68806	78608
185	粮油加工人员	33533	37272	43149	51179	58035
186	畜禽制品加工人员	33838	38914	64316	71563	85506
187	果蔬和坚果加工人员	34338	38929	61228	63562	68400
188	淀粉和豆制品加工人员	60623	67952	75948	83277	91087
189	其他农副产品加工人员	30325	35599	40556	43440	48761
190	焙烤食品制造人员	44267	51945	57486	65470	79744
191	方便食品和罐头食品加工人员	56905	61126	64067	80689	105400
192	乳制品加工人员	55560	57836	60084	65154	75178
193	酒、饮料及精制茶制造人员	60971	69750	85927	107477	130864
194	其他食品、饮料生产加工人员	50473	65279	77351	101814	132921
195	其他烟草及其制品加工人员	79009	83233	96921	117225	126818
196	纤维预处理人员	43543	47786	51800	58043	66212
197	纺纱人员	41038	47695	56059	61000	67402
198	织造人员	39717	46753	57385	72928	83035
199	针织人员	38062	41978	47872	58109	68442
200	非织造布制造人员	42570	49730	60283	88101	101586
201	印染人员	46710	52808	63300	73009	88132
202	其他纺织、针织、印染人员	35563	42591	57718	69787	80928
203	纺织品和服装剪裁缝纫人员	37801	43481	52487	63341	74700
204	皮革、毛皮及其制品加工人员	40193	52409	55420	80289	93808
205	羽绒羽毛加工及制品制造人员	34663	36230	38268	40300	42170
206	鞋帽制作人员	36435	44600	50000	59250	64955

续表

序号	职业细类	分位值（单位：元/年）				
		10%	25%	50%	75%	90%
207	其他纺织品、服装和皮革、毛皮制品加工制作人员	40996	46032	51340	59019	66964
208	人造板制造人员	41400	50962	54786	79800	88440
209	木制品制造人员	44800	50000	60000	65129	82828
210	家具制造人员	41558	54854	68090	82267	93131
211	其他木材加工、家具与木制品制作人员	47842	55677	63846	72010	87720
212	制浆造纸人员	38452	42768	50350	57630	66954
213	纸箱纸盒制作工	31188	36868	43835	50971	60505
214	其他纸及纸制品生产加工人员	38632	44693	57443	85641	107623
215	印刷人员	40510	47411	55290	77182	106973
216	其他印刷和记录媒介复制人员	47960	76125	114162	141137	160636
217	文教用品制作人员	31200	33600	34775	36704	38825
218	乐器制作人员	53327	58857	65000	72209	85278
219	工艺美术品制造人员	40193	46500	55158	62000	123867
220	体育用品制作人员	42330	47813	63900	69575	72000
221	其他文教、工美、体育和娱乐用品制造人员	43008	52968	58151	61465	77802
222	化工产品生产通用工艺人员	55801	65318	73534	90288	111450
223	基础化学原料制造人员	51070	53083	55090	57279	60075
224	农药生产人员	47608	52626	62195	72671	97093
225	涂料、油墨、颜料及类似产品制造人员	61172	68499	78908	119668	136931
226	合成橡胶生产人员	77242	81394	89902	150391	165292
227	专用化学产品生产人员	43512	55514	76794	89400	96853
228	火工品制造、保管、爆破及焰火产品制造人员	51024	53265	55000	57849	61024
229	日用化学品生产人员	26111	42000	50535	68648	83360
230	其他化学原料和化学制品制造人员	65070	70939	76251	84067	97338
231	化学药品原料药制造人员	57190	77901	84658	88608	107788
232	中药饮片加工人员	35115	50000	60000	64303	89995
233	药物制剂人员	57176	63880	71028	81735	88224
234	兽用药品制造人员	67270	73458	81200	96618	134501
235	生物药品制造人员	48650	50260	52520	56820	66069
236	其他医药制造人员	52315	58960	74174	91886	108817
237	化学纤维原料制造人员	57255	60792	69799	86286	108198
238	化学纤维纺丝及后处理人员	57000	65768	76641	85975	94567
239	其他化学纤维制造人员	52910	60424	72118	83514	91050
240	橡胶制品生产人员	61582	71122	81981	96021	109153
241	塑料制品加工人员	41183	57192	66245	78728	91861
242	其他橡胶和塑料制品制造人员	46855	60542	73622	91666	109968

续表

序号	职业细类	分位值（单位：元/年）				
		10%	25%	50%	75%	90%
243	水泥、石灰、石膏及其制品制造人员	39098	44390	51535	61223	75600
244	砖瓦石材等建筑材料制造人员	36598	43265	56000	74000	92214
245	玻璃及玻璃制品生产加工人员	36352	44468	56565	69518	83737
246	陶瓷制品制造人员	33944	36795	54270	56411	58521
247	其他非金属矿物制品制造人员	39247	42448	51475	59578	86942
248	矿物采选人员	56246	59362	62140	70484	90399
249	炼铁人员	61943	76932	81049	86593	92456
250	炼钢人员	43820	65015	68025	71522	75223
251	铸铁管人员	56000	60000	63000	66000	69800
252	金属轧制人员	43502	45043	70975	80049	97921
253	其他金属冶炼和压延加工人员	60512	62485	64461	90649	97314
254	机械冷加工人员	51550	62201	76324	94411	116000
255	机械热加工人员	58711	68601	85945	106621	126075
256	机械表面处理加工人员	57340	63838	73878	97448	126197
257	工装工具制造加工人员	37920	62003	80615	104538	132131
258	其他机械制造基础加工人员	43474	52497	64292	79030	92435
259	五金制品制作装配人员	49917	58383	68001	86973	103012
260	其他金属制品制造人员	48864	52900	62267	78644	90361
261	通用基础件装配制造人员	53988	63048	74404	96588	131407
262	金属加工机械制造人员	50440	72458	76892	94572	108569
263	物料搬运设备制造人员	74673	82615	90899	98617	107520
264	泵、阀门、压缩机及类似机械制造人员	44357	49733	56820	64920	76447
265	烘炉、衡器、水处理等设备制造人员	65751	74455	86552	102772	119064
266	文化办公机械制造人员	24659	26358	30154	32157	35689
267	采矿、建筑专用设备制造人员	33000	54000	65497	105789	144509
268	印刷生产专用设备制造人员	45916	48775	50542	66503	77887
269	纺织服装和皮革加工专用设备制造人员	37200	44400	54000	58200	60000
270	电子专用设备装配调试人员	61041	71382	94226	118671	159129
271	医疗器械制品和康复辅具生产人员	46939	56697	64050	74826	86688
272	其他专用设备制造人员	60640	75644	80915	119243	138783
273	汽车零部件、饰件生产加工人员	51044	62436	72715	90254	113657
274	汽车整车制造人员	77582	80915	84715	114435	131484
275	其他汽车制造人员	80400	109764	121201	178794	205682
276	轨道交通运输设备制造人员	87281	94283	104661	122922	137635
277	摩托车、自行车制造人员	39415	44613	57802	80647	104558
278	电机制造人员	62025	66033	68319	77946	91930

续表

序号	职业细类	分位值（单位：元/年）				
		10%	25%	50%	75%	90%
279	输配电及控制设备制造人员	37776	55420	73464	86233	105653
280	电线电缆、光纤光缆及电工器材制造人员	37265	47072	62931	88429	103491
281	电池制造人员	47363	49397	53313	61847	74367
282	家用电力器具制造人员	67258	82614	93529	118632	142827
283	照明器具制造人员	38739	51492	60159	111730	123179
284	其他电气机械和器材制造人员	44986	46559	49626	67348	82380
285	电子元件制造人员	41684	48172	55336	65565	72333
286	电子器件制造人员	38078	41144	69600	83741	92179
287	计算机制造人员	40686	44848	47688	84696	107312
288	电子设备装配调试人员	55714	62573	69584	79054	96241
289	其他计算机、通信和其他电子设备制造人员	63874	72405	87318	105564	120511
290	仪器仪表装配人员	39677	45000	51674	58836	72830
291	其他仪器仪表制造人员	38000	43978	54987	71077	83988
292	其他废弃资源综合利用人员	44436	46029	50757	65197	72015
293	电力、热力生产和供应人员	46827	59927	71951	121422	153925
294	气体生产、处理和输送人员	44370	55140	61600	66600	80054
295	水生产、输排和水处理人员	56422	69979	86533	154274	169080
296	其他电力、热力、气体、水生产和输配人员	56886	68531	81991	137570	145123
297	房屋建筑施工人员	49000	60000	62287	71283	76095
298	土木工程建筑施工人员	49156	54550	57114	84550	111250
299	建筑安装施工人员	42000	51088	55635	76467	104521
300	建筑装饰人员	42500	48600	55505	70469	73275
301	其他建筑施工人员	40800	42665	61200	73200	75986
302	专用车辆操作人员	55677	69655	79797	166410	194098
303	民用航空设备操作及有关人员	206267	213383	227860	236049	252330
304	通用工程机械操作人员	47990	60516	73017	88000	99090
305	其他运输设备和通用工程机械操作人员及有关人员	69985	79382	89269	99746	105222
306	机械设备修理人员	48990	61947	78709	101174	132260
307	船舶、民用航空器修理人员	142883	147296	156055	228437	260525
308	检验试验人员	44410	54735	66304	80376	103716
309	称重计量人员	39853	46622	64838	74450	81682
310	包装人员	39714	48547	60948	74325	95785
311	安全生产管理人员	40007	43468	71382	91900	130226
312	其他生产辅助人员	39860	51173	65272	82000	103575
313	其他生产制造及有关人员	39379	50208	65484	80860	103185

二、部分技术工人职业（工种）分等级工资价位

序号	职业（工种）	技能等级	分位值（单位：元/年）				
			10%	25%	50%	75%	90%
1	焊工	初级技能	58985	72517	88366	110303	120530
		中级技能	66811	74000	91838	114782	129965
		高级技能	71664	85509	96108	118884	136322
		技师	71715	86148	102107	121292	140461
		高级技师	74323	90890	104210	127397	143494
2	电工	初级技能	45300	52610	66648	81403	104230
		中级技能	55770	65208	70664	84573	113225
		高级技能	60000	73893	90341	117110	136317
		技师	70140	77597	93238	119735	149476
		高级技师	71258	77614	98553	124185	151247
3	制冷空调系统安装维修工	初级技能	40100	49638	53094	60916	95178
		中级技能	43709	63046	66613	70753	104276
		高级技能	48220	66836	77228	80125	124151
		技师	53220	71836	80526	92180	130575
		高级技师	77113	84602	97272	111976	133125
4	砌筑工	初级技能	42400	50800	53237	56600	60340
		中级技能	42630	51601	60678	62576	64629
		高级技能	62268	65095	67088	72701	78327
5	防水工	初级技能	43251	47598	54702	60000	63254
6	混凝土工	初级技能	48000	49874	51418	60000	66000
		中级技能	50000	52874	56783	62985	67864
		高级技能	52920	56850	60000	65739	69100
7	钢筋工	初级技能	48000	50115	53739	65891	69562
		中级技能	52599	54460	56278	70112	72778
		高级技能	54150	56375	60000	72385	74698
8	架子工	初级技能	51600	54000	60000	65874	70698
		中级技能	61834	63723	66994	70601	73346
		高级技能	62301	65156	68451	71154	75268
9	锅炉操作工	初级技能	45426	47890	53679	67781	84590
		中级技能	53290	58230	63395	73995	85994
		高级技能	58220	61377	64949	77766	89824
10	机床装调维修工	初级技能	30000	46598	57000	79548	88625
		中级技能	45373	59654	68863	84795	92353
		高级技能	52165	72546	86184	90124	98657

续表

序号	职业（工种）	技能等级	分位值（单位：元/年）				
			10%	25%	50%	75%	90%
11	铸造工	初级技能	55236	62348	68287	72755	86489
		中级技能	61024	68239	71784	79658	91245
		高级技能	64258	70124	75448	83625	98911
12	锻造工	初级技能	52522	59770	70204	92436	116690
		中级技能	68597	71548	84609	102467	132657
		高级技能	97072	102940	106573	124274	159822
13	金属热处理工	初级技能	63776	68436	71643	77076	93886
		中级技能	64395	68810	74608	92841	101048
		高级技能	66848	74034	84984	96749	107388
		技师	83522	95393	99783	106314	117025
14	车工	初级技能	50781	63600	77815	89230	111200
		中级技能	51355	64639	80000	92999	113209
		高级技能	53164	65028	82607	94173	121132
		技师	62379	65481	84153	101622	123099
		高级技师	65097	79609	100159	109710	128689
15	铣工	初级技能	56298	65247	72070	77638	88608
		中级技能	65733	74206	79006	96395	103856
		高级技能	71485	74844	85598	101336	105042
		技师	73265	76529	90951	113282	117473
		高级技师	75254	78454	110273	116408	129120
16	钳工	初级技能	51847	62165	74349	85229	101556
		中级技能	56385	69870	85948	103999	136059
		高级技能	60471	77923	95825	123160	149030
		技师	63665	85819	99177	125808	151367
		高级技师	81559	94235	110859	134146	153895
17	磨工	初级技能	51754	61984	74533	83963	95334
		中级技能	58787	67184	76595	97381	118264
		高级技能	69898	81778	89636	106651	120368
		技师	75438	86182	97404	111992	123941
18	电切削工	初级技能	50214	63598	71452	99865	116350
		中级技能	57343	76314	88372	119949	138642
		高级技能	77845	91245	103265	132540	146614
19	制冷工	初级技能	46028	51732	54105	61205	63153
		高级技能	80031	84654	90457	121470	136584
		技师	89166	93692	143425	157013	166760

续表

序号	职业（工种）	技能等级	分位值（单位：元/年）				
			10%	25%	50%	75%	90%
20	手工木工	初级技能	58800	61987	64872	67000	78614
		中级技能	60127	64154	67125	75154	85698
		高级技能	73900	78250	85500	92750	97100
21	评茶员	中级技能	52102	59874	63249	66327	69102
		高级技能	55039	62135	69167	72154	77047
22	眼镜验光员	初级技能	31024	32102	62522	68957	85974
		中级技能	33021	34125	70715	73265	103265
		高级技能	35244	36673	71552	76796	186130
		技师	39825	42108	73189	164386	189167
		高级技师	98485	114598	145672	251013	272718
23	眼镜定配工	中级技能	40359	52487	71709	76548	82165
		高级技能	51369	63265	75100	95687	146598
		技师	60325	78457	99892	135487	218691
24	汽车维修工	初级技能	48572	65626	79112	87860	101135
		中级技能	49650	71666	80321	96452	124098
		高级技能	57133	74500	80853	96941	132871
		技师	61773	74702	88073	112882	144385
		高级技师	67500	74725	91563	114468	144812
25	美容师	初级技能	53407	61335	68278	95487	112611
		中级技能	57547	63259	75000	99548	126784
		高级技能	60215	68954	81324	103144	142659
26	保育员	初级技能	32986	34368	40957	43030	52654
27	有害生物防治员	初级技能	44800	47296	67417	70877	81405
28	保安员	初级技能	30000	36251	46802	63024	72000
		中级技能	32987	38667	50350	64800	74544
		高级技能	35674	39859	51720	68160	77611
		技师	41113	43071	64305	86533	183358
29	智能楼宇管理员	中级技能	53149	55910	63040	65502	70144
		高级技能	56400	58743	73525	82642	87400
		技师	75039	78133	101138	105436	141249
30	劳动关系协调员	中级技能	49279	53834	56656	86621	91997
		高级技能	54624	59151	61146	92162	109928
31	企业人力资源管理师	初级	60326	71245	82401	92654	101215
		中级技能	80105	84476	100794	104535	121043
		技师	96365	102058	127310	131181	181033
		高级技师	103265	115487	131837	142015	200314

续表

序号	职业（工种）	技能等级	分位值（单位：元/年）				
			10%	25%	50%	75%	90%
32	中央空调系统运行操作员	初级技能	45652	48238	61139	63668	75018
		中级技能	49493	51655	66394	68710	76765
33	中式烹调师	初级技能	37906	45000	56000	75447	88520
		中级技能	39864	54892	70607	76368	92101
		高级技能	50560	60715	80511	83000	102254
		技师	62045	76569	81927	84545	113831
		高级技师	63644	79250	82000	91681	126519
34	中式面点师	初级技能	36205	39814	42160	52359	61032
		高级技能	39859	47269	56447	68743	72638
		高级技师	50300	60611	63772	74657	82622
35	西式烹调师	初级技能	38298	48302	56021	64841	77270
		中级技能	47480	55320	61120	75775	90000
		高级技能	48840	56400	65660	80230	100780
		技师	55194	58035	68782	94658	109478
36	西式面点师	初级技能	33488	35733	41880	60866	64766
		中级技能	41853	44074	56467	63108	68587
		高级技能	45020	50763	61961	66655	71028
		高级技师	39859	44859	66495	69859	89859
37	茶艺师	高级技能	35372	37220	49080	52348	56411
38	电梯安装维修工	初级技能	31690	33353	43298	44810	63426
		高级技师	58457	60325	82457	87569	103624
39	养老护理员	初级技能	33680	43788	51900	60000	70396
		中级技能	40019	45000	54934	72000	75861
		高级技能	53940	66249	70935	73334	76907

2021年宁波市人力资源市场工资指导价位

一、分职业细类企业从业人员工资价位

序号	职业细类	分位值（单位：元/年）				
		10%	25%	50%	75%	90%
1	企业董事	64408	108500	200000	354733	601440
2	企业总经理	73596	114759	197061	356441	530252
3	生产经营部门经理	67800	91000	141140	216641	357648
4	财务部门经理	62846	85275	119335	182057	299947
5	行政部门经理	57590	75101	105520	179411	282826
6	人事部门经理	56000	75486	102370	157826	265315
7	销售和营销部门经理	60270	84915	120416	248800	355470
8	广告和公关部门经理	47256	70211	97000	147600	213136
9	采购部门经理	55110	76800	100500	146452	222030
10	计算机服务部门经理	69663	99000	153860	273340	380048
11	研究和开发部门经理	84344	138451	185652	291294	363373
12	餐厅部门经理	44767	77545	91122	91661	152153
13	客房部门经理	49394	65000	85986	104827	135468
14	其他职能部门经理	63693	83967	113386	180800	262785
15	其他企业中高级管理人员	58530	92920	104244	302000	332773
16	行政办事员	45466	58284	80160	99909	149867
17	城市管理网格员	35160	35505	36000	43200	50640
18	机要员	43483	60105	68153	113812	165077
19	秘书	45216	55750	72657	109183	146655
20	公关员	44749	58000	67458	94800	121491
21	收发员	33660	42568	58778	65357	103767
22	打字员	40934	75533	76619	97620	113516
23	制图员	42898	45000	56662	64740	108562
24	后勤管理员	38400	50400	60814	72000	104056
25	其他办事人员	44891	53784	66014	100148	127353
26	保卫管理员	30190	40966	46203	58999	82004

续表

序号	职业细类	分位值（单位：元/年）				
		10%	25%	50%	75%	90%
27	消防员	38395	42356	47762	87243	109917
28	消防安全管理员	42928	45032	51208	86793	108435
29	消防监督检查员	41973	49428	52608	59452	79003
30	应急救援员	48515	53785	55950	57781	59877
31	其他安全和消防人员	33600	42546	47909	72114	87157
32	水工环地质工程技术人员	123988	142360	169827	235644	305962
33	工程测量工程技术人员	52015	66000	105175	140240	175923
34	采矿工程技术人员	56170	61477	72853	96000	106800
35	石油天然气储运工程技术人员	87329	101901	110945	143531	156811
36	化工实验工程技术人员	44384	76353	81688	122339	147928
37	化工生产工程技术人员	52345	56020	96191	138911	154829
38	机械设计工程技术人员	62518	72170	93632	206072	223090
39	机械制造工程技术人员	51399	80437	83833	126315	203263
40	设备工程技术人员	52267	59000	79920	134977	182465
41	模具设计工程技术人员	55805	77700	84891	116104	137693
42	自动控制工程技术人员	110347	154196	173283	187022	198389
43	焊接工程技术人员	61386	64146	67956	90730	102032
44	特种设备管理和应用工程技术人员	36947	65550	96651	136121	179244
45	汽车工程技术人员	44840	56000	77636	106121	154862
46	电子材料工程技术人员	47282	49940	71246	83632	105952
47	通信工程技术人员	38238	69803	99246	157999	194439
48	计算机硬件工程技术人员	54456	54800	94536	136107	228059
49	计算机软件工程技术人员	51100	71811	104241	130000	199728
50	计算机网络工程技术人员	48325	77024	102678	152552	207495
51	信息系统分析工程技术人员	60189	100200	121135	170728	243822
52	嵌入式系统设计工程技术人员	89226	95067	115581	162400	212677
53	信息系统运行维护工程技术人员	57863	68636	112910	128159	202193
54	电工电器工程技术人员	44180	48000	91226	149915	172227
55	光源与照明工程技术人员	71898	124109	125989	156765	163932
56	发电工程技术人员	103824	110086	127506	212499	221139
57	供用电工程技术人员	61472	67779	80057	143730	214510
58	变电工程技术人员	51504	67942	74972	79066	173801
59	电力工程安装工程技术人员	57180	69300	92117	140055	202996
60	水上交通工程技术人员	69241	87355	107533	126766	138258
61	道路交通工程技术人员	84638	94149	115277	137226	159200
62	城乡规划工程技术人员	50477	56326	58295	204100	208061

续表

序号	职业细类	分位值（单位：元/年）				
		10%	25%	50%	75%	90%
63	建筑和市政设计工程技术人员	42000	51503	67094	99960	160684
64	土木建筑工程技术人员	46853	64000	76780	100000	148792
65	风景园林工程技术人员	36786	48881	68071	101874	155056
66	供水排水工程技术人员	51463	122872	141228	187299	245478
67	工程勘察与岩土工程技术人员	192739	210487	221618	261966	290895
68	城镇燃气供热工程技术人员	100930	109005	123176	171840	192199
69	道路与桥梁工程技术人员	42123	70000	89400	160037	178631
70	港口与航道工程技术人员	52567	75938	93801	168890	191753
71	水利水电建筑工程技术人员	85920	94014	105689	124319	159191
72	非金属矿及制品工程技术人员	52002	71888	88800	109339	128328
73	园林绿化工程技术人员	104904	132230	156917	166680	173313
74	水资源工程技术人员	93013	96006	101017	108851	124275
75	水利工程管理工程技术人员	63509	72601	87031	117228	128266
76	食品工程技术人员	40368	65113	74720	108650	137463
77	环境监测工程技术人员	60113	78514	103784	107902	178445
78	环境污染防治工程技术人员	100079	119744	125475	128915	141807
79	健康安全环境工程技术人员	62870	80000	125085	202827	203254
80	安全防范设计评估工程技术人员	59677	89559	123893	158443	183528
81	消防工程技术人员	44098	54310	59470	73265	103262
82	安全生产管理工程技术人员	51869	64686	76003	126500	185418
83	安全评价工程技术人员	46544	62419	72264	97887	105591
84	标准化工程技术人员	74993	90372	98588	124476	165766
85	计量工程技术人员	57418	72260	77748	79820	115745
86	质量管理工程技术人员	55563	70000	81124	129995	155181
87	质量认证认可工程技术人员	31790	32000	84870	118123	145624
88	可靠性工程技术人员	61619	68989	73175	89238	124411
89	工业工程技术人员	54528	61650	86979	123000	176629
90	物流工程技术人员	47922	53418	66738	85427	96830
91	项目管理工程技术人员	66157	107701	128889	168581	211584
92	监理工程技术人员	53220	64498	83718	114000	139530
93	工程造价工程技术人员	51897	81276	113591	130131	191548
94	产品质量检验工程技术人员	55121	71848	81153	96251	108927
95	特种设备检验检测工程技术人员	78368	93804	113743	127183	144696
96	产品设计工程技术人员	70080	78925	108814	117082	131242
97	工业设计工程技术人员	104086	144431	152910	229822	230891
98	农业技术指导人员	64129	85347	94088	101608	108000

续表

序号	职业细类	分位值（单位：元/年）				
		10%	25%	50%	75%	90%
99	水产养殖技术人员	37570	42682	49570	56140	75188
100	甲板部技术人员	89960	104750	164712	198000	269390
101	轮机部技术人员	85200	104000	146464	198000	265769
102	其他飞机和船舶技术人员	69390	121360	191990	252358	379180
103	经济规划专业人员	46044	61566	118113	186077	251280
104	价格专业人员	49685	59037	65863	78336	102556
105	统计专业人员	48092	58776	68843	114953	146950
106	会计专业人员	44999	58132	72010	97270	147656
107	审计专业人员	48792	71480	92877	189790	248732
108	税务专业人员	57012	64865	110387	159746	177042
109	资产评估人员	47753	61267	83133	143589	173013
110	房地产估价专业人员	84532	98129	109237	172684	188536
111	国际商务专业人员	56285	84719	85343	138965	184684
112	市场营销专业人员	41029	60000	85000	129583	213598
113	商务策划专业人员	57330	64491	97737	133381	158665
114	品牌专业人员	67494	82847	106916	140485	163430
115	报关专业人员	50982	66640	83567	107289	123183
116	报检专业人员	59361	64150	74316	108769	120607
117	人力资源管理专业人员	50000	60000	85428	108783	174441
118	人力资源服务专业人员	44786	53208	66835	82245	153001
119	银行外汇市场业务专业人员	128199	142589	180644	188237	391739
120	银行清算专业人员	110090	156349	171346	186508	397818
121	信贷审核专业人员	111622	143872	176462	228200	363945
122	银行国外业务专业人员	122679	132046	162541	186766	363306
123	精算专业人员	71741	82970	93203	110100	122729
124	保险核保专业人员	79274	106487	126935	179538	203795
125	保险理赔专业人员	75877	95687	124805	160016	180254
126	证券交易专业人员	57603	64252	77655	129201	161757
127	证券投资专业人员	59499	73181	94451	108000	167674
128	其他经济和金融专业人员	80688	127919	173788	224051	307567
129	律师	99724	125364	155354	182487	194271
130	法律顾问	75725	103314	165597	249129	309455
131	社会工作专业人员	47780	52324	55679	72040	78695
132	其他法律、社会和宗教专业人员	72318	113103	142698	151757	303139
133	舞蹈编导	127065	133523	136877	170511	185009
134	戏剧戏曲演员	61124	77305	97678	119377	143190

续表

序号	职业细类	分位值（单位：元/年）				
		10%	25%	50%	75%	90%
135	舞蹈演员	60124	78780	91155	109586	133997
136	民族乐器演奏员	72788	76777	101910	113795	119161
137	外国乐器演奏员	65663	65738	97853	111281	146308
138	灯光师	51213	57625	94167	101460	131952
139	音像师	55611	88061	105970	117851	136103
140	美工师	46721	50270	73529	84309	101032
141	装置师	56590	57700	99009	115062	127399
142	服装道具师	69629	80106	91893	102185	133357
143	视觉传达设计人员	52174	61437	74424	104029	104896
144	服装设计人员	45977	63236	72622	87876	105777
145	工艺美术专业人员	50636	64800	76605	116448	145414
146	数字媒体艺术专业人员	63164	86471	97365	106193	116649
147	陈列展览设计人员	70289	76905	86581	93516	143947
148	其他文学艺术、体育专业人员	42431	54942	64682	80541	107481
149	文字记者	101516	118235	142825	161038	222394
150	文字编辑	52951	75452	106095	176891	203869
151	美术编辑	92661	98410	106220	133383	158539
152	网络编辑	56105	58145	73754	84965	133965
153	翻译	55757	72427	78308	99425	116020
154	图书资料专业人员	44596	47620	51084	51642	92222
155	档案专业人员	62663	71975	104140	141506	185616
156	其他新闻出版、文化专业人员	52484	60000	85669	120217	142798
157	采购员	46695	55138	64685	83119	103980
158	营销员	40534	55179	69864	119166	147643
159	电子商务师	37573	43687	53349	79957	93511
160	商品营业员	35420	40710	55932	85521	98103
161	收银员	35700	37568	43676	56438	76754
162	医药商品购销员	45057	51322	64163	78993	117597
163	烟草制品购销员	156056	159828	174721	184528	215741
164	其他批发与零售服务人员	33506	45703	49567	76871	112427
165	轨道列车司机	95980	102067	104546	106679	108951
166	铁路车站客运服务员	90889	119696	121344	122127	123033
167	铁路车站货运服务员	95416	130677	135154	137996	140715
168	轨道交通调度员	108648	134949	136058	145892	150712
169	道路客运汽车驾驶员	71185	83537	99534	107158	110076
170	道路货运汽车驾驶员	43800	59787	65457	77004	91387

续表

序号	职业细类	分位值（单位：元/年）				
		10%	25%	50%	75%	90%
171	道路客运服务员	53299	59246	71790	85429	89811
172	道路货运业务员	54264	58794	70115	85588	96662
173	道路运输调度员	59468	77793	83525	87058	92000
174	公路收费及监控员	53874	76302	85969	109194	117515
175	机动车驾驶教练员	50240	59878	73258	90542	122368
176	油气电站操作员	56965	67583	73688	79422	95159
177	汽车救援员	74808	83080	93011	100248	108471
178	客运船舶驾驶员	46819	49719	51116	58735	63116
179	船舶业务员	34500	38940	41580	53156	77400
180	装卸搬运工	48421	68221	70079	77893	85205
181	运输代理服务员	44725	51678	59518	62560	67515
182	危险货物运输作业员	73953	83080	92856	113758	118364
183	仓储管理员	38367	47147	57085	70689	89706
184	理货员	43646	52096	58193	89578	104361
185	物流服务师	56591	66852	80119	91013	104640
186	邮政营业员	57405	65176	77971	86314	104208
187	邮件分拣员	62157	64904	79272	85601	90119
188	邮政投递员	35921	43845	52142	66716	79807
189	邮政市场业务员	67595	78670	94938	119458	151189
190	快递员	36845	41077	45684	50310	53578
191	快件处理员	48222	48255	48310	48364	48397
192	其他交通运输、仓储和邮政业服务人员	42719	65247	72080	122742	139609
193	前厅服务员	35000	38400	45600	57258	67676
194	客房服务员	29858	35000	40049	47215	57064
195	旅店服务员	25370	31879	35796	41908	49208
196	中式烹调师	37200	48409	60822	72000	94144
197	中式面点师	40384	44400	51191	57900	81504
198	西式烹调师	37200	44273	51800	61500	87110
199	西式面点师	36876	39819	45302	61119	75647
200	餐厅服务员	35635	37620	44633	51600	59291
201	营养配餐员	45277	49965	53989	75600	97109
202	其他住宿和餐饮服务人员	30000	33993	42271	54813	75870
203	信息通信营业员	44171	47957	70320	77893	87713
204	信息通信业务员	40998	54682	56750	66944	77734
205	信息通信网络机务员	77314	84849	102269	114841	133270

续表

序号	职业细类	分位值（单位：元/年）				
		10%	25%	50%	75%	90%
206	信息通信网络线务员	76078	95383	103305	121791	128652
207	有线广播电视机线员	60280	62800	70320	71040	102600
208	信息通信网络运行管理员	58722	75848	92615	130696	177604
209	信息通信信息化系统管理员	78919	88884	98318	116311	148345
210	计算机程序设计员	58900	87385	121159	162652	215201
211	计算机软件测试员	65370	88000	94558	159000	183070
212	呼叫中心服务员	46745	62003	75063	88227	106656
213	其他信息传输、软件和信息技术服务人员	59521	80510	116442	151579	201351
214	银行综合柜员	79035	106930	152607	210708	332063
215	银行信贷员	97078	123197	168869	193362	383644
216	银行客户业务员	100348	142818	168996	250561	392408
217	银行信用卡业务员	85689	147858	169696	217582	332684
218	保险代理人	70300	90048	123706	131553	206781
219	保险保全员	73145	95677	108113	116660	134845
220	信托业务员	143645	177536	236071	559660	606883
221	其他金融服务人员	84237	109501	163135	184395	392023
222	物业管理员	30000	35061	43715	58341	71136
223	中央空调系统运行操作员	58795	62808	66597	74847	83582
224	停车管理员	27652	39360	40158	41841	44578
225	房地产经纪人	65821	113112	134529	227330	255867
226	房地产策划师	56400	64409	103000	137944	219568
227	其他房地产服务人员	40518	44400	57905	90161	121192
228	租赁业务员	53227	75884	89549	102271	127330
229	客户服务管理员	46200	58000	71678	93700	115471
230	职业指导员	61615	66436	75000	115000	165000
231	劳动关系协调员	36566	48858	60290	80715	100278
232	导游	47640	54275	72158	72550	80283
233	旅游团队领队	38247	43488	45612	57169	59000
234	旅行社计调	54352	59777	71291	77000	99671
235	旅游咨询员	44876	52198	61838	79061	94168
236	公共游览场所服务员	43676	47330	54593	62922	72000
237	保安员	33007	38400	46355	60471	70123
238	消防设施操作员	40305	54600	57593	77048	114284
239	安全防范系统安装维护员	54474	78482	84999	104822	115533
240	市场管理员	47340	62003	77724	84584	112951

续表

序号	职业细类	分位值（单位：元/年）				
		10%	25%	50%	75%	90%
241	其他租赁和商务服务人员	32965	37220	46790	59582	80467
242	工程测量员	56277	63610	76649	91825	146256
243	不动产测绘员	63030	66846	70895	85485	94106
244	农产品食品检验员	50434	55020	70263	81153	97057
245	机动车检测工	69679	77981	81772	87239	89863
246	计量员	55819	69506	86167	134168	142361
247	环境监测员	48066	48415	60115	71689	85266
248	地勘钻探工	46946	55915	60871	65630	73533
249	工艺美术品设计师	76770	79000	90713	98075	119295
250	室内装饰设计师	59010	76801	105979	132500	162409
251	广告设计师	56774	66600	84351	94976	105246
252	包装设计师	71771	75782	80607	92745	97805
253	其他技术辅助服务人员	43427	57806	69001	75951	92000
254	展出动物保育员	51182	54620	55040	58640	64998
255	污水处理工	55022	67399	92246	112958	127432
256	保洁员	27594	30000	35852	45190	55963
257	生活垃圾清运工	33697	41475	44626	54812	62118
258	生活垃圾处理工	32200	34766	39200	49575	51813
259	园林绿化工	29121	36000	43194	56327	59499
260	其他水利、环境和公共设施管理服务人员	32902	35000	49096	70124	89546
261	孤残儿童护理员	44553	47690	50098	50358	50916
262	养老护理员	43828	51693	57968	72000	78291
263	家政服务员	36632	44000	49000	50200	52600
264	洗衣师	40800	41483	42162	43350	49718
265	其他居民服务人员	38430	38436	43300	50736	62281
266	供电服务员	65249	70570	73387	78112	82795
267	燃气燃煤供应服务员	63386	73195	85697	119155	142065
268	水供应服务员	114403	119490	126744	132525	141375
269	其他电力、燃气及水供应服务人员	53872	57290	64002	114792	134179
270	汽车维修工	53472	70267	85633	94057	108832
271	计算机维修工	46437	65559	74946	83743	99762
272	办公设备维修工	38350	40700	50425	82230	93709
273	家用电器产品维修工	41423	47037	53180	65820	69533
274	其他修理及制作服务人员	45708	54600	65801	85930	102812
275	群众文化指导员	40400	43818	45808	58359	69134

续表

序号	职业细类	分位值（单位：元/年）				
		10%	25%	50%	75%	90%
276	讲解员	35872	41160	46968	50860	53953
277	电影放映员	36636	40322	43687	63557	71214
278	社会体育指导员	52896	67590	75345	83365	86404
279	康乐服务员	25811	32400	36000	39600	49919
280	医疗临床辅助服务员	49361	60500	69944	80522	87034
281	其他健康服务人员	36731	40800	45600	54000	73629
282	无人机驾驶员	64933	76715	106965	134132	155557
283	其他农业生产人员	41206	60000	62285	69529	80630
284	水产捕捞工	50000	55879	60000	62822	65000
285	渔业船员	33600	70000	90000	170000	360000
286	畜禽屠宰加工工	36000	36570	39170	41670	43241
287	其他食品、饮料生产加工人员	44141	55891	60553	63591	68778
288	织布工	55418	73368	73619	91332	94152
289	印染前处理工	49429	58048	65200	83210	89014
290	纺织染色工	60746	64332	68999	87775	95071
291	印染后整理工	44640	51000	59600	65359	71460
292	印染染化料配制工	79128	86388	101268	108120	115330
293	其他纺织、针织、印染人员	38426	55334	67588	82423	89209
294	服装制版师	60099	60941	94482	97261	144263
295	裁剪工	48664	51520	55860	76945	86619
296	缝纫工	46110	62197	67501	91415	102764
297	缝纫品整形工	45907	49719	51104	54314	57318
298	其他纺织品、服装和皮革、毛皮制品加工制作人员	48809	53462	67028	80819	96796
299	其他纸及纸制品生产加工人员	36183	57750	59396	60000	69500
300	印刷操作员	39823	57036	77037	87466	110240
301	油品储运工	52710	80311	106616	144598	150399
302	化工单元操作工	56733	60433	62240	65059	66812
303	塑料制品成型制作工	58127	67838	74494	78400	83207
304	预拌混凝土生产工	60275	68293	72803	75177	77827
305	砂石骨料生产工	54000	58645	66000	79200	79920
306	油气输送工	120338	125144	131022	144396	153591
307	油气管道维护工	124975	133201	136438	141111	149671
308	车工	48013	61742	71809	92341	107619
309	磨工	49171	55000	62800	84731	96659
310	钻床工	60437	73140	74333	89898	97778

续表

序号	职业细类	分位值（单位：元/年）				
		10%	25%	50%	75%	90%
311	多工序数控机床操作调整工	52541	74484	77131	112692	118392
312	电切削工	53354	63538	72000	93022	105669
313	铆工	56415	61083	79092	92859	102186
314	铸造工	56500	65345	70570	80135	94806
315	锻造工	48785	49759	50241	52759	61317
316	焊工	54202	59582	74067	97097	120363
317	机械加工材料切割工	54448	58299	62465	66438	76224
318	粉末冶金制品制造工	42000	51688	65611	78622	98200
319	镀层工	64587	65696	68167	68832	71502
320	镀膜工	51865	64982	65223	69372	70839
321	涂装工	54796	66404	71385	85905	87217
322	喷涂喷焊工	53639	58752	67638	69396	81353
323	模具工	55198	58862	63899	71936	76250
324	模型制作工	50499	52136	57253	58106	62474
325	其他机械制造基础加工人员	43886	56954	68242	76161	91552
326	工具五金制作工	50949	55322	58029	75655	82415
327	建筑五金制品制作工	58000	58850	61000	67000	70500
328	装配钳工	44867	67850	73527	94641	107294
329	齿轮制造工	53982	68655	70555	74918	80117
330	汽车生产线操作工	41948	43165	45847	47666	51379
331	汽车装调工	47405	52478	64200	73480	116464
332	仪器仪表制造工	47700	52200	57800	60500	63220
333	锅炉运行值班员	40524	94232	112253	155779	169811
334	燃料值班员	80310	101671	132133	150671	175401
335	汽轮机运行值班员	86205	99459	114637	134254	149863
336	发电集控值班员	91208	103959	121541	134607	148043
337	电气值班员	62658	89498	120751	151067	161230
338	锅炉操作工	41566	64064	68761	132202	132796
339	供热管网系统运行工	81418	103541	106076	116403	130624
340	燃气储运工	68891	74389	79101	85915	102646
341	水生产处理工	68408	91271	109740	132181	139645
342	工业废水处理工	48567	53489	60537	70518	89075
343	司泵工	105050	113803	125248	135161	147188
344	其他电力、热力、气体、水生产和输配人员	63600	68120	85304	91460	116788
345	砌筑工	58964	59373	60000	64650	72830

续表

序号	职业细类	分位值（单位：元/年）				
		10%	25%	50%	75%	90%
346	石工	54475	59659	61632	68015	73023
347	混凝土工	60000	61242	62460	75085	85330
348	钢筋工	57615	60000	63000	68798	80285
349	架子工	47239	51473	53641	60000	76308
350	防水工	45288	50955	55181	62595	72958
351	管道工	46485	57725	59750	63000	77451
352	机械设备安装工	53700	60900	77664	87958	103031
353	电气设备安装工	57626	60000	65334	80000	83246
354	管工	51295	58200	65560	94313	121437
355	制冷空调系统安装维修工	47035	52635	62142	68142	81642
356	锅炉设备安装工	70326	74173	82276	103199	112250
357	发电设备安装工	131744	136706	141327	165524	177816
358	电力电气设备安装工	82285	90823	97777	116198	128160
359	装饰装修工	52638	55069	60000	61034	62497
360	建筑门窗幕墙安装工	51865	56613	60000	69831	80691
361	照明工程施工员	52268	57600	58449	65039	67865
362	装配式建筑施工员	48000	56605	66000	94000	104000
363	专用车辆驾驶员	63186	78600	81408	82600	98571
364	船舶甲板设备操作工	82666	103196	129259	164898	182171
365	船舶机舱设备操作工	78603	100815	147491	163235	195263
366	起重装卸机械操作工	57634	84420	93406	130577	163406
367	起重工	60217	63000	93520	107667	148505
368	输送机操作工	79690	85140	89512	108021	148914
369	挖掘铲运和桩工机械司机	85731	94738	99065	109071	115397
370	工业机器人系统操作员	68314	86853	99587	123959	139281
371	设备点检员	54066	63794	77669	89419	102566
372	机修钳工	45263	54342	59299	72000	113079
373	电工	43462	60000	67816	80100	126184
374	仪器仪表维修工	61218	70251	91338	114755	139812
375	锅炉设备检修工	53662	62296	80275	129721	137683
376	汽机和水轮机检修工	74419	88756	97003	119245	137537
377	发电机检修工	116603	120988	126066	143096	153465
378	变电设备检修工	37954	46988	47401	57301	83156
379	工程机械维修工	47578	62912	79316	123379	154746
380	物理性能检验员	44277	52015	68007	99374	101502
381	质检员	44114	57335	62798	76433	101552

续表

序号	职业细类	分位值（单位：元/年）				
		10%	25%	50%	75%	90%
382	试验员	49095	52771	57240	65999	69018
383	称重计量工	43200	44433	58713	83266	112753
384	包装工	39096	45000	48460	63600	72188
385	安全员	52000	60000	83345	99660	150225
386	其他生产辅助人员	43662	56760	71333	98680	102547

二、部分技术工人职业（工种）分等级工资价位

序号	职业（工种）	岗位等级	分位值（单位：元/年）				
			10%	25%	50%	75%	90%
1	焊工	高级技师	89338	111296	122819	130259	137320
		技师	68346	79754	97002	110192	122130
		高级技能	60019	77707	94821	107040	118298
		中级技能	57730	76109	87689	101599	116247
		初级技能	54690	65000	71560	84662	100466
2	电工	高级技师	68411	86447	104904	124869	172050
		技师	64698	82609	99473	115398	158583
		高级技能	61848	79257	97967	109180	149674
		中级技能	48000	61991	76433	89693	114438
		初级技能	44683	56153	62967	74300	92047
3	冷空调系统安装维修工	高级技能	57645	74112	80624	108666	117932
		中级技能	56141	70994	75484	88014	95410
		初级技能	54840	57671	59360	60197	77642
4	防水工	技师	63884	68991	72952	78259	84244
		高级技能	61334	65775	68590	74318	80598
		中级技能	59689	64059	65792	72277	78930
		初级技能	54352	56800	59541	63669	65981
5	砌筑工	高级技师	74598	80622	84604	91259	98306
		高级技能	63425	65390	69428	80446	87659
		中级技能	60000	62119	67918	70439	79827
		初级技能	57632	60000	66692	69837	72779
6	混凝土工	高级技师	82114	88603	95538	98436	100388
		技师	65059	67344	75337	81029	84299
		高级技能	63442	65608	71439	77818	82523
		中级技能	61558	62996	68439	70990	76352
		初级技能	58637	60000	64296	69818	73559

续表

序号	职业（工种）	岗位等级	分位值（单位：元/年）				
			10%	25%	50%	75%	90%
7	钢筋工	技师	74726	76840	84971	86247	94296
		高级技能	68430	70159	74668	75436	78860
		中级技能	63492	65608	68441	71238	74282
		初级技能	55437	60000	66544	68403	70296
8	架子工	技师	66669	72589	74996	77111	80452
		高级技能	58860	60000	68436	75692	79365
		中级技能	57423	58874	66386	71432	73358
		初级技能	51306	55368	58312	60289	64317
9	锅炉操作工	技师	84722	96439	114369	124845	134328
		高级技能	78290	90287	112369	120683	128180
		中级技能	70372	89175	93933	102156	114732
		初级技能	44318	64630	74988	90870	109200
10	铸造工	高级技师	68112	82703	110192	112565	115108
		技师	65268	77533	106974	108981	111609
		高级技能	64863	74550	94253	104115	105558
		中级技能	61329	70221	84595	90263	97649
		初级技能	54964	68828	82764	88184	93391
11	金属热处理工	高级技师	85980	96347	97917	100755	112710
		技师	80751	87035	87438	89028	93202
		高级技能	72019	76066	81071	86139	89625
		中级技能	55919	56984	67924	79388	88897
		初级技能	46146	46922	61246	67885	78904
12	车工	高级技师	73418	84895	92622	108346	116489
		技师	71507	82250	89530	104308	108625
		高级技能	65000	75146	82128	101019	105085
		中级技能	61299	73131	77096	98220	101453
		初级技能	56131	60000	68529	74120	96264
13	磨工	高级技师	65182	76768	89132	109073	115327
		技师	63695	68328	74588	87267	95127
		高级技能	55200	64392	71728	84200	90212
		中级技能	53149	62607	67384	83913	88830
		初级技能	48000	59536	62820	74177	84492
14	电切削工	高级技能	66622	70438	78521	95813	105101
		中级技能	62237	68218	76432	93614	99894
		初级技能	58058	61111	71896	80286	97036

续表

序号	职业（工种）	岗位等级	分位值（单位：元/年）				
			10%	25%	50%	75%	90%
15	手工木工	技师	54890	58336	65287	73536	81557
		高级技能	51870	53462	59031	71094	72845
		中级技能	48098	50609	55156	60306	61854
		初级技能	44701	47708	53470	56463	60066
16	汽车维修工	高级技师	89091	100823	105161	110510	141384
		技师	78160	85840	92160	97402	132207
		高级技能	68337	83264	88580	93779	113411
		中级技能	58185	64478	80764	90894	107893
		初级技能	46340	61225	78580	86985	99000
17	育婴员	高级技能	60718	67338	80875	94977	100493
		中级技能	47802	53609	66194	69228	76489
		初级技能	43751	51320	55677	68967	71987
18	保育员	高级技能	32328	35300	43260	48437	50058
		中级技能	31645	32102	37973	40285	48434
		初级技能	29334	31388	32093	37259	42841
19	保安员	技师	36956	42950	58959	66319	85031
		高级技能	34120	41800	48082	61200	73202
		中级技能	33771	40800	45860	57199	70107
		初级技能	33188	39000	43125	49800	62132
20	智能楼宇管理员	技师	54369	65743	66941	84255	99241
		高级技能	52411	59659	62940	80978	87118
		中级技能	47123	58442	61025	74081	85677
21	劳动关系协调员	高级技师	46765	53234	61685	85922	96181
		技师	35005	52648	57997	77467	81516
		高级技能	32555	36836	47088	54403	64467
22	中央空调系统运行操作员	中级技能	28605	37226	50646	73054	74943
		初级技能	27280	28318	41997	52147	57032
23	中式烹调师	高级技师	48626	62406	78822	103695	128098
		技师	46945	58600	68850	84400	92512
		高级技能	45793	55812	61200	75628	88986
		中级技能	45058	54609	58000	72000	83765
		初级技能	42000	52000	56965	71925	83405

续表

序号	职业（工种）	岗位等级	分位值（单位：元/年）				
			10%	25%	50%	75%	90%
24	中式面点师	高级技师	65902	69515	75857	89132	111844
		技师	63543	64550	64788	83236	94602
		高级技能	53335	58432	62071	72435	89252
		中级技能	48112	50457	56534	70291	86948
		初级技能	42374	48955	53600	58208	66417
25	西式烹调师	高级技师	74333	82071	93591	108071	115071
		技师	58545	71540	80065	107426	110267
		高级技能	55483	69521	74685	75360	83038
		中级技能	46583	50404	58038	68923	79354
		初级技能	42090	44503	51070	58266	75720
26	西式面点师	高级技师	52825	54505	79586	81453	99671
		技师	51823	53032	62155	79455	96713
		高级技能	44556	50255	59693	76482	90394
		中级技能	42451	46525	53315	69534	82051
		初级技能	37038	39913	49107	62090	77463
27	锻造工	高级技师	69313	77203	77415	90031	99521
		技师	64324	66904	73559	89232	95733
		高级技能	58963	64042	68096	76419	89790
		中级技能	49735	62675	65633	71560	82106
		初级技能	46261	60616	61973	68254	76284
28	铣工	高级技师	64719	66979	73088	98821	111324
		技师	62095	64029	69149	84340	98882
		高级技能	54299	59797	67754	80254	94644
		中级技能	47987	54515	61347	68562	73337
		初级技能	44336	52000	60291	66799	69840
29	制冷工	技师	53614	77979	82450	103411	120631
		高级技能	48045	68480	73222	90804	98247
		中级技能	46837	65482	66790	80890	89875
		初级技能	34308	39209	48361	68931	79659
30	评茶员	高级技师	73037	87116	93366	104888	106583
		技师	64352	72440	84680	88576	94659
		高级技能	54499	66000	79471	82542	86576
		中级技能	50999	58475	68669	70523	75146
		初级技能	46800	52795	58822	60017	62073

续表

序号	职业（工种）	岗位等级	分位值（单位：元/年）				
			10%	25%	50%	75%	90%
31	眼镜验光员	高级技师	68798	88467	99219	102683	106083
		技师	54991	78735	84841	88375	96846
		高级技能	51910	71422	81042	86737	87150
		中级技能	49388	63687	75881	81577	84546
		初级技能	40657	44909	47818	62548	64436
32	眼镜定配工	技师	59282	63174	64875	78653	90535
		高级技能	51900	53311	57704	71075	73779
		中级技能	44499	47958	56447	62993	69758
		初级技能	39465	40837	44861	46254	51930
33	美容师	高级技师	74439	92775	93447	145621	146573
		技师	69801	75995	91318	97129	104482
		高级技能	56533	68227	76493	91819	99729
		中级技能	45756	55668	61139	69480	93467
		初级技能	37341	46960	52469	67500	89140
34	美发师	高级技师	81998	100330	109335	129786	138854
		技师	74988	93040	95010	108389	116913
		高级技能	68389	81914	92867	100124	102304
		中级技能	55160	55528	79812	84683	89121
		初级技能	43319	44863	66335	79266	86777
35	养老护理员	高级技能	65138	67797	68893	76233	79000
		中级技能	59992	62200	66320	75800	77800
		初级技能	50000	55600	63280	69632	71625
36	企业人力资源管理师	高级技师	99216	103620	106259	129585	143750
		技师	91436	96528	103203	116591	139956
		高级技能	82256	88210	96529	103589	112259
		中级技能	75528	82595	92860	99581	108277
37	有害生物防治员	高级技能	58153	71092	78592	93256	112556
		中级技能	45558	57634	64330	78475	91285
38	钳工	高级技师	97711	124553	145628	149112	151719
		技师	86516	88557	103034	109833	116938
		高级技能	72593	82644	99863	105126	112608
		中级技能	61465	68674	78140	96692	106522
		初级技能	50844	58512	69056	80870	101298
39	机床装调维修工	技师	60260	76481	88150	91845	100260
		高级技能	56988	67058	85382	88251	92268
		中级技能	51576	62397	71130	80690	87183

续表

序号	职业（工种）	岗位等级	分位值（单位：元/年）				
			10%	25%	50%	75%	90%
40	茶艺师	高级技师	78533	91127	95602	99439	119431
		技师	70272	83190	87094	96268	106413
		高级技能	67695	76699	79727	87480	89186
		中级技能	59266	62427	73974	83333	87200
		初级技能	55357	57428	64347	68557	70591

2021年温州市人力资源市场工资指导价位

一、部分技术工人职业（工种）分等级工资价位

单位：万元

序号	职业（工种）	技能等级	分位值				
			10%	25%	50%	75%	90%
1	焊工	高级技师	5.31	6.15	7.29	8.6	10.24
		技师	5.15	6.06	7.09	8.38	9.76
		高级技能	5.02	5.91	6.86	8.04	9.58
		中级技能	4.67	5.43	6.31	7.71	9.16
		初级技能	3.83	5.02	5.68	7.08	8
2	电工	高级技师	5.89	6.97	8.38	11.14	13.9
		技师	5.44	6.79	8.27	10.59	13.12
		高级技能	5.23	6.59	8.08	10.06	12.24
		中级技能	4	5.29	6.99	8.01	9.19
		初级技能	3.8	4.49	5.27	6.29	7.43
3	制冷空调系统安装维修工	高级技能	3.54	4.36	5.38	5.91	6.66
		中级技能	3.46	4.31	5.24	5.7	6.27
		初级技能	3.13	4.03	5.01	5.32	5.74
4	砌筑工	高级技能	6.69	6.94	7.19	7.41	7.63
		中级技能	6.05	6.2	6.36	6.72	7.22
		初级技能	4.67	4.95	5.34	5.76	6.29
5	防水工	中级技能	5.21	5.43	5.76	6.01	6.37
		初级技能	4.57	4.72	4.96	5.13	5.4
6	混凝土工	高级技能	6.47	6.68	6.93	7.16	7.44
		中级技能	5.1	5.39	5.73	6.32	7.03
		初级技能	4.51	5.07	5.25	5.65	6.17
7	钢筋工	中级技能	5.43	5.66	6	6.45	7.01
		初级技能	4.39	4.56	4.82	5.7	6.69
8	架子工	高级技能	5.11	5.41	5.81	6	6.2
		中级技能	4.61	4.93	5.35	5.71	6
		初级技能	4.28	4.76	5.24	5.37	5.52

续表

序号	职业（工种）	技能等级	分位值				
			10%	25%	50%	75%	90%
9	锅炉操作工	高级技能	6.83	7.42	8.16	9.35	10.72
		中级技能	5.36	6.27	7.31	8.1	9.06
		初级技能	3.98	4.88	5.88	7.05	8.38
10	机床装调维修工	中级技能	3.93	4.39	4.93	5.39	5.97
		初级技能	3.71	4.11	4.68	5.12	5.59
11	铸造工	高级技能	5.46	5.63	5.91	7.21	8.65
		中级技能	5.26	5.37	5.49	5.97	6.55
		初级技能	4.91	5.1	5.3	5.41	5.54
12	锻造工	中级技能	3.92	4.23	4.73	5	5.36
		初级技能	3.84	4.07	4.38	4.59	4.88
13	金属热处理工	高级技能	7.09	7.31	7.69	7.86	7.98
		中级技能	4.76	5.37	5.9	6.91	7.66
		初级技能	4.61	4.88	5.25	6.68	7.28
14	车工	高级技师	5.21	6.18	6.84	8.03	9.24
		技师	5.07	5.85	6.66	7.56	8.62
		高级技能	4.56	5.14	5.82	7.1	8.52
		中级技能	4.15	4.76	5.47	6.32	7.3
		初级技能	3.71	4.42	5.23	6.13	7.16
15	铣工	高级技能	4.41	4.74	5.17	6.16	7.37
		中级技能	4.19	4.5	4.91	6.02	7.26
		初级技能	4.1	4.39	4.77	5.34	6.01
16	钳工	高级技师	7.07	7.78	8.62	9.63	10.59
		技师	6.89	7.62	8.51	9.32	10.32
		高级技能	5.09	6.36	7.76	8.93	9.78
		中级技能	4.68	5.23	5.89	7.31	8.88
		初级技能	4.41	5.1	5.68	6.75	7.76
17	磨工	高级技师	5.83	6.45	7.07	7.75	8.44
		技师	5.7	6.22	6.86	7.58	8.3
		高级技能	5.4	5.96	6.64	7.45	8.12
		中级技能	5.13	5.32	5.82	6.66	7.62
		初级技能	4.33	5.02	5.52	6.25	7.1
18	电切削工	中级技能	4.87	5	5.14	5.66	6.3
		初级技能	3.6	4.15	4.78	5.16	5.65
19	制冷工	中级技能	5.47	6.49	7.63	8.62	9.79
		初级技能	5.09	5.6	6.23	6.73	7.37

续表

序号	职业（工种）	技能等级	分位值				
			10%	25%	50%	75%	90%
20	手工木工	高级技能	5.38	5.57	5.88	6.54	7.34
		中级技能	5.18	5.43	5.8	6.29	6.91
		初级技能	4.29	4.99	5.18	5.43	5.69
21	眼镜验光员	中级技能	6.13	6.46	7.01	7.56	8.2
		初级技能	5.85	5.99	6.12	6.21	6.3
22	眼镜定配工	初级技能	4.08	4.41	4.82	5.16	5.61
23	汽车维修工	高级技师	5.95	7.36	9	10.56	12.33
		技师	5.88	6.88	7.94	9.65	11.54
		高级技能	5.8	6.53	7.49	9.21	11
		中级技能	5.6	6.28	7.09	8.86	10.8
		初级技能	4.13	5.26	6.49	7.49	8.64
24	美容师	高级技能	4.57	4.65	4.73	4.91	5.15
		中级技能	4.12	4.22	4.35	4.55	4.79
		初级技能	3.7	3.86	4.09	4.3	4.6
25	保安员	高级技能	3.77	4.55	5.43	6.29	7.29
		中级技能	3.59	3.94	4.38	5.26	6.24
		初级技能	3.14	3.49	3.9	4.6	5.4
26	中式烹调师	高级技师	4.92	5.36	5.89	7.54	9.61
		技师	4.73	5.22	5.68	7.25	8.94
		高级技能	4.18	4.84	5.59	6.99	8.75
		中级技能	4.01	4.55	5.18	6.65	8.51
		初级技能	3.77	4.31	4.94	6.35	7.84
27	中式面点师	高级技能	4.86	5.47	6.19	6.9	7.74
		中级技能	3.72	3.85	4.59	4.95	5.91
		初级技能	3.57	3.79	4.05	4.51	5.06
28	西式烹调师	高级技能	5.28	5.69	6.21	6.92	7.95
		中级技能	4.93	5.42	6.02	6.25	7.04
		初级技能	3.9	4.04	4.26	5.59	6.4
29	西式面点师	高级技能	4.9	5.5	6.22	7.36	8.65
		中级技能	4.6	5.08	5.67	6.83	8.14
		初级技能	4.26	4.66	5.16	5.36	5.57
30	电梯安装维修工	初级技能	5.1	5.49	6	7.06	8.27
31	养老护理员	中级技能	5.44	5.64	5.86	7.03	8.34
		初级技能	4.63	4.91	5.37	6.36	7.18

二、分行业门类工资价位

单位：万元

序号	行业门类	分位值				
		10%	25%	50%	75%	90%
1	农、林、牧、渔业	2.64	4.23	5.4	6.8	9.32
2	采矿业	3.95	4.56	5.41	7.22	9.45
3	制造业	3.85	4.8	5.99	7.7	10.05
4	电力、热力、燃气及水生产和供应业	4.4	5.9	9.7	12.64	16.7
5	建筑业	3.66	4.8	6	7.2	10.8
6	批发和零售业	3.94	4.77	6.17	8.87	12.48
7	交通运输、仓储和邮政业	4.5	6.19	8.34	10.97	15.37
8	住宿和餐饮业	3.29	3.89	4.81	6.13	8.01
9	信息传输、软件和信息技术服务业	4.88	7.15	11.94	16.01	23.82
10	金融业	8.62	11.58	16.68	24.05	36.67
11	房地产业	2.82	3.54	5.43	8.19	15.46
12	租赁和商务服务业	3.37	3.99	5.06	6.74	8.6
13	科学研究和技术服务业	3.35	4.27	6.4	10.97	17.51
14	水利环境和公共设施管理业	3.24	4.02	5.46	8.11	11.19
15	居民服务、修理和其他服务业	2.82	3.36	4.2	5.91	9.1
16	教育	3.96	4.95	5.7	7.85	10.89
17	卫生和社会工作	3.2	4.03	6.65	8.32	11.71
18	文化、体育和娱乐业	3.13	3.72	5.28	8.57	12.89

三、分制造业大类工资价位

单位：万元

序号	制造业大类	分位值				
		10%	25%	50%	75%	90%
1	农副食品加工业	3.37	4.36	5.28	6.46	8.52
2	纺织业	3.11	3.84	4.44	6	7.8
3	纺织服装、服饰业	3.4	4.36	5.68	7.06	9.22
4	皮革、毛皮、羽毛及其制品和制鞋业	3.52	4.2	5.25	6.54	8.13
5	印刷和记录媒介复制业	4.12	5	6.25	8	9.96
6	文教、工美、体育和娱乐用品制造业	4.38	4.89	5.59	6.68	8.09
7	橡胶和塑料制品业	3.55	4.2	5.15	7	8.59
8	黑色金属冶炼和压延加工业	2.86	4.37	5.92	7.2	9.07
9	金属制品业	4.04	4.96	6.19	8.34	11.78
10	通用设备制造业	4.33	5.11	6.21	7.92	9.85

续表

序号	制造业大类	分位值				
		10%	25%	50%	75%	90%
11	专用设备制造业	3.94	4.8	6.2	8.16	11.95
12	汽车制造业	4.5	5.49	6.76	8.14	9.78
13	电气机械和器材制造业	4.45	5.6	6.93	9.08	11.77
14	计算机、通信和其他电子设备制造业	3.67	4.72	5.69	7.09	9.54
15	仪器仪表制造业	4.93	5.77	6.96	8.24	10.46
16	其他制造业	3.75	4.74	5.86	7.76	10.28

2021年湖州市人力资源市场工资指导价位

一、湖州市企业部分职业（工种）人力资源市场工资指导价位

单位：元

序号	工种	高位数		中位数		低位数	
		年薪	月薪	年薪	月薪	年薪	月薪
第一大类：单位负责人							
1	企业董事	1345388	112116	143372	11948	55487	4624
2	企业经理（厂长）	755106	62926	100720	8393	60219	5018
3	生产或经营经理	475648	39637	109340	9112	53452	4454
4	财务经理	514057	42838	96137	8011	48008	4001
5	行政经理	420624	35052	100250	8354	48947	4079
6	人事经理	292608	24384	96126	8010	40494	3375
7	销售和营销经理	611734	50978	106695	8891	39369	3281
8	广告和公关经理	351130	29261	100027	8336	59530	4961
9	采购经理	486827	40569	93358	7780	41177	3431
10	研究和开发经理	619963	51664	136481	11373	41164	3430
11	餐厅经理	252374	21031	76132	6344	44978	3748
12	客房经理	230429	19202	84189	7016	48285	4024
13	工程项目经理	398180	33182	122255	10188	43417	3618
14	物业经理	171176	14265	87579	7298	39686	3307
第二大类：专业技术人员							
15	测绘工程技术人员	142646	11887	77799	6483	48065	4005
16	地质勘探工程技术人员	152454	12704	82000	6833	66000	5500
17	冶金工程技术人员	182148	15179	99951	8329	58277	4856
18	化学研究人员	230429	19202	88913	7409	55120	4593
19	化工工程技术人员	197510	16459	75909	6326	52915	4410
20	化工实验工程技术人员	131674	10973	77799	6483	52915	4410
21	化工设计工程技术人员	105339	8778	53348	4446	45198	3767
22	化工生产工程技术人员	192573	16048	146873	12239	55120	4593
23	生物科学研究人员	149230	12436	77576	6465	56884	4740
24	医药工程技术人员	162178	13515	97804	8150	49608	4134

续表

序号	工种	高位数		中位数		低位数	
		年薪	月薪	年薪	月薪	年薪	月薪
25	食品工程技术人员	162277	13523	88690	7391	48908	4076
26	机械工程技术人员	194438	16203	77799	6483	57104	4759
27	机械设计工程技术人员	395021	32918	97804	8150	50931	4244
28	机械制造工程技术人员	193630	16136	88913	7409	50710	4226
29	仪器仪表工程技术人员	98547	8212	80747	6729	64614	5384
30	模具工程师	152161	12680	77799	6483	56222	4685
31	设备工程技术人员	181435	15120	76687	6391	43745	3645
32	其他机械工程技术人员	152522	12710	83356	6946	49795	4150
33	金属材料工程技术人员	142646	11887	90795	7566	58427	4869
34	电子工程技术人员	230429	19202	100027	8336	88192	7349
35	电子材料工程技术人员	131674	10973	81133	6761	42994	3583
36	电子元器件工程技术人员	144402	12034	65309	5442	43713	3643
37	电子仪器与测量工程技术人员	141936	11828	68365	5697	48450	4038
38	其他电子工程技术人员	131674	10973	68665	5722	45477	3790
39	通信工程技术人员	131674	10973	74264	6189	50931	4244
40	计算机与应用工程技术人员	186784	15565	94064	7839	55561	4630
41	计算机硬件技术人员	526694	43891	66685	5557	37482	3123
42	计算机软件技术人员	175565	14630	91636	7636	54269	4522
43	计算机网络技术人员	158008	13167	77799	6483	41450	3454
44	计算机系统分析技术人员	147496	12291	90524	7544	58589	4882
45	其他计算机与应用工程技术人员	92172	7681	73353	6113	55120	4593
46	电气工程技术人员	257509	21459	93358	7780	57307	4776
47	电机与电器工程技术人员	109728	9144	66685	5557	42801	3567
48	电力工程技术人员	131674	10973	56168	4681	46810	3901
49	交通工程技术人员	140364	11697	87326	7277	46650	3888
50	汽车运用工程技术人员	197510	16459	84467	7039	48021	4002
51	船舶运用工程技术人员	80308	6692	70323	5860	58211	4851
52	其他交通工程技术人员	82489	6874	58616	4885	38100	3175
53	建筑工程技术人员	361274	30106	148473	12373	68943	5745
54	建筑工程监理人员	131674	10973	86690	7224	45198	3767
55	建筑工程预决算员	202997	16916	96004	8000	66144	5512
56	建材工程技术人员	197510	16459	100027	8336	79373	6614
57	建筑工程设计员	142646	11887	88913	7409	61734	5145
58	纺织工程技术人员	182148	15179	101138	8428	47017	3918
59	生产组织与管理工程技术人员	197563	16464	73669	6139	48703	4059
60	安全工程技术人员	171176	14265	83133	6928	52915	4410

续表

序号	工种	高位数		中位数		低位数	
		年薪	月薪	年薪	月薪	年薪	月薪
61	标准化、计量、质量工程技术人员	149779	12482	77794	6483	46301	3858
62	质量管理与可靠性控制工程技术人员	231099	19258	87512	7293	53356	4446
63	农业技术人员	66310	5526	50013	4168	40505	3375
64	林业工程技术人员	71024	5919	52156	4346	42547	3546
65	木、竹材加工工程技术人员	102000	8500	75597	6300	50113	4176
66	风景园林工程技术人员	69400	5783	53481	4457	45939	3828
67	园林绿化工程技术人员	87376	7281	51486	4291	44537	3711
68	环境监测工程技术人员	85588	7132	61516	5126	40533	3378
69	环境保护工程技术人员	130377	10865	84546	7045	39819	3318
70	平面设计师	131674	10973	70696	5891	45750	3812
71	室内装饰设计人员	105339	8778	64906	5409	52915	4410
72	服装设计人员	219456	18288	97804	8150	49608	4134
73	广告设计人员	140452	11704	75576	6298	59882	4990
74	经济计划人员	149245	12437	97876	8156	66144	5512
75	统计人员	90883	7574	49428	4119	32135	2678
76	会计人员	2 62401	21867	60016	5001	40436	3370
77	出纳	144489	12041	52236	4353	33541	2795
78	审计人员	219456	18288	85578	7132	46301	3858
79	国际商务人员	109728	9144	71130	5928	50710	4226
80	文字编辑	71323	5944	61127	5094	49608	4134
81	美术编辑	92888	7741	72464	6039	49828	4152
82	翻译	111923	9327	86912	7243	52915	4410
83	校对员	98542	8212	75648	6304	45000	3750
84	图书资料与档案业务人员	80431	6703	56015	4668	46301	3858
第三大类：办事员和有关人员							
85	秘书	89319	7443	89319	7443	46301	3858
86	公关员	98492	8208	98492	8208	42446	3537
87	收发员	74615	6218	74615	6218	31507	2626
88	打字员	54974	4581	54974	4581	40127	3344
89	计算机操作员	71323	5944	71323	5944	39686	3307
90	制图员	131674	10973	131674	10973	35771	2981
91	保安员	92572	7714	92572	7714	35927	2994
92	话务员	77907	6492	77907	6492	27560	2297
93	劳动关系协调员	132080	11007	132080	11007	35142	2929
94	企业人力资源管理师	213360	17780	213360	17780	43572	3631
95	行政事务人员	312859	26072	312859	26072	31040	2587

续表

序号	工种	高位数		中位数		低位数	
		年薪	月薪	年薪	月薪	年薪	月薪
第四大类：商业和服务业人员							
96	报关员	159688	13307	70352	5863	40665	3389
97	外贸人员	221681	18473	74464	6205	36379	3032
98	房地产开发业务人员	313924	26160	122124	10177	43214	3601
99	房地产销售人员	87289	7274	53348	4446	39369	3281
100	营业员	139693	11641	48624	4052	29875	2490
101	收银员	82296	6858	42185	3515	32609	2717
102	推销员	472004	39334	95581	7965	36891	3074
103	采购员	138623	11552	54135	4511	33366	2781
104	收购员	178220	14852	61127	5094	43779	3648
105	商场导购员	80101	6675	51792	4316	42994	3583
106	租赁业务员	98484	8207	64462	5372	31566	2631
107	废旧物资回收利用人员	137851	11488	73353	6113	40551	3379
108	医药商品购销员	113101	9425	93716	7810	38281	3190
109	保管员	74615	6218	43567	3631	37041	3087
110	理货员	78267	6522	42234	3519	31749	2646
111	商品养护员	67574	5631	54138	4511	43545	3629
112	冷藏工	73720	6143	42865	3572	35394	2949
113	商品储运员	68672	5723	53544	4462	41727	3477
114	商品护运员	65530	5461	51646	4304	44840	3737
115	医药商品储运员	78109	6509	65934	5494	45515	3793
116	中式烹调师	104242	8687	58682	4890	38099	3175
117	中式面点师	97438	8120	50680	4223	35067	2922
118	西式烹调师	131674	10973	71352	5946	50931	4244
119	西式面点师	94366	7864	70641	5887	47624	3969
120	营养配餐员	70426	5869	41011	3418	27076	2256
121	餐厅服务员	75822	6319	44456	3705	33072	2756
122	餐具清洗保管员	49378	4115	37682	3140	30867	2572
123	前厅服务员	74527	6211	48013	4001	30162	2513
124	客房服务员	68470	5706	45345	3779	33072	2756
125	锅炉操作工	66934	5578	48902	4075	30426	2536
126	康乐服务员	61887	5157	50680	4223	35277	2940
127	旅店服务员	71221	5935	59645	4970	40800	3400
128	导游	118506	9876	57091	4758	48065	4005
129	盆景工	149230	12436	73353	6113	39686	3307
130	园林植物保护工	78154	6513	50658	4222	30702	2558

续表

序号	工种	高位数		中位数		低位数	
		年薪	月薪	年薪	月薪	年薪	月薪
131	汽车客运服务员	95683	7974	76472	6373	41167	3431
132	汽车运输调度员	79443	6620	57349	4779	46080	3840
133	车站客运服务员	87782	7315	67796	5650	38962	3247
134	行包运输服务员	95299	7942	66685	5557	44096	3675
135	车站货运员	84161	7013	66218	5518	43677	3640
136	信息咨询工	87782	7315	51681	4307	38584	3215
137	染色师	96561	8047	70892	5908	54194	4516
138	家用电子产品维修工	150108	12509	83578	6965	51041	4253
139	家用电器产品维修工	108987	9082	42845	3570	34737	2895
140	日用机电产品维修人员	137160	11430	76687	6391	52915	4410
141	办公设备维修工	109728	9144	63350	5279	36908	3076
142	物业管理工	79004	6584	50569	4214	33072	2756
143	垃圾清运工	65837	5486	38899	3242	29103	2425
144	污水处理工	94366	7864	50347	4196	37083	3090
145	物业管理人员	268834	22403	66685	5557	32411	2701
146	家政服务员	69787	5816	37343	3112	30426	2536
147	洗衣师	45490	3791	35383	2949	29706	2476
148	保洁员	80957	6746	46435	3870	25135	2095
149	饭店服务人员	60350	5029	42789	3566	37041	3087
150	餐厅服务员、厨工	76116	6343	46679	3890	26906	2242
151	饭店、旅游及健身娱乐场所服务人员	54864	4572	47791	3983	39686	3307
152	保健按摩师	57059	4755	46679	3890	36776	3065
153	仓储人员	104381	8698	50680	4223	31106	2592
154	储运人员	131674	10973	53348	4446	34395	2866
155	购销人员	139772	11648	54664	4555	38584	3215
156	水上运输服务人员	65837	5486	38899	3242	34174	2848
157	运输服务人员	79004	6584	69463	5789	49608	4134
158	水上运输设备操作及有关人员	110721	9227	86964	7247	74963	6247
159	船舶业务员	118951	9913	98655	8221	80000	6667
160	公交司机	125298	10441	55570	4631	33072	2756
161	物流从业员	98755	8230	66685	5557	52364	4364
162	物流师	140125	11677	73353	6113	55120	4593
163	快递员	93269	7772	60016	5001	49608	4134
164	保险理赔员	166897	13908	96006	8000	61324	5110
165	眼镜验光员	154851	12904	84576	7048	77089	6424
166	眼镜定配工	157034	13086	85735	7145	78223	6519

续表

序号	工种	高位数		中位数		低位数	
		年薪	月薪	年薪	月薪	年薪	月薪
167	智能楼宇管理员	104090	8674	78121	6510	34944	2912
168	摄影师	53644	4470	36455	3038	33072	2756
第五大类：农、林、牧、渔、水利业生产人员							
169	花卉园艺工	57211	4768	55714	4643	37575	3131
170	竹藤麻棕草制品加工工	48939	4078	43513	3626	34395	2866
171	家畜饲养工	52499	4375	42234	3519	27076	2256
172	水产捕捞及有关人员	49109	4092	38252	3188	33072	2756
173	水产品加工人员	65131	5428	48756	4063	36044	3004
174	家畜繁殖工	63972	5331	51731	4311	46797	3900
175	家禽饲养工	47679	3973	38643	3220	31970	2664
176	家禽繁殖工	64373	5364	57348	4779	49289	4107
177	实验动物饲养人员	77834	6486	65412	5451	51755	4313
178	动物疫病防治人员	125478	10457	80000	6667	80000	6667
第六大类：生产、运输设备操作及有关人员							
179	炼铁人员	65837	5486	55570	4631	47668	3972
180	炼钢人员	118506	9876	82169	6847	52915	4410
181	重有色金属冶炼人员	122895	10241	58760	4897	44096	3675
182	半导体材料制备人员	87782	7315	56682	4723	44096	3675
183	金属轧制人员	105555	8796	72393	6033	41867	3489
184	铸铁管人员	60658	5055	52859	4405	44096	3675
185	化工产品生产工	87782	7315	55570	4631	36120	3010
186	车工	131674	10973	64661	5388	40050	3338
187	铣工	97658	8138	64462	5372	42226	3519
188	刨插工	89977	7498	73353	6113	50710	4226
189	磨工	103310	8609	63002	5250	39135	3261
190	镗工	76810	6401	55570	4631	38584	3215
191	钻床工	92172	7681	58200	4850	39686	3307
192	加工中心操作工	131674	10973	47735	3978	35316	2943
193	制齿工	105339	8778	68052	5671	57174	4764
194	抛磨光工	117409	9784	53903	4492	37041	3087
195	拉床工	92172	7681	70574	5881	55120	4593
196	锯床工	105339	8778	64462	5372	44096	3675
197	铸造工	102047	8504	55570	4631	37482	3123
198	锻造工	104242	8687	66018	5501	41009	3417
199	冲压工	87782	7315	57793	4816	33072	2756
200	剪切工	148133	12344	61127	5094	38584	3215

续表

序号	工种	高位数		中位数		低位数	
		年薪	月薪	年薪	月薪	年薪	月薪
201	焊工	146565	12214	75327	6277	38490	3208
202	金属热处理工	167607	13967	88027	7336	39467	3289
203	铆工	72895	6075	44456	3705	33072	2756
204	探伤工	93269	7772	75354	6279	70085	5840
205	电切削工	102705	8559	57571	4798	39369	3281
206	冷作钣金加工工	82296	6858	54459	4538	32486	2707
207	镀层工	93269	7772	55126	4594	44096	3675
208	涂装工	102047	8504	61961	5163	41979	3498
209	数控机床工	148110	12342	73833	6153	35685	2974
210	电焊条制造工	93400	7783	58905	4909	52915	4410
211	基础件装配工	84491	7041	50478	4206	43508	3626
212	部件装配工	264272	22023	56565	4714	35244	2937
213	装配钳工	93336	7778	60016	5001	36417	3035
214	工具钳工	90306	7526	55995	4666	45419	3785
215	动力设备装配工	189979	15832	96703	8059	45198	3767
216	电气元件及设备装配工	54864	4572	46123	3844	34174	2848
217	电子专用设备装配调试工	95683	7974	84801	7067	62837	5236
218	仪器仪表装配工	71762	5980	54459	4538	41891	3491
219	运输车辆装配工	79981	6665	73131	6094	42883	3574
220	机修钳工	101040	8420	57095	4758	35681	2973
221	汽车修理工	131674	10973	84467	7039	46301	3858
222	仪器仪表修理工	100401	8367	65295	5441	46301	3858
223	锅炉设备安装工	96012	8001	75576	6298	58427	4869
224	电力工程内线安装工	79125	6594	65079	5423	49608	4134
225	专业电力设备检修工	74615	6218	63108	5259	53687	4474
226	常用电机检修工	94366	7864	61994	5166	52562	4380
227	维修电工	444398	37033	53348	4446	31738	2645
228	电子器件制造工	97203	8100	55570	4631	33072	2756
229	电子元件制造工	98755	8230	58349	4862	44096	3675
230	电池制造工	124869	10406	49684	4140	33452	2788
231	电子计算机维修工	71323	5944	49124	4094	37041	3087
232	中央空调系统运行操作员	63139	5262	43776	3648	36623	3052
233	制冷空调系统安装维修工	91440	7620	83096	6925	77376	6448
234	机床装调维修工	81280	6773	64318	5360	52000	4333
235	制冷工	79248	6604	52195	4350	36923	3077
236	空调机装配工	77714	6476	70886	5907	54231	4519

续表

序号	工种	高位数		中位数		低位数	
		年薪	月薪	年薪	月薪	年薪	月薪
237	橡胶制品生产工	54359	4530	47901	3992	37913	3159
238	塑料制品加工工	65837	5486	48013	4001	37482	3123
239	纤维预处理人员	71525	5960	53610	4468	44096	3675
240	造纸工	71217	5935	53324	4444	43794	3650
241	纺纱人员	92172	7681	44456	3705	39468	3289
242	织造人员	79370	6614	43112	3593	33348	2779
243	针织人员	82296	6858	55570	4631	38602	3217
244	印染人员	95463	7955	47235	3936	38584	3215
245	裁剪工	76810	6401	55570	4631	38117	3176
246	缝纫工	85591	7133	54459	4538	38584	3215
247	裁缝	70226	5852	60572	5048	49608	4134
248	制鞋工	110764	9230	87776	7315	37553	3129
249	制帽工	43891	3658	36020	3002	31072	2589
250	皮革加工工	54864	4572	36223	3019	33242	2770
251	毛皮加工工	68031	5669	56682	4723	44096	3675
252	冷食品制作工	58156	4846	42234	3519	33072	2756
253	食品罐头加工工	77533	6461	57870	4822	25783	2149
254	饮料制作工	51169	4264	42234	3519	37898	3158
255	酿酒工	97875	8156	65028	5419	33932	2828
256	酱油酱类制作工	85588	7132	62239	5187	52915	4410
257	糕点、面包烘焙工	64959	5413	51236	4270	41891	3491
258	豆制品制作工	71982	5998	56904	4742	40127	3344
259	屠宰加工工	49378	4115	42345	3529	34395	2866
260	饲料生产加工工	83970	6998	51147	4262	39686	3307
261	药品生产制造工	87343	7279	63906	5326	54238	4520
262	制材工	124946	10412	55570	4631	40083	3340
263	纤维板工	129232	10769	81038	6753	60632	5053
264	手工木工	87782	7315	71130	5928	44096	3675
265	机械木工	83722	6977	68841	5737	44096	3675
266	精细木工	86033	7169	75576	6298	71656	5971
267	制浆工	82296	6858	50013	4168	35828	2986
268	纸制品制作工	81910	6826	57301	4775	37041	3087
269	水泥生产制造工	82296	6858	57238	4770	37041	3087
270	文体用品乐器制作工	88542	7379	62145	5179	47000	3917
271	水泥制品工	50475	4206	36676	3056	31970	2664
272	玻璃陶瓷搪瓷生产工	96359	8030	68157	5680	48088	4007

续表

序号	工种	高位数		中位数		低位数	
		年薪	月薪	年薪	月薪	年薪	月薪
273	印前处理工	81203	6767	58409	4867	38267	3189
274	印刷操作工	100294	8358	61127	5094	40321	3360
275	印后制作工	119604	9967	66685	5557	45198	3767
276	土石方施工人员	94366	7864	53348	4446	45860	3822
277	砌筑工	109737	9145	72242	6020	49608	4134
278	混凝土工	109724	9144	76965	6414	59966	4997
279	钢筋工	130137	10845	95581	7965	63939	5328
280	架子工	128382	10698	73353	6113	66144	5512
281	防水工	91074	7590	65573	5464	42994	3583
282	装饰、装修、油漆工	136063	11339	63314	5276	39742	3312
283	机械电气工程设备安装工、管工	131674	10973	75646	6304	42385	3532
284	电工	158192	13183	66967	5581	36233	3019
285	木工	91948	7662	58794	4899	32151	2679
286	汽车驾驶员	135331	11278	60183	5015	40660	3388
287	起重装卸机械驾驶员	80657	6721	53684	4474	42253	3521
288	铲车驾驶员	93269	7772	54145	4512	42674	3556
289	检验员	100767	8397	49394	4116	32483	2707
290	计量员	117826	9819	48843	4070	33918	2826
291	包装工	83515	6960	50847	4237	30330	2528
292	简单体力劳动工	127936	10661	65136	5428	36263	3022
第七类：电子商务业人员							
293	网店客服	65837	5486	46679	3890	40414	3368
294	售后服务人员	115214	9601	60683	5057	30955	2580
295	仓配服务人员	67154	5596	47013	3918	39466	3289
296	店铺运营人员	54864	4572	43345	3612	32931	2744
297	店铺策划人员	71762	5980	62168	5181	54439	4537
298	新媒体运营人员	111923	9327	58460	4872	40414	3368
299	市场推广人员	405994	33833	76687	6391	41891	3491
300	店铺推广人员	77450	6454	44062	3672	34174	2848
301	SEO/BD专员	120000	10000	76520	6377	45685	3807
302	ERP/CRM管理专员	256764	21397	133369	11114	52915	4410
303	渠道管理人员	219456	18288	88913	7409	85987	7166
304	.net开发工程师	100730	8394	63684	5307	40679	3390
305	美工	94366	7864	55570	4631	42553	3546
306	视觉设计	65837	5486	49347	4112	34395	2866
307	平面设计	72420	6035	57571	4798	39918	3326

续表

序号	工种	高位数		中位数		低位数	
		年薪	月薪	年薪	月薪	年薪	月薪
308	店铺主管	114007	9501	60016	5001	52915	4410
309	项目经理	164592	13716	90024	7502	49608	4134
310	PHP开发工程师	168068	14006	97878	8156	52416	4368
311	Java开发工程师	178452	14871	106098	8842	78880	6573
312	iOS开发工程师	188430	15703	99116	8260	81683	6807
第八大类：养老服务业人员							
313	养老护理员	98755	8230	52792	4399	26839	2237
第九大类：4+3+N产业人员							
314	结构工程师	526694	43891	140038	11670	74963	6247
315	工艺工程师	140452	11704	80021	6668	57325	4777
316	IPQC技术人员	74615	6218	53903	4492	35938	2995
317	拉丝工	74404	6200	51681	4307	39466	3289
318	叉车工	92523	7710	66244	5520	55058	4588
319	研发工程师	217261	18105	120032	10003	57325	4777
320	电池片制造工	94375	7865	70019	5835	52924	4410
321	光伏组件制造工	81756	6813	59136	4928	48506	4042

二、部分技术工人职业（工种）分等级工资指导价位表

单位：元

序号	工种	等级	高位数		中位数		低位数	
			年薪	月薪	年薪	月薪	年薪	月薪
1	焊工	高级技师	153201	12767	129015	10751	75845	6320
		技师	114696	9558	92069	7672	73176	6098
		高级技能	97492	8124	72488	6041	55054	4588
		中级技能	80287	6691	73277	6106	45265	3772
		初级技能	75699	6308	64375	5365	40046	3337
2	电工	高级技师	165354	13779	135341	11278	122572	10214
		技师	137635	11470	126171	10514	114705	9559
		高级技能	126170	10514	108966	9080	83957	6996
		中级技能	112402	9367	88889	7407	68818	5735
		初级技能	86022	7169	47599	3967	37697	3141
3	制冷空调系统安装维修工	高级技能	102483	8540	85898	7158	71680	5973
		中级技能	82898	6908	66643	5554	52274	4356
		初级技能	60284	5024	51833	4319	44800	3733

续表

序号	工种	等级	高位数		中位数		低位数	
			年薪	月薪	年薪	月薪	年薪	月薪
4	防水工	技师	93330	7778	83421	6952	74598	6217
		高级技能	87123	7260	75975	6331	71433	5953
		中级技能	74667	6222	61578	5131	53925	4494
		初级技能	62225	5185	55109	4592	50388	4199
5	砌筑工	技师	116013	9668	105016	8751	82788	6899
		高级技能	111663	9305	98450	8204	77998	6500
		中级技能	103226	8602	89972	7498	72258	6022
		初级技能	91527	7627	80296	6691	59183	4932
6	混凝土工	高级技能	104740	8728	97501	8125	77998	6500
		中级技能	100143	8345	91982	7665	86022	7169
		初级技能	74557	6213	69396	5783	58275	4856
7	钢筋工	技师	136025	11335	115903	9659	95285	7940
		高级技能	114705	9559	104768	8731	89931	7494
		中级技能	95202	7934	88513	7376	77998	6500
		初级技能	74557	6213	69396	5783	66519	5543
8	架子工	高级技能	134194	11183	98643	8220	87178	7265
		中级技能	114705	9559	90426	7536	69974	5831
		初级技能	74557	6213	68818	5735	63092	5258
9	锅炉操作工	技师	103364	8614	76855	6405	64344	5362
		高级技能	94060	7838	61936	5161	54338	4528
		中级技能	68818	5735	55054	4588	48172	4014
		初级技能	58853	4904	51613	4301	46108	3842
10	机床装调维修工	高级技师	115132	9594	94225	7852	49328	4111
		技师	97033	8086	63656	5305	45888	3824
		高级技能	88568	7381	59073	4923	42447	3537
		中级技能	75699	6308	55054	4588	40148	3346
11	铸造工	高级技师	106667	8889	74323	6194	57807	4817
		技师	91761	7647	71570	5964	42653	3554
		高级技能	71570	5964	50333	4194	42653	3554
		中级技能	71570	5964	46314	3860	38992	3249
		初级技能	66065	5505	42653	3554	38992	3249
12	锻造工	高级技师	108966	9080	66533	5544	52769	4397
		技师	94211	7851	60793	5066	51613	4301
		高级技能	92408	7701	55632	4636	42667	3556
		中级技能	55054	4588	47030	3919	42667	3556
		初级技能	48172	4014	42447	3537	42667	3556

续表

序号	工种	等级	高位数		中位数		低位数	
			年薪	月薪	年薪	月薪	年薪	月薪
13	金属热处理工	高级技师	175196	14600	125454	10455	63753	5313
		技师	140388	11699	106392	8866	57311	4776
		高级技能	126762	10564	95890	7991	55054	4588
		中级技能	94624	7885	64812	5401	52632	4386
		初级技能	89945	7495	52632	4386	41057	3421
14	车工	高级技师	137635	11470	102194	8516	84880	7073
		技师	105525	8794	85003	7084	78645	6554
		高级技能	91761	7647	85816	7151	66808	5567
		中级技能	85802	7150	68818	5735	49893	4158
		初级技能	82581	6882	49893	4158	41676	3473
15	铣工	高级技师	102084	8507	81232	6769	67496	5625
		技师	93454	7788	74763	6230	62129	5177
		高级技能	86022	7169	68818	5735	59651	4971
		中级技能	82581	6882	65955	5496	51613	4301
		初级技能	68818	5735	51613	4301	43933	3661
16	钳工	高级技师	97556	8130	78645	6554	57958	4830
		技师	79360	6613	68061	5672	52962	4414
		高级技能	78645	6554	68061	5672	41222	3435
		中级技能	68818	5735	57958	4830	40148	3346
		初级技能	58233	4853	52246	4354	37891	3158
17	磨工	高级技师	107989	8999	78246	6520	63780	5315
		技师	82705	6892	68129	5677	53678	4473
		高级技能	71818	5985	60766	5064	46906	3909
		中级技能	68818	5735	52219	4352	44842	3737
		初级技能	57353	4779	52659	4388	40712	3393
18	电切削工	高级技师	107355	8946	82581	6882	61936	5161
		技师	83269	6939	61936	5161	57587	4799
		高级技能	81783	6815	58963	4914	53224	4435
		中级技能	63037	5253	51049	4254	50017	4168
		初级技能	59954	4996	41291	3441	40960	3413
19	制冷工	技师	95244	7937	75080	6257	56375	4698
		高级技能	82581	6882	62569	5214	56885	4740
		中级技能	74323	6194	56885	4740	51200	4267
		初级技能	62569	5214	51104	4259	48448	4037

续表

序号	工种	等级	高位数		中位数		低位数	
			年薪	月薪	年薪	月薪	年薪	月薪
20	手工木工	技师	96345	8029	82581	6882	72947	6079
		高级技能	93592	7799	72947	6079	60559	5047
		中级技能	85334	7111	66065	5505	55054	4588
		初级技能	74323	6194	55054	4588	45420	3785
21	评茶员	高级技师	144517	12043	114705	9559	91761	7647
		技师	110108	9176	91761	7647	73415	6118
		高级技能	100942	8412	80296	6691	57353	4779
		中级技能	77998	6500	64234	5353	45888	3824
		初级技能	73415	6118	52783	4399	41291	3441
22	眼镜验光员	高级技师	91761	7647	87178	7265	83737	6978
		技师	80296	6691	69974	5831	57353	4779
		高级技能	71116	5926	63092	5258	51613	4301
		中级技能	58495	4875	51613	4301	43589	3632
		初级技能	48172	4014	45888	3824	38538	3211
23	眼镜定配工	技师	84852	7071	59816	4985	57325	4777
		高级技能	73772	6148	55054	4588	48640	4053
		中级技能	60559	5047	41291	3441	36707	3059
		初级技能	47209	3934	38015	3168	35166	2930
24	汽车修理工	高级技师	185808	15484	88499	7375	70538	5878
		技师	135984	11332	80379	6698	63092	5258
		高级技能	106667	8889	78122	6510	55054	4588
		中级技能	88610	7384	74557	6213	53568	4464
		初级技能	75245	6270	68818	5735	48172	4014
25	美发师	高级技师	144517	12043	116990	9749	89463	7455
		技师	123872	10323	96345	8029	82581	6882
		高级技能	110108	9176	82581	6882	55054	4588
		中级技能	82581	6882	57807	4817	50925	4244
		初级技能	63312	5276	49549	4129	48172	4014
26	美容师	高级技师	206453	17204	165162	13764	110108	9176
		技师	165162	13764	123872	10323	82581	6882
		高级技能	110108	9176	82581	6882	68818	5735
		中级技能	82581	6882	48172	4014	55054	4588
		初级技能	68818	5735	55054	4588	49549	4129

续表

序号	工种	等级	高位数		中位数		低位数	
			年薪	月薪	年薪	月薪	年薪	月薪
27	育婴员	高级技师	162451	13538	133052	11088	111485	9290
		技师	149527	12461	125028	10419	103804	8650
		高级技能	137635	11470	114705	9559	89463	7455
		中级技能	103226	8602	93853	7821	85320	7110
		初级技能	86022	7169	78204	6517	71102	5925
28	保育员	高级技师	62899	5242	47016	3918	42805	3567
		技师	59954	4996	48172	4014	39226	3269
		高级技能	50017	4168	44731	3728	39226	3269
		中级技能	49328	4111	44731	3728	35785	2982
		初级技能	44043	3670	37162	3097	35648	2971
29	有害生物防治员	高级技能	110108	9176	97501	8125	75699	6308
		中级技能	90619	7552	63092	5258	48723	4060
		初级技能	61936	5161	48172	4014	37162	3097
30	保安员	技师	80296	6691	76855	6405	51613	4301
		高级技能	58633	4886	51613	4301	45888	3824
		中级技能	55054	4588	45888	3824	43589	3632
		初级技能	48723	4060	40148	3346	34409	2867
31	智能楼宇管理员	高级技师	97501	8125	86022	7169	57353	4779
		技师	84191	7016	69437	5786	55054	4588
		高级技能	77998	6500	63092	5258	51613	4301
		中级技能	71804	5984	58068	4839	47512	3959
		初级技能	59830	4986	48393	4033	39598	3300
32	劳动关系协调员	高级技师	136947	11412	85802	7150	50471	4206
		技师	107521	8960	77998	6500	45888	3824
		高级技能	93592	7799	59940	4995	45557	3796
		中级技能	75699	6308	54366	4530	41291	3441
		初级技能	62624	5219	52783	4399	39364	3280
33	企业人力资源管理师	高级技师	165644	13804	77998	6500	68818	5735
		技师	121119	10093	74557	6213	48172	4014
		高级技能	107823	8985	71983	5999	45888	3824
		中级技能	89463	7455	59734	4978	44043	3670
		初级技能	75699	6308	50925	4244	44043	3670
34	中央空调系统运行操作员	高级技师	94280	7857	72258	6022	58908	4909
		技师	75699	6308	68253	5688	49328	4111
		高级技能	72258	6022	58495	4875	41937	3495
		中级技能	65377	5448	49094	4091	41291	3441
		初级技能	58495	4875	47250	3938	34409	2867

续表

序号	工种	等级	高位数		中位数		低位数	
			年薪	月薪	年薪	月薪	年薪	月薪
35	中式烹调师	高级技师	135433	11286	96592	8049	67441	5620
		技师	99139	8262	87343	7279	59871	4989
		高级技能	88321	7360	71708	5976	54490	4541
		中级技能	77076	6423	62349	5196	50471	4206
		初级技能	76415	6368	50939	4245	44043	3670
36	中式面点师	高级技师	104149	8679	75699	6308	65101	5425
		技师	92573	7714	65514	5460	50374	4198
		高级技能	73979	6165	58495	4875	46796	3900
		中级技能	65955	5496	52879	4407	44869	3739
		初级技能	59651	4971	46796	3900	41291	3441
37	西式烹调师	高级技师	103818	8652	79539	6628	66106	5509
		技师	84646	7054	69740	5812	61936	5161
		高级技能	73635	6136	66106	5509	57119	4760
		中级技能	68253	5688	51613	4301	48172	4014
		初级技能	63918	5326	46521	3877	41015	3418
38	西式面点师	高级技师	106901	8908	80489	6707	61316	5110
		技师	81618	6801	70621	5885	53402	4450
		高级技能	75259	6272	66106	5509	47168	3931
		中级技能	63615	5301	57132	4761	44608	3717
		初级技能	59651	4971	53678	4473	41180	3432
39	茶艺师	高级技师	117265	9772	72258	6022	60215	5018
		技师	108044	9004	66987	5582	50925	4244
		高级技能	88431	7369	60215	5018	48172	4014
		中级技能	74323	6194	49549	4129	45420	3785
		初级技能	60215	5018	44043	3670	43589	3632

三、企业职工分专业技术等级、技能等级和学历人力资源市场工资指导价位

单位：元

项目	序号	高位数		中位数		低位数	
		年薪	月薪	年薪	月薪	年薪	月薪
甲							
按专业技术等级分类：							
正高级专业技术职务	1	944875	78740	304254	25355	102590	8549
副高级专业技术职务	2	742156	61846	214526	17877	97542	8129
中级专业技术职务	3	501034	41753	175548	14629	73721	6143

续表

项目	序号	高位数		中位数		低位数	
		年薪	月薪	年薪	月薪	年薪	月薪
初级专业技术职务	4	256495	21375	80812	6734	51500	4292
未评定技术职务人员	5	148621	12385	75738	6312	45075	3756
乙							
按技能等级分类:							
高级技师	1	332516	27710	133036	11086	71179	5932
技师	2	220425	18369	104160	8680	59314	4943
高级工	3	197526	16461	88581	7382	52000	4333
中级工	4	138083	11507	67611	5634	49335	4111
初级工	5	146237	12186	55002	4584	44117	3676
未评定技能等级人员	6	114129	9511	62702	5225	42328	3527
丙							
按学历分类:							
博士	1	588827	49069	243440	20287	89262	7439
硕士	2	541644	45137	166148	13846	56177	4681
本科	3	532339	44362	89997	7500	45325	3777
大专	4	444115	37010	77841	6487	44353	3696
高中、中专、技校	5	349298	29108	66841	5570	40370	3364
初中及以下	6	112539	9378	58329	4861	31919	2660

四、吴兴区织里镇服装生产企业部分职业（工种）人力资源市场工资指导价位

单位：元

序号	工种	高位数		中位数		低位数	
		年薪	月薪	年薪	月薪	年薪	月薪
1	服装设计人员	153875	12823	109098	9092	44417	3701
2	服装制版工	196640	16387	136595	11383	69401	5783
3	服装裁剪工	160843	13404	128391	10699	71885	5990
4	服装缝纫工	150322	12527	103171	8598	56673	4723
5	服装绣花工	128156	10680	109653	9138	67083	5590
6	服装包装工	86057	7171	66625	5552	41640	3470
7	服装检验工	104101	8675	83281	6940	55521	4627
8	收发工	90221	7518	68485	5707	42557	3546

注：织里服装企业工资含计件工资。

2021年嘉兴市人力资源市场工资指导价位

一、分职业细类企业从业人员工资价位

序号	职业细类名称	分位值（单位：元/年）				
		10%	25%	50%	75%	90%
1	企业董事	69100	122927	208200	352399	555994
2	企业总经理	60000	106163	180025	307182	500000
3	生产经营部门经理	55473	80000	120864	185025	283553
4	财务部门经理	58400	78000	106906	173588	253130
5	行政部门经理	56600	74554	116802	171554	250039
6	人事部门经理	52776	67178	97303	154698	243522
7	销售和营销部门经理	62226	88565	124643	197500	263255
8	广告和公关部门经理	43266	55247	76127	105516	168068
9	采购部门经理	50000	68100	91120	144000	197500
10	计算机服务部门经理	77102	94663	148711	233926	328317
11	研究和开发部门经理	76074	91907	131567	183545	274585
12	餐厅部门经理	57646	64524	79693	96660	119344
13	客房部门经理	56245	64649	91560	116426	149015
14	其他职能部门经理	64319	89201	129730	194618	238062
15	其他企业中高级管理人员	57096	78486	116253	193720	226429
16	医学研究人员	42000	45238	48000	72000	96000
17	工程测量工程技术人员	56171	60192	63495	84000	114000
18	石油天然气储运工程技术人员	60178	63890	68100	80940	86558
19	金属材料工程技术人员	79038	89881	101486	107923	115145
20	化工实验工程技术人员	63564	82800	100178	118800	134453
21	化工生产工程技术人员	68164	76725	87029	101173	150914
22	机械设计工程技术人员	54452	67129	83846	107611	141265
23	机械制造工程技术人员	61928	72749	89139	104421	119258
24	仪器仪表工程技术人员	67482	71600	90579	130179	191250
25	设备工程技术人员	77102	88570	113783	142574	174642
26	模具设计工程技术人员	56567	63242	72484	116382	162461

续表

序号	职业细类名称	分位值（单位：元/年）				
		10%	25%	50%	75%	90%
27	自动控制工程技术人员	57211	63950	83272	94392	124250
28	材料成形与改性工程技术人员	53474	61107	75095	89324	175186
29	汽车工程技术人员	61362	73379	108246	143043	180312
30	船舶工程技术人员	60508	68225	79864	101076	112333
31	智能制造工程技术人员	33744	46080	56921	88977	108780
32	电子材料工程技术人员	56537	60062	63735	80071	101794
33	电子元器件工程技术人员	47019	51612	84218	109310	129022
34	电子仪器与电子测量工程技术人员	41646	45317	75214	79773	123396
35	通信工程技术人员	66531	77570	88027	149217	187552
36	计算机硬件工程技术人员	42374	52802	75027	117715	191024
37	计算机软件工程技术人员	64247	99418	104955	178129	201094
38	信息系统分析工程技术人员	73788	78271	95644	100731	135547
39	信息安全工程技术人员	57299	60823	64897	83025	92862
40	信息系统运行维护工程技术人员	56741	87720	110356	168662	213182
41	工业互联网工程技术人员	80267	87173	143322	156498	166126
42	电工电器工程技术人员	53494	58191	68365	79469	136833
43	电缆光缆工程技术人员	81831	92759	102618	115727	164725
44	发电工程技术人员	77302	101808	113859	129909	138685
45	供用电工程技术人员	42918	55087	70451	85244	145280
46	变电工程技术人员	55595	93587	106069	134743	168035
47	电力工程安装工程技术人员	59916	69376	99219	115205	148988
48	广播电视传输覆盖工程技术人员	78970	87150	97983	110487	160423
49	道路交通工程技术人员	97849	104138	114134	134437	222038
50	建筑和市政设计工程技术人员	47600	63600	78600	110100	150300
51	土木建筑工程技术人员	39288	43000	50000	66000	116860
52	风景园林工程技术人员	54080	59844	63960	70000	123871
53	供水排水工程技术人员	47850	84429	89693	129624	140810
54	工程勘察与岩土工程技术人员	52102	61793	65068	86466	139164
55	城镇燃气供热工程技术人员	79490	86658	92662	97856	103560
56	环境卫生工程技术人员	67924	72491	77000	83500	88747
57	道路与桥梁工程技术人员	40000	46000	60000	64778	79408
58	水利水电建筑工程技术人员	45000	52800	60000	64069	83404
59	非金属矿及制品工程技术人员	32540	53929	61972	72820	82714
60	园林绿化工程技术人员	51805	55000	60000	75000	98200
61	纺织工程技术人员	58840	62972	76492	86126	99941
62	染整工程技术人员	55073	66034	82157	97748	121338

续表

序号	职业细类名称	分位值（单位：元/年）				
		10%	25%	50%	75%	90%
63	化学纤维工程技术人员	68203	72597	84219	95767	106640
64	食品工程技术人员	66070	99068	105250	121071	129133
65	环境监测工程技术人员	52128	55512	66618	82678	94042
66	安全生产管理工程技术人员	39952	53628	82267	128625	184806
67	房屋安全鉴定工程技术人员	55426	59348	64199	85292	93691
68	标准化工程技术人员	70431	86879	92438	115480	127629
69	计量工程技术人员	53602	59322	74910	86396	107692
70	质量认证认可工程技术人员	48000	70303	74715	92900	153801
71	工业工程技术人员	54818	78000	89700	95356	134565
72	物流工程技术人员	82033	87177	111070	118475	181008
73	能源管理工程技术人员	68270	107780	136531	164918	176077
74	监理工程技术人员	37024	51770	64000	84090	127800
75	信息管理工程技术人员	58485	84288	105500	136400	176053
76	数据分析处理工程技术人员	54000	63454	69121	76932	83788
77	工程造价工程技术人员	34808	52905	80000	110750	126202
78	产品质量检验工程技术人员	49193	63406	79551	98665	112088
79	产品设计工程技术人员	48187	52762	69560	73520	112658
80	工业设计工程技术人员	55475	59525	72126	86374	108784
81	皮革化学工程技术人员	74451	79477	88866	95067	100775
82	塑料加工工程技术人员	41424	43880	64267	81274	91836
83	畜牧技术人员	48600	63000	69000	81000	111500
84	水产养殖技术人员	34802	39611	59598	84634	114671
85	内科医师	50400	70200	103570	169228	267237
86	外科医师	50400	70200	99360	169871	290827
87	儿科医师	50400	58328	98679	117054	223598
88	妇产科医师	57000	87360	125426	213748	294408
89	眼科医师	79216	87360	99360	105523	114489
90	耳鼻咽喉科医师	51990	73663	98728	154204	294275
91	口腔科医师	50400	67676	110521	187019	230662
92	皮肤科医师	54212	57675	87360	138488	219683
93	急诊科医师	48044	71525	121924	189253	272810
94	康复科医师	51024	97001	103492	113260	146810
95	麻醉科医师	48091	87360	115185	194083	235576
96	放射科医师	63612	82089	140046	213972	296158
97	超声科医师	50400	70200	118913	197425	256115
98	全科医师	58154	87360	124678	152386	217774

续表

序号	职业细类名称	分位值（单位：元/年）				
		10%	25%	50%	75%	90%
99	中医内科医师	69204	115570	144420	182340	355336
100	中医外科医师	70200	86885	103570	139725	170753
101	中医骨伤科医师	66354	104180	120266	197788	217677
102	中西医结合内科医师	68325	99360	125391	188737	213843
103	药师	42622	50400	63600	74370	132834
104	中药师	46612	63600	68000	73819	121640
105	影像技师	43774	47760	63600	75357	111778
106	临床检验技师	43308	61597	70200	119512	175106
107	康复技师	43960	62606	66341	86784	104881
108	内科护士	43560	63600	83158	113021	152004
109	儿科护士	43598	53700	80850	109457	135605
110	急诊护士	43920	56400	91189	126079	176168
111	外科护士	43894	63600	80917	114721	142135
112	助产士	88656	107875	145052	188670	209698
113	口腔科护士	50400	64287	88230	136650	167685
114	妇产科护士	50400	63600	94061	127797	177921
115	中医护士	47305	50400	56550	60433	64499
116	其他卫生专业技术人员	48987	59920	72904	109382	138556
117	经济规划专业人员	105678	144137	153700	206459	221386
118	统计专业人员	47163	54000	63600	76663	97498
119	会计专业人员	50000	60879	85000	144931	189025
120	审计专业人员	43959	73325	124294	207963	232951
121	税务专业人员	34024	36610	60646	64576	149629
122	国际商务专业人员	48663	52065	62378	79803	134503
123	市场营销专业人员	52527	66951	102724	159701	217094
124	商务策划专业人员	54738	72262	77107	92588	115573
125	会展策划专业人员	45102	47968	50877	67704	86933
126	物业经营管理专业人员	39586	42150	46200	55182	94210
127	报关专业人员	54620	60250	76603	92974	98743
128	报检专业人员	44519	55914	63437	67277	71365
129	人力资源管理专业人员	50397	55036	77412	108044	180488
130	人力资源服务专业人员	47050	52612	60000	83682	113582
131	银行外汇市场业务专业人员	156682	188950	200392	214155	228357
132	银行清算专业人员	132074	147401	161219	192575	243442
133	信贷审核专业人员	144063	181890	219777	260613	295327
134	银行国外业务专业人员	148162	190074	201822	212518	298867

续表

序号	职业细类名称	分位值（单位：元/年）				
		10%	25%	50%	75%	90%
135	高等教育教师	49504	84274	103342	125635	142617
136	小学教育教师	66150	73731	98725	107873	128111
137	幼儿教育教师	63188	119811	129941	178958	192550
138	其他教学人员	38146	57133	97054	102182	133588
139	电影电视制片人	98709	105000	150000	159238	220000
140	美工师	48092	51087	54560	63606	67557
141	视觉传达设计人员	42740	72645	123560	160385	186661
142	服装设计人员	67785	86925	148372	194428	289396
143	陈列展览设计人员	76987	90676	110275	133261	145566
144	教练员	40523	44976	60000	64197	70312
145	文字记者	85857	111689	119292	187022	238167
146	文字编辑	50509	53751	59805	72281	122740
147	网络编辑	47564	50706	57035	65040	74075
148	翻译	96860	102727	109243	115850	122948
149	行政办事员	47760	56673	71900	105066	144894
150	机要员	47920	54150	72640	92924	118316
151	秘书	51166	58446	83900	118251	162848
152	收发员	35133	43940	57810	66970	90938
153	打字员	39496	42232	46871	57730	72943
154	后勤管理员	35339	47498	58426	75817	96098
155	其他办事人员	38424	52456	68000	85443	112800
156	保卫管理员	35990	42623	57454	65742	73162
157	消防员	57227	69949	87191	96280	107019
158	消防安全管理员	55856	75609	83215	88287	102920
159	其他安全和消防人员	46021	49000	61000	79522	95243
160	采购员	49334	56588	68224	88083	111341
161	营销员	42518	58502	81200	116000	179485
162	收银员	35797	44722	52647	57274	62403
163	其他批发与零售服务人员	38521	51738	60000	63695	98531
164	道路客运汽车驾驶员	67608	83989	96560	105790	114339
165	道路客运服务员	46980	50098	69621	80721	89995
166	道路货运业务员	45741	55200	76682	81389	90654
167	道路运输调度员	41740	46659	59375	68123	87257
168	机动车驾驶教练员	32418	38400	45090	60940	64679
169	油气电站操作员	71795	76063	80339	85426	91086
170	汽车救援员	73230	77540	82844	88320	94459

续表

序号	职业细类名称	分位值（单位：元/年）				
		10%	25%	50%	75%	90%
171	水上救生员	53590	57115	60867	64821	68706
172	装卸搬运工	48829	63584	73340	81720	90095
173	客运售票员	44112	49285	52334	55235	58734
174	运输代理服务员	44870	48980	55850	60502	64473
175	仓储管理员	42000	52023	61288	73814	85129
176	理货员	36105	52337	62601	85002	103684
177	物流服务师	44571	54987	58353	62175	86577
178	供应链管理师	71320	76500	83900	105800	112774
179	邮件转运员	64792	75575	81970	92153	98002
180	快递员	55798	62675	90946	113365	140587
181	快件处理员	40476	45961	50480	53357	64876
182	前厅服务员	35497	40200	47220	56650	66342
183	客房服务员	30552	38355	53239	57717	61577
184	中式烹调师	41439	45674	53725	67534	84540
185	西式烹调师	41502	44320	47875	54000	71050
186	餐厅服务员	35553	40448	52841	62525	67790
187	其他住宿和餐饮服务人员	35638	40591	49157	62803	70226
188	信息通信营业员	67460	90148	99586	127316	135122
189	信息通信业务员	69186	92861	110236	129519	151125
190	信息通信网络机务员	54490	57255	60730	100000	105290
191	信息通信网络线务员	75360	105771	119063	135231	149463
192	信息通信网络运行管理员	61994	74282	87709	121149	155275
193	网络与信息安全管理员	64665	68584	90508	101598	108360
194	信息通信信息化系统管理员	46467	48900	55200	93920	143117
195	计算机程序设计员	66816	93660	125103	146860	165828
196	计算机软件测试员	70760	77403	109083	123699	132077
197	呼叫中心服务员	50645	61201	68360	75721	96610
198	其他信息传输、软件和信息技术服务人员	35391	41057	53452	58769	109204
199	银行综合柜员	115199	135645	176262	201518	218089
200	银行信贷员	135540	188576	206479	266355	290874
201	银行客户业务员	137979	169094	204837	244537	315010
202	银行信用卡业务员	151990	165594	189343	202065	216192
203	保险代理人	49523	52849	71765	76957	101529
204	其他金融服务人员	85645	123021	129593	201648	222118
205	物业管理员	37000	42000	49239	60529	68912

续表

序号	职业细类名称	分位值（单位：元/年）				
		10%	25%	50%	75%	90%
206	停车管理员	37259	57578	60714	68023	76090
207	其他房地产服务人员	31430	33500	38200	40680	46447
208	租赁业务员	53496	58822	74927	79936	153254
209	客户服务管理员	37436	39700	52382	62051	87311
210	导游	45072	47691	54735	58413	67116
211	公共游览场所服务员	37570	43388	55184	69618	76731
212	保安员	30307	33792	40784	48240	58019
213	安检员	21703	23148	24600	39502	47067
214	智能楼宇管理员	42797	45406	48037	50443	53829
215	安全防范系统安装维护员	69588	74088	90317	154075	174440
216	市场管理员	49698	55461	58993	63112	78344
217	其他租赁和商务服务人员	43378	52493	56000	59762	63155
218	农产品食品检验员	64461	70084	83795	88052	92985
219	纤维检验员	38116	48534	54000	57253	67773
220	机动车检测工	73920	77703	82720	87909	93218
221	计量员	48561	53917	57224	64256	68586
222	纺织面料设计师	90772	113954	121500	138255	165798
223	室内装饰设计师	48990	55000	59946	99478	128583
224	广告设计师	47050	51750	55550	58893	62733
225	包装设计师	47873	55664	82250	108573	122264
226	商业摄影师	22985	35694	37986	64496	108139
227	其他技术辅助服务人员	50914	54437	73976	97445	108540
228	水工闸门运行工	36980	39258	41790	44613	47318
229	污水处理工	48546	53389	63704	70639	100352
230	生活垃圾清运工	46875	49310	52145	56999	73400
231	生活垃圾处理工	35247	37508	44266	46922	49642
232	园林绿化工	26457	34700	40271	58100	61519
233	养老护理员	55676	63534	69828	74616	79681
234	家政服务员	32311	42769	50659	55690	64800
235	染色师	62003	65850	70458	74790	79700
236	保健调理师	49897	53234	62516	80712	85508
237	保健按摩师	38190	45950	49700	52943	56092
238	芳香保健师	35208	37646	39661	42044	44612
239	水供应服务员	77416	86285	113841	124981	132818
240	其他电力、燃气及水供应服务人员	61972	72598	115060	151836	218671
241	汽车维修工	41444	56607	78496	93136	106401

续表

序号	职业细类名称	分位值（单位：元/年）				
		10%	25%	50%	75%	90%
242	信息通信网络终端维修员	68521	73094	76834	93728	99547
243	家用电器产品维修工	36469	38648	41208	43589	52740
244	燃气具安装维修工	48343	51270	54060	64452	75529
245	其他修理及制作服务人员	45960	57600	77726	92885	101264
246	照明工	42473	47087	51441	59587	67104
247	社会体育指导员	49230	56997	76421	104930	122347
248	体育场馆管理员	29108	34200	57086	60608	85263
249	游泳救生员	31643	33818	39600	67162	88070
250	康乐服务员	27702	32130	36801	42218	49007
251	全媒体运营师	28146	29967	31965	50400	58331
252	其他健康服务人员	30429	37527	46958	57527	69854
253	园艺工	37995	52517	66815	105340	114277
254	其他农业生产人员	21600	32547	55227	62045	66369
255	林木种苗工	29700	31500	38000	46000	49800
256	其他农林牧渔业生产辅助人员	39835	47067	50198	69493	74166
257	糕点面包烘焙工	47389	50545	53914	58225	61978
258	饮料制作工	34170	36418	38248	40777	42979
259	其他食品、饮料生产加工人员	46459	62055	65927	70932	74845
260	纺织纤维梳理工	63649	70409	75677	82249	88753
261	并条工	70075	74665	79433	88041	98452
262	纺纱工	57243	63676	72158	78495	83880
263	整经工	56000	65691	72546	83749	90666
264	浆纱浆染工	57905	63796	67870	81424	93086
265	织布工	59643	66804	73720	81600	86971
266	纬编工	58298	61548	65809	70000	74609
267	横机工	50901	53965	57028	60839	65047
268	非织造布制造工	48724	70780	80535	101839	109560
269	印染前处理工	38954	44400	51237	58152	68723
270	纺织染色工	46037	57117	67542	76243	87707
271	印染后整理工	38014	40507	44760	50568	61362
272	印染染化料配制工	42892	45599	56833	72841	87517
273	工艺染织品制作工	58854	68788	76084	88396	94034
274	其他纺织、针织、印染人员	43248	48844	60666	75349	96268
275	服装制版师	57827	66000	73900	92023	106319
276	裁剪工	36838	44400	53228	59500	71712
277	缝纫工	40400	48468	60378	69170	75485

续表

序号	职业细类名称	分位值（单位：元/年）				
		10%	25%	50%	75%	90%
278	缝纫品整形工	39407	49914	58851	67575	76506
279	皮革及皮革制品加工工	34855	42008	50864	59950	73279
280	羽绒加工及制品充填工	41191	43417	46177	49006	52322
281	其他纺织品、服装和皮革、毛皮制品加工制作人员	40321	45909	50938	63506	80450
282	胶合板工	52721	56423	60457	66199	74886
283	手工木工	51853	58412	67552	73000	77798
284	机械木工	48265	51393	54897	67057	73703
285	木地板制造工	45231	48354	51480	54830	58555
286	家具制作工	39957	50838	71396	80800	85777
287	其他木材加工、家具与木制品制作人员	45780	52000	60821	75370	89888
288	纸箱纸盒制作工	47592	53977	63812	68801	72700
289	其他纸及纸制品生产加工人员	38431	53075	69253	91664	101396
290	印前处理和制作员	54197	66709	73314	82375	90712
291	印刷操作员	55045	58880	91296	109558	117501
292	印后制作员	40999	48784	56686	63531	69239
293	健身器材制作工	42401	44954	47391	49843	58159
294	玩具制作工	54851	58135	61996	66142	70554
295	化工原料准备工	81850	89920	111480	187417	234439
296	化工单元操作工	50808	54000	60000	73340	77781
297	化工总控工	92210	98606	105771	124344	133332
298	烧碱生产工	89807	95345	100653	106712	126094
299	油墨制造工	61800	65942	73827	78015	83447
300	合成树脂生产工	56092	59700	70338	78480	86225
301	油脂化工产品制造工	86771	92024	97992	107855	115037
302	其他化学原料和化学制品制造人员	47404	59747	67125	79996	84730
303	其他医药制造人员	43261	48659	53500	59067	71063
304	化纤聚合工	63261	67911	72003	93665	99104
305	纺丝工	55577	59353	64623	74910	86712
306	化纤后处理工	62245	71227	75947	82782	91262
307	橡胶制品生产工	46028	51310	65084	79984	84491
308	塑料制品成型制作工	45773	64280	79400	96251	102131
309	水泥生产工	55547	60048	67640	80930	86111
310	保温材料制造工	57300	62900	67300	74820	79072
311	玻璃配料熔化工	65295	74038	80468	90532	97274
312	玻璃加工工	60165	65724	72283	82060	90524

续表

序号	职业细类名称	分位值（单位：元/年）				
		10%	25%	50%	75%	90%
313	玻璃制品加工工	51760	68770	73677	85785	91191
314	其他非金属矿物制品制造人员	60062	68616	73126	77850	82364
315	油气管道维护工	83739	89356	95462	101618	108319
316	高炉炼铁工	53620	57254	60528	64357	68288
317	高炉运转工	75705	80508	84656	90358	96138
318	炼钢工	51200	61199	75119	86820	98774
319	炼钢浇铸工	72683	77679	83080	87427	91945
320	炼钢准备工	62527	66728	70882	75504	79780
321	铝电解工	70276	74711	79262	83507	88550
322	金属轧制工	60275	65794	70198	89215	94826
323	金属材涂层机组操作工	57986	61008	65027	74380	86326
324	金属材热处理工	32690	43093	73622	79196	84535
325	金属材丝拉拔工	55146	58493	70223	75698	80381
326	其他金属冶炼和压延加工人员	56003	61545	65900	69872	74552
327	车工	42075	57600	74319	84243	95346
328	铣工	56530	68270	76613	84595	90228
329	刨插工	64756	68460	72680	76576	84986
330	磨工	61703	72605	80471	87155	95805
331	镗工	54506	63946	70332	86088	91582
332	钻床工	58460	63600	72242	76998	83839
333	多工序数控机床操作调整工	56790	64286	74717	86272	97306
334	电切削工	55915	69049	73360	78082	83052
335	拉床工	53090	69871	77970	83609	94671
336	下料工	46693	54261	61481	77684	84032
337	铆工	45094	65827	99704	143267	152261
338	冲压工	55682	59280	64500	73671	78112
339	锻造工	51885	55500	65251	70706	82438
340	金属热处理工	53016	56220	63004	81664	96339
341	焊工	59400	67699	84594	104618	125067
342	机械加工材料切割工	54834	58625	68284	75618	88537
343	粉末冶金制品制造工	73051	77741	82601	87741	93542
344	镀层工	57086	60120	64105	70131	76190
345	镀膜工	60800	76071	83089	91121	95743
346	涂装工	61426	66746	71924	77820	96613
347	喷涂喷焊工	58744	64272	70981	76498	84212
348	模具工	54423	60682	73448	89643	102981

续表

序号	职业细类名称	分位值（单位：元/年）				
		10%	25%	50%	75%	90%
349	模型制作工	60093	69282	73592	78423	83240
350	工具钳工	54150	67043	75698	85323	90295
351	其他机械制造基础加工人员	51955	60094	68884	76800	89798
352	工具五金制作工	61331	90686	97670	105342	115073
353	锁具制作工	39359	41930	47279	50459	63308
354	金属炊具及器皿制作工	48463	54689	66149	73798	88590
355	其他金属制品制造人员	45003	58900	76258	92542	105029
356	装配钳工	57600	64998	72154	90635	100202
357	紧固件制造工	57988	68033	78804	91940	103766
358	机床装调维修工	58667	72682	84812	112578	141392
359	焊接材料制造工	35300	41331	70000	98445	103369
360	电动工具制造工	61682	65562	69555	74058	78647
361	光学零件制造工	74483	79180	86469	90833	96996
362	耕种机械制造工	56797	60752	71946	79786	84646
363	汽车生产线操作工	61846	68308	77481	89873	103496
364	汽车饰件制造工	78753	84587	92403	102915	118690
365	汽车零部件再制造工	60395	64763	74294	86424	106159
366	船舶机械装配工	56960	61322	104176	109826	118960
367	电机制造工	61125	65839	70999	79974	97817
368	高低压电器及成套设备装配工	40000	45500	51000	63950	74400
369	电线电缆制造工	53456	64219	72360	83922	94409
370	电器附件制造工	41416	44310	47369	52456	57825
371	电光源制造工	36988	40444	43271	45497	48667
372	其他电气机械和器材制造人员	51170	56375	61584	71214	89689
373	计算机、通信和其他电子设备制造人员	24000	35640	43680	56441	71738
374	电器接插件制造工	45344	50798	56293	59982	63785
375	印制电路制作工	59951	69540	76989	86082	108714
376	通信系统设备制造工	48073	51418	54721	57459	60419
377	通信终端设备制造工	30480	37200	41280	49860	58800
378	其他仪器仪表制造人员	59428	62899	67004	71424	76093
379	锅炉运行值班员	62056	84933	100324	111133	126180
380	燃料值班员	49963	67400	85494	96409	119690
381	发电集控值班员	58133	61500	81030	119529	133011
382	锅炉操作工	40426	58683	70103	90598	108992
383	供热管网系统运行工	58468	61564	67655	75482	81288

续表

序号	职业细类名称	分位值（单位：元/年）				
		10%	25%	50%	75%	90%
384	燃气储运工	58560	62774	94421	101731	108151
385	工业废气治理工	87749	93096	97767	117501	129046
386	工业废水处理工	56788	62052	70071	81474	98156
387	石工	28804	30667	32556	37800	40128
388	筑路工	61955	65884	80000	95375	118295
389	公路养护工	69525	83575	99245	108809	115609
390	管道工	65553	71565	80000	119995	131676
391	机械设备安装工	57556	66250	75918	93991	104940
392	电气设备安装工	54132	61278	74505	88695	100850
393	制冷空调系统安装维修工	54034	60018	77868	121170	143477
394	装饰装修工	35275	39600	48000	52548	66137
395	建筑门窗幕墙安装工	41837	44749	47600	73436	93912
396	古建筑工	75602	80205	85500	91131	97048
397	装配式建筑施工员	33320	36000	39622	42364	78931
398	专用车辆驾驶员	50740	66504	77630	94784	118696
399	起重装卸机械操作工	55055	65067	83137	98018	105097
400	输送机操作工	58982	65364	73080	77643	81720
401	设备点检员	52112	70586	79392	94117	119901
402	机修钳工	58014	64497	72600	85463	106233
403	电工	52443	62303	76111	89523	107736
404	仪器仪表维修工	62726	66758	71651	91174	119638
405	锅炉设备检修工	77666	89799	100085	111261	132103
406	变电设备检修工	66403	72832	80335	105541	111123
407	工程机械维修工	55707	77280	86466	100982	117198
408	化学检验员	54000	60683	73615	96218	112654
409	物理性能检验员	58347	62247	68152	75098	81719
410	无损检测员	67799	71953	76391	80988	86463
411	质检员	45088	54478	66203	78310	93241
412	试验员	45443	51197	59755	73650	83814
413	称重计量工	39720	48000	54000	66300	88265
414	包装工	45801	50805	61851	73600	84922
415	安全员	43686	52901	66000	86733	111789
416	其他生产辅助人员	39087	48393	61626	74776	91697

二、部分技术工人职业（工种）分等级工资价位

序号	职业细类及岗位等级	分位值（单位：元/年）				
		10%	25%	50%	75%	90%
1	焊工	59400	67699	84594	104618	125067
2	技师	62290	71575	87049	102524	111808
3	高级技能	70322	85302	92247	119771	128924
4	中级技能	68629	79258	83863	93785	108099
5	初级技能	63616	73032	79833	86714	93477
6	电工	52443	62303	76111	89523	107736
7	高级技师	77976	87600	99746	113630	155414
8	技师	68240	76880	89912	102959	110735
9	高级技能	57236	65746	84465	101620	107736
10	中级技能	57450	68544	85448	94009	115673
11	初级技能	48759	56525	67221	82899	97186
12	制冷空调系统安装维修工	54034	60018	77868	121170	143477
13	防水工	70899	75269	80000	85512	91090
14	初级技能	50480	53506	57148	65000	70561
15	砌筑工	40787	64122	69015	72593	76986
16	高级技师	64408	67794	72000	76056	81337
17	高级技能	62551	66935	71465	76363	81152
18	中级技能	59605	65920	69507	72190	88244
19	初级技能	57587	61511	65646	74580	80315
20	混凝土工	34516	61295	64933	70000	74273
21	中级技能	48885	52948	56400	60336	64289
22	初级技能	45919	55000	63000	70174	74861
23	钢筋工	33329	37800	60728	70000	74623
24	初级技能	39616	42150	49200	62250	70822
25	架子工	34744	38350	42521	60000	67112
26	初级技能	45573	55766	59148	73000	80611
27	锅炉操作工	40632	58683	70103	90598	108992
28	高级技能	41455	44158	66787	70225	86401
29	中级技能	41199	43800	63665	67695	75622
30	初级技能	36000	50036	61158	68736	102780
31	机床装修维修工	58667	72682	84812	112578	141392
32	高级技能	74607	79445	84812	93195	108284
33	初级技能	66040	70187	75044	89497	106357
34	铸造工	66433	82861	88120	105962	112009

续表

序号	职业细类及岗位等级	分位值（单位：元/年）				
		10%	25%	50%	75%	90%
35	锻造工	52357	55500	65251	70706	82438
36	技师	66346	70369	76065	81761	86516
37	中级技能	57464	61481	65251	69117	73823
38	金属热处理工	52613	56220	63004	81664	96339
39	技师	62885	66100	72843	77812	89270
40	高级技能	75088	79914	95213	108001	115472
41	中级技能	55716	59154	63004	67044	74201
42	初级技能	65195	69286	74252	83622	88785
43	车工	42125	57600	74319	84243	95346
44	技师	71037	76359	82254	87044	92552
45	高级技能	60620	76301	80872	92155	92939
46	中级技能	57502	71763	76796	82556	86787
47	初级技能	51509	65280	69620	81847	87077
48	铣工	56530	68270	76613	84595	90031
49	高级技能	71882	77740	82787	87832	92994
50	中级技能	45907	63743	68873	77415	84876
51	初级技能	48291	71671	76609	83132	88132
52	钳工	57626	64594	72529	85855	102762
53	高级技师	81699	94648	103514	112380	120134
54	技师	72526	85570	91291	104713	119159
55	高级技能	51988	64201	72000	85542	91459
56	中级技能	62968	66898	77892	86561	100358
57	初级技能	57369	65769	73900	84533	93284
58	磨工	61703	72605	80471	87155	95805
59	技师	76425	81341	85958	90772	96790
60	高级技能	77595	81543	86002	92026	97643
61	中级技能	69524	73011	78933	83879	89446
62	初级技能	69289	75467	79498	86326	92261
63	电切削工	56671	68888	73360	78468	83937
64	高级技能	67369	71424	75918	80839	84953
65	手工木工	51853	58412	67306	73000	76805
66	技师	53331	56447	60000	63326	67587
67	高级技能	57717	64139	67856	75723	82422
68	初级技能	46192	49377	52414	55549	59075
69	汽车维修工	42053	56607	78496	93136	107426
70	高级技师	67735	74282	109708	117297	142489

续表

序号	职业细类及岗位等级	分位值（单位：元/年）				
		10%	25%	50%	75%	90%
71	技师	52126	65951	76412	96231	111550
72	高级技能	45007	71452	86745	95831	104645
73	中级技能	48000	62316	79977	90769	103810
74	初级技能	43014	52540	74305	85365	96196
75	美发师	37345	39412	41585	44332	47015
76	育婴员	35525	37852	40000	42672	45236
77	保安员	30307	33792	40115	48240	58019
78	技师	54501	72091	76324	81906	88732
79	高级技能	34916	39400	43259	45546	57600
80	中级技能	33242	35200	39774	43762	49117
81	初级技能	31788	33840	40163	48240	53388
82	智能楼宇管理员	42297	45229	48037	50753	53421
83	劳动关系协调员	24793	26390	28081	47505	59159
84	中级技能	59115	62596	66929	71420	76310
85	企业人力咨询管理师	50130	53245	72916	102484	173374
86	中式烹调师	41439	45674	53725	67534	84540
87	高级技师	85070	91571	96439	110689	118321
88	技师	37817	41763	53851	57569	82580
89	高级技能	49752	52980	58260	75982	95067
90	中级技能	35426	39926	59311	69774	76933
91	初级技能	45291	49688	62596	72367	82996
92	中式面点师	35500	37601	45433	48482	70072
93	高级技能	42949	45678	51612	55156	63417
94	中级技能	50037	53382	71804	85854	91171
95	初级技能	37161	39212	42892	45739	48622
96	西式烹调师	42116	44320	48045	54000	71966
97	西式面点师	38088	40916	49008	52407	75614
98	电梯安装维修工	46873	49599	53496	57585	61222
99	养老护理员	55676	63534	69828	74616	79487

2021年绍兴市人力资源市场工资指导价位

一、管理职能类、专业技术类、职业技能类职业（工种）工资价位

1.管理职能类职业（工种）工资价位

序号	职位名称	单位：元/年（人民币）					
		低位数	较低位数	中位数	平均数	较高位数	高位数
1	企业董事	81642	120082	184390	284518	331156	621833
2	企业总经理	77116	117909	193383	261858	310000	544467
3	国有企业中国共产党组织负责人	75167	145752	210786	242858	327265	391212
4	生产经营部门经理	65393	87293	129124	140309	190140	308823
5	财务部门经理	65082	85586	124929	154692	179329	318069
6	行政部门经理	66333	81500	126825	143151	172137	270085
7	人事部门经理	59352	86259	115617	146728	167177	278362
8	销售和营销部门经理	64072	85942	139129	161131	223913	323594
9	广告和公关部门经理	60635	88589	116526	119136	151164	188335
10	采购部门经理	60712	76079	119272	120730	149196	181326
11	计算机服务部门经理	72474	112595	165038	175574	205699	282029
12	研究和开发部门经理	69152	107632	160368	194886	257903	390138
13	餐厅部门经理	56767	67180	87285	99386	119694	187103
14	客房部门经理	63573	72490	90212	95910	111600	160033
15	其他职能部门经理	64325	84132	129609	162095	186230	376218
16	其他企业中高级管理人员	65741	81280	117060	165981	192312	339540
17	行政办事员	45000	54000	71621	80864	94327	122782
18	机要员	57490	67000	78332	93304	111955	137233
19	秘书	42000	53400	63402	73663	82303	137844
20	公关员	42581	55444	70178	79617	120602	160197
21	收发员	39298	45338	51326	57175	67200	82056
22	打字员	36150	44589	49469	58543	64200	85655
23	制图员	43430	53849	66082	64736	75326	85680

续表

序号	职位名称	单位：元/年（人民币）					
		低位数	较低位数	中位数	平均数	较高位数	高位数
24	后勤管理员	34201	41500	52520	58778	68630	88000
25	其他办事人员	44031	52979	79834	86152	101130	144217
26	保卫管理员	34346	41640	49600	52144	62747	72000
27	消防员	43638	51441	69376	70205	74230	85238
28	消防安全管理员	41390	55110	62996	68129	71659	110942
29	消防监督检查员	57609	61503	66028	70134	74556	82028
30	应急救援员	36008	40175	45849	46071	49727	52006
31	其他安全和消防人员	36272	42994	51906	59991	73797	96000

2.专业技术类职业（工种）工资价位

序号	职位名称	单位：元/年（人民币）					
		低位数	较低位数	中位数	平均数	较高位数	高位数
1	医学研究人员	70538	75265	98612	94115	109255	149677
2	管理学研究人员	42020	48201	63707	86350	100175	171087
3	工程测量工程技术人员	46885	55355	67200	78253	100510	126005
4	化工实验工程技术人员	64863	75242	99055	111039	121573	157600
5	化工设计工程技术人员	71372	75787	109000	123349	133412	151582
6	化工生产工程技术人员	65470	81441	91600	108565	113688	141521
7	机械设计工程技术人员	57365	63164	85321	98947	120000	161746
8	机械制造工程技术人员	51219	64555	75778	86218	100000	136378
9	仪器仪表工程技术人员	62744	65768	78453	89419	104121	144951
10	设备工程技术人员	57725	67017	87611	89387	116226	126052
11	模具设计工程技术人员	50648	54409	79950	89168	107165	136395
12	自动控制工程技术人员	34055	47615	50138	66014	76607	109026
13	材料成形与改性工程技术人员	52896	69500	86218	87557	112805	179988
14	焊接工程技术人员	64836	80310	90445	84521	95562	98625
15	特种设备管理和应用工程技术人员	55177	56148	62714	66099	69312	79319
16	电子材料工程技术人员	61141	75744	91422	88490	117278	147008
17	电子元器件工程技术人员	42591	46000	58702	72547	87319	147623
18	电子仪器与电子测量工程技术人员	49600	57934	68600	68144	75290	81587
19	通信工程技术人员	79587	98195	124663	136223	187884	235029
20	计算机硬件工程技术人员	47575	58230	77199	91851	124838	129651
21	计算机软件工程技术人员	61454	75200	96470	93699	101966	132425
22	计算机网络工程技术人员	61418	77933	95699	103660	122329	159240

续表

序号	职位名称	单位：元/年（人民币）					
		低位数	较低位数	中位数	平均数	较高位数	高位数
23	信息安全工程技术人员	77307	107294	126180	118522	153339	170134
24	信息系统运行维护工程技术人员	59743	76427	91522	133406	155043	224414
25	电工电器工程技术人员	51736	67053	87220	90014	112158	125535
26	发电工程技术人员	89207	93469	100490	110211	116442	133630
27	供用电工程技术人员	54824	63534	70989	72477	87484	104265
28	变电工程技术人员	85736	93818	102540	106182	120913	143251
29	电力工程安装工程技术人员	65580	100093	120094	110997	128450	139149
30	广播电视传输覆盖工程技术人员	79984	88844	93352	112379	142012	187718
31	建筑和市政设计工程技术人员	54401	63000	81617	87955	95857	142498
32	土木建筑工程技术人员	51069	61823	79520	80766	96070	148120
33	风景园林工程技术人员	52360	65000	70000	73725	78400	98400
34	供水排水工程技术人员	75000	87056	95630	99006	106860	158804
35	道路与桥梁工程技术人员	53605	55981	66591	74898	85296	125000
36	水利水电建筑工程技术人员	46000	57323	81640	84233	89729	131231
37	非金属矿及制品工程技术人员	59030	64441	76846	79915	104963	138328
38	园林绿化工程技术人员	78400	91536	110000	115488	145238	159012
39	纺织工程技术人员	50871	59194	70401	69897	82937	97815
40	染整工程技术人员	45223	48291	57019	64471	68217	114563
41	服装工程技术人员	45642	56988	64190	65229	95877	111999
42	食品工程技术人员	59020	71074	102940	112847	140449	223893
43	环境污染防治工程技术人员	53036	70277	90136	95567	108721	119576
44	安全生产管理工程技术人员	62612	67200	89021	91312	110282	156589
45	标准化工程技术人员	48076	53728	65371	82862	85126	103605
46	计量工程技术人员	51300	60020	73543	83156	101110	108557
47	质量管理工程技术人员	52450	63113	80000	78868	88140	108896
48	质量认证认可工程技术人员	74317	79935	86036	91493	99329	115268
49	工业工程技术人员	64214	80250	94446	93569	108986	125270
50	项目管理工程技术人员	45121	58614	74961	81047	101228	145139
51	监理工程技术人员	44716	50400	58880	68276	73799	116865
52	工程造价工程技术人员	56236	67498	90000	96963	111764	138527
53	产品质量检验工程技术人员	42566	48337	66280	71690	87900	105679
54	制药工程技术人员	59488	63227	78667	77512	79976	99594
55	产品设计工程技术人员	48996	59667	82524	96647	126548	160184
56	塑料加工工程技术人员	63323	74002	82558	88717	99512	117343
57	农业技术指导人员	46502	54009	72250	78790	93750	102834
58	植物保护技术人员	51122	55639	66003	62889	69068	81604

续表

序号	职位名称	单位：元/年（人民币）					
		低位数	较低位数	中位数	平均数	较高位数	高位数
59	园艺技术人员	45342	51070	55635	59491	67554	82564
60	内科医师	80726	98888	136544	139323	161362	202256
61	外科医师	71298	99608	139902	149232	188175	255378
62	口腔科医师	94699	118762	135076	137211	176998	215627
63	麻醉科医师	69554	83652	97529	107695	127336	149138
64	放射科医师	97608	124500	150671	141021	167121	208890
65	中医内科医师	72531	110874	135012	135146	152013	180059
66	中医推拿医师	68576	87273	134236	129161	160621	188974
67	中西医结合内科医师	90371	125416	132025	144970	170440	197261
68	药师	33108	39036	44068	48875	61623	79341
69	中药师	33921	40328	45794	54724	76275	91762
70	影像技师	46625	58351	75096	78738	108068	189675
71	临床检验技师	47329	51855	67822	79032	87214	138934
72	康复技师	59993	65152	85655	86505	107823	113593
73	内科护士	64086	72882	83774	91264	98109	136368
74	急诊护士	64108	77517	91429	103521	144660	147281
75	外科护士	49040	61876	71431	80445	83674	97633
76	其他卫生专业技术人员	50986	65275	102201	110132	137605	206895
77	经济规划专业人员	74425	104130	125766	131135	152699	200122
78	价格专业人员	63151	68226	70818	80465	99901	104640
79	统计专业人员	41715	46250	57124	58078	66067	88772
80	会计专业人员	45634	52739	67993	79009	92052	157839
81	审计专业人员	54473	74157	110019	119508	167828	219747
82	税务专业人员	38079	61074	87160	86457	104410	110442
83	国际商务专业人员	56348	61410	79895	93197	114768	153004
84	市场营销专业人员	45080	59319	80000	99454	111589	144735
85	商务策划专业人员	46106	61533	70252	77388	87252	91242
86	房地产开发专业人员	114360	126825	274202	290433	370790	441916
87	物业经营管理专业人员	60331	68845	84907	83306	100400	101900
88	报关专业人员	50612	52164	62992	64353	67588	74041
89	人力资源管理专业人员	52617	60487	74258	93249	104772	176834
90	人力资源服务专业人员	46172	48716	64958	64193	104640	182136
91	银行外汇市场业务专业人员	128752	148592	168180	191814	208009	260134
92	银行清算专业人员	120837	131879	162571	161080	169771	177756
93	信贷审核专业人员	126335	144292	189247	209259	236626	271511
94	保险核保专业人员	64146	79481	97340	105359	123083	156394

续表

序号	职位名称	单位：元/年（人民币）					
		低位数	较低位数	中位数	平均数	较高位数	高位数
95	保险理赔专业人员	69945	84042	101435	110431	123481	138405
96	专利管理专业人员	77801	96057	108448	115213	132144	168018
97	其他经济和金融专业人员	85862	108509	139970	160655	170880	319522
98	法律顾问	55365	69205	89825	93506	106200	146601
99	视觉传达设计人员	48263	54209	67566	73106	90006	100911
100	其他文学艺术、体育专业人员	65090	66217	79720	74764	94304	95031
101	文字编辑	76480	85154	100066	104566	136874	165958
102	网络编辑	60464	93865	115151	108986	126354	148354
103	档案专业人员	53969	63950	73759	73066	87151	119501
104	其他新闻出版、文化专业人员	61373	69832	84536	90132	102747	124589
105	其他专业技术人员	44027	53896	67238	72689	76092	98201

3.职业技能类职业（工种）工资价位

序号	职位名称	单位：元/年（人民币）					
		低位数	较低位数	中位数	平均数	较高位数	高位数
1	采购员	45458	51026	66257	68682	80000	100000
2	营销员	32417	48400	67996	80830	94057	134871
3	电子商务师	43811	50241	65814	62893	71276	85743
4	商品营业员	32394	35582	44260	48802	52505	67672
5	收银员	32080	36746	44106	44848	50595	58847
6	医药商品购销员	48905	55809	63475	66885	74013	91760
7	其他批发与零售服务人员	43236	44362	50495	54477	74092	128762
8	道路客运汽车驾驶员	70377	81684	95378	90948	100000	105844
9	道路货运汽车驾驶员	53474	61791	70475	70823	84499	90650
10	道路客运服务员	35572	37277	44505	47638	54273	57485
11	道路运输调度员	46399	52866	60231	61163	66527	82290
12	装卸搬运工	46609	53883	64614	65007	78007	90394
13	运输代理服务员	52454	62558	72416	70592	72543	75996
14	仓储管理员	39054	42964	54422	55159	67413	79520
15	理货员	32332	36000	42005	47679	52248	62562
16	物流服务师	44902	56704	67278	72343	84274	100632
17	其他交通运输、仓储和邮政业服务人员	42416	54244	73763	67345	83024	85310
18	前厅服务员	38262	39018	44400	46590	53834	60794
19	客房服务员	31386	36393	42353	43791	49855	59893

续表

序号	职位名称	单位：元/年（人民币）					
		低位数	较低位数	中位数	平均数	较高位数	高位数
20	旅店服务员	39328	40625	41358	44777	47774	48830
21	中式烹调师	35336	42163	56974	60464	72430	88281
22	中式面点师	37699	40800	52100	56041	65350	88736
23	西式烹调师	41164	45704	59921	62201	71616	77886
24	西式面点师	37140	40371	49542	50814	58794	71500
25	餐厅服务员	31386	37870	44290	46932	52876	62859
26	营养配餐员	36058	39723	42959	46089	50615	62530
27	食品安全管理师	35722	39391	43874	47128	47983	52235
28	其他住宿和餐饮服务人员	31937	34880	42241	46110	55328	70238
29	信息通信网络运行管理员	49983	52758	66084	66245	74835	90762
30	网络与信息安全管理员	60243	65362	77124	81403	91979	111159
31	计算机程序设计员	109628	162715	191286	192919	212054	269168
32	呼叫中心服务员	72709	78074	83732	88127	105138	112979
33	其他信息传输、软件和信息技术服务人员	48582	55917	73730	70279	84615	96031
34	银行综合柜员	68895	96858	121498	129440	166504	172200
35	银行信贷员	116550	140027	176152	178364	219150	259865
36	银行客户业务员	93907	105703	142011	159116	189010	232456
37	保险代理人	65198	84381	123816	133453	184559	240765
38	其他金融服务人员	88400	89484	125302	139698	168486	185143
39	物业管理员	32955	38600	42495	43354	46119	55233
40	房地产经纪人	27000	32000	42000	44862	57000	58200
41	其他房地产服务人员	65729	83720	100456	106226	134439	219762
42	租赁业务员	49016	54269	57794	56285	59449	64532
43	客户服务管理员	40072	47853	62315	60951	76002	84886
44	职业培训师	48513	52435	58997	67173	76182	95705
45	保安员	34997	40656	59596	54346	66479	70511
46	消防设施操作员	33359	34775	38762	39259	43472	48450
47	市场管理员	39000	41000	48290	54455	59723	70096
48	其他租赁和商务服务人员	40320	46800	52320	62221	68533	136802
49	农产品食品检验员	40800	44762	48300	51397	56364	73132
50	机动车检测工	51392	56936	75910	75995	97428	100042
51	计量员	42531	51918	68295	80184	100974	111485
52	纺织面料设计师	65018	69525	75830	82757	96000	148253
53	广告设计师	49623	54602	62169	63128	68072	78900
54	包装设计师	60120	63760	80082	96983	113652	176197

续表

序号	职位名称	单位：元/年（人民币）					
		低位数	较低位数	中位数	平均数	较高位数	高位数
55	家具设计师	69371	84673	107520	128300	184942	204874
56	其他技术辅助服务人员	46115	54176	73128	71729	93186	103659
57	污水处理工	45851	48758	53287	55846	65519	69302
58	保洁员	30851	35421	37838	37552	44432	54008
59	生活垃圾清运工	33767	35889	37555	39113	45752	48000
60	园林绿化工	43059	45066	47755	45314	48189	49623
61	其他水利、环境和公共设施管理服务人员	60000	67636	78893	74085	80335	85105
62	养老护理员	42377	50778	61714	63942	69180	69600
63	其他居民服务人员	33985	38147	40880	41178	45220	51322
64	供电服务员	73020	75630	79027	80505	83917	85189
65	燃气燃煤供应服务员	49044	57814	67716	71295	82190	86970
66	其他电力、燃气及水供应服务人员	73700	88862	103505	102342	108518	112760
67	汽车维修工	46849	66724	87691	94566	122047	150218
68	计算机维修工	56025	60797	65384	68660	71188	73878
69	办公设备维修工	27428	34180	46024	48926	56251	74450
70	其他修理及制作服务人员	45360	56285	65487	71942	80911	108956
71	电影放映员	51453	56371	59626	61468	66447	76014
72	体育场馆管理员	45452	46120	58699	56055	64466	67103
73	电子竞技员	54579	67166	80225	93660	95227	118886
74	其他健康服务人员	34222	36612	47179	46129	50527	72889
75	无人机驾驶员	38838	42466	44059	45832	50121	52322
76	农艺工	38698	44056	46369	54807	60896	64853
77	家畜饲养员	32000	38075	44720	45370	58042	70800
78	其他农林牧渔业生产辅助人员	28988	31659	46632	48655	57831	71106
79	其他农、林、牧、渔业生产加工人员	49602	52771	53609	54115	56287	59114
80	罐头食品加工工	56586	58780	68481	66090	73993	78875
81	黄酒酿造工	45505	46948	51606	55594	62507	75029
82	茶叶加工工	41789	50000	51040	48235	51500	53500
83	其他食品、饮料生产加工人员	43283	44571	52959	51445	54140	66464
84	开清棉工	56167	58580	63746	63581	66629	72053
85	纺织纤维梳理工	53086	57429	62440	61597	67985	72918
86	并条工	54253	58438	65768	67048	72536	78652
87	粗纱工	53843	61749	63762	69555	78943	85116
88	纺纱工	44592	49821	59023	58047	70300	80395
89	整经工	40393	46147	51204	52247	60212	76717

续表

序号	职位名称	单位：元/年（人民币）					
		低位数	较低位数	中位数	平均数	较高位数	高位数
90	织布工	44426	53451	58954	65765	72301	85534
91	纬编工	51995	58138	66858	65623	74117	78291
92	经编工	50025	50125	51385	53710	62974	63733
93	横机工	48223	50701	54520	55514	61624	64466
94	非织造布制造工	49195	52634	59399	62630	69199	84000
95	印染前处理工	40806	44251	59068	58452	65650	72244
96	纺织染色工	42774	47193	61292	65651	74450	90432
97	印花工	45204	54048	60778	69744	79213	98058
98	纺织印花制版工	43000	51364	62935	69471	82109	94012
99	印染后整理工	43365	49640	58195	63287	73712	80295
100	印染染化料配制工	43000	52733	68226	72914	75859	106000
101	工艺染织品制作工	41203	52547	59340	60028	65074	76908
102	其他纺织、针织、印染人员	42841	46706	51301	59371	62444	77619
103	服装制版师	44214	56708	65670	65766	77977	88508
104	裁剪工	41278	46126	53423	56354	68948	76128
105	缝纫工	41079	45640	51978	56759	68247	72750
106	缝纫品整形工	37668	43168	47690	47412	54381	57862
107	其他纺织品、服装和皮革、毛皮制品加工制作人员	40024	43838	52509	54243	62833	71764
108	机械木工	64615	72006	83696	82344	89409	91156
109	家具制作工	60792	62589	72740	79065	83619	107028
110	其他木材加工、家具与木制品制作人员	57375	65130	76368	77599	87612	97060
111	纸箱纸盒制作工	32975	34539	41942	40288	43544	46480
112	其他纸及纸制品生产加工人员	45451	47546	50392	53360	55801	62575
113	印前处理和制作员	50736	71858	83348	85475	100546	116549
114	印刷操作员	42947	47477	54734	58950	62667	82513
115	印后制作员	49110	56264	59504	61611	67071	75683
116	化工原料准备工	53067	58140	61010	59841	64096	67354
117	化工单元操作工	60560	68320	78945	87783	96072	114059
118	化工总控工	71923	81016	93904	91226	102681	119599
119	工业清洗工	63896	67105	75042	74840	89010	92111
120	农药生产工	48684	51797	53520	56440	60726	92850
121	印染助剂生产工	48961	49661	59300	56038	59413	67800
122	其他化学原料和化学制品制造人员	63284	66520	72185	73095	76103	81810
123	化学合成制药工	54405	62372	65698	67879	71416	81526
124	中药炮制工	56250	59787	75579	74250	77255	81907

续表

序号	职位名称	单位：元/年（人民币）					
		低位数	较低位数	中位数	平均数	较高位数	高位数
125	药物制剂工	45769	54500	59871	62006	68137	83563
126	发酵工程制药工	54261	59089	64635	65839	69900	78368
127	其他医药制造人员	37529	41953	54813	58031	59636	72104
128	化纤聚合工	63352	65086	67021	67417	75000	78521
129	纺丝工	62060	64135	73567	71304	80267	82427
130	化纤后处理工	53186	55875	57329	58308	59463	64836
131	其他化学纤维制造人员	50290	53415	61144	61940	74541	78137
132	橡胶制品生产工	47336	48307	53103	54322	58024	73695
133	塑料制品成型制作工	47740	54953	62609	65252	76046	85143
134	其他橡胶和塑料制品制造人员	56444	61394	72094	66260	74006	76715
135	水泥生产工	41001	46027	53126	60806	70231	97997
136	预拌混凝土生产工	40207	41674	52572	54436	56849	62515
137	其他非金属矿物制品制造人员	50351	59220	62700	62430	76189	93500
138	金属轧制工	58634	68600	77837	80007	85542	109383
139	金属材酸碱洗工	91003	95025	100877	104516	111411	119825
140	金属材涂层机组操作工	52620	88326	93777	94127	98754	107598
141	金属材丝拉拔工	61408	67156	81418	83188	87700	97002
142	金属挤压工	44151	48258	61044	64097	71609	85921
143	其他金属冶炼和压延加工人员	46542	53005	62865	66498	75869	86535
144	车工	46473	52733	64501	66528	76023	90000
145	铣工	45779	52623	67707	72127	79340	101940
146	刨插工	50738	51348	59677	59750	70135	85232
147	磨工	50046	57128	66426	67915	76874	90000
148	镗工	45312	63871	93110	87878	99670	130712
149	钻床工	46006	54246	69846	70021	83670	95667
150	多工序数控机床操作调整工	47927	58884	69819	72464	83145	97184
151	电切削工	48998	50729	53866	56406	64359	67024
152	拉床工	45741	47592	64000	60223	75277	89137
153	下料工	56249	64773	77629	84356	101425	107247
154	铆工	50177	59484	66204	62952	77466	89001
155	冲压工	50335	53388	64619	69969	75347	98076
156	铸造工	50855	52458	69467	75110	78951	104537
157	锻造工	49753	52613	60178	63284	69893	81986
158	金属热处理工	52758	61344	71306	66977	78682	90029
159	焊工	51284	63422	75854	81369	90001	101866
160	机械加工材料切割工	46985	57905	65972	65260	70667	89206

续表

序号	职位名称	单位：元/年（人民币）					
		低位数	较低位数	中位数	平均数	较高位数	高位数
161	镀膜工	59258	62848	72756	74424	79389	82842
162	涂装工	50004	61972	74761	72667	83305	101733
163	喷涂喷焊工	49000	53600	60648	61922	76489	109873
164	模具工	47421	53000	65334	70411	77800	103991
165	模型制作工	56625	59178	68401	66189	73613	77777
166	磨具制造工	54534	58464	69767	77986	81777	94304
167	工具钳工	48960	54373	67865	71832	94183	111199
168	其他机械制造基础加工人员	42273	53410	59013	60181	69650	81638
169	工具五金制作工	78361	91831	97902	95901	106592	112980
170	建筑五金制品制作工	47603	73667	88723	84830	101253	116483
171	金属炊具及器皿制作工	45591	49743	53129	50835	60000	61908
172	日用五金制品制作工	43441	49088	53448	60217	68982	75846
173	其他金属制品制造人员	44887	51093	60594	62682	72243	82120
174	装配钳工	46394	61095	73688	75964	84100	97967
175	轴承制造工	43934	49653	57435	58044	64983	73503
176	锅炉设备制造工	63148	74016	84845	84095	93099	100651
177	机床装调维修工	60067	65503	72000	78080	92233	108067
178	其他通用设备制造人员	47632	54098	66063	68030	83444	113402
179	焊接材料制造工	46177	63363	69600	64214	71565	76307
180	真空设备装配调试工	42319	45059	48600	48928	49905	52186
181	制冷空调设备装配工	56626	63334	76089	76773	88091	91367
182	阀门装配调试工	38020	47957	60745	60092	70009	76844
183	缝制机械装配调试工	48010	54232	59720	59454	63614	68806
184	其他专用设备制造人员	44125	50000	67256	66495	80000	91807
185	汽车生产线操作工	44076	51616	74399	67215	80600	82133
186	汽车零部件再制造工	43633	47018	58939	59212	71238	78646
187	电机制造工	50594	56877	59475	59239	62490	67184
188	电力电容器及其装置制造工	53615	55082	60100	60808	63600	66285
189	电线电缆制造工	47482	67180	75514	75529	76569	83569
190	小型家用电器制造工	43609	50466	50789	52653	54202	56695
191	灯具制造工	38294	44377	54235	53866	70847	73999
192	电声器件制造工	38334	40497	45290	46241	47012	50059
193	半导体分立器件和集成电路装调工	44659	48978	51487	53438	58288	63471
194	仪器仪表制造工	46797	50450	64427	66751	70945	75098
195	废旧物资加工处理工	56947	64604	73416	76182	85698	99381
196	锅炉运行值班员	75436	78925	87889	89413	100150	120069

续表

序号	职位名称	单位：元/年（人民币）					
		低位数	较低位数	中位数	平均数	较高位数	高位数
197	燃料值班员	68561	73170	76147	85092	88603	115021
198	汽轮机运行值班员	68585	71030	82779	82003	98150	104350
199	电气值班员	57622	79792	83030	86522	93617	101830
200	锅炉操作工	58272	66388	70500	72615	79640	91122
201	变配电运行值班员	61552	63611	70999	73874	78606	90429
202	工业废气治理工	60182	73450	87413	88581	94587	104408
203	水生产处理工	58968	71051	90091	85606	96200	97100
204	工业废水处理工	54984	60096	63396	63809	72896	88211
205	其他电力、热力、气体、水生产和输配人员	66098	70857	85067	88939	92103	95899
206	砌筑工	63282	65000	71200	68376	75000	85000
207	石工	64675	71503	73259	73121	79625	82159
208	混凝土工	68185	73162	84747	78458	85592	88162
209	钢筋工	71219	73111	82501	79408	91772	95182
210	架子工	61880	70520	75000	76138	85000	95603
211	公路养护工	40700	45982	51511	56681	58765	66229
212	电力电缆安装运维工	63117	67796	75082	74782	89528	92568
213	管道工	53489	59514	62195	62367	76828	79985
214	机械设备安装工	45453	55606	78258	72353	92851	105582
215	电气设备安装工	85659	88704	94486	90209	99714	106528
216	管工	58655	62385	68413	65114	71529	79122
217	制冷空调系统安装维修工	51365	69289	89904	83569	98620	111374
218	装饰装修工	46240	52917	70298	75689	76602	93786
219	建筑门窗幕墙安装工	69867	76236	78159	79869	81838	85228
220	装配式建筑施工员	63936	64908	65821	65692	69801	76629
221	专用车辆驾驶员	48878	53674	64194	69405	80025	99452
222	起重装卸机械操作工	54645	60409	66529	69318	81883	84525
223	起重工	52373	64041	71285	65299	75000	77101
224	输送机操作工	53797	60878	67862	63908	78623	95026
225	挖掘铲运和桩工机械司机	64907	65000	75000	80141	82003	89506
226	工业机器人系统操作员	55861	60430	73079	70937	84359	90538
227	设备点检员	47619	51840	62112	69279	77562	98471
228	机修钳工	51806	59665	63714	67734	78258	94897
229	电工	49925	56393	68000	72476	84019	103020
230	仪器仪表维修工	54421	60319	73941	78164	95741	106503
231	锅炉设备检修工	62385	64680	77474	81989	88591	103596

续表

序号	职位名称	单位：元/年（人民币）					
		低位数	较低位数	中位数	平均数	较高位数	高位数
232	汽机和水轮机检修工	73021	81648	84204	88884	94086	116928
233	发电机检修工	64228	75675	95118	107979	123495	128987
234	变电设备检修工	75578	81461	103165	89713	106472	113216
235	工程机械维修工	47991	49725	59527	64426	75646	90280
236	化学检验员	47915	57818	66782	69447	77433	93994
237	物理性能检验员	42765	50681	51629	59977	63539	75698
238	生化检验员	38787	47259	63909	63326	75060	89964
239	无损检测员	48806	53919	66663	67053	76584	84252
240	质检员	44348	53944	57058	61164	68659	83526
241	试验员	43078	48646	59203	64078	71158	92680
242	称重计量工	37028	48757	61965	61634	72443	79138
243	包装工	43424	44957	53953	56705	65828	81089
244	安全员	51479	64249	72000	82150	98000	131259
245	其他生产辅助人员	46058	53858	59293	61333	73660	87952
246	其他生产制造及有关人员	42711	47464	59358	57259	71016	94187

二、部分技术工人职业（工种）分等级工资价位

职位名称	技能等级	单位：元/年（人民币）					
		低位数	较低位数	中位数	平均数	较高位数	高位数
焊工	初级技能	47908	61380	68987	63986	73037	90153
	中级技能	60258	69334	76628	75692	91060	106019
	高级技能	67617	74133	88150	90845	111065	112869
	技师	70290	84787	100852	101903	116287	129870
	高级技师	94098	107765	135549	136596	156783	173908
电工	初级技能	46759	56058	67535	71204	74558	94308
	中级技能	56598	59706	72560	78708	90872	100876
	高级技能	58269	63547	74601	82433	93452	109769
	技师	64979	70071	79499	86080	104538	116758
	高级技师	66775	70926	79689	89019	118933	131506
制冷空调系统安装维修工	初级技能	60233	69028	80296	78060	98237	113218
	中级技能	68434	80527	88709	96236	99083	118796
	高级技能	74368	89709	97332	99632	108362	127785

续表

职位名称	技能等级	单位：元/年（人民币）					
		低位数	较低位数	中位数	平均数	较高位数	高位数
防水工	初级技能	44028	51496	54467	56713	61741	70589
	中级技能	54281	56219	60221	64834	67208	73426
	高级技能	60221	63469	68219	66981	77459	84809
	技师	64218	70213	76397	80227	90186	99217
砌筑工	初级技能	46578	62342	68750	67425	70181	75321
	中级技能	54897	66432	70980	69385	75043	87692
	高级技能	70223	76896	81910	82415	90607	97549
混凝土工	初级技能	36539	49455	68218	65547	69568	73436
	中级技能	74369	80764	83396	82102	88238	93452
	高级技能	77863	83682	87695	91608	94328	101764
	高级技师	84602	90118	109273	102376	120819	130762
钢筋工	初级技能	41234	56690	66548	67984	75423	81692
	中级技能	71236	78322	83006	83329	86549	90118
	高级技能	75811	80788	90126	87906	98637	102421
	技师	81123	88671	98765	96872	104582	107806
架子工	初级技能	39902	49807	62764	66922	69088	75698
	中级技能	62976	68629	75635	75857	90268	93472
	高级技能	82106	84653	89683	91002	100219	105438
锅炉操作工	初级技能	51466	61202	74771	75618	83683	97588
	中级技能	56656	70981	83462	80129	96098	106540
	高级技能	59228	75219	88062	88719	98736	110769
	技师	102539	117068	126289	126590	133987	140987
铸造工	初级技能	54215	60402	69250	69792	79089	85041
	中级技能	59549	65218	71029	72709	80969	87999
	高级技能	62449	68114	74881	77321	88934	94047
	技师	66212	72100	83547	83879	95692	102331
	高级技师	71332	78093	92651	97499	105579	116769
金属热处理工	初级技能	60998	65817	74175	73883	79021	99028
	中级技能	61742	69843	79684	82109	86540	104902
	高级技能	77520	80192	90183	96662	102065	112396
	技师	90638	94681	102558	99162	115190	125273
	高级技师	97668	105725	108115	116835	125078	137250

续表

职位名称	技能等级	单位：元/年（人民币）					
		低位数	较低位数	中位数	平均数	较高位数	高位数
车工	初级技能	45493	52576	61162	62415	70200	83921
	中级技能	48971	57512	67934	70242	79627	88658
	高级技能	51785	59601	71656	71044	82009	92213
	技师	59320	63966	79011	77970	84335	98176
	高级技师	70756	77985	88197	88908	96564	105428
铣工	初级技能	46098	54320	60605	60849	67211	69091
	中级技能	51742	61337	67200	71224	83776	92435
	高级技能	52020	64871	71192	74563	84410	94028
	技师	65598	74889	82551	81114	90106	96388
	高级技师	84813	93745	105428	108798	114978	120389
钳工	初级技能	48277	58412	73642	64424	75564	85219
	中级技能	58793	68689	74258	72136	83806	98078
	高级技能	63105	73083	78213	74870	86098	99052
	技师	65915	74171	89450	85792	94850	101469
	高级技师	78579	87589	99498	95693	106245	110289
磨工	初级技能	50503	55840	63223	65285	73338	79582
	中级技能	56079	62695	67944	69446	82039	85247
	高级技能	74174	78907	82192	82434	88053	92731
	技师	84602	90226	102338	103823	108742	110123
	高级技师	87674	92210	107978	104414	109359	126173
手工木工	初级技能	40531	44021	48700	45496	52383	55689
	中级技能	43171	44919	48958	50376	54999	57141
	高级技能	44506	47890	50507	53890	57482	59341
	技师	46219	52880	56840	55024	61884	69858
评茶员	初级技能	49712	54181	59697	61503	62404	71609
	中级技能	52263	54833	59764	63104	68463	72087
	高级技能	54387	60110	67282	64885	69781	75479
	技师	57777	61593	68767	70356	75838	79382
	高级技师	61225	64776	71405	75923	80424	81273
眼镜验光员	初级技能	45554	47849	51479	54875	65503	69874
	中级技能	52990	55807	64043	62634	72173	77387
	高级技能	53960	56600	64823	66911	73629	78955
	技师	57563	61076	65564	69425	76117	90115
	高级技师	61184	69603	72183	75512	82351	92136

续表

职位名称	技能等级	单位：元/年（人民币）					
		低位数	较低位数	中位数	平均数	较高位数	高位数
眼镜定配工	初级技能	35328	37291	39375	44047	46698	51832
	中级技能	38407	40435	47142	48102	54010	56787
	高级技能	40968	41861	47417	50201	55097	60737
	技师	42067	45595	50828	52234	61976	66686
汽车维修工	初级技能	51902	64129	80512	88411	92383	105987
	中级技能	57863	71274	84303	91445	99013	111833
	高级技能	60676	80510	98167	98875	117638	124869
	技师	84924	90834	101458	111389	122431	133710
	高级技师	95713	110287	118298	119869	123980	136531
美容师	初级技能	55338	60550	71855	65178	79006	87108
	中级技能	62071	69016	79181	70216	85217	93353
	高级技能	65594	74037	82000	80233	92392	95142
	技师	71329	78294	85493	83688	95512	99782
	高级技师	71713	82130	90017	84405	98950	106931
美发师	初级技能	42712	47390	52918	60720	69782	76821
	中级技能	49097	54711	61714	65608	74372	80711
	高级技能	51942	63522	72812	74016	87230	91990
	技师	53016	64225	74669	76908	91436	94018
	高级技师	56876	64293	85729	91643	102769	110943
育婴员	初级技能	42309	45218	53604	58212	65003	67910
	中级技能	47360	47965	55889	62261	68706	79201
	高级技能	53043	59453	63727	72658	81234	92544
保育员	初级技能	36495	44542	48641	50187	54078	63317
	中级技能	41510	46132	51456	52958	70478	76383
	高级技师	46002	48693	54687	62034	75003	80165
有害生物防剂员	初级技能	35989	38318	48569	50653	59605	69000
	中级技能	37030	44569	49153	53018	64987	72986
	高级技能	39269	46530	50368	57624	68515	81799
保安员	初级技能	38070	40021	46212	52284	57392	69192
	中级技能	44550	50098	67153	67260	71978	76782
	高级技能	50708	56553	72997	74040	78895	85996
	技师	54813	59704	76102	76005	80135	88769
劳动关系协调员	高级技能	48417	57631	73401	67117	107104	131113
	技师	51928	59206	75532	73288	119307	146730
	高级技师	55193	68706	81309	80593	129870	149802

续表

职位名称	技能等级	单位：元/年（人民币）					
		低位数	较低位数	中位数	平均数	较高位数	高位数
企业人力咨询管理师	没有取得专业技术职称	47776	52299	77658	85602	118760	133609
	初级职称	49282	67612	88706	98376	132543	154097
	中级职称	54394	70975	92007	102628	135720	164501
	高级职称	56749	78549	98760	108979	144769	171201
中央空调系统运行操作员	初级技能	39043	45033	46255	47472	53551	61946
	中级技能	43529	50612	52364	54366	57472	70968
中式烹调师	初级技能	38841	47595	54914	61086	65442	81123
	中级技能	55768	61129	66843	73563	73685	86783
	高级技能	59376	65266	80100	79446	81771	94546
	技师	60610	69865	85842	84567	89184	94573
	高级技师	70153	81575	90683	100945	113430	125684
中式面点师	初级技能	34179	36730	39480	46928	51076	65811
	中级技能	50636	55648	62515	64388	72043	76697
	高级技能	51985	60233	70794	66901	80944	84932
	技师	59684	68015	79598	74629	86605	89856
	高级技师	68742	78213	88672	87634	94864	99316
西式烹调师	初级技能	52137	53200	60196	62007	65350	72455
	中级技能	55328	58829	64163	70529	73077	79931
	高级技能	64576	69829	77973	87050	95248	97070
	技师	71901	78361	91846	96650	109425	128192
	高级技师	76345	83212	98646	105757	117326	135847
西式面点师	初级技能	37140	45242	51052	51232	58979	71209
	中级技能	53632	58119	61318	61432	68219	73096
	高级技能	57115	59798	64592	63832	73919	84868
	技师	65187	65693	72971	71108	83753	86338
	高级技师	67988	75331	80865	77091	85839	91329
茶艺师	初级技能	50098	52768	58510	60247	64622	69948
	中级技能	52270	55761	62338	65989	68923	74638
	高级技能	56233	60111	63462	67552	71838	82762
	技师	57552	64258	64383	68492	77831	88769
	高级技师	60509	67216	71779	75074	80507	90133
养老护理员	初级技能	58698	61466	66414	68401	69256	71238
	高级技能	69206	74080	79228	80096	82771	86119

续表

职位名称	技能等级	单位：元/年（人民币）					
		低位数	较低位数	中位数	平均数	较高位数	高位数
机床装修维修工	中级技能	55148	58858	66389	66221	74734	76700
	高级技能	59050	65446	75418	74418	81210	82712
	技师	66109	72219	84116	83542	92008	93853
	高级技师	75895	80933	91636	88405	105754	114403
锻造工	初级技能	59413	61975	63328	63334	69959	73414
	中级技能	62839	69067	73739	73005	81774	88186
	高级技能	72641	72850	78381	77857	82632	90523
	技师	74817	80144	82521	84503	90381	93415
	高级技师	82538	90111	91259	91197	101440	105155
电切削工	初级技能	50900	51413	53890	53086	56534	57736
	中级技能	76132	77585	85935	88181	99399	101349
	高级技能	80530	86774	88755	91039	102160	108546
制冷工	初级技能	61908	63692	66920	67735	68223	71720
	中级技能	64159	66174	71709	73265	78467	79611
	高级技能	65046	73065	77439	78502	86815	91170
	技师	72861	74946	87074	86731	93435	100438
智能楼宇管理员	中级技能	33844	39285	48178	48547	58439	61468
	高级技能	36764	42310	49929	52534	62205	65211
	技师	39212	44074	53271	54413	64445	67427

2021年金华市人力资源市场工资指导价位

一、分职业细类企业从业人员工资价位

序号	职业细类名称	分位值（单位：元/年）				
		10%	25%	50%	75%	90%
1	企业董事	53160	86014	122958	247500	428103
2	企业总经理	58534	88208	127387	279008	344045
3	生产经营部门经理	52151	68000	87246	127208	172566
4	财务部门经理	48000	60000	85455	130665	199546
5	行政部门经理	48150	64860	89642	130836	195206
6	人事部门经理	45774	57501	77055	123780	166621
7	销售和营销部门经理	45246	79855	96532	166046	250652
8	广告和公关部门经理	50784	69612	88620	131634	189155
9	采购部门经理	46714	57719	78000	121988	165023
10	计算机服务部门经理	61003	79667	111786	194765	334901
11	研究和开发部门经理	56262	75831	98400	154620	217409
12	餐厅部门经理	50649	60970	80001	100116	131867
13	客房部门经理	53592	64321	73157	101851	121966
14	其他职能部门经理	46336	70243	88244	155096	218435
15	其他企业中高级管理人员	50745	78116	115672	216287	272721
16	农学研究人员	29596	36780	43246	56142	71007
17	医学研究人员	65790	74559	93453	101680	116548
18	工程测量工程技术人员	47739	60000	74663	113404	147083
19	地质测绘工程技术人员	78358	111697	152846	218577	276822
20	机械设计工程技术人员	55876	66511	84366	94053	115856
21	机械制造工程技术人员	51664	59303	63588	80598	94273
22	设备工程技术人员	46866	67843	77399	104980	116875
23	模具设计工程技术人员	62350	74539	88225	101777	130507
24	汽车工程技术人员	45001	49836	55925	79622	95663
25	电子材料工程技术人员	47551	50029	54307	67726	77454
26	电子元器件工程技术人员	38449	46158	63082	83707	94039

续表

序号	职业细类名称	分位值（单位：元/年）				
		10%	25%	50%	75%	90%
27	计算机硬件工程技术人员	54000	65606	77280	92428	116873
28	计算机软件工程技术人员	56995	65787	80834	114060	128522
29	计算机网络工程技术人员	52000	63819	74676	86801	97972
30	信息安全工程技术人员	66155	75310	83478	94802	119919
31	信息系统运行维护工程技术人员	42398	53699	58204	80315	86299
32	电工电器工程技术人员	51571	53433	54302	65750	92460
33	供用电工程技术人员	43748	62100	104620	134256	185524
34	电力工程安装工程技术人员	48736	64243	71525	82054	89068
35	广播电视制播工程技术人员	50265	95279	124168	155079	212258
36	广播电视传输覆盖工程技术人员	52852	59597	69828	86142	95489
37	演艺设备工程技术人员	37562	52713	68906	76987	83004
38	汽车运用工程技术人员	57068	60626	67327	76096	80964
39	道路交通工程技术人员	46082	49966	53969	57856	66554
40	建筑和市政设计工程技术人员	43855	58500	68400	108551	135715
41	土木建筑工程技术人员	50888	67200	76176	129996	162258
42	风景园林工程技术人员	43717	68165	87018	126090	162420
43	供水排水工程技术人员	53463	104000	135501	174261	255209
44	道路与桥梁工程技术人员	42000	54547	60564	66742	74773
45	水利水电建筑工程技术人员	51761	55200	61200	80000	101960
46	园林绿化工程技术人员	48117	58776	73426	96000	117631
47	服装工程技术人员	45179	54976	65419	76743	84151
48	环境污染防治工程技术人员	45559	55604	61980	76612	85941
49	环境影响评价工程技术人员	40043	52107	69178	76409	92577
50	安全生产管理工程技术人员	49256	54958	60725	69289	73631
51	标准化工程技术人员	31888	47846	55505	66406	82227
52	计量工程技术人员	45465	53819	58161	68956	78840
53	质量管理工程技术人员	50776	65322	81367	97090	117784
54	项目管理工程技术人员	54814	64917	69444	77730	82375
55	监理工程技术人员	46039	52000	63288	96000	136360
56	工程造价工程技术人员	60000	71765	90926	146384	185179
57	产品质量检验工程技术人员	46000	52833	59760	71705	81467
58	进出口商品检验鉴定工程技术人员	48895	53399	57004	77779	87150
59	产品设计工程技术人员	59221	70273	79543	104010	156947
60	药师	44400	50901	57848	64368	74042
61	价格专业人员	92958	112936	142354	182056	226347
62	统计专业人员	38507	41951	49226	59738	73936

续表

序号	职业细类名称	分位值（单位：元/年）				
		10%	25%	50%	75%	90%
63	会计专业人员	45450	54000	65421	91860	106987
64	审计专业人员	39120	50106	56233	73583	93527
65	市场营销专业人员	51444	76080	89205	151185	196374
66	商务策划专业人员	53669	68271	78016	100261	133861
67	报关专业人员	48524	55690	64263	70699	74073
68	人力资源管理专业人员	47460	56838	66414	86768	115460
69	人力资源服务专业人员	40920	47173	59617	73763	88622
70	保险核保专业人员	57761	68196	84223	114329	139229
71	保险理赔专业人员	45736	64633	93126	128055	162814
72	其他经济和金融专业人员	47627	58939	74464	120831	132372
73	律师	43271	63235	75333	105901	126088
74	戏剧戏曲演员	33042	48000	54844	72245	85070
75	民族乐器演奏员	29585	33554	39027	44194	55550
76	美工师	44789	56172	73439	89834	106892
77	视觉传达设计人员	52050	62883	85122	110332	121234
78	文字记者	58912	86741	114123	178815	211458
79	摄影记者	45819	67472	101663	125681	175202
80	文字编辑	47338	66653	81360	111160	157008
81	网络编辑	60267	72385	92672	108811	121749
82	播音员	65554	93757	127248	147772	193887
83	节目主持人	49516	63885	83136	101392	122470
84	档案专业人员	57158	69881	79968	98989	125435
85	其他新闻出版、文化专业人员	61176	81729	96539	110131	131802
86	行政办事员	40604	51702	63770	101100	134858
87	机要员	60473	74558	82177	96151	120665
88	秘书	42745	52782	64750	91965	108343
89	公关员	31079	42438	64523	81200	103533
90	收发员	22560	37856	50773	90121	115190
91	打字员	28127	32957	42370	52652	60772
92	制图员	49974	57331	70318	88683	102520
93	后勤管理员	31338	40012	55920	76844	101242
94	其他办事人员	38015	48978	57973	75617	102395
95	保卫管理员	28562	33100	39364	67094	81481
96	消防安全管理员	38400	44520	49450	59741	72957
97	其他安全和消防人员	40369	52722	61609	90091	110964
98	采购员	38576	50399	60889	82418	107359

续表

序号	职业细类名称	分位值（单位：元/年）				
		10%	25%	50%	75%	90%
99	营销员	41600	55237	61600	92717	123129
100	电子商务师	41357	46465	58205	75867	107648
101	商品营业员	38020	42951	51414	61045	69919
102	收银员	36376	40013	43504	51064	57816
103	互联网营销师	52545	62368	83728	108245	141764
104	其他批发与零售服务人员	36181	47105	52859	76131	97333
105	道路客运汽车驾驶员	51776	65227	74462	80830	84178
106	道路货运汽车驾驶员	45000	52225	59894	75438	82166
107	道路客运服务员	34656	39798	48197	59230	69161
108	道路货运业务员	42546	53058	65034	85363	98606
109	道路运输调度员	34774	47876	57701	69244	83855
110	装卸搬运工	37682	46679	60100	64248	71433
111	客运售票员	33303	42052	46067	55223	74348
112	仓储管理员	39432	46295	56322	68692	79591
113	理货员	37482	39622	44395	51813	61517
114	冷藏工	64477	68355	74474	85316	95916
115	邮件分拣员	51457	54745	59313	69761	75616
116	快递员	43871	55212	62171	79145	95216
117	快件处理员	42879	46000	52616	64288	77133
118	其他交通运输、仓储和邮政业服务人员	41428	44081	49646	52640	58461
119	前厅服务员	35670	37833	42800	52734	64412
120	客房服务员	31750	36000	41898	51201	59941
121	中式烹调师	36570	43372	53952	61720	74624
122	中式面点师	42717	47824	57622	61707	66700
123	西式烹调师	33674	49351	59416	73277	79512
124	西式面点师	33035	41522	48300	60797	67650
125	餐厅服务员	29482	35845	43185	56710	67101
126	营养配餐员	35084	39804	46933	57773	72246
127	其他住宿和餐饮服务人员	33680	40500	50975	63200	82318
128	有线广播电视机线员	41319	54215	73002	78964	91596
129	信息通信网络运行管理员	43920	52317	63555	88790	118140
130	网络与信息安全管理员	44800	49100	54119	85764	117569
131	计算机程序设计员	68621	86450	97066	118832	131019
132	呼叫中心服务员	48072	53962	59635	70502	92794
133	其他信息传输、软件和信息技术服务人员	47351	60815	73541	91326	116659
134	银行综合柜员	38839	84611	132245	173206	218934

续表

序号	职业细类名称	分位值（单位：元/年）				
		10%	25%	50%	75%	90%
135	银行信贷员	118527	162690	218399	294745	368947
136	保险代理人	41708	59569	91066	164213	293519
137	其他金融服务人员	68956	101545	124030	201590	266038
138	物业管理员	29772	39600	46089	55456	64210
139	房地产经纪人	50381	63306	68990	96906	149289
140	其他房地产服务人员	55419	65449	83228	104301	147453
141	客户服务管理员	42971	50873	58405	62017	68956
142	导游	36684	41633	45428	53875	57795
143	公共游览场所服务员	25418	33555	37341	42484	45460
144	保安员	25781	33238	37755	57358	68507
145	安检员	37653	46383	57155	78852	98516
146	消防设施操作员	43493	46747	50252	54699	62310
147	市场管理员	44088	50777	59808	65686	69507
148	其他租赁和商务服务人员	51756	58518	68267	89467	106381
149	工程测量员	52740	62056	68637	77550	82639
150	机动车检测工	48736	55892	60534	63334	68874
151	广告设计师	47538	55118	60300	79795	89628
152	包装设计师	61132	68546	81690	96700	109300
153	其他技术辅助服务人员	39963	49346	62134	85591	107532
154	污水处理工	44540	68973	117957	128351	134613
155	保洁员	26000	28440	31822	39787	47574
156	园林绿化工	30007	33209	37345	47484	57696
157	其他水利、环境和公共设施管理服务人员	33703	38514	41570	50404	55319
158	养老护理员	33951	40633	47226	54696	72005
159	殡仪服务员	68358	79903	90917	98676	105893
160	其他居民服务人员	36000	38025	40000	44815	49973
161	供电服务员	44032	46596	50457	56774	60108
162	燃气燃煤供应服务员	47253	50259	56768	58404	59984
163	汽车维修工	41518	53668	65513	87521	98591
164	办公设备维修工	36000	44483	50000	56532	68840
165	其他修理及制作服务人员	40841	44161	49120	67269	80068
166	康乐服务员	34022	36000	39698	45600	54212
167	其他健康服务人员	42710	46372	48471	51587	58020
168	其他农副产品加工人员	59124	61073	65392	68135	69604
169	纺纱工	29731	34362	42933	49412	62615
170	整经工	63543	65589	67280	72530	80212

续表

序号	职业细类名称	分位值（单位：元/年）				
		10%	25%	50%	75%	90%
171	浆纱浆染工	70208	73578	78654	80949	83369
172	织布工	63166	70273	73991	77452	79743
173	其他纺织、针织、印染人员	42938	56938	67648	77150	82000
174	服装制版师	51200	57200	60000	68360	72735
175	裁剪工	41851	52248	58554	67546	77905
176	缝纫工	39972	45000	53820	61525	66276
177	缝纫品整形工	40984	46620	52219	57749	65551
178	制鞋工	27237	29000	31610	33728	38000
179	其他纺织品、服装和皮革、毛皮制品加工制作人员	35364	41815	50726	61956	68508
180	家具制作工	34306	40892	43884	48570	54500
181	其他纸及纸制品生产加工人员	34034	45821	51065	58472	63880
182	印刷操作员	36833	42727	47726	54870	58269
183	铅笔制造工	35000	37791	40275	42762	47706
184	健身器材制作工	39729	43166	49355	56561	60304
185	药物制剂工	39958	42830	45886	49828	53453
186	化纤聚合工	38828	41613	42900	44100	45363
187	塑料制品成型制作工	39533	51692	57270	65770	73308
188	其他橡胶和塑料制品制造人员	43645	48304	55214	57805	63644
189	其他非金属矿物制品制造人员	42407	45253	50808	59767	65179
190	车工	33699	42708	47376	63929	71497
191	铣工	42808	49678	55256	70367	82244
192	磨工	40013	55395	63730	72847	84461
193	钻床工	40108	46606	52874	70626	82510
194	多工序数控机床操作调整工	41858	49644	64203	72172	83256
195	下料工	42971	49388	58724	77313	96278
196	冲压工	41787	51662	57040	67009	76650
197	铸造工	41011	48810	53578	69500	78222
198	金属热处理工	44936	51671	60000	75108	84526
199	焊工	49120	57389	61457	69656	84845
200	机械加工材料切割工	38833	46966	55920	61093	64996
201	涂装工	53512	56353	60335	64183	71797
202	喷涂喷焊工	49657	56414	59800	76264	85905
203	模具工	42887	47433	53296	61802	74346
204	其他机械制造基础加工人员	34407	45024	54023	60606	70729
205	工具五金制作工	38215	45874	51516	61086	66698
206	金属炊具及器皿制作工	50626	55692	63972	75305	93334

续表

序号	职业细类名称	分位值（单位：元/年）				
		10%	25%	50%	75%	90%
207	日用五金制品制作工	45008	47968	51934	56869	62455
208	其他金属制品制造人员	36264	47848	56858	62533	72960
209	装配钳工	35256	44178	53070	62547	66914
210	机床装调维修工	44144	54199	59268	68106	76045
211	汽车零部件再制造工	31673	37764	43624	58596	69713
212	电机制造工	35594	39761	46581	51388	53977
213	仪器仪表制造工	31398	33886	36840	39769	44703
214	电气值班员	58217	82230	92713	117197	153971
215	锅炉操作工	37108	45877	55533	71243	85506
216	砌筑工	43439	47950	55245	61200	69255
217	石工	39094	47365	52825	60000	64265
218	混凝土工	43285	48611	52943	60000	63985
219	钢筋工	43672	48653	53241	60000	66000
220	架子工	41832	48655	54300	60000	70040
221	筑路工	34897	39094	44907	53166	59821
222	防水工	32813	37547	44250	52997	59226
223	管道工	39094	44181	48588	61031	75342
224	制冷空调系统安装维修工	39029	48534	53000	62486	68840
225	电力电气设备安装工	43489	50203	54978	66137	72931
226	装饰装修工	56065	60639	63802	66992	69600
227	专用车辆驾驶员	44828	50400	62335	77752	91428
228	挖掘铲运和桩工机械司机	53326	64497	75881	82393	91542
229	设备点检员	51326	66222	74960	83658	94973
230	机修钳工	52467	59664	67710	76533	82214
231	电工	49190	55674	60000	66062	73300
232	工程机械维修工	39768	42930	48824	67326	79278
233	化学检验员	44220	51849	69444	82213	91000
234	质检员	44220	52355	57854	64027	68495
235	试验员	37639	54398	73450	92013	103345
236	包装工	34914	40700	47460	55006	63631
237	安全员	29370	35098	42463	47950	55669
238	其他生产辅助人员	31633	40360	54000	65000	74638

二、部分技术工人职业（工种）分等级工资价位

序号	职业（工种）	岗位等级	分位值（单位：元/年）				
			10%	25%	50%	75%	90%
1	焊工	初级技能	44273	54378	64864	73315	88242
		中级技能	48175	59414	72070	85198	101793
		高级技能	54156	66866	76541	92579	113973
2	电工	初级技能	35054	45271	57683	66272	78793
		中级技能	39851	47981	62776	74293	84988
		高级技能	42000	51162	64058	81784	99745
3	冷空调系统安装维修工	初级技能	33572	43658	49003	54826	59257
		中级技能	41138	51007	56582	66087	79003
		高级技能	42867	56287	70058	81564	106829
4	防水工	初级技能	28921	33692	39094	44783	52962
		中级技能	31794	39494	44138	50159	54698
		高级技能	33151	39706	46695	60007	66461
5	砌筑工	初级技能	35950	39901	43687	51109	55773
		中级技能	38049	45180	52358	56201	61200
		高级技能	42025	48875	56191	58834	61625
6	混凝土工	初级技能	33159	37266	41570	51194	59337
		中级技能	35781	41653	46406	55327	65239
		高级技能	39054	46607	51653	57940	70708
7	钢筋工	初级技能	30448	37011	44418	50037	55385
		中级技能	37051	43243	48408	55757	61962
		高级技能	38832	45135	51594	59407	65712
8	架子工	初级技能	29719	36685	43629	50578	58243
		中级技能	33044	40242	50187	55535	62020
		高级技能	36812	46241	54249	56800	65763
9	锅炉操作工	初级技能	30840	41695	52302	62973	68801
		中级技能	32532	46517	53197	66275	74323
		高级技能	42608	49207	58123	72746	95062
10	机床装调维修工	中级技能	40524	50342	62664	65952	74312
		高级技能	43091	52989	65595	70898	81037
11	铸造工	初级技能	37973	43823	49617	57025	63889
		中级技能	39160	46645	52712	64953	73440
		高级技能	45153	48627	56721	73902	89282

续表

序号	职业（工种）	岗位等级	分位值（单位：元/年）				
			10%	25%	50%	75%	90%
12	锻造工	初级技能	36840	42310	50800	59376	73005
		中级技能	41551	50021	60728	66305	78576
		高级技能	41639	56231	62895	75355	82193
13	金属热处理工	初级技能	40117	47698	57469	62350	66847
		中级技能	48525	56688	62705	76679	88620
		高级技能	52480	57071	68894	82697	92072
14	车工	初级技能	37049	48466	56508	65146	70861
		中级技能	40261	51717	61419	71700	83409
		高级技能	43694	52318	64794	76558	86509
15	铣工	初级技能	36395	45323	55637	63969	76327
		中级技能	41038	52970	59675	70295	85476
		高级技能	46886	55744	61389	73105	92619
16	钳工	初级技能	33265	43304	56476	66132	73924
		中级技能	38916	51513	60498	71653	82101
		高级技能	44323	57074	65858	86184	92401
17	磨工	初级技能	36573	46965	58638	66573	80941
		中级技能	39071	48891	66080	72181	86172
		高级技能	49522	60197	68318	79338	92046
18	电切削工	初级技能	39837	49319	57093	68783	77323
		中级技能	45788	56190	60418	76186	85204
		高级技能	49694	62864	69131	81195	96346
19	制冷工	初级技能	36773	40445	46614	53609	62234
		中级技能	38596	44926	48532	57699	67999
		高级技能	46350	53238	66461	74245	85709
20	汽车维修工	初级技能	34161	46611	58200	75975	86743
		中级技能	37863	53158	68611	79748	92070
		高级技能	45026	58781	72700	80105	107906
		技师	47700	65025	81885	83625	121077
		高级技师	60370	68893	83082	99135	127005
21	保安员	初级技能	22299	30905	36568	40535	53216
		中级技能	25644	33389	39066	45099	58001
		高级技能	26750	38729	43299	52023	62560
22	企业人力资源管理师	初级技能	37758	43684	52272	62543	78492
		中级技能	46736	56884	60202	74074	95300
		高级技能	49062	58931	67781	79069	100667

续表

序号	职业（工种）	岗位等级	分位值（单位：元/年）				
			10%	25%	50%	75%	90%
23	中式烹调师	初级技能	30000	38108	47041	56189	69735
		中级技能	38354	45102	50302	65020	75072
		高级技能	44111	51887	60849	75693	86436
		技师	50483	55025	63000	78587	95141
		高级技师	57029	63071	72980	89891	104645
24	中式面点师	初级技能	32581	38942	42365	51335	62134
		中级技能	33560	41029	47299	60299	71947
		高级技能	35466	45267	49015	63885	78833
25	西式烹调师	初级技能	31936	40020	43333	55964	65906
		中级技能	33562	43034	49275	62355	68592
		高级技能	38686	48482	61228	69592	78437
26	西式面点师	初级技能	27540	32063	38031	45113	47701
		中级技能	28973	36233	42165	49355	58520
		高级技能	32461	40057	48607	58325	70636
27	养老护理员	初级技能	35104	39675	47514	58986	70436
		中级技能	35506	43820	49371	62765	80635
		高级技能	43307	48414	51831	68981	85839

2021年衢州市人力资源市场工资指导价位

衢州市企业职业（工种）劳动力市场工资指导价位

单位：元

序号	工种		高位数	中位数	低位数
1	焊工	初级技能	6155	4560	3530
		中级技能	7000	5185	3820
		高级技能	8400	5830	4150
		技师	8830	6620	4650
		高级技师	11500	7700	5150
2	电工	初级技能	6300	4785	4045
		中级技能	7120	5265	4380
		高级技能	8545	6115	4500
		技师	9065	6720	4785
		高级技师	10500	7835	5180
3	制冷空调系统安装维修工	初级技能	5480	4060	3150
		中级技能	6835	4675	3250
		高级技能	8250	6050	4000
4	防水工	初级技能	4100	3580	3035
		中级技能	4808	4200	3250
		高级技能	6325	5050	4255
		技师	6580	5245	4560
5	砌筑工	初级技能	5225	4100	3135
		中级技能	6015	4820	3870
		高级技能	7600	5525	4670
		技师	8655	7980	7325
6	混凝土工	初级技能	4560	4045	3080
		中级技能	5184	4850	4180
		高级技能	6200	5525	4505
		技师	7750	6465	5000

续表

序号	工种		高位数	中位数	低位数
7	钢筋工	初级技能	4845	4160	3135
		中级技能	5880	5075	3882
		高级技能	6165	5640	4220
		技师	7200	6115	4850
8	架子工	初级技能	5000	4025	3100
		中级技能	5580	5240	3645
		高级技能	6600	5625	4270
9	钢炉操作工	初级技能	5130	4285	3250
		中级技能	6200	5130	3820
		高级技能	7180	5865	4280
		技师	8200	6840	6285
10	机床装调维修工	初级技能	6500	5305	4270
		中级技能	7285	6840	6645
		高级技能	7560	7102	6860
		技师	7885	7365	7007
		高级技师	8850	8035	7576
11	铸造工	初级技能	6040	4385	3245
		中级技能	6600	4840	3650
		高级技能	7485	5640	4040
		技师	8010	6285	4765
		高级技师	8800	6608	5000
12	锻造工	初级技能	6150	4450	3435
		中级技能	6820	4930	3740
		高级技能	7425	5760	4110
		技师	8200	6152	4675
		高级技师	8860	6820	5045
13	金属热处理工	初级技能	6350	4605	3580
		中级技能	6800	5220	4050
		高级技能	7865	6836	5300
		技师	8658	7235	6155
		高级技师	10260	8200	6600
14	车工	初级技能	6045	4420	3050
		中级技能	7300	5656	3445
		高级技能	7720	6335	3930
		技师	8260	6836	4580
		高级技师	9215	7520	5184

续表

序号	工种		高位数	中位数	低位数
15	铣工	初级技能	5525	4560	3245
		中级技能	6600	5265	3730
		高级技能	7350	5866	4300
		技师	8485	6836	4852
		高级技师	9650	8345	5760
16	钳工	初级技能	5760	4725	3450
		中级技能	6500	5150	3885
		高级技能	7150	5600	4158
		技师	7700	6353	4580
		高级技师	8200	7210	5185
17	磨工	初级技能	6435	4622	3720
		中级技能	7145	5280	4200
		高级技能	7800	6135	4760
		技师	8620	6450	5260
		高级技师	9560	7010	5755
18	电切削工	初级技能	4950	4080	3484
		中级技能	6330	5055	4420
		高级技能	7245	6010	5000
		技师	8150	6288	5337
		高级技师	9350	7125	5865
19	制冷工	初级技能	4830	3800	3284
		中级技能	5815	4620	3735
		高级技能	7280	5640	4030
		技师	9000	6850	5215
20	手工木工	初级技能	5460	4000	3530
		中级技能	6100	4450	3725
		高级技能	6565	4860	3880
		技师	7150	5260	4285
21	评茶员	初级技能	5015	4080	3520
		中级技能	6140	4665	3800
		高级技能	6800	6450	5110
		技师	7500	6615	5350
		高级技师	8560	6820	5685

续表

序号	工种		高位数	中位数	低位数
22	眼镜验光员	初级技能	5000	3755	3110
		中级技能	5645	4480	3306
		高级技能	6360	5105	3708
		技师	7576	5800	4125
		高级技师	7855	6325	4784
23	眼镜定配员	初级技能	4786	3245	2850
		中级技能	5420	3850	3135
		高级技能	6245	4365	3480
		技师	7680	5020	3835
24	汽车维修工	初级技能	5825	4385	3430
		中级技能	7010	5620	3850
		高级技能	7750	5865	4285
		技师	9090	6520	4685
		高级技师	10350	8000	5560
25	美容师	初级技能	5280	4125	3180
		中级技能	6452	4680	3765
		高级技能	7285	5640	4258
		技师	8000	6755	4800
		高级技师	9600	7860	5525
26	美发师	初级技能	5285	4040	3220
		中级技能	6550	4785	3600
		高级技能	7780	5650	4020
		技师	8400	6740	4685
		高级技师	10000	7455	5500
27	育婴员	初级技能	5785	4160	3400
		中级技能	6325	5030	3815
		高级技能	7520	6000	4550
		技师	9115	7200	5440
		高级技师	10650	9380	6815
28	保育员	初级技能	4385	3040	2600
		中级技能	5010	3585	3000
		高级技能	5860	4120	3325
		技师	6240	4465	3670
		高级技师	7000	5010	4205
29	有害生物防治员	初级技能	5530	3800	3485
		中级技能	6215	4360	3750
		高级技能	7600	5425	4180

续表

序号	工种		高位数	中位数	低位数
30	保安员	初级技能	3950	3140	2680
		中级技能	4820	3465	2800
		高级技能	5160	3845	3010
		技师	5465	4080	3275
		高级技师	6000	4675	4050
31	智能楼宇管理员	初级技能	4525	4310	3285
		中级技能	5610	4685	3550
		高级技能	6385	5000	4125
		技师	7350	5275	4460
		高级技师	7865	6280	4850
32	劳动关系协调员	初级技能	4045	4415	3250
		中级技能	5150	4556	3465
		高级技能	6835	5110	3875
		技师	7980	5430	4200
		高级技师	9900	6415	4580
33	企业人力资源管理师	初级技能	4620	4165	3380
		中级技能	7650	6300	4415
		高级技能	8800	7015	5040
		技师	10250	7640	5545
		高级技师	12500	8135	6100
34	中央空调系统运行操作员	初级技能	5050	3865	3045
		中级技能	5335	4550	3560
		高级技能	5800	4875	3855
		技师	6435	5250	4370
		高级技师	7400	5835	4820
35	中式烹调师	初级技能	5720	4285	3450
		中级技能	6685	4780	3800
		高级技能	7000	5150	4045
		技师	7635	5560	4350
		高级技师	9200	6685	4860
36	中式面点师	初级技能	4650	3825	3000
		中级技能	5425	4200	3545
		高级技能	5860	4615	3820
		技师	6740	5300	4365
		高级技师	8200	6895	5350

续表

序号	工种		高位数	中位数	低位数
37	西式烹调师	初级技能	4745	3890	3360
		中级技能	5300	4265	3585
		高级技能	6265	4680	4000
		技师	7780	5200	4425
		高级技师	8600	6115	5250
38	西式面点师	初级技能	4625	3700	3135
		中级技能	5320	4180	3580
		高级技能	6000	4835	3765
		技师	6645	5260	4350
		高级技师	8200	6850	4865
39	茶艺师	初级技能	4250	3285	2800
		中级技能	5380	3860	3135
		高级技能	6060	4685	3700
		技师	6500	5050	4085
		高级技师	7645	5680	4360

序号	职业（工种）	高位数（元/月）	中位数（元/月）	低位数（元/月）
40	会计	8250	5640	5000
41	机修工	8200	5535	4880
42	仓管员	5420	4200	3250
43	采购员	5585	4350	3475
44	小车司机	5685	4460	3580
45	大货司机	9670	6235	4625
46	市场总监	13365	8420	6325
47	营销员	5580	4465	3580
48	外贸业务员	6865	5580	4375
49	电动车业务员	5580	4265	3565
50	土建工程师	11960	8260	6380
51	水电工程师	11960	8265	6385
52	景观工程师	11960	8260	6380
53	电气工程师	11960	8260	6380
54	幕墙工程师	11960	8260	6380
55	法务主管	9875	8145	6345
56	办公室文员	5000	3565	3000
57	成品检验员	5560	4230	3650
58	数控车床	6950	5585	4275
59	阀门装配工	5480	4950	4385

续表

序号	职业（工种）	高位数（元/月）	中位数（元/月）	低位数（元/月）
60	喷漆工	5645	4350	3235
61	质检员	5725	4465	3180
62	品质工程师	11960	8250	7000
63	工艺工程师	13500	11050	8545
64	行政主管	9845	7070	5850
65	注塑工	6450	3920	3585
66	线缆普工	5845	3850	3540
67	线缆发泡护套工	5750	3925	3465
68	线缆编织工	5865	4000	3520
69	电力设计工程师	11850	6200	4365
70	厨师	9800	6245	4330
71	KTV音控师	7120	5250	4285
72	生产部经理	10880	8260	5665
73	灯具研发工程师	27200	14010	8545
74	铲车工	7570	5125	4040
75	兽医技术员	6680	4615	4100
76	包装工	7560	5000	4215
77	车间各类辅助工	6200	4055	3350
78	企业厂长（经理）	57000	43365	34180
79	财务经理	12500	7860	5865
80	人力资源经理	8865	5585	4260
81	销售和营销经理	14650	8600	5875
82	广告和公关经理	9570	6885	5680
83	采购经理	9570	6885	5680
84	研究和开发经理	9850	7345	6040
85	餐饮部经理	7685	6150	5150
86	客房部经理	6850	5845	4500
87	工程部经理	9500	6860	5945
88	保安部经理	6600	5685	4270
89	仓储部经理	7120	4845	4400
90	商品部经理	7350	5000	4565
91	物业经理	6580	4965	4050
92	机械工程技术人员	7800	5430	4235
93	冶金工程技术人员	8545	5680	4425
94	纺织工程技术人员	7750	5585	4630
95	化工工程技术人员	9175	5860	4855
96	化工设备工程技术人员	9250	6550	5310

续表

序号	职业（工种）	高位数（元/月）	中位数（元/月）	低位数（元/月）
97	质量工程技术人员	8600	5760	4585
98	环保工程技术人员	8320	5665	4500
99	医药工程技术人员	9285	6050	4865
100	交通工程技术人员	9110	5885	4800
101	建筑工程技术人员	9275	6770	5215
102	建筑工程监理人员	9000	5765	4520
103	电力工程技术人员	11500	8200	6050
104	水利工程技术人员	10250	6860	5385
105	测绘工程技术人员	12305	7880	5685
106	通讯工程技术人员	8660	7255	4630
107	仪器仪表工程技术人员	7825	5680	5000
108	计算机与应用工程技术人员	7200	5340	4500
109	计算机硬件技术人员	6835	5185	4380
110	计算机软件技术人员	7300	5580	4550
111	计算机网络技术人员	7350	5660	4615
112	计算机系统分析技术人员	6880	5485	4525
113	其他计算机与应用工程技术人员	7120	5550	4530
114	拍卖师	10850	8375	6235
115	律师	18655	8560	6400
116	文秘	6500	5250	4375
117	统计人员	5685	4650	3300
118	商场柜组长	5845	4800	3850
119	商场营业员	5250	4265	3525
120	仓库保管	5000	3950	3245
121	物业管理人员	4835	3725	3110
122	典当业务员	5200	4135	3475
123	检验员	6850	4965	3865
124	计量员	6000	4650	3625
125	报关员	6530	4800	3680
126	话务员	5465	4235	3585
127	资产评估人员	7800	5525	4160
128	保险推销员	7850	5630	3625
129	保险理赔员	6680	5400	3360
130	其他保险业务人员	7200	5650	3380
131	广告设计人员	7200	4850	3500
132	服装设计人员	7200	4850	3600
133	室内装饰设计人员	7000	4800	3550

续表

序号	职业（工种）	高位数（元/月）	中位数（元/月）	低位数（元/月）
134	理货员	4850	3560	3200
135	推销员	5685	4540	3535
136	收银员	5400	3800	3260
137	打字员	5200	3835	3300
138	收发员	5450	3900	3250
129	客房服务员	5450	3600	3300
140	营养配餐员	5825	4480	3650
141	餐厅服务员	5400	4600	3885
142	点菜员	5580	4500	3650
143	餐具清洗保管员	4900	3865	3300
144	导游	6200	4680	3850
145	家政服务人员	8000	4500	3200
146	护理人员	6100	4250	3600
147	摄影师	6400	4580	3785
148	汽车驾驶员	7250	5265	4150
149	汽车客运服务员	5500	3850	3200
150	汽车修理工	7200	4885	3800
151	装卸工	6500	4600	3850
152	乳品加工	5850	4220	3565
153	食品罐头加工	5850	4220	3565
154	糕点面包烘焙工	6000	4250	3600
155	豆制品制作工	6300	4435	3685
156	屠宰加工	7500	5000	3550
157	肉蛋食品加工	6500	3650	3450
158	饲料生产加工	6500	4850	3600
159	钻探工	7150	4865	3850
160	矿井开掘工	8650	5060	4000
161	印刷操作工	5865	3875	3540
162	印染人员	6350	4000	3585
163	服装缝纫工	5215	4250	3675
164	泥工	9856	6240	4125
165	油漆工	9000	5565	3850
166	起重驾驶员	6585	4630	3800
167	搬运工	6200	3875	3250
168	油磨	6110	4215	3200
169	电炉浇注工、熔炼工	7685	5540	3815
170	锅炉安装工	7350	5235	4045

2021年舟山市人力资源市场工资指导价位

一、整体工资价位

（一）分行业门类企业从业人员工资价位

单位：万元

序号	行业门类	分位值				
		10%	25%	50%	75%	90%
1	制造业	4.48	6.04	8.97	10.12	13.46
2	电力、热力、燃气及水生产和供应业	6.31	11.12	15.02	21.57	28.22
3	建筑业	4.20	5.00	6.60	10.27	14.83
4	批发和零售业	3.72	4.17	4.99	8.00	12.00
5	交通运输、仓储和邮政业	6.22	8.40	9.95	12.65	18.71
6	住宿和餐饮业	3.60	4.56	6.02	7.73	11.30
7	房地产业	2.83	4.55	7.20	14.19	27.17
8	租赁和商务服务业	4.11	4.81	5.34	5.86	6.94
9	水利环境和公共设施管理业	3.08	4.76	6.00	7.39	8.90
10	居民服务、修理和其他服务业	2.50	2.95	3.67	5.02	6.45
11	卫生和社会工作	4.58	6.20	9.26	12.39	17.30

（二）分登记注册类型企业从业人员工资价位

单位：万元

序号	登记注册类型	分位值				
		10%	25%	50%	75%	90%
1	国有企业（不含国有独资公司）	3.96	5.81	8.42	9.41	14.65
2	有限责任公司（含国有独资公司）	4.16	6.05	9.26	12.70	20.18
3	股份有限公司	7.84	8.77	11.33	15.76	22.50
4	私营企业	3.20	4.35	6.29	9.72	14.52

（三）分企业规模从业人员工资价位

单位：万元

序号	企业规模	分位值				
		10%	25%	50%	75%	90%
1	大型企业	4.36	6.00	10.03	12.90	16.30
2	中型企业	4.20	5.50	8.33	10.50	14.14
3	小型企业	3.92	5.23	7.65	9.42	12.19
4	微型企业	3.08	4.36	6.00	8.00	11.60

（四）分学历企业从业人员工资价位

单位：万元

序号	学历	分位值				
		10%	25%	50%	75%	90%
1	研究生（含博士、硕士）	8.33	11.20	16.89	26.14	33.21
2	大学本科	6.00	8.34	12.03	18.46	27.45
3	大学专科	4.48	5.60	8.23	12.23	19.35
4	高中、中专或技校	3.98	5.11	6.84	9.96	13.05
5	初中及以下学历	3.13	4.36	6.49	9.89	12.70

（五）分岗位等级企业从业人员工资价位

单位：万元

序号	岗位等级	分位值				
		10%	25%	50%	75%	90%
1	高层管理岗	7.41	10.12	15.89	28.05	46.09
2	中层管理岗	6.48	9.60	13.45	24.31	36.04
3	基层管理岗	5.47	8.00	10.94	15.15	23.96
4	管理类员工岗	3.52	4.88	8.00	12.50	16.11
5	高级职称	6.00	9.81	14.38	20.66	30.74
6	中级职称	5.00	7.50	10.23	18.86	27.33
7	初级职称	4.50	6.22	8.02	12.96	18.34
8	没有取得专业技术职称	4.20	5.02	7.73	12.01	17.27
9	高级技师	7.05	8.99	11.55	18.63	24.96
10	技师	6.62	8.32	10.82	16.71	23.54
11	高级技能	6.02	7.82	9.59	14.55	22.83
12	中级技能	5.47	7.25	8.94	12.38	15.60
13	初级技能	4.61	5.35	7.59	11.60	13.97
14	没有取得资格证书	3.48	4.74	6.94	10.16	12.70

二、分职业工资价位

（一）分职业细类企业从业人员工资价位

单位：万元

序号	职业	分位值				
		10%	25%	50%	75%	90%
1	企业董事	5.61	7.19	11.36	19.77	39.01
2	企业总经理	6.08	9.46	14.16	24.09	38.13
3	生产经营部门经理	5.38	8.14	10.71	18.16	25.21
4	财务部门经理	4.85	7.16	8.93	15.00	20.74
5	行政部门经理	5.00	8.04	8.58	14.51	21.15
6	人事部门经理	4.70	6.09	8.26	14.00	17.76
7	销售和营销部门经理	5.22	8.00	8.63	14.74	24.51
8	广告和公关部门经理	4.83	5.84	8.12	11.98	19.46
9	采购部门经理	4.68	7.00	8.24	12.21	19.19
10	计算机服务部门经理	6.70	11.91	17.12	20.13	27.91
11	研究和开发部门经理	3.79	5.08	8.65	12.99	23.57
12	餐厅部门经理	4.70	6.31	7.79	9.20	12.08
13	客房部门经理	4.64	5.55	6.88	8.73	10.32
14	其他职能部门经理	5.17	8.08	14.11	20.50	37.16
15	其他企业中高级管理人员	5.61	11.05	16.26	27.49	36.25
16	采矿工程技术人员	4.52	7.93	9.07	12.82	14.28
17	机械设计工程技术人员	5.02	6.61	7.93	9.19	12.75
18	机械制造工程技术人员	4.40	6.79	7.25	9.33	11.96
19	仪器仪表工程技术人员	4.38	5.31	6.63	8.28	10.97
20	设备工程技术人员	4.61	5.72	6.77	8.52	11.29
21	模具设计工程技术人员	7.08	8.17	8.56	10.14	10.37
22	特种设备管理和应用工程技术人员	4.55	5.57	5.81	7.11	8.31
23	汽车工程技术人员	5.65	6.78	7.32	7.79	8.05
24	船舶工程技术人员	7.46	10.08	13.75	16.49	26.50
25	通信工程技术人员	3.96	7.81	8.21	9.44	12.91
26	计算机网络工程技术人员	5.26	8.52	9.60	11.86	13.48
27	信息安全工程技术人员	5.50	10.50	16.50	20.70	22.06
28	信息系统运行维护工程技术人员	3.63	5.51	7.06	12.45	17.49
29	电工电器工程技术人员	7.39	7.75	9.85	10.03	10.67
30	发电工程技术人员	9.07	15.89	21.20	26.61	29.84
31	船舶检验工程技术人员	4.63	6.95	8.46	10.36	13.48
32	道路交通工程技术人员	9.84	11.38	13.04	13.91	15.63

续表

序号	职业	分位值				
		10%	25%	50%	75%	90%
33	民航通用航空工程技术人员	8.69	9.92	14.78	21.40	25.19
34	土木建筑工程技术人员	4.20	5.09	6.12	7.31	12.00
35	水利水电建筑工程技术人员	4.28	5.50	7.00	8.23	11.00
36	爆破工程技术人员	7.01	8.44	14.38	21.31	36.32
37	园林绿化工程技术人员	2.71	3.40	4.20	5.43	6.02
38	化学纤维工程技术人员	5.86	6.20	7.26	7.83	8.32
39	安全生产管理工程技术人员	5.00	6.75	9.92	11.65	13.64
40	质量管理工程技术人员	5.37	5.52	5.90	7.02	9.50
41	工程造价工程技术人员	3.71	6.07	9.02	13.86	19.51
42	进出口商品检验鉴定工程技术人员	7.94	12.12	14.06	15.57	17.34
43	渔业资源开发利用技术人员	8.70	12.00	16.00	23.50	28.60
44	飞行驾驶员	17.25	22.22	27.45	47.02	49.79
45	甲板部技术人员	8.64	13.20	22.12	33.40	44.89
46	轮机部技术人员	8.55	14.43	22.13	30.68	36.74
47	内科医师	4.88	6.04	7.57	14.43	21.80
48	口腔科医师	4.82	7.83	9.55	10.57	13.94
49	麻醉科医师	8.98	13.51	15.05	16.61	17.94
50	中医内科医师	7.09	8.87	11.53	21.03	29.98
51	中医外科医师	9.68	11.09	19.28	24.27	30.81
52	中医骨伤科医师	7.05	9.21	12.60	20.52	25.00
53	中医推拿医师	6.56	9.31	10.03	11.56	19.60
54	药师	5.56	5.87	6.87	8.19	9.37
55	中药师	5.36	6.00	6.93	7.77	9.26
56	影像技师	5.50	6.05	6.37	8.03	9.37
57	临床检验技师	5.54	8.25	9.42	10.01	12.06
58	康复技师	4.74	7.05	9.41	11.59	12.30
59	内科护士	4.98	7.70	11.04	12.11	13.28
60	外科护士	7.11	8.91	11.02	13.05	14.34
61	其他卫生专业技术人员	5.14	6.40	8.87	10.86	18.64
62	统计专业人员	3.73	4.40	5.11	6.38	7.89
63	会计专业人员	4.17	5.20	5.92	8.03	11.17
64	市场营销专业人员	8.09	10.74	14.25	18.93	22.43
65	人力资源管理专业人员	5.84	7.97	8.76	10.39	13.03
66	人力资源服务专业人员	3.72	4.58	5.53	7.36	8.64
67	银行清算专业人员	10.56	11.08	12.11	14.08	15.12
68	信贷审核专业人员	5.10	7.00	8.10	9.68	11.53

续表

序号	职业	分位值				
		10%	25%	50%	75%	90%
69	银行国外业务专业人员	13.16	14.64	15.63	17.10	18.32
70	档案专业人员	4.50	6.73	8.21	9.70	13.99
71	行政办事员	3.70	4.71	5.46	7.31	8.87
72	秘书	4.12	5.10	5.86	7.31	9.42
73	后勤管理员	3.87	5.64	6.94	8.35	9.23
74	其他办事人员	4.20	5.20	6.01	7.50	9.63
75	保卫管理员	2.33	2.51	3.11	4.67	5.95
76	采购员	3.39	4.54	5.22	6.84	8.52
77	营销员	4.34	5.05	6.57	7.64	9.36
78	商品营业员	3.06	3.53	4.07	5.52	6.85
79	其他批发与零售服务人员	5.73	6.78	7.34	8.59	10.63
80	道路客运汽车驾驶员	5.89	7.59	8.08	10.14	11.76
81	道路货运汽车驾驶员	3.56	4.35	5.44	7.21	9.35
82	道路客运服务员	3.30	4.10	4.66	5.42	6.66
83	道路货运业务员	5.57	6.38	6.89	7.53	8.43
84	道路运输调度员	3.82	5.54	6.33	7.28	8.13
85	公路收费及监控员	5.84	7.17	10.24	12.05	13.51
86	客运船舶驾驶员	12.48	14.45	17.87	18.62	19.98
87	船舶业务员	4.41	6.64	7.00	9.33	11.43
88	港口客运员	3.52	4.36	5.70	6.26	7.04
89	航空运输地面服务员	6.43	9.11	12.39	15.10	19.87
90	仓储管理员	3.62	4.03	4.60	8.37	11.48
91	理货员	3.04	3.87	4.33	5.14	6.36
92	其他交通运输、仓储和邮政业服务人员	6.45	8.36	10.57	11.40	12.49
93	前厅服务员	3.19	3.74	4.27	5.56	6.51
94	客房服务员	3.35	3.74	4.02	5.31	6.09
95	中式烹调师	3.71	4.46	5.60	6.59	8.28
96	中式面点师	3.16	3.42	3.76	4.26	4.64
97	西式烹调师	3.33	3.45	3.85	4.29	4.80
98	西式面点师	2.88	3.00	3.35	3.73	4.37
99	餐厅服务员	3.22	3.80	4.40	5.09	6.61
100	茶艺师	3.10	3.21	3.53	3.87	4.20
101	其他住宿和餐饮服务人员	2.91	3.39	3.88	4.55	5.83
102	信息通信业务员	6.79	7.77	9.10	10.24	12.65
103	信息通信网络机务员	7.59	8.23	9.16	10.49	11.58
104	信息通信网络线务员	6.75	7.41	7.93	8.87	9.33

续表

序号	职业	分位值				
		10%	25%	50%	75%	90%
105	银行综合柜员	9.14	9.91	10.83	13.26	16.56
106	银行信贷员	5.12	6.70	7.82	9.87	11.62
107	银行客户业务员	9.90	11.12	14.03	18.66	23.21
108	保险保全员	6.31	7.35	8.06	9.09	11.95
109	物业管理员	2.40	2.64	2.99	3.66	4.61
110	中央空调系统运行操作员	3.58	4.06	4.47	5.67	6.03
111	停车管理员	4.98	5.78	10.07	10.83	11.32
112	客户服务管理员	7.93	8.86	10.33	12.13	14.58
113	劳动关系协调员	3.88	4.41	5.09	5.30	6.06
114	保安员	3.93	4.70	5.24	5.61	6.31
115	智能楼宇管理员	3.42	4.21	5.24	6.02	6.53
116	市场管理员	3.45	4.45	4.57	6.46	8.21
117	工程测量员	8.30	9.43	10.37	12.34	16.26
118	机动车检测工	4.69	5.27	5.93	6.54	7.15
119	污水处理工	3.44	3.96	4.58	5.50	5.82
120	保洁员	2.56	3.03	3.83	4.43	5.18
121	养老护理员	4.59	4.79	5.20	5.46	5.83
122	有害生物防治员	3.43	4.26	4.54	5.42	5.89
123	育婴员	4.01	5.40	6.08	7.87	8.89
124	保育员	3.00	3.30	3.48	3.89	4.29
125	美容师	3.11	3.98	4.64	5.54	5.89
126	美发师	3.69	4.49	4.89	6.58	7.20
127	保健按摩师	3.60	4.05	4.58	5.89	7.23
128	殡仪服务员	6.64	7.94	8.96	11.63	13.32
129	其他居民服务人员	3.13	3.99	4.93	5.75	6.67
130	其他电力、燃气及水供应服务人员	6.49	7.98	8.18	9.04	11.37
131	汽车维修工	5.05	5.87	7.35	8.52	11.59
132	评茶员	3.14	3.80	4.17	5.29	6.28
133	眼镜验光员	2.98	3.46	3.83	4.28	4.68
134	眼镜定配工	2.89	3.73	4.24	4.73	5.28
135	手工木工	4.57	4.95	5.91	6.37	6.98
136	油品储运工	7.04	10.74	12.19	15.43	19.13
137	制冷工	3.25	3.68	4.55	5.33	6.39
138	金属轧制工	5.13	5.76	6.62	7.37	8.05
139	车工	4.43	5.31	6.49	7.81	8.71
140	铣工	4.77	5.28	6.08	7.80	8.66

续表

序号	职业	分位值				
		10%	25%	50%	75%	90%
141	磨工	3.36	4.39	5.62	6.03	7.44
142	钻床工	7.82	8.25	8.53	8.96	9.72
143	多工序数控机床操作调整工	6.41	6.46	6.81	7.36	7.90
144	电切削工	2.77	3.43	4.33	5.27	6.77
145	下料工	6.59	6.82	7.61	8.97	10.53
146	铆工	8.47	9.36	11.52	13.63	14.60
147	铸造工	3.12	4.13	4.89	5.94	6.83
148	锻造工	2.93	3.92	4.39	6.53	7.89
149	金属热处理工	3.77	4.93	5.48	6.58	7.72
150	焊工	4.76	5.60	7.12	8.32	9.45
151	涂装工	3.24	4.45	5.32	6.24	8.73
152	模具工	4.69	5.98	6.64	6.90	7.59
153	装配钳工	4.44	5.62	6.49	8.18	9.32
154	机床装调维修工	5.33	5.89	6.34	7.33	9.03
155	其他专用设备制造人员	6.59	7.41	7.57	7.67	8.60
156	汽车零部件再制造工	3.11	3.27	3.77	4.70	6.47
157	船舶电气装配工	3.53	4.56	5.60	7.80	9.60
158	仪器仪表制造工	3.40	3.77	4.09	4.79	5.07
159	燃料值班员	7.35	9.56	10.27	13.92	16.33
160	发电集控值班员	12.26	16.30	22.57	26.19	29.02
161	锅炉操作工	3.73	4.43	5.63	6.83	7.76
162	继电保护员	5.69	10.97	15.18	20.69	25.72
163	水生产处理工	4.20	8.34	14.34	19.15	25.17
164	砌筑工	4.26	4.60	5.90	6.21	7.54
165	混凝土工	4.44	5.24	6.19	6.84	7.87
166	钢筋工	5.07	5.59	6.00	6.38	6.90
167	架子工	5.25	5.56	5.86	6.96	7.84
168	公路养护工	3.02	4.14	5.28	6.05	6.78
169	爆破工	3.91	4.17	4.37	4.62	5.12
170	防水工	4.64	5.47	5.89	6.34	6.64
171	管工	7.65	9.28	10.58	13.22	13.88
172	制冷空调系统安装维修工	2.77	3.06	3.75	5.64	6.43
173	照明工程施工员	6.85	7.15	7.35	7.73	8.40
174	专用车辆驾驶员	4.19	4.73	6.15	8.07	8.14
175	500总吨以下船长	12.33	13.47	14.81	16.74	19.38
176	500总吨以下大副	10.75	12.35	14.50	15.33	16.17

续表

序号	职业	分位值				
		10%	25%	50%	75%	90%
177	500总吨以下二副	8.09	10.97	12.58	13.55	15.69
178	500总吨以下三副	8.98	9.76	11.50	12.38	14.60
179	500总吨以下水手	6.50	7.08	7.59	8.64	9.47
180	750kW以下轮机长	12.72	14.27	16.65	17.36	19.18
181	750kW以下值轮	10.30	11.33	12.25	12.63	13.05
182	500总吨以上船长	40.35	41.99	43.83	44.89	46.88
183	500总吨以上大副	20.68	23.76	27.66	30.30	34.67
184	500总吨以上二副	12.18	12.87	13.71	15.64	17.01
185	500总吨以上三副	9.63	10.23	11.42	13.53	15.67
186	500总吨以上水手	8.42	8.74	9.17	9.64	10.33
187	750kW以上轮机长	22.74	25.87	27.88	32.99	36.51
188	750kW以上大管轮	16.32	21.76	26.47	28.97	31.95
189	750kW以上二管轮	9.99	12.31	14.96	15.68	17.88
190	船体制造工	3.31	4.84	6.27	7.76	9.08
191	船体装配工	3.57	4.37	5.77	6.99	8.24
192	船舶涂装工	3.66	4.54	6.19	7.96	9.07
193	船舶气割工	3.39	4.37	5.72	7.86	9.32
194	船舶电焊工	3.67	4.87	6.11	7.67	9.54
195	船舶冷作工	4.10	5.04	5.80	7.87	9.29
196	船舶起重工	3.46	4.54	5.74	6.74	7.81
197	船舶轮机装配工	4.56	5.04	5.92	7.64	9.37
198	船舶钳工	3.80	4.78	6.24	7.89	9.37
199	船舶管系工	3.99	4.35	5.53	6.24	7.79
200	船舶电工	3.69	4.46	5.66	7.89	9.38
201	船舶电气钳工	3.85	4.67	5.92	6.58	7.73
202	船舶电器安装工	3.62	4.46	5.01	6.89	8.45
203	船舶附件制造工	3.08	4.36	5.21	6.63	7.88
204	船舶架子工	3.61	4.32	4.94	5.57	6.90
205	船舶甲板设备操作工	6.67	7.37	8.24	9.23	10.93
206	船舶机舱设备操作工	7.72	8.24	8.77	9.28	11.08
207	港口系缆工	2.86	3.33	3.90	4.32	5.01
208	港口机械操作工	3.10	4.10	4.67	5.57	6.28
209	港口机械维修工	3.09	4.27	4.74	5.44	6.27
210	起重装卸机械操作工	6.85	7.00	8.00	8.49	8.93
211	起重工	7.98	9.02	11.42	13.32	13.59
212	挖掘铲运和桩工机械司机	6.78	7.28	8.57	9.50	10.42

续表

序号	职业	分位值				
		10%	25%	50%	75%	90%
213	机修钳工	7.31	9.09	9.97	11.50	14.97
214	电工	5.11	6.86	8.13	9.95	11.51
215	汽机和水轮机检修工	8.96	11.49	15.89	19.62	24.12
216	工程机械维修工	5.62	9.51	13.08	16.49	19.63
217	船舶修理工	3.79	5.31	6.33	8.45	10.54
218	化学检验员	7.37	8.09	9.05	17.66	17.88
219	质检员	3.00	4.17	6.61	8.48	11.25
220	包装工	3.18	3.99	4.26	5.25	6.35
221	安全员	4.25	6.12	7.36	10.96	15.78
222	其他生产辅助人员	3.23	3.84	6.31	11.84	22.67
223	其他生产制造及有关人员	3.83	4.65	5.39	6.17	8.00

（二）技术工种分等级工资价位

舟山市技术工种分等级工资价位

单位：万元

序号	职业细类及岗位等级	分位值				
		10%	25%	50%	75%	90%
1	焊工	4.76	5.60	7.12	8.32	9.45
2	技师	5.94	7.27	8.06	9.47	11.18
3	高级技能	5.59	6.46	7.90	9.34	11.00
4	中级技能	4.58	5.47	6.66	8.00	8.91
5	初级技能	4.23	4.71	5.66	7.01	8.73
6	电工	5.11	6.86	8.13	9.95	11.51
7	高级技师	7.24	8.56	9.76	12.27	14.05
8	技师	6.30	7.22	8.37	11.61	13.04
9	高级技能	5.30	6.44	7.32	10.69	11.33
10	中级技能	4.60	5.13	6.47	9.64	10.14
11	初级技能	3.79	4.87	5.82	7.40	9.78
12	制冷空调系统安装维修工	2.77	3.06	3.75	5.64	6.43
13	初级技能	2.98	3.23	3.66	5.44	6.99
14	防水工	4.64	5.47	5.89	6.34	6.64
15	中级技能	4.70	5.53	6.16	6.51	7.80
16	初级技能	4.57	4.98	5.76	6.12	6.43
17	砌筑工	4.26	4.60	5.90	6.21	7.54

续表

序号	职业细类及岗位等级	分位值				
		10%	25%	50%	75%	90%
18	中级技能	4.42	4.70	6.27	6.95	7.81
19	初级技能	4.21	4.63	5.50	6.55	7.50
20	混凝土工	4.44	5.24	6.19	6.84	7.87
21	初级技能	4.67	5.38	5.86	7.15	8.51
22	钢筋工	5.07	5.59	6.00	6.38	6.90
23	中级技能	5.38	5.77	6.10	6.60	7.10
24	初级技能	5.04	5.40	5.90	6.00	6.55
25	架子工	5.25	5.56	5.86	6.96	7.84
26	中级技能	5.32	5.83	6.20	7.00	8.20
27	初级技能	5.11	5.33	5.71	6.33	6.69
28	锅炉操作工	3.73	4.43	5.63	6.83	7.76
29	初级技能	3.67	4.54	5.50	7.43	8.50
30	机床装调维修工	5.33	5.89	6.34	7.33	9.03
31	初级技能	5.74	6.03	6.87	8.07	10.71
32	铸造工	3.12	4.13	4.89	5.94	6.83
33	初级技能	3.22	4.12	4.98	6.27	7.08
34	锻造工	2.93	3.92	4.39	6.53	7.89
35	初级技能	3.03	3.82	4.48	6.72	8.15
36	金属热处理工	3.77	4.93	5.48	6.58	7.72
37	初级技能	3.70	4.73	5.62	6.53	7.78
38	车工	4.43	5.31	6.49	7.81	8.71
39	技师	4.73	5.84	7.53	8.90	10.98
40	高级技能	4.43	5.58	6.37	7.19	8.91
41	中级技能	4.08	4.59	5.67	6.67	8.34
42	初级技能	3.84	4.23	4.92	5.44	7.95
43	铣工	4.77	5.28	6.08	7.80	8.66
44	高级技能	4.88	5.53	6.63	8.13	9.23
45	中级技能	4.55	5.33	6.17	6.82	8.04
46	初级技能	3.81	4.29	4.62	5.89	7.67
47	钳工	5.36	6.31	7.52	8.00	8.52
48	技师	6.39	7.68	8.47	9.21	10.88
49	高级技能	6.09	6.47	6.79	8.12	9.86
50	中级技能	4.63	5.68	6.19	7.15	9.69
51	初级技能	3.92	4.31	4.86	5.96	6.84
52	磨工	3.36	4.39	5.62	6.03	7.44
53	初级技能	3.47	4.59	5.33	6.16	7.54

续表

序号	职业细类及岗位等级	分位值				
		10%	25%	50%	75%	90%
54	电切削工	2.77	3.43	4.33	5.27	6.77
55	初级技能	2.98	3.60	4.41	5.73	7.16
56	制冷工	3.25	3.68	4.55	5.33	6.39
57	中级技能	3.56	3.90	5.00	6.33	7.35
58	初级技能	3.04	3.58	4.25	4.80	5.66
59	手工木工	4.57	4.95	5.91	6.37	6.98
60	中级技能	4.86	5.39	6.67	7.19	7.89
61	初级技能	4.58	4.85	5.56	5.85	6.08
62	评茶员	3.14	3.80	4.17	5.29	6.28
63	初级技能	3.40	3.90	4.42	5.54	6.45
64	眼镜验光员	2.98	3.46	3.83	4.28	4.68
65	初级技能	3.00	3.65	4.04	4.58	4.93
66	眼镜定配工	2.89	3.73	4.24	4.73	5.28
67	初级技能	3.07	3.79	4.30	4.92	5.52
68	汽车维修工	5.05	5.87	7.35	8.52	11.59
69	高级技师	7.24	7.76	8.62	10.96	12.24
70	技师	6.14	6.41	6.92	9.56	11.94
71	高级技能	5.86	6.23	6.62	8.59	11.03
72	中级技能	4.82	5.24	5.41	7.13	8.39
73	初级技能	3.58	4.35	5.17	6.21	6.97
74	美容师	3.11	3.98	4.64	5.54	5.89
75	初级技能	3.37	4.20	4.86	5.64	6.08
76	美发师	3.69	4.49	4.89	6.58	7.20
77	初级技能	3.75	4.58	5.08	6.78	7.46
78	育婴员	4.01	5.40	6.08	7.87	8.89
79	初级技能	4.26	5.54	6.24	7.99	9.18
80	保育员	3.00	3.30	3.48	3.89	4.29
81	初级技能	3.01	3.38	3.55	4.03	4.31
82	有害生物防治员	3.43	4.26	4.54	5.42	5.89
83	初级技能	3.68	4.32	4.78	5.68	6.03
84	保安员	3.93	4.70	5.24	5.61	6.31
85	高级技能	4.25	4.92	5.41	6.32	7.20
86	中级技能	3.51	4.80	5.12	5.83	6.75
87	初级技能	3.26	4.16	4.64	5.61	6.26
88	智能楼宇管理员	3.42	4.21	5.24	6.02	6.53
89	初级技能	3.56	4.46	5.43	6.21	6.86

续表

序号	职业细类及岗位等级	分位值				
		10%	25%	50%	75%	90%
90	劳动关系协调员	3.88	4.41	5.09	5.30	6.06
91	初级技能	3.98	4.56	5.15	5.85	6.33
92	企业人力资源管理师	3.72	4.58	5.53	7.36	8.64
93	初级技能	3.90	4.79	5.89	7.89	8.77
94	中央空调系统运行操作员	3.58	4.06	4.47	5.67	6.03
95	初级技能	3.87	4.26	4.56	5.90	6.39
96	中式烹调师	3.71	4.46	5.60	6.59	8.28
97	技师	4.15	5.46	6.06	8.73	9.92
98	高级技能	3.82	4.33	5.37	5.80	6.47
99	中级技能	3.64	4.04	4.64	5.20	5.61
100	初级技能	3.06	3.45	3.97	4.37	4.73
101	中式面点师	3.16	3.42	3.76	4.26	4.64
102	高级技能	3.36	3.88	4.16	4.80	5.39
103	中级技能	3.03	3.24	3.83	4.02	4.32
104	初级技能	2.84	3.06	3.65	3.89	4.14
105	西式烹调师	3.33	3.45	3.85	4.29	4.80
106	高级技能	3.52	3.89	4.35	4.98	5.46
107	中级技能	3.12	3.49	3.79	4.09	4.21
108	初级技能	2.82	3.20	3.49	3.79	4.12
109	西式面点师	2.88	3.00	3.35	3.73	4.37
110	中级技能	3.02	3.21	3.42	3.92	4.54
111	初级技能	2.61	2.88	3.01	3.57	4.18
112	茶艺师	3.10	3.21	3.53	3.87	4.20
113	初级技能	3.19	3.40	3.64	4.02	4.33
114	养老护理员	4.59	4.79	5.20	5.46	5.83
115	初级技能	4.68	4.89	5.26	5.59	5.91

2021年台州市人力资源市场工资指导价位

一、分职业细类企业从业人员工资指导价位

序号	职业细类	分位值（单位：元/年）				
		10%	25%	50%	75%	90%
1	企业董事	68795	96257	163751	230609	551372
2	企业总经理	71622	82394	140400	239739	458090
3	生产经营部门经理	60000	75429	102272	140496	240285
4	财务部门经理	47999	60000	81762	133246	212041
5	行政部门经理	60000	77173	103639	143829	202447
6	人事部门经理	47793	60043	82898	130194	198949
7	销售和营销部门经理	48006	63572	91815	126112	217933
8	采购部门经理	46785	59017	81509	120000	204969
9	计算机服务部门经理	59649	67291	100990	158652	215286
10	研究和开发部门经理	62207	76232	130246	186117	252482
11	餐厅部门经理	43878	47905	67036	92000	126177
12	其他职能部门经理	49344	62967	104570	177289	236184
13	化工实验工程技术人员	54353	66441	85605	136146	161860
14	化工生产工程技术人员	74496	80770	86680	105320	127422
15	机械设计工程技术人员	50860	77865	93399	113904	148532
16	机械制造工程技术人员	49720	60450	72100	87245	106155
17	汽车工程技术人员	45513	60000	70000	84977	110300
18	计算机网络工程技术人员	42000	53026	85175	116332	140938
19	嵌入式系统设计工程技术人员	86098	91779	102035	174133	220807
20	信息系统运行维护工程技术人员	53591	82438	87874	148691	193512
21	电缆光缆工程技术人员	41854	46391	67309	80539	97635
22	光源与照明工程技术人员	35437	42337	55613	67184	81315
23	快递工程技术人员	46511	48925	51408	61959	74419
24	广播电视传输覆盖工程技术人员	51778	58389	68194	116434	153203
25	道路交通工程技术人员	73426	78120	90720	109028	132494
26	建筑和市政设计工程技术人员	45668	50402	64042	98881	118962

续表

序号	职业细类	分位值（单位：元/年）				
		10%	25%	50%	75%	90%
27	土木建筑工程技术人员	43000	58850	72000	87280	105840
28	供水排水工程技术人员	57884	86969	100104	181040	219291
29	城镇燃气供热工程技术人员	76148	84452	112771	203749	272970
30	环境卫生工程技术人员	33588	38813	46100	55834	96729
31	园林绿化工程技术人员	36248	45119	50500	66450	89439
32	纺织工程技术人员	47140	50186	53080	64264	77971
33	计量工程技术人员	52897	58170	71542	89643	111683
34	能源管理工程技术人员	38196	41803	67000	81261	98894
35	监理工程技术人员	52000	57600	73100	88693	117010
36	工程造价工程技术人员	42244	52138	80102	97000	117325
37	产品设计工程技术人员	49227	62391	74908	96316	119471
38	工业设计工程技术人员	60636	91422	104983	174471	211444
39	塑料加工工程技术人员	71862	76734	82029	99478	119537
40	畜牧技术人员	66073	71933	80378	96717	117598
41	其他农业技术人员	78905	84392	89800	109119	132146
42	内科医师	57533	73332	86016	114000	160604
43	外科医师	60000	77917	105775	177960	234046
44	妇产科医师	61689	75033	112939	143610	196166
45	口腔科医师	56528	65678	99530	157812	224443
46	放射科医师	40618	52356	83818	123374	186742
47	超声科医师	49360	57326	83940	139080	190702
48	中医内科医师	60323	69924	118588	156280	172355
49	中西医结合骨伤科医师	63040	109189	115702	154903	190964
50	药师	41719	55807	70106	91683	134342
51	中药师	44555	59985	72411	87726	144152
52	影像技师	42360	48000	61600	74476	98680
53	临床检验技师	47322	52294	64807	96583	117214
54	康复技师	43605	47180	50351	86076	103376
55	内科护士	36500	47059	62394	75336	91658
56	急诊护士	36477	42575	68312	82802	99513
57	外科护士	34258	45326	67344	81765	99024
58	社区护士	31762	37800	47838	58050	70260
59	口腔科护士	35000	48000	54204	83497	101518
60	妇产科护士	39759	49006	54550	77538	97801
61	中医护士	46006	49551	53089	82972	141391
62	其他卫生专业技术人员	48892	68272	77152	93794	112793

续表

序号	职业细类	分位值（单位：元/年）				
		10%	25%	50%	75%	90%
63	统计专业人员	46720	56344	65656	76254	103876
64	会计专业人员	41984	50097	61700	78904	102126
65	市场营销专业人员	44932	48000	64303	94226	151733
66	报关专业人员	50168	61295	75253	100459	112889
67	人力资源管理专业人员	50090	59917	67232	109478	133412
68	人力资源服务专业人员	36091	48310	66680	75895	88524
69	银行清算专业人员	59772	63143	94558	119953	132912
70	信贷审核专业人员	96523	112685	146253	192002	240257
71	保险理赔专业人员	58771	84293	88867	116705	154339
72	其他经济和金融专业人员	55906	68986	73578	125739	160340
73	中学教育教师	43400	51500	60000	85157	145151
74	幼儿教育教师	31078	43662	56027	67790	84976
75	其他教学人员	33650	41780	51529	65702	83000
76	戏剧戏曲演员	45300	49350	63300	77350	94400
77	教练员	44213	52746	72000	86292	104358
78	档案专业人员	48111	60413	65483	79126	95797
79	其他专业技术人员	46695	49850	63102	81570	130305
80	行政办事员	38523	50379	65682	104421	138831
81	秘书	47955	50545	65643	105575	116749
82	收发员	35673	43000	59919	71953	86287
83	后勤管理员	41448	49040	60325	84557	122105
84	其他办事人员	34969	60880	66881	113853	128180
85	保卫管理员	40174	53706	57064	75649	100805
86	消防安全管理员	46973	57530	62180	76418	119358
87	其他安全和消防人员	40725	47111	57023	66260	78597
88	其他办事人员和有关人员	32777	36959	48388	60149	79047
89	采购员	46401	53730	65376	94969	108994
90	营销员	34218	46512	65480	97602	128390
91	商品营业员	30937	34264	39825	51830	68924
92	收银员	30073	35797	43495	58622	71735
93	农产品购销员	27135	33179	47335	61676	79360
94	其他批发与零售服务人员	36008	43748	46423	64170	71179
95	道路客运汽车驾驶员	54291	58589	68947	80645	91880
96	道路客运服务员	27502	34308	45013	58360	75005
97	道路货运业务员	27600	35435	45067	58456	77263
98	公路收费及监控员	56969	62113	71142	107506	137412

续表

序号	职业细类	分位值（单位：元/年）				
		10%	25%	50%	75%	90%
99	机动车驾驶教练员	27040	35415	50490	61124	73873
100	船舶业务员	59380	65534	75600	84600	91440
101	装卸搬运工	49845	59410	77517	102000	119799
102	客运售票员	36088	40029	46360	55941	67172
103	仓储管理员	41635	50054	59427	71248	83735
104	邮件分拣员	47145	55292	58908	62653	76761
105	邮件转运员	47389	57212	60321	64700	70124
106	快递员	36340	38571	45272	55756	62309
107	快件处理员	42091	52756	62158	70071	84493
108	其他交通运输、仓储和邮政业服务人员	44492	48714	56274	60886	85726
109	前厅服务员	33235	39076	42000	52850	57968
110	客房服务员	28381	39239	46752	50689	55983
111	餐厅服务员	30180	40805	47800	51075	56000
112	信息通信营业员	35770	38200	54065	60535	74344
113	信息通信业务员	35398	37653	50240	60966	73719
114	信息通信网络线务员	35932	39799	45520	55103	72730
115	网络与信息安全管理员	46528	56834	65772	71902	122374
116	信息通信信息化系统管理员	65278	69498	80920	128570	185464
117	计算机软件测试员	58908	62042	75633	91741	132034
118	其他信息传输、软件和信息技术服务人员	51946	80268	88849	128091	139327
119	银行信贷员	67897	117785	125476	213621	246341
120	银行客户业务员	69277	90065	152234	227659	303056
121	保险保全员	60919	81055	123328	177482	228905
122	其他金融服务人员	49743	92429	98016	165825	239647
123	物业管理员	37835	41853	48000	57796	69948
124	停车管理员	25708	32422	40141	48668	58572
125	客户服务管理员	34216	45460	56400	84636	94902
126	导游	33123	48346	51685	62511	75824
127	旅行社计调	42716	45315	51883	71099	85066
128	旅游咨询员	29418	32427	40592	54146	75150
129	公共游览场所服务员	35505	37718	45977	55818	67848
130	休闲农业服务员	26359	29000	33000	42418	51446
131	安检员	31832	34813	38000	44516	53958
132	消防设施操作员	32912	39956	47257	58778	65984
133	商品防损员	30250	32113	34357	41482	52542
134	市场管理员	51344	54600	58880	62782	76062

续表

序号	职业细类	分位值（单位：元/年）				
		10%	25%	50%	75%	90%
135	其他租赁和商务服务人员	31420	56565	60000	72822	88635
136	农产品食品检验员	28023	34941	45000	50914	60748
137	计量员	45929	48714	57612	61024	67002
138	环境监测员	45280	57863	72923	88230	93574
139	广告设计师	49108	53345	63923	75889	91196
140	污水处理工	32207	42988	53109	64342	78387
141	工业固体废物处理处置工	54913	57852	61543	65493	73260
142	保洁员	24000	29190	35280	42785	51937
143	生活垃圾清运工	36013	39626	49340	59835	71925
144	生活垃圾处理工	47821	52763	61139	74317	80025
145	园林绿化工	36520	39847	45869	55830	67483
146	家政服务员	25800	31153	49684	60300	73362
147	保健调理师	65300	72000	86500	104500	136000
148	保健按摩师	52000	57607	66365	80266	97249
149	水供应服务员	45466	57138	65962	94639	144218
150	群众文化指导员	29097	31130	42040	75316	117457
151	其他农业生产人员	34198	40964	49800	55045	66187
152	护林员	55321	60516	69000	103873	142074
153	渔业船员	37644	52447	60400	108474	141600
154	农机修理工	51560	56202	60000	72943	87513
155	畜禽屠宰加工工	43723	56220	64380	73440	82446
156	缝纫工	29606	40185	49523	68422	78462
157	服装水洗工	46901	51418	59500	63660	67588
158	皮革及皮革制品加工工	24212	27565	37050	49570	61844
159	制鞋工	36487	40256	46400	56024	67929
160	其他木材加工、家具与木制品制作人员	39920	44151	50945	61655	74641
161	化工单元操作工	49920	55311	63344	76853	93499
162	纯碱生产工	52947	57870	76070	90116	105991
163	橡胶制品生产工	44286	48160	59580	72081	81434
164	水泥生产工	55191	60298	68970	83454	101064
165	油气输送工	59465	68905	76644	83232	110087
166	井矿盐制盐工	52936	58748	67205	81561	98258
167	多工序数控机床操作调整工	49005	61638	71295	83084	94837
168	下料工	41728	52407	60657	65812	76876
169	铆工	54305	60704	68908	89969	103016
170	机械加工材料切割工	50745	65462	69482	79434	91363

续表

序号	职业细类	分位值（单位：元/年）				
		10%	25%	50%	75%	90%
171	涂装工	54038	59950	69382	78045	87302
172	喷涂喷焊工	53937	59893	63370	90075	101554
173	模具工	53516	60414	77588	88936	112179
174	工具钳工	44361	47277	59468	69917	76858
175	其他机械制造基础加工人员	52700	57439	63074	69486	88047
176	其他金属制品制造人员	48162	67260	70755	85983	103295
177	装配钳工	55254	60518	69591	83884	101718
178	机床装调维修工	58622	62502	72891	88091	106762
179	泵装配调试工	57539	63172	67857	81933	99556
180	制冷空调设备装配工	51484	60258	71683	85358	105495
181	工程机械装配调试工	56371	61969	66515	79465	94539
182	缝制机械装配调试工	48556	54686	62993	76218	91566
183	耕种机械制造工	69803	76807	88580	107600	130404
184	汽车生产线操作工	49161	54402	62575	75430	90990
185	汽车零部件再制造工	50729	70744	75327	84629	91865
186	锅炉运行值班员	44921	54855	57720	69318	84214
187	汽轮机运行值班员	47344	50520	65503	79570	96683
188	电气值班员	56490	71924	121902	207893	221630
189	水力发电运行值班员	69497	76575	88439	107209	131016
190	水生产处理工	47268	58757	71721	93357	113357
191	水供应输排工	55610	61722	71205	98679	118679
192	工业废水处理工	59697	64067	67777	76816	103455
193	石工	53763	65000	73000	77999	83090
194	凿岩工	53033	69651	73103	83115	90557
195	电力电缆安装运维工	40165	45976	57252	68546	83193
196	机械设备安装工	37601	41410	53727	64538	78203
197	电气设备安装工	58789	62000	70000	84253	99391
198	电梯安装维修工	57739	68159	72465	86125	92260
199	装饰装修工	32521	39662	47100	57271	75621
200	专用车辆驾驶员	51399	54557	58200	70350	91382
201	起重装卸机械操作工	47408	58835	74764	81575	139401
202	挖掘铲运和桩工机械司机	35000	45840	78181	90000	138767
203	设备点检员	69023	85058	96671	119686	149249
204	机修钳工	61917	71992	82283	92355	100270
205	发电机检修工	65860	72740	82995	149634	209039
206	变电设备检修工	53376	60720	87186	142183	172147

续表

序号	职业细类	分位值（单位：元/年）				
		10%	25%	50%	75%	90%
207	工程机械维修工	62503	68867	82545	94760	101841
208	质检员	45488	55025	63666	74954	83086
209	包装工	32584	48910	56321	63925	69671
210	其他生产辅助人员	37990	40420	59600	85850	102605
211	其他生产制造及有关人员	42510	51600	68274	90205	102464

二、部分技术工人职业（工种）分等级工资指导价位

单位：元

序号	部分工种	岗位等级	2020分位值				
			10%	25%	50%	75%	90%
1	焊工	高级技师	57356	69965	98660	127002	169866
		技师	54972	66272	93049	120145	134876
		高级技能	47628	55871	83321	110128	122287
		中级技能	40924	52634	82318	103420	111763
		初级技能	35026	43668	65442	90234	98655
2	电工	高级技师	83437	95717	108035	126105	141706
		技师	70996	84872	91164	122204	130758
		高级技能	54085	64540	89115	104153	118605
		中级技能	40966	52958	77660	86511	100472
		初级技能	39723	50498	67367	71661	86941
3	制冷空调系统安装维修工	高级技能	47559	58846	79605	108366	115951
		中级技能	36306	42942	64149	84859	92963
		初级技能	29412	36814	42878	57674	68568
4	防水工	技师	40206	56760	68165	74674	102421
		高级技能	37769	43882	58071	71041	82692
		中级技能	32227	37692	45068	56450	60402
		初级技能	25479	29059	40368	45237	57934
5	砌筑工	高级技能	37975	45155	52449	70714	87762
		中级技能	31564	37651	50971	62191	68872
		初级技能	27687	33649	40161	45500	53916
6	混凝土工	高级技能	38893	44582	50124	61358	74643
		中级技能	35817	38721	43630	59843	70675
		初级技能	29594	32411	34723	44441	59548

续表

序号	部分工种	岗位等级	2020分位值				
			10%	25%	50%	75%	90%
7	钢筋工	技师	41191	46425	55217	68554	79568
		高级技能	36249	45537	52481	62862	70471
		中级技能	30962	37523	45637	54336	58910
		初级技能	27863	34241	37136	51533	55140
8	架子工	高级技能	31945	36732	56898	63466	74108
		中级技能	26074	31361	40722	49484	66184
		初级技能	24406	30623	36734	47447	58787
9	锅炉操作工	技师	54496	65701	71775	96187	102921
		高级技能	52727	59766	64523	86640	97222
		中级技能	41431	50654	55885	75353	89587
		初级技能	36748	47735	51502	59294	71614
10	机床装修维修工	高级技能	53894	63970	68576	81200	100643
		中级技能	50866	61800	65069	78417	92842
		初级技能	47774	54831	59290	67762	89371
11	铸造工	高级技师	65139	78856	87515	98357	113806
		技师	58008	71511	79910	95050	109970
		高级技能	54760	68850	75270	92007	101618
		中级技能	45906	57887	62958	87057	99511
		初级技能	43403	52610	56549	60338	86215
12	锻造工	高级技师	56163	67299	91365	115553	139892
		技师	50655	62791	77105	98827	127506
		高级技能	48274	55810	71882	98129	107952
		中级技能	44382	53077	61457	82660	102093
		初级技能	40459	48263	57715	76274	95168
13	金属热处理工	高级技师	70751	91276	103396	137556	191721
		技师	66948	76492	92405	104095	114123
		高级技能	49932	63713	70642	79400	100391
		中级技能	42955	53338	64022	76472	99518
		初级技能	36496	43818	56870	71193	79643
14	车工	高级技师	58624	73693	99858	128300	151610
		技师	53283	67146	86236	103907	117479
		高级技能	51664	65730	78243	93323	107582
		中级技能	45726	53429	63788	77208	88069
		初级技能	39427	48573	61475	71009	78464

续表

序号	部分工种	岗位等级	2020分位值				
			10%	25%	50%	75%	90%
15	铣工	高级技师	83045	105504	121925	134800	153046
15	铣工	技师	65983	77870	87329	103329	122768
15	铣工	高级技能	44130	55204	63628	76526	111241
15	铣工	中级技能	37076	43808	57577	79216	84762
15	铣工	初级技能	31459	40036	52225	68599	80926
16	钳工	高级技师	78560	86118	93548	121436	137078
16	钳工	技师	64091	75019	91643	116415	127408
16	钳工	高级技能	55846	70515	80337	99180	106652
16	钳工	中级技能	50989	63204	69605	85409	94922
16	钳工	初级技能	39295	48991	64738	75289	87678
17	磨工	高级技师	60923	73717	91277	119257	139946
17	磨工	技师	56159	67696	87975	103138	111240
17	磨工	高级技能	51733	59374	78371	97910	110200
17	磨工	中级技能	38545	49962	74320	88964	95917
17	磨工	初级技能	32478	41444	65293	73259	86551
18	电切削工	高级技能	61466	70326	82991	88146	102789
18	电切削工	中级技能	56285	68281	72711	77461	88263
18	电切削工	初级技能	49413	54272	59314	67112	76658
19	制冷工	技师	58619	69400	92505	110947	123069
19	制冷工	高级技能	49929	55988	78857	90043	100802
19	制冷工	中级技能	45457	49589	55727	67585	74916
19	制冷工	初级技能	38658	41563	44474	60321	68226
20	手工木工	技师	54404	63872	66649	86529	115733
20	手工木工	高级技能	44701	53489	56988	72000	101665
20	手工木工	中级技能	39320	49801	54330	68919	95240
20	手工木工	初级技能	37312	42660	46828	55561	73429
21	眼镜验光员	高级技师	52573	67948	82892	88953	117816
21	眼镜验光员	技师	47145	64525	79541	88270	103385
21	眼镜验光员	高级技能	42969	48908	70407	84408	96927
21	眼镜验光员	中级技能	34691	41604	62008	74368	82116
21	眼镜验光员	初级技能	32381	39007	51506	57449	74778
22	汽车维修工	高级技师	62829	77948	106533	121150	145600
22	汽车维修工	技师	53592	68750	88244	116900	141749
22	汽车维修工	高级技能	50067	61559	82228	99064	119198
22	汽车维修工	中级技能	41812	53958	77646	88286	109451
22	汽车维修工	初级技能	32437	40551	63045	83022	96896

续表

序号	部分工种	岗位等级	2020分位值				
			10%	25%	50%	75%	90%
23	美容师	高级技师	58158	75319	102837	123189	151434
		技师	53154	64812	83320	109051	119572
		高级技能	47030	56625	75473	88551	107049
		中级技能	40845	51637	67458	87811	99389
		初级技能	36298	45234	58294	64009	76730
24	美发师	高级技师	56578	70272	96689	103194	129711
		技师	50620	63482	87478	95048	112023
		高级技能	47337	58845	76984	91937	108468
		中级技能	41446	54302	65040	68953	92780
		初级技能	38342	46067	59040	62849	82076
25	育婴员	高级技能	40279	47619	64669	83366	116596
		中级技能	36611	42679	56940	71248	91341
		初级技能	31448	37792	49408	57382	75607
26	保安员	技师	33619	40240	54240	63214	75012
		高级技能	31906	37244	50463	60531	70723
		中级技能	30187	36819	48768	56515	63051
		初级技能	25534	29805	44709	48225	56541
27	中式烹调师	高级技师	75214	81124	85980	100225	117490
		技师	57225	64443	71215	89970	106233
		高级技能	52206	58279	64530	80680	100689
		中级技能	43427	55191	60372	75495	94386
		初级技能	32003	41417	53405	59517	82174
28	中式面点师	高级技师	73066	79099	86114	94833	106263
		技师	40706	58125	69373	78059	91351
		高级技能	34879	43374	58820	73315	88413
		中级技能	29735	34135	45242	55384	83295
		初级技能	26826	33171	41340	54896	67978
29	西式面点师	高级技师	45274	55058	71198	82212	104883
		技师	41948	49696	64037	79365	88079
		高级技能	38665	43566	55993	73441	78582
		中级技能	33147	40194	47585	66611	71273
		初级技能	29684	34348	45820	58041	64852
30	养老护理员	高级技师	63465	80828	84243	108217	114194
		技师	59534	68623	76843	100703	107752
		高级技能	53912	65032	71217	85032	94303
		中级技能	51527	60475	65117	79057	90186
		初级技能	46432	55662	60364	66389	79457

三、分行业门类分职业细类企业从业人员工资指导价位

1.台州市制造业分职业细类企业从业人员工资指导价位

序号	职业细类	分位值（单位：元/年）				
		10%	25%	50%	75%	90%
1	企业董事	77314	116198	196741	330548	527838
2	企业总经理	67619	94240	160854	273013	673944
3	生产经营部门经理	64747	81482	101795	127665	256352
4	财务部门经理	51778	68527	98308	149638	274672
5	行政部门经理	70021	86757	107814	144228	199878
6	人事部门经理	65323	87073	102141	133456	195261
7	销售和营销部门经理	62400	81500	105988	146441	229204
8	采购部门经理	47148	61457	82558	109812	186971
9	计算机服务部门经理	53541	67495	107818	117303	209588
10	研究和开发部门经理	61073	75560	129192	185577	256982
11	其他职能部门经理	69621	87491	110265	157871	205989
12	化工实验工程技术人员	54353	66441	85605	145647	181860
13	机械设计工程技术人员	51222	77824	97497	114034	148564
14	机械制造工程技术人员	49700	60400	65274	69119	100068
15	设备工程技术人员	46611	60959	69852	94378	129435
16	嵌入式系统设计工程技术人员	86835	91779	102035	173701	196641
17	电工电器工程技术人员	57823	68169	78122	97663	119061
18	纺织工程技术人员	47083	50031	53080	56443	60049
19	质量管理工程技术人员	55491	76205	84348	112294	135163
20	项目管理工程技术人员	64338	91263	99806	112188	132097
21	产品设计工程技术人员	49227	62391	74908	96316	119471
22	工业设计工程技术人员	60636	93688	114983	174471	203183
23	塑料加工工程技术人员	72102	76845	82029	87060	96023
24	畜牧技术人员	66073	71933	80378	91249	102955
25	统计专业人员	36720	41224	55185	66984	77666
26	会计专业人员	45070	51197	65201	74489	89482
27	报关专业人员	50168	61295	75253	100459	112889
28	人力资源管理专业人员	57570	62929	66200	71029	110528
29	档案专业人员	48181	60700	67607	72327	77110
30	行政办事员	43534	51574	67605	78014	98767
31	后勤管理员	42968	52562	62257	75868	92612
32	其他办事人员	45110	51381	61430	71532	97168

续表

序号	职业细类	分位值（单位：元/年）				
		10%	25%	50%	75%	90%
33	保卫管理员	42454	57216	61269	64688	71195
34	其他办事人员和有关人员	31978	35200	52570	74426	97377
35	采购员	47088	53627	66095	87179	105360
36	营销员	43892	55888	72302	97501	125036
37	农产品购销员	27135	33179	47335	61676	79360
38	道路货运汽车驾驶员	42345	45978	57158	64740	68614
39	装卸搬运工	48297	60746	77612	106323	127940
40	仓储管理员	44917	50795	59318	67516	75091
41	前厅服务员	33203	35395	37586	49929	53914
42	餐厅服务员	35130	36992	39282	42736	49987
43	网络与信息安全管理员	55663	59136	65785	69538	99285
44	计算机软件测试员	58885	62042	75633	91741	124451
45	其他信息传输、软件和信息技术服务人员	66193	80268	91665	128091	142532
46	保安员	23645	31659	37922	45235	49966
47	计量员	45929	48714	57612	61063	67002
48	广告设计师	50726	53743	56984	66121	71572
49	污水处理工	41111	54488	61975	75027	79870
50	畜禽屠宰加工工	54720	59220	64380	69120	77868
51	缝纫工	29743	39283	45625	56599	68913
52	皮革及皮革制品加工工	20212	27565	37050	49570	61844
53	制鞋工	40797	43435	46400	51937	55717
54	手工木工	44058	50635	53678	57173	77616
55	化工单元操作工	51504	59094	63344	68076	72703
56	制冷工	60551	64384	70736	75120	79531
57	纯碱生产工	55088	57870	76070	90116	105991
58	化学合成制药工	51834	57612	61399	81028	91309
59	橡胶制品生产工	44286	48160	59580	72081	81434
60	车工	49938	61181	65286	87447	94241
61	铣工	37718	61750	65492	86460	92987
62	磨工	37442	61297	64808	85267	95264
63	多工序数控机床操作调整工	49005	61638	71295	83084	94837
64	下料工	41728	52407	60657	65812	76876
65	铸造工	46689	59488	72115	97585	112528
66	锻造工	47411	63880	67134	93758	100041
67	金属热处理工	49879	64758	69204	83005	88479
68	涂装工	59629	65722	69904	79794	89992

续表

序号	职业细类	分位值（单位：元/年）				
		10%	25%	50%	75%	90%
69	喷涂喷焊工	49769	59575	63194	90075	95566
70	模具工	53516	60414	77588	88936	112091
71	工具钳工	44197	47277	59468	69917	76858
72	其他机械制造基础加工人员	52700	57439	63074	69486	87225
73	其他金属制品制造人员	48520	66796	70755	75404	80273
74	装配钳工	61272	65365	69624	74325	78829
75	机床装调维修工	58523	62502	72891	81419	87882
76	泵装配调试工	57949	63218	67873	72489	80641
77	缝制机械装配调试工	57592	61503	65535	69396	73926
78	耕种机械制造工	78016	83062	88580	93505	99519
79	汽车零部件再制造工	50154	70744	75891	84629	91865
80	锅炉操作工	59288	63820	77360	82777	87879
81	机械设备安装工	36660	41410	51050	59646	69147
82	专用车辆驾驶员	51019	59208	66905	71272	75639
83	起重装卸机械操作工	58690	62968	75890	86144	120004
84	设备点检员	69023	85058	96671	119686	149249
85	机修钳工	63267	72744	83048	92487	100585
86	电工	63732	69479	73283	85376	95694
87	质检员	49629	56470	64040	75199	82936
88	试验员	41411	56800	74845	87446	99123
89	包装工	31152	47116	55580	65719	69898
90	其他生产辅助人员	43765	53451	63518	79619	94760
91	其他生产制造及有关人员	45246	56486	73273	92244	102245

2.台州市电力、热力、燃气及水生产和供应业分职业细类企业从业人员工资指导价位

序号	职业细类	分位值（单位：元/年）				
		10%	25%	50%	75%	90%
1	企业董事	205408	225485	261903	377840	515368
2	企业总经理	133320	208492	218948	341435	442063
3	人事部门经理	92080	99377	137228	218912	273440
4	销售和营销部门经理	123630	137915	146657	201632	248372
5	采购部门经理	133197	171146	182197	264294	317154
6	其他职能部门经理	97195	122624	159387	228658	242888
7	供水排水工程技术人员	57884	89731	100104	183457	227853
8	城镇燃气供热工程技术人员	76148	84452	112771	190966	272970

续表

序号	职业细类	分位值（单位：元/年）				
		10%	25%	50%	75%	90%
9	档案专业人员	51358	60637	66172	72467	84018
10	采购员	60578	73005	84653	141916	169663
11	仓储管理员	68136	75610	83504	126171	147764
12	保安员	24960	37251	44302	55242	70550
13	污水处理工	30043	38720	52826	60720	76482
14	供电服务员	79476	129621	148594	165017	183749
15	水供应服务员	45603	77138	105962	164639	175989
16	其他电力、燃气及水供应服务人员	36611	62031	105154	178468	189850
17	装配钳工	40524	44144	54880	58613	70372
18	锅炉运行值班员	49920	54635	57720	66144	70318
19	汽轮机运行值班员	47857	50520	65915	70203	83151
20	电气值班员	56490	71919	121902	208376	221721
21	水力发电运行值班员	68151	78244	88439	99334	131016
22	水生产处理工	47268	60113	101721	113357	122784
23	水供应输排工	67083	84963	112044	128083	135401
24	专用车辆驾驶员	49087	54289	67900	75738	85972
25	机修钳工	51343	57717	64550	74768	87962
26	电工	58647	64470	68520	79941	85577
27	发电机检修工	89841	99546	122995	194614	209039
28	变电设备检修工	53160	80657	117475	144375	153510
29	化学检验员	76250	130312	192478	204085	225575
30	其他生产制造及有关人员	36025	41357	50691	86347	146021

3.台州市建筑业分职业细类企业从业人员工资指导价位

序号	职业细类	分位值（单位：元/年）				
		10%	25%	50%	75%	90%
1	企业总经理	56957	91000	134680	229481	424800
2	生产经营部门经理	50300	67855	97000	130290	150000
3	财务部门经理	53400	61200	83604	124949	140808
4	行政部门经理	54700	67750	87627	124223	156361
5	销售和营销部门经理	53330	78275	101312	138800	188516
6	研究和开发部门经理	44076	70049	129913	152124	174132
7	其他企业中高级管理人员	63600	73318	92160	142036	176856
8	工程测量工程技术人员	40983	53100	67000	81000	103941

续表

序号	职业细类	分位值（单位：元/年）				
		10%	25%	50%	75%	90%
9	道路交通工程技术人员	63035	78120	90720	99400	125720
10	土木建筑工程技术人员	43000	54710	68490	87480	105568
11	园林绿化工程技术人员	34348	42645	51000	69599	94492
12	质量管理工程技术人员	58345	93956	104521	125000	140000
13	项目管理工程技术人员	56319	81948	105000	120000	137250
14	工程造价工程技术人员	40951	51000	56898	78989	94892
15	会计专业人员	41944	51130	61400	79823	98175
16	人力资源管理专业人员	41035	49562	58480	81460	96371
17	其他专业技术人员	46200	49350	53800	73125	107150
18	行政办事员	45141	55657	59142	100560	116807
19	后勤管理员	42662	56370	66000	77300	116461
20	其他办事人员	37200	49218	57420	80661	89747
21	其他办事人员和有关人员	38932	46296	50000	53342	96882
22	营销员	44292	56500	77900	104350	114340
23	其他木材加工、家具与木制品制作人员	39920	44151	50945	61655	74641
24	水泥生产工	61611	64788	68970	73144	77816
25	井矿盐制盐工	59214	62871	67205	71797	76581
26	涂装工	54038	59950	69382	78045	87302
27	砌筑工	46852	63688	66900	71169	78248
28	石工	53763	65000	73000	77856	82713
29	混凝土工	53763	59192	63546	76843	89141
30	钢筋工	45632	61153	65785	79091	94451
31	架子工	48213	61905	66452	74293	94582
32	防水工	45156	53820	65076	78443	92618
33	电力电缆安装运维工	40165	45976	57252	68546	83193
34	电气设备安装工	58789	62000	70000	84253	99391
35	电梯安装维修工	57739	68159	72465	86125	92260
36	装饰装修工	32521	39662	47100	57271	75621
37	质检员	38938	50856	63000	76397	91980
38	安全员	38737	66200	91331	108371	128077
39	其他生产辅助人员	32848	46620	60000	81710	96112

4.台州市批发和零售业分职业细类企业从业人员工资指导价位

序号	职业细类	分位值（单位：元/年）				
		10%	25%	50%	75%	90%
1	企业董事	89240	105674	118168	201723	251258
2	企业总经理	93635	103284	175689	213810	269056
3	财务部门经理	54450	72020	88903	148398	215799
4	行政部门经理	57995	74624	113677	152933	217672
5	人事部门经理	45130	62893	75559	98725	173938
6	销售和营销部门经理	53150	60699	82760	99757	143364
7	采购部门经理	54498	58169	78000	84962	106918
8	计算机服务部门经理	42155	62181	78818	84735	94981
9	其他职能部门经理	57250	68000	84303	133082	193325
10	其他企业中高级管理人员	53284	68251	90972	96896	195200
11	化工生产工程技术人员	72844	80140	86680	92840	99037
12	电工电器工程技术人员	57972	68191	76206	81423	85520
13	药师	42379	50869	64731	82337	104424
14	中药师	34311	46572	69737	92512	124972
15	会计专业人员	35240	43210	56360	65142	103473
16	市场营销专业人员	43654	48318	58019	69233	72845
17	人力资源管理专业人员	48918	59414	64210	73052	88815
18	其他专业技术人员	47132	50483	63102	74170	88281
19	行政办事员	41627	47097	80187	85486	111796
20	后勤管理员	35004	50487	60559	71970	127985
21	其他办事人员	43056	61425	67593	76814	105517
22	采购员	37486	40157	54987	68449	83143
23	营销员	33378	46922	65744	108082	121939
24	商品营业员	30937	34264	39825	51830	68924
25	医药商品购销员	42883	51201	64599	82720	102136
26	其他批发与零售服务人员	36008	43628	46338	64170	71179
27	道路货运汽车驾驶员	31480	42600	56042	72281	84947
28	仓储管理员	34209	36535	39688	53924	64189
29	理货员	26004	30227	35799	46191	54414
30	商品防损员	30279	32167	34357	39701	52542
31	保洁员	21877	27918	33000	37200	46316
32	铣工	68632	72684	77441	83341	89000
33	机械加工材料切割工	46560	64863	69319	75078	89871
34	制冷空调设备装配工	61484	70258	81683	95358	105495

续表

序号	职业细类	分位值（单位：元/年）				
		10%	25%	50%	75%	90%
35	包装工	40942	56396	61265	65255	68671
36	其他生产辅助人员	27084	36525	43760	49007	64368
37	其他生产制造及有关人员	45000	60487	65480	69116	73625

5.台州市交通运输、仓储和邮政业分职业细类企业从业人员工资指导价位

序号	职业细类	分位值（单位：元/年）				
		10%	25%	50%	75%	90%
1	企业董事	70800	82500	140049	154875	186764
2	企业总经理	78090	93783	160215	173903	282933
3	生产经营部门经理	64000	73600	93926	119197	155880
4	财务部门经理	55806	61200	71950	96000	123706
5	行政部门经理	57066	61380	75999	99631	133782
6	人事部门经理	42470	49656	63730	86421	127540
7	采购部门经理	56579	63887	68153	92129	111713
8	快递工程技术人员	45529	48474	51408	56898	74362
9	保卫管理员	46636	66734	72266	93602	99767
10	道路客运汽车驾驶员	54273	58684	69442	80801	91083
11	道路货运汽车驾驶员	42859	52800	61451	65445	79592
12	道路客运服务员	30021	36874	45013	51917	67020
13	道路货运业务员	27600	35400	48000	50240	62920
14	公路收费及监控员	62009	77323	81142	120281	148137
15	船舶业务员	59380	71901	75600	84600	91440
16	装卸搬运工	38953	47344	75863	96000	102444
17	客运售票员	41476	44096	46360	49399	52847
18	邮件分拣员	47145	55292	58908	62916	67167
19	邮件转运员	53502	56514	60321	64700	70124
20	快递员	36367	38571	45282	47901	62086
21	快件处理员	42091	52756	62158	70071	74493
22	其他交通运输、仓储和邮政业服务人员	48387	51674	55225	58282	62120
23	汽车维修工	55630	59692	80200	91964	96945
24	渔业船员	48438	64120	78400	129000	141600
25	冲压工	55699	62329	69418	74042	78764
26	焊工	69503	74567	83287	88955	94627
27	工程机械装配调试工	56335	61319	66474	78926	84706

续表

序号	职业细类	分位值（单位：元/年）				
		10%	25%	50%	75%	90%
28	汽车生产线操作工	55958	58958	62575	65969	71278
29	起重装卸机械操作工	44449	56180	59693	77295	82313
30	电工	62440	74217	82579	90799	121234
31	工程机械维修工	64143	68798	82543	87690	93178
32	安全员	49430	52560	58447	75877	87600
33	其他生产辅助人员	48400	51426	65000	92000	129537
34	其他生产制造及有关人员	47334	52608	71400	101581	107899

6.台州市住宿和餐饮业分职业细类企业从业人员工资指导价位

序号	职业细类	分位值（单位：元/年）				
		10%	25%	50%	75%	90%
1	企业总经理	81030	115185	147780	249984	286844
2	餐厅部门经理	43706	56320	86138	106120	141180
3	其他安全和消防人员	34468	42181	54800	69263	72570
4	前厅服务员	29496	38400	42630	53800	67404
5	客房服务员	31146	43035	47800	55006	65065
6	餐厅服务员	30324	43200	47261	57427	63913

7.台州市信息传输、软件和信息技术服务业分职业细类企业从业人员工资指导价位

序号	职业细类	分位值（单位：元/年）				
		10%	25%	50%	75%	90%
1	销售和营销部门经理	42529	56467	91472	96209	118662
2	其他职能部门经理	51027	58720	82608	140469	183471
3	其他企业中高级管理人员	54287	57230	78180	99655	117380
4	电缆光缆工程技术人员	41636	54429	69309	90205	123521
5	广播电视传输覆盖工程技术人员	51778	58389	68194	115519	153358
6	建筑和市政设计工程技术人员	39376	44746	63380	86830	104460
7	会计专业人员	49613	52593	60837	93732	109735
9	行政办事员	35665	38680	47560	59938	76965
10	后勤管理员	42157	45089	47352	80165	135995
11	营销员	31975	43145	53080	66167	112045
12	电子商务师	80165	85000	92000	112000	130800
13	信息通信营业员	35757	38200	49458	52671	74485

续表

序号	职业细类	分位值（单位：元/年）				
		10%	25%	50%	75%	90%
14	信息通信业务员	35398	37653	50240	60966	73719
15	信息通信网络线务员	35932	39799	45520	55103	72730
16	其他生产辅助人员	39857	52266	55000	67861	80693

8.台州市金融业分职业细类企业从业人员工资指导价位

序号	职业细类	分位值（单位：元/年）				
		10%	25%	50%	75%	90%
1	销售和营销部门经理	94621	185158	289456	345443	507129
2	其他企业中高级管理人员	171568	216181	324303	445591	574506
3	银行清算专业人员	59636	65246	111038	120365	133572
4	信贷审核专业人员	96800	112685	146253	192002	240257
5	保险理赔专业人员	81831	98140	106667	116705	127443
6	其他经济和金融专业人员	79534	102966	127542	165663	211450
7	后勤管理员	44688	50214	60822	81982	93960
9	银行信贷员	68414	117507	125242	211805	244233
10	银行客户业务员	69277	89741	152234	227659	303056
11	保险保全员	60919	81055	123328	177482	228905
12	其他金融服务人员	50091	91563	97473	165864	241450

9.台州市房地产业分职业细类企业从业人员工资指导价位

序号	职业细类	分位值（单位：元/年）				
		10%	25%	50%	75%	90%
1	企业总经理	77554	107509	182976	312386	662569
2	生产经营部门经理	64640	79919	129566	209755	223771
3	财务部门经理	41460	50397	69922	119296	131058
4	行政部门经理	49698	56775	62650	84000	97805
5	人事部门经理	39600	50700	69960	74814	127036
6	销售和营销部门经理	84000	99980	120000	145000	170000
7	其他职能部门经理	49184	64595	108165	162000	270425
8	光源与照明工程技术人员	35437	42337	55613	67184	81315
9	质量管理工程技术人员	64158	88769	104247	123868	157326
10	会计专业人员	43407	52260	59499	78825	115801
11	其他办事人员	57157	75080	79915	85396	91329

续表

序号	职业细类	分位值（单位：元/年）				
		10%	25%	50%	75%	90%
12	其他安全和消防人员	32775	36928	44705	51361	56447
13	物业管理员	40917	43895	48000	57832	63928
14	保安员	33600	38400	42000	48000	52623
15	消防设施操作员	33464	39405	47257	55778	63607
16	保洁员	24146	27050	31292	34918	40200
17	园林绿化工	36672	38625	40993	43145	45610
18	其他修理及制作服务人员	47663	50762	53335	57886	69137
19	电工	39283	42000	56000	65313	74799
20	其他生产制造及有关人员	47600	55800	73130	95100	119700

10.台州市租赁和商务服务业分职业细类企业从业人员工资指导价位

序号	职业细类	分位值（单位：元/年）				
		10%	25%	50%	75%	90%
1	企业董事	51205	54600	75383	127563	217011
2	生产经营部门经理	46800	63243	98881	122487	134030
3	财务部门经理	46800	50432	84000	90000	130755
4	销售和营销部门经理	49962	59549	99925	145427	190547
5	其他企业中高级管理人员	63236	83378	112493	121898	129224
6	监理工程技术人员	50200	57600	72000	90000	142622
7	国际商务专业人员	60773	63994	101390	115432	123891
8	行政办事员	22800	35297	49619	59790	80840
9	道路货运汽车驾驶员	20074	31355	42832	54219	65503
10	快递员	36000	40500	45000	47766	51720
11	公共游览场所服务员	44279	47276	49677	53081	55979
12	市场管理员	56249	59268	63180	72379	86109
13	保洁员	20760	25626	43680	46606	50632
14	园林绿化工	48207	51436	54845	58638	62500
15	油气输送工	59465	68905	76644	83232	93109
16	砌筑工	47561	50653	54000	66813	80540
17	公路养护工	22099	33400	49400	67999	79777
18	包装工	40926	48706	51600	62000	68680
19	安全员	49656	52932	56595	60264	64165
20	其他生产辅助人员	39744	43250	60000	73012	77584
21	其他生产制造及有关人员	39123	48946	51600	59076	68658

11.台州市科学研究和技术服务业分职业细类企业从业人员工资指导价位

序号	职业细类	分位值（单位：元/年）				
		10%	25%	50%	75%	90%
1	工程测量工程技术人员	50822	64356	77760	94404	100256
2	监理工程技术人员	52400	57600	78000	84000	106800
3	其他卫生专业技术人员	47205	61673	70086	74453	79364
4	行政办事员	40173	46869	52228	60982	72945
5	环境监测员	50280	64863	72923	88552	98677
6	化学检验员	51507	59502	66973	76763	96822

12.台州市水利环境和公共设施管理业分职业细类企业从业人员工资指导价位

序号	职业细类	分位值（单位：元/年）				
		10%	25%	50%	75%	90%
1	企业董事	55110	72000	121810	207592	314606
2	企业总经理	60000	85944	146400	213157	294084
3	生产经营部门经理	80858	97687	128298	140443	148466
4	财务部门经理	58800	67226	113888	138597	212527
5	行政部门经理	54883	59610	70172	119862	126112
6	人事部门经理	65797	69780	104055	131260	187350
7	销售和营销部门经理	38300	53190	69000	104445	119582
8	其他职能部门经理	46942	63735	100125	122926	139723
9	其他企业中高级管理人员	37075	49828	82512	139503	175900
10	建筑和市政设计工程技术人员	40654	48170	75600	98107	121117
11	环境卫生工程技术人员	43381	48325	55927	69645	84680
12	园林绿化工程技术人员	43323	46000	56600	67800	98444
13	行政办事员	56755	65093	85140	100440	118712
14	其他办事人员	44360	49040	60560	87130	107590
15	道路货运汽车驾驶员	42926	45760	60000	63334	67497
16	客房服务员	25240	36650	48300	56077	61920
17	餐厅服务员	26929	35360	45802	52640	61148
18	物业管理员	30880	38990	43500	57475	63907
19	公共游览场所服务员	33249	39323	45618	57045	62105
20	保安员	31654	42920	47307	50593	53454
21	市场管理员	48379	51645	55200	58704	62742
22	污水处理工	46468	49525	52884	59700	63290
23	工业固体废物处理处置工	54515	57798	61543	65599	73260

续表

序号	职业细类	分位值（单位：元/年）				
		10%	25%	50%	75%	90%
24	保洁员	28900	30975	36000	45506	53904
25	生活垃圾清运工	36930	40416	51225	54791	62110
26	生活垃圾处理工	54840	58223	61300	66878	74064
27	护林员	55528	62613	69360	120280	137907
28	工业废水处理工	59697	63899	67777	76816	103455
29	专用车辆驾驶员	47701	60804	69403	79891	91816
30	挖掘铲运和桩工机械司机	39742	52368	60078	88051	115743
31	安全员	40098	47712	55400	68172	90416
32	其他生产辅助人员	34862	37241	49600	59600	73570
33	其他生产制造及有关人员	40213	46934	55155	63015	74008

13.台州市居民服务、修理和其他服务业分职业细类企业从业人员工资指导价位

序号	职业细类	分位值（单位：元/年）				
		10%	25%	50%	75%	90%
1	企业董事	57600	74300	102000	146000	180000
2	生产经营部门经理	50157	66418	82700	99287	129930
3	人事部门经理	46887	50000	79320	83672	117630
4	销售和营销部门经理	46000	59500	77500	89050	105200
5	其他职能部门经理	56542	60000	81050	86135	115894
6	其他企业中高级管理人员	49400	54845	93701	99161	156160
7	汽车工程技术人员	45513	56552	60000	71500	110300
8	建筑和市政设计工程技术人员	44816	47341	50356	53485	56756
9	人力资源服务专业人员	36083	48290	56480	62818	68540
10	后勤管理员	32513	40899	45960	49690	59575
11	其他办事人员	31464	47857	51153	78750	107352
12	道路客运汽车驾驶员	53958	57661	61545	65181	68805
13	停车管理员	25708	32422	40141	44217	47795
14	保安员	25176	30245	33284	37481	45163
15	生活垃圾清运工	36132	38490	48000	54000	70000
16	家政服务员	22800	31153	49684	60300	73362
17	美发师	51775	54409	58040	62013	66088
18	保健调理师	65300	72000	86500	104500	136000
19	保健按摩师	52000	57607	66365	80266	97249
20	汽车维修工	48070	55940	60225	73562	82674

续表

序号	职业细类	分位值（单位：元/年）				
		10%	25%	50%	75%	90%
21	服装水洗工	46901	51418	59500	63660	67588
22	电工	44233	54003	59860	63867	67285

14.台州市教育分职业细类企业从业人员工资指导价位

序号	职业细类	分位值（单位：元/年）				
		10%	25%	50%	75%	90%
1	企业总经理	67820	73525	90008	131845	172588
2	财务部门经理	50000	64500	74290	92191	144000
3	行政部门经理	49160	58500	77617	81085	104484
4	人事部门经理	57352	60065	80065	90754	130087
5	销售和营销部门经理	67377	72000	80000	124659	137590
6	其他职能部门经理	33000	48704	68800	86839	107208
7	其他企业中高级管理人员	37010	53707	67599	114370	159798
8	中学教育教师	32500	43863	51600	63000	90282
9	幼儿教育教师	38868	45500	48359	61882	65725
10	其他教学人员	33427	41725	51188	66814	83000
11	教练员	53779	57876	72000	84000	96000
12	行政办事员	21054	32500	41700	52900	64500
13	其他办事人员	20000	35000	40000	51988	63811
14	营销员	51055	56751	71276	93974	99792
15	机动车驾驶教练员	27030	34998	50883	57960	65649
16	安全员	29076	41485	48650	60080	102421

15.台州市卫生和社会工作分职业细类企业从业人员工资指导价位

序号	职业细类	分位值（单位：元/年）				
		10%	25%	50%	75%	90%
1	企业总经理	100800	158580	167489	221316	287039
2	行政部门经理	56843	61811	100880	150768	256978
3	销售和营销部门经理	40700	47535	66944	92827	100487
4	采购部门经理	53451	59682	65330	84141	107390
5	内科医师	57533	73332	86016	114000	160604
6	外科医师	60000	77917	105775	177960	234046
7	妇产科医师	61689	75033	112939	143610	196166

续表

序号	职业细类	分位值（单位：元/年）				
		10%	25%	50%	75%	90%
8	口腔科医师	56528	65678	99530	157812	224443
9	放射科医师	40618	52356	83818	123374	186742
10	超声科医师	49360	57326	83940	139080	190702
11	中医内科医师	60323	69924	118588	156280	172355
12	中西医结合骨伤科医师	63040	109189	115702	154903	190964
13	药师	41719	55807	70106	91683	134342
14	中药师	44555	59985	72411	87726	144152
15	影像技师	42360	48000	61600	74476	98680
16	临床检验技师	47322	52294	64807	96583	117214
17	内科护士	36500	47059	62394	75336	91658
18	急诊护士	36477	42575	68312	82802	99513
19	外科护士	34258	45326	67344	81765	99024
20	社区护士	31762	37800	47838	58050	70260
21	口腔科护士	35000	48000	54204	83497	101518
22	妇产科护士	39759	49006	54550	77538	97801
23	中医护士	46006	49551	53089	82972	141391
24	其他卫生专业技术人员	48892	68272	77152	93794	112793
25	会计专业人员	39741	51966	61540	81169	90029
26	市场营销专业人员	38230	43857	46909	61333	76337
27	行政办事员	37200	43366	60728	67342	95715
28	后勤管理员	34550	44860	56770	77769	93146
29	其他办事人员	37688	56413	60980	68378	92089
30	营销员	34103	45948	59626	67721	67899
31	收银员	35250	40917	43946	50480	62269
32	前厅服务员	39263	41460	45371	64297	69001
33	餐厅服务员	34796	47670	52015	55230	59946
34	营养配餐员	37957	40477	63900	74540	84730
35	客户服务管理员	42923	52922	60015	70340	88288
36	保安员	35749	43548	45788	48941	52162
37	保洁员	29220	30996	37819	40152	54456
38	生活垃圾处理工	30181	42802	48800	52427	60000
39	养老护理员	42393	56001	62542	69541	78902

16.台州市文化、体育和娱乐业分职业细类企业从业人员工资指导价位

序号	职业细类	分位值（单位：元/年）				
		10%	25%	50%	75%	90%
1	企业董事	54471	95000	155800	188146	221778
2	企业总经理	49200	89543	122661	142500	206500
3	生产经营部门经理	48236	72267	98040	125642	134914
4	财务部门经理	42289	46166	60054	83720	140000
5	行政部门经理	46680	51000	60570	90000	119108
6	人事部门经理	45300	51310	63575	86627	106000
7	销售和营销部门经理	42726	49000	63479	75994	108768
8	广告和公关部门经理	42120	48075	61500	69658	98860
9	其他职能部门经理	33607	38997	66000	112165	132073
10	其他企业中高级管理人员	37500	43169	56500	95901	163337
11	戏剧戏曲演员	45300	49350	63300	77350	94400
12	教练员	44213	47213	50213	53442	56835
13	行政办事员	49348	63832	75554	116337	124146
14	营销员	26475	34284	40060	45600	57480
15	收银员	29431	35969	38839	48900	55600
16	前厅服务员	35172	39529	42000	44876	47724
17	旅游咨询员	32449	37308	46539	56990	82348
18	休闲农业服务员	26241	30124	39064	46730	53755
19	其他租赁和商务服务人员	42801	57348	60000	64008	68118
20	保洁员	25470	29757	38086	48000	55200
21	群众文化指导员	29269	31130	39040	66592	112704
22	其他生产辅助人员	35000	39356	42000	58000	90000
23	其他生产制造及有关人员	28958	31990	34713	36601	38477

四、分登记注册类型企业从业人员工资指导价位

序号	登记注册类型	分位值（单位：元/年）				
		10%	25%	50%	75%	90%
1	内资企业	36000	49140	67000	96000	163979
2	国有企业（不含国有独资公司）	45551	53796	68268	100907	164337
3	股份合作企业	37631	53909	63000	91020	125580
4	有限责任公司（含国有独资公司）	35520	48012	63600	88000	133934
5	股份有限公司	49952	64540	78260	125895	137391
6	私营企业	35214	45600	60000	81729	109156

续表

7	其他内资企业	28278	38355	55200	72000	84000
8	港、澳、台商投资企业	53760	66683	78639	89408	121745
9	外商投资企业	62555	67153	74071	85234	108624
10	中外合资经营企业	63043	67661	74983	86018	109448

五、分规模企业从业人员工资指导价位

序号	企业规模	分位值（单位：元/年）				
		10%	25%	50%	75%	90%
1	大型企业	43800	57600	73212	124653	151125
2	中型企业	37190	48466	66227	108859	136466
3	小型企业	33971	48220	66000	84860	120000
4	微型企业	33700	43200	57600	83221	112510

六、分岗位等级企业从业人员工资指导价位

序号	岗位等级	分位值（单位：元/年）				
		10%	25%	50%	75%	90%
1	管理岗位等级	42506	57779	88866	150000	243067
2	高层管理岗	58910	85078	144945	247812	385800
3	中层管理岗	54000	80406	108510	185490	240575
4	基层管理岗	38536	52041	73445	112324	142481
5	管理类员工岗	38266	48978	65571	81118	107442
6	专业技术职称	45073	59700	80332	107921	145929
7	高级职称	61942	99081	105861	180291	240545
8	中级职称	47707	63296	98173	140000	182145
9	初级职称	45692	65342	85852	100000	125941
10	没有取得专业技术职务	39932	50308	64700	83896	122802
11	职业技能等级	34179	47252	64000	82967	136432
12	高级技师	68017	104688	110402	183080	197581
13	技师	61853	89892	95191	122060	150554
14	高级技能	57917	77521	86798	117191	136491
15	中级技能	50253	66046	77667	104393	129750
16	初级技能	40157	57600	73000	99138	116245
17	没有取得资格证书	31323	43060	58830	73298	97705

七、分学历企业从业人员工资指导价位

序号	学历	分位值（单位：元/年）				
		10%	25%	50%	75%	90%
1	研究生（含博士、硕士）	60692	91800	128214	184324	358137
2	大学本科	56192	80562	96860	164570	227605
3	大学专科	41303	53807	71211	101786	162999
4	高中、中专或技校	35908	49578	64000	81336	109345
5	初中及以下学历	32149	41126	59600	73300	89654

2021年丽水市人力资源市场工资指导价位

一、分职业细类企业从业人员工资价位

序号	职业细类名称	分位值（单位：元/年）				
		10%	25%	50%	75%	90%
1	企业董事	59700	72476	110265	185000	448427
2	企业总经理	52000	67452	117000	189040	421598
3	国有企业中国共产党组织负责人	47086	77154	134932	194124	286755
4	生产经营部门经理	54938	66886	73162	111449	180651
5	财务部门经理	41719	58322	76171	120397	193731
6	行政部门经理	43613	58485	84000	136899	258811
7	人事部门经理	37181	55439	74152	120000	211855
8	销售和营销部门经理	55171	94915	121317	172724	272812
9	广告和公关部门经理	44028	57022	103584	180546	231920
10	采购部门经理	45200	52302	68599	91977	156366
11	计算机服务部门经理	63236	82854	100484	173116	214618
12	研究和开发部门经理	51142	60914	91000	124793	171836
13	餐厅部门经理	40560	52679	63840	86100	96853
14	客房部门经理	43839	51360	61880	65673	77717
15	其他职能部门经理	46483	59626	92443	140798	233408
16	其他企业中高级管理人员	45600	55037	73730	90267	211099
17	采矿工程技术人员	54252	60000	66000	99004	120000
18	化工生产工程技术人员	54617	66488	71354	75751	85773
19	机械设计工程技术人员	47408	58340	75499	100438	120654
20	机械制造工程技术人员	49722	52801	65692	76408	96934
21	设备工程技术人员	48800	57539	62240	82398	105742
22	模具设计工程技术人员	44889	52579	59771	77130	88020
23	材料成形与改性工程技术人员	44890	48988	59210	67000	93121
24	通信工程技术人员	41446	57716	69153	79792	98880
25	计算机网络工程技术人员	65569	78525	139028	155340	189213
26	电工电器工程技术人员	74112	80893	92305	120779	146295

续表

序号	职业细类名称	分位值（单位：元/年）				
		10%	25%	50%	75%	90%
27	发电工程技术人员	49272	70305	95048	110843	136303
28	供用电工程技术人员	71161	94005	117206	134826	161856
29	变电工程技术人员	50829	54145	99359	115092	128285
30	电力工程安装工程技术人员	71367	87765	111313	119832	128064
31	道路交通工程技术人员	66738	74246	96907	108013	139922
32	建筑和市政设计工程技术人员	37149	39193	41186	51687	76230
33	土木建筑工程技术人员	34984	37028	50000	72480	103690
34	风景园林工程技术人员	29274	34869	40383	48000	63600
35	水利水电建筑工程技术人员	33036	54958	78685	92705	109980
36	爆破工程技术人员	55431	59104	62324	89355	114097
37	安全生产管理工程技术人员	49848	57191	70522	78483	116895
38	计量工程技术人员	52888	63106	68000	77443	93008
39	质量管理工程技术人员	52536	63462	67276	72900	86741
40	工业工程技术人员	43751	47989	58511	77912	98334
41	物流工程技术人员	56120	63888	68002	84320	90108
42	项目管理工程技术人员	38493	41000	45600	77345	103086
43	产品质量检验工程技术人员	42190	45936	53123	68000	88400
44	制药工程技术人员	35360	38123	42452	46598	57357
45	产品设计工程技术人员	41936	47455	51873	62295	86673
46	药师	39915	42692	48080	52012	66796
47	外科护士	42749	52566	64741	81764	112273
48	价格专业人员	48730	54802	59362	68000	79762
49	统计专业人员	35280	38876	43827	53064	73992
50	会计专业人员	38400	45257	57004	90487	158227
51	审计专业人员	35712	46629	79088	108985	128525
52	市场营销专业人员	43147	49690	53972	71052	104528
53	人力资源管理专业人员	42148	47500	59772	104321	128213
54	人力资源服务专业人员	48792	58567	63002	69150	114449
55	银行清算专业人员	110485	123660	133937	165605	176872
56	信贷审核专业人员	94966	122711	166169	178855	195725
57	其他经济和金融专业人员	119428	153908	192973	245583	295503
58	中等职业教育教师	84943	97850	111775	126199	147604
59	幼儿教育教师	35050	51394	71060	76499	84333
60	视觉传达设计人员	36800	41030	64400	73100	99450
61	教练员	31315	39263	50720	62875	70097
62	其他专业技术人员	43964	50114	64640	69501	98600

续表

序号	职业细类名称	分位值（单位：元/年）				
		10%	25%	50%	75%	90%
63	行政办事员	36051	43970	61800	75679	108715
64	秘书	38199	41124	56960	79350	119321
65	收发员	32434	43202	50449	60897	82081
66	打字员	32000	35800	37213	41904	50996
67	制图员	35949	42297	47000	59407	73243
68	后勤管理员	32000	39504	49600	58974	82070
69	其他办事人员	34000	42000	53618	73497	95752
70	保卫管理员	32665	35319	39798	46599	58456
71	其他安全和消防人员	35942	41840	48663	51911	95283
72	其他办事人员和有关人员	43618	57157	69079	83095	117456
73	采购员	36826	42560	48670	59380	74382
74	营销员	32631	40800	59507	70409	99354
75	电子商务师	45780	51580	58056	69095	81605
76	商品营业员	25200	33000	36000	41336	51608
77	收银员	28800	31815	33914	44285	52540
78	其他批发与零售服务人员	26621	33116	42797	54778	73704
79	道路客运汽车驾驶员	49191	55462	60919	67700	71595
80	道路货运汽车驾驶员	56400	60216	69812	74894	89483
81	道路客运服务员	37981	45262	60088	71292	77408
82	机动车驾驶教练员	29800	36487	44900	50000	62350
83	装卸搬运工	45200	51265	59117	65269	78864
84	危险货物运输作业员	52332	55761	59300	62660	67089
85	仓储管理员	35145	39442	47828	60400	77605
86	理货员	31374	34766	45715	52922	57347
87	其他交通运输、仓储和邮政业服务人员	43545	50887	67884	75190	80189
88	前厅服务员	26100	32000	35885	44347	47261
89	客房服务员	23924	30186	37228	40000	42859
90	中式烹调师	28519	36174	48296	58058	82644
91	餐厅服务员	25966	27600	31252	37291	48560
92	营养配餐员	34652	36717	45120	48600	66900
93	其他住宿和餐饮服务人员	26780	30000	35400	42059	58721
94	信息通信网络机务员	47265	58836	85750	91242	96681
95	其他信息传输、软件和信息技术服务人员	51586	60932	74266	82812	88886
96	银行综合柜员	79858	96312	113103	142061	192691
97	银行信贷员	99446	117365	181728	219367	273490
98	银行客户业务员	94885	116732	137348	161142	182150

续表

序号	职业细类名称	分位值（单位：元/年）				
		10%	25%	50%	75%	90%
99	物业管理员	45370	51074	54000	57547	72686
100	房地产经纪人	38922	66501	89540	99550	113282
101	其他房地产服务人员	38383	41451	53040	62100	85026
102	保安员	22703	24481	30158	40549	48000
103	商品监督员	44778	67151	82713	95543	109783
104	商品防损员	25200	33877	50228	53478	56821
105	计量员	39211	42751	49999	88275	104534
106	鞋类设计师	37340	47246	67588	71697	80444
107	其他技术辅助服务人员	40055	42367	54785	79199	93872
108	水工监测工	88542	150018	165443	184305	196612
109	污水处理工	35180	38419	41144	45912	48913
110	保洁员	22530	24000	30904	32772	39809
111	生活垃圾清运工	33007	37815	40300	42748	45589
112	园林绿化工	31044	35750	40000	42723	45329
113	保育员	22879	24258	26722	33367	41092
114	供电服务员	57319	70498	81410	93781	114647
115	水供应服务员	44782	48158	55138	89691	95386
116	汽车维修工	44735	57365	68576	82476	87884
117	计算机维修工	38400	47550	50806	58765	82012
118	办公设备维修工	29997	39562	47851	61202	86963
119	其他修理及制作服务人员	37133	41134	46200	74361	83342
120	全媒体运营师	34935	36800	41242	52863	66440
121	竹麻制品加工工	33415	45241	50094	64830	69450
122	肉制品加工工	30768	44725	50000	57000	60656
123	其他农副产品加工人员	24704	29826	32713	37094	44316
124	啤酒酿造工	45654	48431	53458	57163	64462
125	其他食品、饮料生产加工人员	38160	43000	47754	66353	76330
126	皮革及皮革制品加工工	30816	32672	34850	37191	39266
127	制鞋工	33772	40029	45326	51272	83476
128	其他纺织品、服装和皮革、毛皮制品加工制作人员	26536	31490	38134	50861	67594
129	制材工	35886	39917	42000	49250	59132
130	木竹藤材处理工	36089	38337	43462	54113	58522
131	胶合板工	44955	50241	57164	61533	69600
132	手工木工	32775	45436	57944	66902	77782
133	机械木工	32812	35445	40497	46711	52859
134	木地板制造工	38812	47504	56256	64142	69155

续表

序号	职业细类名称	分位值（单位：元/年）				
		10%	25%	50%	75%	90%
135	其他木材加工、家具与木制品制作人员	45173	51676	57021	82500	90000
136	制浆工	36921	41978	59961	63830	67973
137	造纸工	37950	43517	48103	54095	58583
138	纸箱纸盒制作工	41200	44200	50745	57200	61200
139	铅笔制造工	28384	37324	45210	56000	64632
140	玩具制作工	31550	38000	45258	51000	57586
141	化工单元操作工	29468	38115	46801	72988	83221
142	人造板制胶工	45000	48750	59000	67950	72553
143	香精配制工	59952	63668	67489	73066	78111
144	化学合成制药工	50713	53833	57308	60899	63945
145	药物制剂工	45800	48900	56500	65175	71050
146	塑料制品成型制作工	25813	27600	30600	47733	62699
147	陶瓷原料准备工	27417	36264	44250	50585	54288
148	陶瓷成型施釉工	31052	38170	45567	52560	57905
149	陶瓷烧成工	29169	39922	46870	54035	58392
150	陶瓷装饰工	21348	26783	34414	37439	42617
151	其他采矿人员	53836	57178	63350	66539	70908
152	高炉运转工	42333	45353	48265	51608	54350
153	炼钢原料工	37812	43590	46400	51158	72157
154	炼钢浇铸工	41500	44400	52000	79986	100114
155	铸管精整工	39600	53799	67097	77413	113054
156	轧制原料工	51341	54054	57298	61239	81595
157	金属轧制工	53014	63927	68240	71937	77076
158	金属材热处理工	44980	53619	58032	61782	75525
159	金属材丝拉拔工	41213	47702	64010	70390	78769
160	其他金属冶炼和压延加工人员	38431	53070	57508	67971	78085
161	车工	41255	48504	61000	73726	86880
162	铣工	41215	55543	68853	79724	86958
163	刨插工	45481	50564	82470	88050	93344
164	磨工	42220	53693	57356	67000	80543
165	镗工	52415	56359	73313	85190	90397
166	钻床工	41913	46643	56103	70400	83868
167	多工序数控机床操作调整工	37635	42205	50000	64921	79860
168	电切削工	32059	35572	48975	55742	66883
169	拉床工	42151	52000	68828	85065	91216
170	下料工	36825	43094	52168	68411	79278

续表

序号	职业细类名称	分位值（单位：元/年）				
		10%	25%	50%	75%	90%
171	铆工	42673	45396	53055	60235	75237
172	冲压工	32361	40000	48961	59640	81779
173	铸造工	36154	41324	51680	64522	79060
174	锻造工	44904	49195	58491	63487	71482
175	金属热处理工	39538	45770	53786	64560	76426
176	焊工	43600	51467	69756	87520	107371
177	机械加工材料切割工	40525	47226	55768	68931	103890
178	镀层工	62993	67118	78228	83693	88404
179	涂装工	36830	46121	65800	76721	114894
180	喷涂喷焊工	43802	49920	54750	74500	94133
181	模具工	46815	50000	55395	61600	76734
182	模型制作工	36280	42205	55940	59875	63392
183	工具钳工	37563	43304	48720	55305	58817
184	其他机械制造基础加工人员	43879	54136	62489	71964	89866
185	锁具制作工	43323	50896	53999	57333	61401
186	其他金属制品制造人员	42714	49202	56146	59690	66917
187	装配钳工	36089	39854	51273	74445	95686
188	轴承制造工	31478	33665	35760	41862	61772
189	机床装调维修工	52764	57760	60010	65400	75835
190	焊接设备装配调试工	45145	49387	52492	65898	74548
191	焊接材料制造工	44945	54218	63963	83045	106813
192	泵装配调试工	45000	49724	52500	57600	61136
193	阀门装配调试工	39334	41886	50000	63270	67185
194	增材制造设备操作员	33455	35322	40310	42829	45479
195	工程机械装配调试工	54012	57424	61075	83274	88335
196	拖拉机制造工	35434	49393	68072	71979	78983
197	其他专用设备制造人员	32063	38000	42000	45600	54305
198	汽车零部件再制造工	26095	40314	57094	73796	81118
199	摩托车装调工	43504	46515	49416	54240	71007
200	自行车与电动自行车装配工	36235	40784	45040	62653	71129
201	电机制造工	31237	36522	42996	58731	66877
202	计算机、通信和其他电子设备制造人员	35561	37490	40037	42962	52008
203	锅炉运行值班员	50558	53904	58619	65241	69656
204	水力发电运行值班员	41281	56897	73666	93553	115752
205	锅炉操作工	43641	49304	56975	64847	77411
206	变配电运行值班员	66009	91703	122208	134794	150086

续表

序号	职业细类名称	分位值（单位：元/年）				
		10%	25%	50%	75%	90%
207	压缩机操作工	44847	50365	55869	72735	89318
208	其他电力、热力、气体、水生产和输配人员	145489	160744	174959	187284	199472
209	混凝土工	40294	54568	60000	65758	76152
210	钢筋工	45720	56213	61193	70706	77248
211	架子工	44329	56347	64212	70243	79951
212	爆破工	65742	71956	86887	93551	104597
213	机械设备安装工	62656	66513	69902	79626	84747
214	装配式建筑施工员	42000	48000	62702	72800	78658
215	专用车辆驾驶员	39502	53075	67922	83252	89449
216	起重装卸机械操作工	41868	50438	57095	60723	64675
217	起重工	50680	53774	56590	60482	63778
218	挖掘铲运和桩工机械司机	46416	59621	70732	74931	80697
219	设备点检员	44500	52300	59400	63383	67224
220	机修钳工	43164	49600	54945	58345	74639
221	电工	39588	49805	71688	77652	109692
222	仪器仪表维修工	42913	49041	54206	57242	80366
223	工程机械维修工	38136	49623	61630	76253	89986
224	化学检验员	46097	49000	62431	69673	74470
225	物理性能检验员	41946	45803	59311	77420	87409
226	无损检测员	37432	47216	59880	73702	92789
227	质检员	37764	45200	51122	59194	70411
228	试验员	40112	46549	56941	69018	74169
229	称重计量工	35904	42516	45253	47882	50992
230	包装工	30614	37647	43471	54629	72457
231	安全员	30183	36600	49000	60000	77705
232	其他生产辅助人员	34628	43600	56277	67621	80064
233	其他生产制造及有关人员	36343	45600	58250	65380	83629
234	中式面点师	32678	43060	49060	54800	60090
235	西式烹调师	33940	41290	47840	53980	57592
236	西式面点师	33740	38740	43970	48560	56608
237	茶艺师	28906	31457	39769	45449	49489
238	中央空调系统运行操作员	32445	39757	45768	54343	63526
239	劳动关系协调员	39546	45667	56346	59070	64798
240	智能楼宇管理员	28758	32565	40980	43225	48806
241	育婴员	26808	31435	44542	49860	54245
242	养老护理员	31456	37510	43809	58811	66450

续表

序号	职业细类名称	分位值（单位：元/年）				
		10%	25%	50%	75%	90%
243	美容师	35320	43256	49879	52335	56008
244	美发师	34768	39007	44643	49792	55637
245	眼镜验光员	36500	43675	48300	54400	59400
246	眼镜定配工	35040	41650	46000	50200	55920
247	评茶员	31533	38644	43366	48975	54325
248	制冷工	32909	34735	35707	37177	42653
249	砌筑工	44200	48000	59425	67886	79640
250	防水工	36547	42543	48610	53320	60000
251	制冷空调系统安装维修工	43253	55235	73463	80943	92502
252	有害生物防治员	29802	34820	37823	41983	52190

二、部分技术工人职业（工种）分等级工资价位

序号	职业（工种）及岗位等级	分位值（单位：元/年）				
		10%	25%	50%	75%	90%
1	焊工	43600	51467	69756	87520	107371
2	技师	70789	92903	104425	125444	134702
3	高级技能	62633	72580	83968	94351	100940
4	中级技能	51138	54242	58011	68777	98445
5	初级技能	34159	56140	65051	76687	95372
6	电工	39588	49805	71688	77652	109692
7	技师	68463	76095	84916	107314	114010
8	高级技能	43568	57714	65845	74738	94646
9	中级技能	41650	53533	58910	64409	83776
10	初级技能	40000	48715	57900	63000	79665
11	制冷空调系统安装维修工	43253	55235	73463	80943	92502
12	初级技能	63013	71424	82133	91475	99844
13	防水工	36547	42543	48610	53320	60000
14	初级技能	37902	44295	48640	54732	60806
15	砌筑工	44200	48000	59425	67886	79640
16	高级技能	46277	49294	62838	69585	75999
17	中级技能	44521	47589	58609	67955	74976
18	初级技能	41356	44324	48762	54325	57895
19	混凝土工	40294	54568	60000	65758	76152
20	高级技能	48682	57097	61601	68278	75584

续表

序号	职业（工种）及岗位等级	分位值（单位：元/年）				
		10%	25%	50%	75%	90%
21	中级技能	44040	51444	57618	64553	70156
22	初级技能	39389	43245	52567	59086	68743
23	钢筋工	45720	56213	61193	70706	77248
24	高级技能	52712	59301	67981	73563	81296
25	中级技能	45800	53732	62504	70121	76016
26	初级技能	41356	44367	52361	54277	57660
27	架子工	44329	56347	64212	70243	79951
28	高级技能	54066	59031	65522	71414	79348
29	中级技能	51287	54172	62541	67358	75568
30	初级技能	50300	54059	60000	63756	67146
31	锅炉操作工	43641	49304	56975	64847	77411
32	高级技能	49660	53103	62600	69046	80928
33	中级技能	43236	50300	58322	63280	76890
34	初级技能	41941	48000	56600	61103	72106
35	机床装调维修工	52764	57760	60010	65400	75835
36	中级技能	54445	57763	61620	65502	69844
37	初级技能	38549	41152	43500	46171	49280
38	铸造工	36154	41324	51680	64522	79060
39	中级技能	55098	61750	68183	74046	80217
40	初级技能	34805	39417	52088	57668	67582
41	锻造工	44904	49195	58491	63487	71482
42	初级技能	45089	54674	59340	64500	68840
43	金属热处理工	39538	45770	53786	64560	76426
44	初级技能	41353	48531	56545	65131	76349
45	车工	41255	48504	61000	73726	86880
46	高级技师	62081	71678	95516	100645	129782
47	技师	59066	65980	90430	97664	111345
48	高级技能	57686	64670	85508	93930	108964
49	中级技能	57371	62725	67951	73176	77246
50	初级技能	45464	56475	59940	64500	70417
51	铣工	41215	55543	68853	79724	86958
52	初级技能	59397	63342	68190	74987	80081
53	钳工	36257	42000	54000	67127	85179
54	技师	64303	85538	97434	108007	114625
55	高级技能	53431	56395	67028	78017	98081
56	中级技能	47574	52576	63149	70217	87871

续表

序号	职业（工种）及岗位等级	分位值（单位：元/年）				
		10%	25%	50%	75%	90%
57	初级技能	43498	50000	61343	69266	81053
58	磨工	42220	53693	57356	67000	80543
59	初级技能	44231	51711	58500	65363	72953
60	电切削工	32059	35572	48975	55742	66883
61	初级技能	39770	43977	59605	69742	82379
62	制冷工	32909	34735	35707	37177	42653
63	初级技能	40610	43384	46304	51845	65515
64	手工木工	32775	45436	57944	66902	77782
65	中级技能	42755	50593	56837	61476	65158
66	初级技能	38098	44426	50227	53854	56820
67	评茶员	31533	38644	43366	48975	54325
68	初级技能	32089	41009	44567	49998	54780
69	眼镜验光员	36500	43675	48300	54400	59400
70	高级技师	56387	61887	65496	73650	87683
71	技师	49459	55870	62244	67114	75307
72	高级技能	43412	47830	54558	58456	63552
73	中级技能	39763	44163	48806	53812	58473
74	初级技能	37878	41120	45376	48673	52880
75	眼镜定配工	35040	41650	46000	50200	55920
76	高级技能	43579	47000	53848	57746	66460
77	中级技能	39980	45357	48074	52287	57073
78	初级技能	37847	41234	45890	48971	51345
79	汽车维修工	44735	57365	68576	82476	87884
80	高级技师	58019	62507	71028	83180	96633
81	技师	55342	58900	67432	79008	89055
82	高级技能	53944	57605	64489	73373	84476
83	中级技能	47456	50320	59876	69430	79711
84	初级技能	37132	42941	53622	63143	73255
85	美容师	35320	43256	49879	52335	56008
86	初级技能	40234	45550	51234	54330	57835
87	美发师	34768	39007	44643	49792	55637
88	初级技能	40998	44578	47887	51823	56359
89	育婴员	26808	31435	44542	49860	54245
90	初级技能	28990	32455	46579	52370	57947
91	保育员	22879	24258	26722	33367	41092
92	高级技能	26399	29463	31242	42240	50081

续表

序号	职业（工种）及岗位等级	分位值（单位：元/年）				
		10%	25%	50%	75%	90%
93	中级技能	23040	24550	26089	30756	42197
94	初级技能	22683	24152	25664	27825	40163
95	有害生物防治员	29802	34820	37823	41983	52190
96	初级技能	30242	35689	37755	44351	52410
97	保安员	22703	24481	30158	40549	48000
98	高级技能	26195	32961	46850	50400	61773
99	中级技能	23768	28741	31276	44404	48421
100	初级技能	22610	25179	28800	40740	47000
101	智能楼宇管理员	28758	32565	40980	43225	48806
102	初级技能	29147	35213	41009	43324	50943
103	劳动关系协调员	39546	45667	56346	59070	64798
104	初级技能	43989	49452	56424	60112	67535
105	企业人力资源管理师	42345	54190	61322	70273	81101
106	初级技能	44660	54316	63320	75280	84409
107	中央空调系统运行操作员	32445	39757	45768	54343	63526
108	初级技能	37462	42846	48971	56340	65210
109	中式烹调师	28519	36174	48296	58058	82644
110	技师	60533	68009	72575	85063	90368
111	高级技能	41555	46019	50387	57922	68013
112	中级技能	38194	40760	44382	50107	59941
113	初级技能	34351	37596	40793	48750	56356
114	中式面点师	32678	43060	49060	54800	60090
115	高级技能	42650	47308	56000	59723	64080
116	中级技能	40563	45259	51050	55126	61927
117	初级技能	38193	42033	48000	51356	54832
118	西式烹调师	33940	41290	47840	53980	57592
119	中级技能	39773	43195	51033	57049	61701
120	初级技能	34450	39144	46508	52500	56686
121	西式面点师	33740	38740	43970	48560	56608
122	中级技能	37815	40115	48640	51063	59718
123	初级技能	34695	38500	44171	49201	55669
124	茶艺师	28906	31457	39769	45449	49489
125	初级技能	31699	33682	40449	47732	53168
126	养老护理员	31456	37510	43809	58811	66450
127	初级技能	34008	37689	46324	58976	65545

索 引

T

W

X

Y

Z